左宗棠全傳

秦翰才 著

上冊

開明書店

左宗棠在陝甘總督任上，1875 年

目錄

目錄

出版說明

　　這部《左宗棠全傳》，是「研究左宗棠歷史的先驅者」秦翰才先生最重要的一部著作。作品撰寫於 20 世紀三四十年代，1949 年 1 月完成第四稿，也就是讀者諸君看到的這一稿。由於種種原因，作品的面世「歷經滄桑，充滿坎坷」（見馮金牛《序》），直到定稿後六十多年才正式出版。

　　為寫好《左宗棠全傳》，作者以嚴謹的治學態度，十多年間，蒐集、查閱大量歷史資料和前人著作，敘述史實，申論觀點，旁徵博引，均有所本。全書引用書目多達 360 多種，且所注引文出處清晰、專業，方便覆查。應該說，這是一部很有學術價值和資料價值的學術著作，對左宗棠研究，對中國近代史研究，都有參考意義，在左宗棠研究史上應該佔有一席之地。

　　作為成稿於七十多年前的學術著作，難免有時代的局限、作者認識上的局限等，字詞行文難免存在「歷史痕跡」，為「存史」計，為便學術研究，出版時一律未作刪改，以存原貌。

序

馮金牛（上海圖書館）

《左宗棠全傳》是秦翰才先生研究左宗棠諸多作品中最重要的一部。秦翰才（1894—1968），名之衞，字又元，號翰才，上海陳行鎮人，畢業於松江縣立第三中學，曾隨黃炎培在江蘇省教育會、中華職業教育社工作，1927年，受聘任上海市公用局祕書科長，抗戰時期輾轉於中國經濟建設協會、交通部、甘肅水利林牧公司工作，抗戰勝利後入中國紡織機械公司任職，1955年退休，1956年被聘為上海文史館館員。秦翰才先生的一生是平凡的，長期以來只是一位級別不高的文職人員；秦翰才先生的一生又是令人敬佩的，他並非專職的歷史學家，只是一位文史研究愛好者，卻傾其一生執着地收集有關清代大吏左宗棠的史料，沉浸於左宗棠的研究，形容他為此廢寢忘食、嘔心瀝血，一點不為過。

秦翰才先生自述好讀名人傳記及其著述，年輕時瀏覽了左宗棠的年譜、家書、文集，傾慕他的功績和為人，又遺憾世間頗多胡林翼、曾國藩、李鴻章等人的傳記，同為中興名臣，卻獨少左宗棠的研究著作，於是開始留意蒐集左宗棠的史料、專心研究左宗棠的生平，日積月累，逐漸成了他職業之外一項最重要的工作。1936年，秦翰才先生開始動筆寫有關左宗棠生平事跡的札記，這也是《左宗棠全傳》撰述之始。1949年初，《左宗棠全傳》結稿，前前後後寫了十幾年，四易其稿，期間正逢抗日戰爭，秦先生歷經流離顛沛，南下香港、西走重慶、北赴甘肅，生活本已艱辛，蒐集、保存資料更見困難，著述之難可想而知。抗

戰勝利之後不久，又逢解放戰爭，生活仍不得安定，秦先生自述：「痛我生之不辰，亦慨是書之作，始終與鼙鼓為緣也。」讓人傾佩的是秦先生並未因此放棄他的研究，他以一種百折不撓的精神，堅持他的這份事業。圖書資料散失了，花錢再買；初稿留在香港不知下落，執筆重寫。除了左宗棠研究，秦先生幾乎心無旁騖，沒有其他嗜好。他的子女曾回憶：「他一生不講究吃喝，不上酒樓，不進戲院，惟一的愛好就是買書、讀書、寫書。」左宗棠的曾孫左景伊回憶 1949 年秦翰才先生拜訪他時的印象：「約五十餘歲，中小個子，戴副深度近視眼鏡……他是位嚴肅而正直的學者，我們談了約半小時，幾乎沒有見他露出笑容，只是全神貫注談他的對文襄公的研究——他的畢生事業。」（左景伊著《我的曾祖左宗棠·自序》）這是一位老派的知識分子，也是一位可敬的學者。

作為一生嘔心瀝血研究而得的成果，秦先生共完成了 5 部有關左宗棠研究的著作。除《左宗棠全傳》之外，還有《左文襄公在西北》《左宗棠外紀》《左宗棠軼事匯編》《左宗棠集外文》，總計 160 多萬字。其中最重要的就是《左宗棠全傳》了。沒想到《左宗棠全傳》的面世竟然也是歷經滄桑，充滿坎坷。1941 年 10 月，《左宗棠全傳》完成第二稿，香港中華書局有意出版，遂送稿排印。不巧的是當年 12 月日本偷襲珍珠港，太平洋戰爭爆發，中華書局顧慮時局變化不測，書版保存困難，遂將書稿退還作者，並「約俟事定再印」。第二年，作者返抵桂林，由於路途不便，《左宗棠全傳》書稿留在香港朋友處，未敢攜帶。戰爭期間，音信不通，書稿一度不知下落，但秦先生並未灰心，決意重寫，後來得知書稿由香港朋友帶至上海，大喜過望，猶如完璧歸趙。由於二稿之後又覓到不少相關史料，秦先生自謂原稿有不少缺憾，一改再改，直至 1949 年 1 月，完成了本書的第四稿，也就是如今出版的這一稿。這期間由於時局動盪，書稿出版一直未能如願。新中國成立後，對左宗棠的評價總體趨於負面，左宗棠的傳記無人問津，也是可想而知的事。一生嘔心瀝血之作，只能束之高閣，文人之痛，莫過於此。「文革」期間，秦先生又遭抄家之劫，家中所有藏書、書稿、文獻資料悉數被洗劫一空。面對空徒四壁的居室，秦先生受到沉重打擊，整日無所事事，喃

喃自語，精神接近崩潰，1968 年含恨而逝。

秦先生所著研究左宗棠的 5 部書稿，命運最好的當屬《左文襄公在西北》，此書 1946 年由商務印書館出版，社會反響一直很好。王震將軍由於長期駐守新疆，對左宗棠征戰新疆、開拓大西北做出的歷史功績十分熟悉，並且有很高的評價。20 世紀 80 年代，歷史學界對左宗棠的認識和評價有了很大變化。1983 年，時任國務院副總理的王震將軍在會見左宗棠後裔左景伊時，談及左宗棠的歷史功績，特意提到了秦翰才的著作《左文襄公在西北》，要左景伊找一找秦先生，顯然王震將軍對秦翰才先生和他的著作有很深的印象。遺憾的是此時秦先生謝世已有 15 年了。1984 年，蘇州舉辦了第一次全國性的「左宗棠歷史評價學術討論會」；1985 年 11 月，又在長沙舉辦了「全國左宗棠研究學術討論會」，秦翰才之子秦曾志應邀出席了長沙的「左宗棠研究學術討論會」，會上，秦翰才被譽為「研究左宗棠歷史的先驅者」。1986 年，秦先生的另一部著作《左宗棠軼事匯編》由湖南嶽麓書社出版。

稱秦翰才先生為「研究左宗棠歷史的先驅者」，一點也不為過。在秦翰才動筆之前，已經面世的左宗棠研究著作只有清代羅正鈞所撰《左文襄公年譜》一種（光緒二十三年刻本）。至於被稱為左宗棠研究專著第一本的戴慕真著《左宗棠評傳》，也是 1943 年才告出版。在這之前，秦先生與朋友拜訪柳亞子先生，柳亞子得知秦先生正在撰寫《左宗棠全傳》，就題詩相贈，注中提及：「翰才方寫季高評傳，其稿有十餘冊之巨云。」深表讚賞。文學藝術評論家鄭逸梅先生在《藝林散葉》中如此描述：「秦翰才早有左癖，後有譜癖。所謂左癖者，蒐集左宗棠史料。所謂譜癖者，蒐集古今各家年譜。」這個評語概括了秦先生的學術生涯，十分貼切。《左宗棠全傳》雖然遲遲未能問世，秦先生研究左宗棠的名聲卻早已在外了。

鄭逸梅先生提及秦先生的「譜癖」，是指他蒐集、收藏人物傳記、年譜資料的愛好。新中國成立後，由於《左宗棠全傳》出版一時無望，秦先生只能將手稿束之高閣，轉而開始蒐集、收藏人物傳記，尤其是年譜。對此他一如既往地專注和執着，四處訪譜，來源無論是公是私，篇

幅無論是大是小,他都一視同仁,珍重收藏,並對收藏之譜逐一做好檢索卡片,對破損之譜親自修補裝訂,宛如自建一座家譜圖書館。據統計,這些年中他收藏的年譜資料多達 2000 多種,除了從書店購買之外,很多年譜並無單印本,或刊載於期刊雜誌,或是某專著的一個附錄,這些年譜,都是經秦先生借閱抄錄而成,並以線裝形式裝訂成冊。以一退休老人的綿薄之力,孜孜不倦於這並無報酬的文獻蒐集工作,不無成就,被稱有「譜癖」,自稱「千譜樓主」,對秦先生來說,也是研究左宗棠之外一點小小的滿足吧。

余生也晚,與秦翰才先生並未謀過面。了解秦先生,正是因為收藏在上海圖書館的這 2000 多種年譜資料。「文革」期間,這些年譜資料和秦先生的左宗棠研究著作手稿一起被抄沒,遭此大劫,秦先生所受打擊可想而知。幸運的是這些文獻資料並未被毀,而是輾轉被上海圖書館古籍部門收藏,包括秦先生為這 2000 多種家譜做的目錄卡片。上海圖書館館長顧廷龍先生慧眼識寶,妥善保管了秦先生這批花費了畢生心血蒐集而得的文獻資料。「文革」結束之後,有關部門告知秦先生家屬,秦先生的所有手稿及年譜資料都收藏在上海圖書館,並詢問能否捐贈,秦先生家屬得知被抄之所有手稿、圖書尚存於世,不禁大喜過望。秦先生雖然已經作古,但手稿、圖書能被圖書館永久收藏,也是他的願望,於是欣然同意,上海圖書館為此隆重舉辦了有上海市副市長張承宗出席的捐贈儀式。作為上海圖書館館員,我親手翻閱過這批年譜資料,深深為秦先生在歷史文獻蒐集和研究過程中的執着精神和專注態度所打動。

《左宗棠全傳》雖然是一部七十多年前的舊稿,今天出版,仍有其不容忽視的意義。其一,這是 20 世紀以來首部系統研究左宗棠的專著,在左宗棠研究史上應該有其地位;其次,秦翰才先生為撰寫《左宗棠全傳》參考了大量歷史資料和前人著作,引用書目多達 360 多種,書中對歷史史實的論述引用了大量原文,以證事有所本。對引文的出注十分嚴謹和專業,不僅注明作者、書名、篇名、卷數,甚至每條注釋均寫明引文所出頁碼。重要作者還在出注時略敘簡歷。為了查找史料,有一段時期,秦先生在上海鴻英圖書館查閱《申報》,將《申報》從創刊

號始至左宗棠逝世止十多年的報紙逐日翻閱一過，在書中被引用的不過十數條。這種嚴謹的治學態度是極可稱道的，也是本書的價值所在。就本人所見，以這種方式引文並出注的方法在其他左宗棠研究著作中無出其右。秦先生曾為本書設計過 34 幅地圖，附於有關章節之前，可惜這些地圖在書稿長期流轉過程中丟失了，實為憾事。左宗棠曾孫左景伊1993 年曾盛讚秦先生已經出版的兩部著作《左文襄公在西北》《左宗棠軼事匯編》對他撰寫《我的曾祖左宗棠》的重要參考價值，而學術價值遠在《左文襄公在西北》《左宗棠軼事匯編》之上的《左宗棠全傳》今天能夠出版，當是幸事。本書對左宗棠研究以及近代史研究具有的參考價值，是不言而喻的。

秦翰才先生其他已經出版的著作有《開心集》《滿宮殘照記》《檔案科學管理法》等。其中《滿宮殘照記》是一部敘述偽滿洲國的歷史小說，曾多次出版，也為眾多讀者所熟知。

左宗棠全傳

一

1　家譜一頁

左宗棠之先世，自南宋時已為湖南湘陰人，世居縣東鄉左家塅，耕讀為業。逮入清代，以弟子員附郡縣學籍者，凡七輩。[1]

宗棠之三代。

曾祖諱逢聖，字孔時，一字仁鄉，縣學生員，生平舉止端嚴，所讀經史，皆手錄，著有《存塾文稿》數卷。妣氏蔣，宗棠生時，均已前卒。[2]

祖諱人錦，字斐中，一字松垫，國子監生，律躬嚴，閒家肅。妣氏楊，宗棠生三歲而祖妣卒，六歲而祖卒。[3]

父觀瀾，字晏臣，一字春航，縣學廩生，以善書名。貧居教授二十年，循循善誘，數載之間，入學食廩，一時從遊者甚眾。其教人為文，必依傳注詮經旨，不尚藻繪。其教於家者，必本於身，肅然翼然，尊卑相下，罔敢稍越。妣氏余，宗棠生十六歲而妣卒，十九歲而父卒。[4]

宗棠兄弟三人。

伯兄諱宗棫，字伯敏，一字瑟卿，縣學廩生，能文，年二十五而卒，嗣子世延。[5]

仲兄諱宗植，字仲基，一字景喬，亦嘗自號珠嶺樵夫。道光五年（1825）拔貢，十二年（1832）中式湖南本省鄉試第一名舉人，俗稱解元。官桂東縣教諭，改內閣中書。時祁寯藻方以大學士值軍機處，宗植故寯藻在湖南學政任所取士，相知甚深。太平軍起，宗植因為寯藻言曾國藩足當大任，並舉江忠源幹樸任軍旅，其後二人果均以功名顯。詩尚樸忌巧，務苦吟，為古文辭，先根底後枝葉，所著《樸學齋存稿》，宗棠為分刻之，曰《慎庵文鈔》二卷，《慎庵詩鈔》二卷。尤精天文，於

中西法各有所取，嘗考訂《古開元占經》行世。工四體書，顧不常為人作。年六十九而卒。三子，澂字癸叟，官浙江定海廳同知；潛字壬叟，算學甚邃，亦能文章；渾字丁叟，號厚齋，又號彥沖，亦通天文，自其童年，即能指畫星次，辨其經緯，自五經傳注及史漢之書，皆為之正句讀，辯偽誤，寫定之本，逾二三尺。[6]

宗棠其季也，故字曰季高，大排行十三。[7]

宗棠有姊三人。

長姊壽清。在室以書算操作自任，勤縫績，侍父母起居飲食，疾痛扶持，殆無一日無一事不躬親之。歸長沙朱震昶，敬以事姑，和以接姒，勤儉以自處，族黨稱賢，無異詞。而性方嚴，即在夫婦間，未嘗見戲謔之色。家貧甚，艱於生計，因病咯血，不永其年。[8]

次姊歸張。[9]

三姊歸巴陵周連舫，有懿則，為重闈所悅，惟處境艱虞，亦恆苦病骨支離焉。[10]

宗棠生於嘉慶十七年（1812）十月初七日。[11]

宗棠年二十一，娶於湘潭周氏，諱詒端，字筠心，與宗棠同年生，先宗棠卒，年五十九。夫人言動有法，治家有條理，教兒女慈而能嚴，待僕媼明而有恩。年三十五，始得子，愛憐之甚，然自能言以後，教必以正。兒甫三歲，即削方寸版，書千字文，日令識數字，檢前人養正圖，為之解釋。坐立傾欹，衣履不正，必呵之。中年患肝疾，自是荏弱善病，齋食日多，非祭祀、賓客，不設雞鶩，朔望分肉，必先僕媼。僕媼受僱久，辭歸，臨行，無不感且泣。尤能體會宗棠之心，有以曲成其志。宗棠不屑於功名利祿，故夫人從不以世俗語相聒。宗棠國而忘家，公而忘私，故夫人從不以家人生產瑣屑相悶。當宗棠未遇時，夫人雖以富室千金，茹粗食淡，操作勞於村媼。及宗棠顯貴，夫人亦未嘗稍露驕矜，仍以節約自持，蓋與宗棠黽勉同心，初終一致，不啻閨中之知己也。夫人之歿，宗棠方在甘肅之平涼軍次，親誌其墓而為之銘曰：「珍禽雙飛失其儷，繞樹悲鳴淒以厲。人不如鳥翔空際，側身南望徒侘傺。」往事重尋，誠不堪回首矣。[12]

　　宗棠年二十五，以伯兄所遺二子俱殤，仲兄年三十四，尚無子，筠心夫人連生二女，而體弱多病，遂納副室張夫人。張夫人亦籍湘潭，固筠心夫人女隸，能佐筠心夫人內政，謹篤自將，米鹽浣紉之事，舉身任之。筠心夫人生男無乳，張夫人嘗與己所生並哺之。筠心夫人所生男卒，遺孤又失母，張夫人撫之成立，故宗棠亦賓敬有加。然以感念筠心夫人故，特虛正嫡之位。光緒五年（1879）張夫人省宗棠於甘肅之酒泉，垂垂老矣，有尊以官太太者，宗棠猶為正其誤，以為名義攸關，未容僭越。張夫人亦柔從聽侍，執妾媵之禮以終身，後宗棠四年卒，年七十五。[13]

　　於是宗棠有丈夫子、女子子各四，依其出生之序述之。

　　長女孝瑜，字慎娟，筠心夫人出，歸按察使銜四川候補道員安化陶桄，字少雲，故兩江總督陶澍子。[14]

　　次女孝琪，字靜齋，筠心夫人出，生半歲，患急驚風症，誤服補藥成廢，在室四十年而卒。[15]

　　三女孝琳，字湘娸，張夫人出，歸江西候補道員湘潭黎福昌，字爾民，故河南道監察御史吉雲子。[16]

　　四女孝瑸，字少華，筠心夫人出，適從九品湘潭周翼標，字道生，筠心夫人弟詒晟子，均先宗棠卒。[17]

　　長子孝威，字子重，筠心夫人出。生時值久旱，宗棠在安化陶氏家塾，忽夢雷電繞身，大雨如注。數日，家書至，知是日舉一男，喜而命曰霖生。孝威幼承家學，耳濡目染，慨然有經世之志。初宗棠贊湖南巡撫張亮基軍事，孝威尚在髫齡，已能條舉戰狀，如聚米為沙，又品評諸將優劣，如銖稱量衡。既宗棠出而為國戮力，孝威則捫擋家事，不遺毫髮以上。天性至孝，外則憂其父，內則婉言柔色，以事其母。愛其群弟，以及於親族，下至臧獲廝養，咸有恩意。精小學，能篆書，研究許氏《說文解字》，每多創獲。善為詩古文辭，顧欿然不足，無幾微顯於顏色。年十七，為同治元年（1862），與宗植子渾同中式湖南本省鄉試舉人。四年（1865），以三品蔭生，試優等，特賞主事。娶善化賀熙齡女。熙齡，宗棠師也，均先宗棠卒。先是，筠心夫人既歿，孝威省父於

甘肅之定西，宗棠每督師在外，必居帳幕，示與士卒同甘苦。孝威至，宗棠亦宿之幕中，幕有間隙，孝威不禁寒風而不敢言。又宗棠命擬治文書稿，不合，輒怒呵之。坐是致疾，宗棠命南旋調養，終於不起。後宗棠知其情，悔恨莫及。[18]

次子孝寬，字子立，小名潤，張夫人出。府學附生員，性鈍拙，劉長佑為雲貴總督，嘗欲委赴廣東勸辦捐輸，宗棠為辭以弗勝。娶余東安之女，宗棠母再女侄也。[19]

三子孝勳，字子建，張夫人出。附貢生，官兵部武庫司主事，娶夏廷樾季女，籍江西新建。廷樾曾任湘陰縣知縣。道光二十八、九年（1848─1849）水災，與宗棠共籌辦賑務。太平軍興，廷樾以候補道員需次長沙省城，復與宗棠共任防守事宜，遂以友好訂為婚姻。[20]

四子孝同，字子異，小名湯，張夫人出。廩貢生，工書法。宗棠晚年，軍諮奏牘，一倚孝同辦治。光緒二十年（1894）中日之戰，吳大澂督師出山海關，委孝同總營務，兼統五營，屯錦州，頗能調和諸將。和議成，會辦北洋機器局，改北洋營務處，已而助黃遵憲辦長沙省城保衛局，奸偷衰息，市廛晏然。久之，奉召以四品京堂候補，歷遷至宗人府府丞，出為江蘇提法使，署布政使。娶於湘鄉王鑫之女也。鑫為湘軍宿將，又為宗棠所重，遂亦申之以婚姻，所謂願乞將種者也。孝同之為江蘇提法使，會武昌起義，江蘇巡撫程德全宣佈反正，孝同大罵而行，由是徜徉上海，自號逸叟，說者謂猶有宗棠伉直之遺風。[21]

2 孝義清寒之家世

左宗棠之家世，孝義之家世也。可以仲兄宗植所作《族譜公序》為說明：

> 吾族自湯盤公登宋嘉定進士，歷官兩浙路採訪使，浙民愛之，為立去思碑。明心南公於萬曆間官直隸行唐縣知縣，知深州事，旋擢遼東監軍道，參經歷熊廷弼軍事有聲，廷弼甚倚重焉。公從祖弟廩生任庵公，值張賊犯長沙，逼以偽官，抗節不屈遇害，一門忠孝，照曜湖湘間，烏虖尚矣。國家承平二百年，吾族支派，日以繁衍，為士者以文章行誼相底飭，服官者以勤慎廉正為操持，其間忠孝節義，往往散見於郡邑之志載，及家乘之所傳聞，鄉人士類能言之。大凡左氏自南宋以來，雖族大丁多，然作奸慝、犯典刑、罰滿杖以上者，蓋六百年無有也。官爵名位雖不顯，然以貪墨致敗及以計察拾遺廢斥者，六百年來無有也……[22]

湯盤公，諱大銘；心南公，諱天眷，實為宗棠九世祖。[23] 張賊即指明末流寇張獻忠也。

至宗棠曾祖，性恭愨，大父染疾數年，雖異居，與其父朝夕侍奉，嘗親持穢服，臨江浣濯，涕泗交流，見者歎其誠。家雖貧，好施與，嘗於高華嶺施茶數年，以濟行人。乾隆十七年 (1752) 歉收，典衣服，與富人之樂善者，就袁家鋪共作粥為賑。[24] 祖好敦睦家族，推及鄰里，嘗仿社倉法，倡捐穀為族倉，以備凶荒歲歉，而左氏無饑人，著有族倉條約。[25] 又在長沙省城，創建宗祠，而由宗棠父踵成之。[26] 而宗棠答賀熙

齡書曰：

前蒙垂詢敝族譜中所列訓家各條，歸時曾檢閱，大旨不過教孝崇禮，勸學務本而已。唯當時族尊房長，類皆躬秉義程，實心課督，故子弟之率，不敢不謹。又聚族而居，相距甚近，丁口甚寡，近者才數百人，防檢易周，訓誡易遍，有不率，則傳集宗人，臨之以祖，數其過而杖之，其人亦羞愧惶汗，不敢復有所犯。當先大父在日，族中閒手乞食者，絕少其人，酗酒博戲，則絕無其事，此亦一時之效矣。……[27]

尤可見孝義家風之所由養成焉。

宗棠之家世，亦清寒之家世也。祖遺田數十畝，歲收租穀只四十八石，而一家多至十口，食用常不給。[28] 其時生活之艱苦，可以宗棠《二十九歲自題小像》詩句為說明：

硯田終歲營兒哺（自注：父授徒長沙，先後廿餘年，非脩脯無從得食），糠屑經時當夕飧（自注：嘉慶十二年〔1807〕吾鄉大旱，母屑糠為餅食之，僅乃得活，後長姊為余言也，傷哉！）……

機雲同住素心違，堪歎頻年事事非。許靖敢辭推馬磨，王章猶在臥牛衣。命奇似此人何與，我瘦如前君豈肥。……

九年寄眷住湘潭，廡下棲遲贅客慚。……[29]

當父母在時，已難維持生活，父母故後，兄弟既被迫分離，必須各尋出路，夫婦亦不能獨立，只得依傍外家，於是雖以豪放之宗棠，不能無所慨歎。

然此種孝義清寒之家世，仍為宗棠所貴重，常以保持此家世，詔示家人。

我總以世澤之興隆，要多出勤耕苦讀子弟，家祚之昌盛，總在忠孝節義，他不貴也。……[30]

而宗棠於保持之道，更自有其說：

治家之道，與治國同，其規模不可以不宏且遠也。鰥寡孤獨
月有餼，則窮宗之無告者有託矣。公田族倉歲有蓄，則貧難之遭
荒者不死矣。胎養之穀、育嬰之錢具，則子女之不能舉者育矣。
恤嫠之堂、孤兒之社成，則苦節之不自存者全矣。義塾之設，大
課之程，試卷之資，獎賞之費備，則孤寒之不能讀者勉矣。然後
立族正宗長以督之，擇子弟之能者經紀之，考冠婚喪祭之禮以整
齊之，仲春仲冬大祭，祭畢而宴以聯絡之，宴畢揭家訓而申儆
之，察其賢者而尊獎之，察其不率者而訓責之。誠如是，則其家
亦庶幾乎治也。事目雖多，然丁少之家，不過躅數千金之產，即
可集事，蓋諸事非必並舉於一時，有數千金之產在，則歲收其租
入，積而累之，一事之經費足，再營一事，相其緩急為先後，不
虞其不給也。天富一人，實以眾貧者託之。祖宗佑一人，即以子
孫託之。一時為之不足，則俟諸異日，一人為之不足，則俟諸眾
人。此蓋有家者所必不可少之事，而保世承家，可大可久之道也。
……[31]

其後宗棠捐辦仁風團族倉，[32] 捐建長沙左氏試館，[33] 捐修合族祠堂
與家塾，[34] 捐輯宗譜，[35] 以及資助宗人，[36] 要皆發於此一念。而筠心夫
人與長子孝威均能任恤睦姻，慷慨無吝（參閱七十三節），可謂能繼續
孝義之家風，而尤難能可貴者，為一門至行。

筠心夫人夙有肝疾，聞其季女孝瑸殉婿之耗，遂不旬日而病發以
歿。[37] 而孝瑸之殉其婿也，絕食吟詩曰：

兢兢一念隨夫婿，自是綱常大義存。
寄語高堂休感悼，他生重與侍晨昏。[38]

抑何從容不迫哉！宗棠長子孝威，奉母純孝，嘗於母病時，刲臂以
進，及母之歿，旋亦哀毀以卒。而孝威之病也，其婦賀氏並嘗刲臂以

進，孝威既不起，憂傷甚，徒以兒幼，未遽殉，越兩年兒稍長，仍以思夫病卒。[39] 又宗棠仲兄宗植，晚年喪其愛子渾，亦以思子情切，不久病歿。[40] 而當其子病時，婦郭氏亦嘗刲臂和藥以進。既卒，不食三日，屑金服之，皆不死。越四年而病，拒醫藥不御曰：「死，我志也，何醫為？」其姑諭之，為進一匕，已而竟卒。[41]

一門之內，既有女殉婿，有子殉母，有婦殉夫，復有父殉子，有母殉女，似非偶然。按以生物學遺傳之說，殆先世孝義之風有以漸漬而致。夫謂刲臂可以療所親之病，本無是理。為所親而殉，尤不足為訓。所可稱者，此種至行，乃發生於至性至情，苟發揮而光大之，可以為公殉職，為國殉難，即所謂見義勇為，與殺身成仁等犧牲精神，無不胚胎於是。昔稱求忠臣於孝子之門，無非謂凡能孝於其親者，必有一股真摯之性情，足以推於君而效其忠耳。即如婦孺共知之岳飛與文天祥，一方固為忠臣，一方亦為孝子，故用此原理，我人可以作為觀人之一法。其在家庭有慚德者，即為人恐難信賴。漢光武廢后，嚴光乃求去惟恐不速，誠以糟糠之妻，猶棄之如遺，更何有於貧賤之交也？

然孝義之家世，固賴此持續矣。而清寒之家世，則自宗棠貴而逐漸蕩然。宗棠雖頗不欲以貴自居，且以貴為戒，當平定兩浙，獲封伯爵時，有訓孝威書曰：

> 辭伯爵第二疏，未承俞允，不敢不謝恩。然自慚德薄能淺，無以仰承恩眷，析薪未克，負荷更難。正恐漸流入紈綺一類，隳我家寒素耕讀之風。即如閩東泉州一郡，五等之封均有，今之能世其家，號稱無忝者，曾幾人耶？言及此，爾當引以為懼，不可高興以重我過。……[42]

當筠心夫人既歿，覓地卜葬時，又有訓孝威書曰：

> 但得平穩夷曠之區，可避五患，即佳壤也。不必深求將來，亦不必豐碑大塚，致遭異患。我前過北邙，僅見白楊數樹，碑碣

俱無。渡渭而北，見陵墓尤多，陪葬大塚，亦復累累在目，然皆禾黍高低，牛羊踐履而已。千百年後，陵谷變遷，聖賢仙佛，均不可復問，幾見體魄之長存乎？……[43]

以此，宗棠常不欲諸子從事科名，以仕官承家，而再三諄囑曰：「要守六百年家法，有善策，還是耕田。」曰：「是好子弟耕田讀書。」曰：「慎交遊，勤耕讀。」晚年復為諸孫讀書，以家書訓二子孝寬、三子孝勳曰：

> 我平生志在務本，耕讀而外，別無所尚。三試禮部，既無意仕進，時值危亂，乃以戎幕起家，厥後以不求聞達之人，上動天鑒，建節錫封，忝竊非分。嗣後以乙科入閣，在家世為未有之殊榮，在國家為特見之曠典，此豈天下擬議所能到，此生夢想所能期？子孫能學我之耕讀為業，務本為懷，我心慰矣。若必謂功名事業，高官顯爵，無忝乃祖，此豈可期必之事，亦豈數見之事哉？或且以科名為門戶計，為利祿計，則並耕讀務本之素志而忘之，是謂不肖矣。……[44]

在宗棠鑒於世家大族之難以持久，故一以富貴為可懼，務欲仍以耕讀維持其清寒之世澤。然為子孫者，既承父祖高官厚祿之餘蔭，居移氣，養移體，其不能復續清寒之生活，亦勢使然也。

3　一門風雅

左宗棠兄弟，並有時名。伯兄宗棫，不幸早亡，而仲兄宗植，尤以詩古文自豪，有湖南四傑之稱，謂邵陽魏源，郴縣陳起詩，益陽湯鵬，並宗植也。[45] 宗棠作宗植《慎庵詩文鈔》序，頗敘兄弟少壯時論文談藝之勝概：

> 道光十二年（1832），余與仲兄同舉於鄉，出與諸老先生遊，嘗以文學竊時譽，中間課徒自給，去家輒千百里，不常聚處。歲晚歸，輒出所著錄，相眠或夜談國故，指列時事，不欲使外人知也。然學求心得，不尚苟同，嘗各持所見相辯難，得失未析，輒齗齗然。余所學，不逮兄遠甚，兄於余所業，亦少所許可。每劇談竟夕，爭駁不已，家人乃溫酒解之。酒後，或仍辯難，或遂釋然，雖諧語，常露憨態，回思多可笑者。時事方棘，兄處弟出，蹤跡不可合並。同治六年（1867），余由閩浙移督秦隴，兄攜子渾，視余漢上，相持而泣。時兄病嗽久，肌膚銳減，飲饌量腹而後進，余則誦兄所作詩文侑酌娛之。兄喜，每盡一觴，帳下健兒環聽，相睨而笑，蓋非復曩者送疑推難喧競之態矣。……[46]

而宗棠女兄三人，亦均能詩，其季適周氏者尤工，著有《幽香閣吟草》。[47]

當宗棠初度會試報罷而歸也，悉舉先世遺產，畀伯兄嗣子世延，而自攜妻孥，寄居外家湘潭之隱山。逾年，恥不能自食，又乞外姑西頭屋，別爨以居，所謂桂在堂西樓者也。於是宗棠鍵居樓中，肇事方興家

言，手畫其圖。易稿，則筠心夫人為影繪之。[48] 筠心夫人夙嫻翰墨，故宗棠作夫人墓志銘，頗及伉儷讀書之樂事：

> 常時斂衽危坐，讀書史，香爐茗碗，意態翛然。每與談史，遇有未審，夫人隨取架上某函某卷視余，十得八九。……[49]

而筠心夫人妹茹馨夫人詒繁者，婿於張聲玠，同僦居外家。宗棠作聲玠子起毅墓碣，更敘兩家往還之嘉話：

> 余與玉夫時皆貧甚，同居桂在堂西，兩宅中隔一院。兩人旅食於外，每臘歸，輒設茗酒相溫，出篋中文字共評之，或道時務所宜為者。諧謔間作，嬉酣跌宕，興甚豪，漸顧玉夫所生三兒，已參差繞坐矣。……[50]

筠心夫人與茹馨夫人均承母教，嫻吟詠，已又傳之諸女。宗棠長子孝威嘗輯成《慈雲閣詩鈔》，宗棠為之序，而追記其傳授之韻事：

> 外姑幼工詩，歸先外舅周衡在先生，倡隨相得，吟事益典。外舅歿後，孤就外傅，以詩課兩女。長詒端，字筠心；次詒繁，字茹馨，適張君聲玠。道光末，余移家湘上，外姑念女及諸外孫甚，時攜孫女翼枕來柳莊，暇以詩課諸孫。每夜列坐，誦聲徹戶外。時茹馨夫人隨張君官元氏，亦常以詩寧母，外姑每顧而樂之。……[51]

《慈雲閣詩鈔》所涵，即母、若女、女孫，及外女孫三代之作也。筠心夫人與諸女詩如下：[52]

夫人《飾性齋遺稿》，古體八首，近體一百三十一首，錄其《秋夜偶書寄外》云：「遠聽飛鳥繞樹吟，銀河耿耿夜三更。半窗明月吟蟲急，一夜西風落葉清。身世蒼茫秋欲盡，煙塵潯洞歲多驚。書生報國心長

在，未應漁樵了此生。」時宗棠當猶在安化陶氏小淹書館，故夫人於描寫離別之情緒中，寓以慰勉之意。稿中有詠史七律四十九首，自秦始皇訖張居正，以一女子而上下議論數千年，實為特色。

長女孝瑜《小石屋詩草》，近體十四首，錄其《送別德媗妹》云：「柳外驚啼鳥，花前倒玉缸。春風濃欲醉，別思遠難降。細草城邊路，輕帆水上艭。送君從此去，掩淚各成雙。」德媗，翼枬字也。

次女孝琪《猗蘭室詩草》，古近體共七十九首，錄其《除夕獨坐偶成》云：「寂寞深閨淚暗流，思親今夜更添愁。庭梅細破東風暖，伴我低徊獨倚樓。」時宗棠猶在西征，而筠心夫人謝世且三年，於是詩成不二月，而孝琪亦奄忽以去矣。

三女孝琳《瓊華閣詩草》，近體五首，錄其《寄靜齋姊》云：「垂柳絲絲拂碧苔，梨花飛盡牡丹開。懷君正惜春將去，惱殺啼鵑不住催。」靜齋，孝琪字，《猗蘭室詩草》中對此詩有步原韻之作，想見當日姊妹酬唱之樂。

四女孝瑸《淡如齋遺詩》，近體十三首，錄其《孤雁》云：「哀音遙度暮雲寬，孤弱誰憐飲啄難。燕塞月明頻夜夢，衡陽峰色幾回看。情傷比翼飛偏後，意怯同群影自寒。念爾煢煢棲託苦，何如遠翥學青鸞。」言為心聲，殆為殉夫先兆歟？

其後宗棠女孫又宜，字鹿孫者，亦擅吟詠，尤工倚聲，歸新建詞人夏敬觀為繼妻。著有《綴芬閣詞》一卷，且工刺繡，嘗繡三村桃花圖，綴敬觀《驀山溪詞》其上，見者驚歎。按筠心夫人亦嘗繡漁村夕照枕，寄宗棠，題詩云：「小網輕舠繫綠煙，瀟湘暮景箇中傳。君如鄉夢依稀候，應喜家山在眼前。」又宜之作，可謂家學淵源，而又宜更精疇人術，一多才多藝女子也。[53]

於是宗棠之姊、若妻女、若女孫，盡屬女詩人，洵為一時佳話。惜諸人身世，或多病，或早逝，或婿家貧乏，類頗可悲，豈誠《幽香閣吟草》中所謂「福慧雙修自古難」耶！[54]

4 別號與自諡

　　國人對於子女命名稱號，殆不外紀念、頌禱、誡勉與期望四義。及其長而自題別號，則自一二乃至十數不等。而國人所居之室，又好賦以名，如某某齋，某某廬，或本無此室，僅同引如別號。其意義亦不出乎上列四端，斯本殊無謂。然吾人於此，頗可發見其人思想、願望，與夫境遇等等。人生歷程之遷化，故亦可謂別號或室名者，即其人意志之表示也。

　　左宗棠一生所用自號與室名凡四。曰慎餘閣，時則第三次會試報罷南旋，方分類抄輯經史，而亦以名其鈔本者也。曰湘上農人，時則方移家柳莊，頗從事畎畝，無復功名意念，自期常為農夫以沒世矣。以暇復為農家言，分類撰著，曰《樸存閣農書》，樸存其又一室名也，而亦嘗以樸存為別號。[55] 及入湖南巡撫幕府，參贊軍機，常自比於孔明，故喜自號葛亮，郭嵩燾嘗敘其事：

> 　　曾文正善詼談，胡文忠公益之以諧謔，恪靖左侯獨喜自負，嘗自署葛亮。洎意城治軍事，相與謂之老亮、新亮。周壽山侍郎丁巳（1857）病武昌，自顧身為僧，而嵩燾為南嶽老僧，相見痛哭。既愈，言其狀於胡文忠公，又謂嵩燾為南嶽長老。……[56]

　　文中所謂意城，即郭崑燾，嵩燾之弟，與宗棠同在湖南巡撫幕府者也。

　　宗棠之自擬於諸葛亮，一般人或以為指其能運籌帷幄，指揮若定，如世俗所謂軍師者然。然若以宗棠一生與諸葛亮比較，即在其他出處與

德性等方面，亦多相似，試列舉之：

（一）史稱諸葛亮未遇時，家於南陽隆中，逍遙而耕隴畝，苟全性命於亂世，不求聞達於諸侯。逮劉玄德三顧草廬，始為出岫之雲。　宗棠初亦躬耕柳莊故里，無心問世，當太平軍既起，且深入白水洞避亂，經湖南巡撫張亮基與駱秉章[57]先後禮聘，復以友好勸勉，方為入幕之賓，終於出山而戡定大難。

（二）史稱諸葛亮發教軍事，文采不豔，過於丁寧，而經事綜物，夙興夜寐，罰二十以上，皆親省覽，又常自校簿書不輟。　宗棠初在幕府，固已勞神案牘，無片刻之暇，當其出而典兵，仍復事必躬親，即營帳中據白木案，手披圖籍，口授方略，自晨至於日昃，矻矻不少休。縱軍事旁午，官書山積，亦必一一省治，最下裨校寸稟尺牘，皆手自批答，示以要領。[58]

（三）史稱劉備託孤於諸葛亮，諸葛亮涕泣言曰：「臣敢不竭股肱之力，效忠貞之節，繼之以死。」及出師北伐，又表於劉禪曰：「成事在天，謀事在人，鞠躬盡瘁，死而後已。」卒至大星殞五丈原頭，恰如所言。　宗棠亦嘗言：「凡事只能盡我心力圖之，利鈍固未可逆睹也。」又云：「利害死生之際，庸人畏避而不敢前，且或託為明哲保身，以文其懦，獨慷慨仗節之士，義憤所激，其事之克濟與否，舉非所知，而必不肯淟涊韜晦，以求免其難，夫亦盡我心之所安而已。」曰盡我心力圖之，曰盡我心之所安，皆鞠躬盡瘁，死而後已之精神也。夫然，故其西征也，不憚黃沙萬里，身處絕域者十載，及其督師福州，與法抗戰，雖未有所成，而臨終夢囈，固猶不忘殺敵也（另詳七十四節）。[59]

（四）史稱諸葛亮用兵謹慎，司馬懿畏之如虎，故有死諸葛走生仲達之妙事。　宗棠一生行軍，亦處處力求質實，嘗有「慎之一字戰之本也」之語。推之一切，則謂「凡事慎之於始，庶可善其後」（另詳四十七節）。[60]

（五）史稱諸葛亮表於劉禪曰：「成都有桑八百株，薄田千畝，子弟衣食，自有餘饒，不別治生，以長尺寸。若臣死之日，不使內有餘帛，外有贏財。」　宗棠亦常教諸子以力田自給，雖仕官二十餘年，出將

入相，極一世之榮，而身後遺產寥寥。當其在陝甘總督任之晚年，擬處分所積廉餘，僅有二萬五千兩，蓋亦嘗誓不欲以餘帛餘財自污素節也（另詳七十五節）。[61]

綜上所述，曰淡泊，曰勤勞，曰忠貞，曰謹慎，曰廉潔，兩人固有相同者，夫諸葛亮允為我國第一流之政治家。故宗棠之自號葛亮，殆不必為誇大，亦不必為詼諧，倘正所以隱示其欽仰諸葛亮，而欲模仿諸葛亮乎！然兩人性情，亦有其不同處，諸葛亮善用度外人，即不問其人是否與己同臭味，只問其是否有才。而宗棠用人，則每限於與己氣誼相投者，範圍較窄，此則宗棠之所以終不逮諸葛亮歟？

當宗棠之督師長征，馳驅王事也，又嘗欲自諡曰忠介先生，見於致崑燾書：

> 自巨寇猖狌以來，辦賊諸公，除滌、詠兩帥外，絕少實心之人。兄以一書生，受特達之知，與眾人異，當盡其心力所可到者為之。滌公謂我勤勞異常，謂我有謀，形之奏牘，其實亦皮相之論。相處最久，相契最深，如老弟與詠公，尚未能知我，何況其他。此不足怪，所患異時形諸記載，毀我者不足以掩我之真，譽我者轉失其實耳。千秋萬世名，寂寞身後事，吾亦不理，但於身前自諡曰忠介先生可乎？一笑！……[62]

曰忠，曰介，確足狀其一生，實則忠即可以包括上述之勤勞、忠貞與謹慎，介即可以包括上述之淡泊與廉潔，其意仍是一貫。宗棠之歿也，清廷賜以美諡曰文襄，宗棠如有知，當不願以彼易此也。

宗棠與人書，又嘗自署柳莊居士及退宜軒主人，則為故不欲留真姓名，蓋偶一為之者。[63]

5 少年狂態

左宗棠自幼為家庭中寵物，祖父嘗攜之步上宅後小山，掇鮮栗盈掬，歸貽兄若姊，不自食。因喜曰：此子幼時分物能均，又知讓而忘其私，異日必能昌大吾門。[64]

始受學，每聽父講授生徒及長、次兩兄誦讀之書，輒默誌不忘。偶屬對，穎悟異人。一日，父課長、次兩兄讀《井上有李》文，至「昔之勇士，亡於二桃，今之廉士，生於二李」句，因問二桃典何所出，宗棠在側，應聲曰：古詩《梁父吟》有之。時方四五歲，蓋即平日所聞兩兄誦讀者也。父為之喜，逆知其不凡。然宗棠恃愛，日誦所授書畢，便跳跟嬉戲。[65]

稍長，讀史，慕古人大節，工為壯語，視天下事若無不可為。年九歲，始學為文，每成一藝，恆自詫，以示儕輩。[66] 既娶筠心夫人，儌居外家，會試三度報罷，可謂窮愁潦倒，猶自為楹帖云：

> 身無半畝，心憂天下；
> 讀破萬卷，神交古人。

其卓犖不羈，天性使然也。後督師西征，重書此楹帖，懸之家塾，以示諸子，並為跋語：

> 卅年前作此語，以自誇，至今猶時往來胸中，試為兒輩誦之，頗不免慚赧之意，然志趣固不妨高也。安得以德薄能鮮，謂子弟不可學老夫少年之狂哉？ [67]

細味其詞，仍挾有狂態，而宗棠是時，年且六十矣。

宗棠家書：「每一念及從前倨傲之態，誕妄之談，時覺慚恧，爾母或笑舉前事相規，輒掩耳不欲聽也。」[68] 是為少年狂態自畫供狀。宗棠家書，均作於出山之後，居然懺悔前塵，侃侃教子矣。不知此叱咤風雲之英雄，在筠心夫人眼底，正猶留其少壯時代不少妙人妙事也。

宗棠年二十二，參與會試被擯，有《燕台雜感》八首，其前四首云：

世事悠悠袖手看，誰將儒術策治安。
國無苛政貧猶賴，民有飢心撫亦難。
天下軍儲勞聖慮，升平弦管集諸官。
青衫不解談時務，漫捲詩書一浩歎。

紇烈全金功亦巨，李悝策魏術非疏。
公孤自有匡時略，災異仍來告讖書。
不惜輸金籌拜爵，初聞宣檄問倉儲。
廟堂袞袞群英在，休道功名重補苴。

西域環兵不計年，當時立國重開邊。
橐駝萬里輸官稻，沙磧千秋此石田。
置省尚煩他日策，興屯寧費度支錢。
將軍莫更紓愁眼，生計中原亦可憐。

南海明珠望已虛，承安寶貨近何如。
攘輸齮俗同頭會，消息西戎是尾閭。
邾小可無懲薑毒，周興還誦旅獒書。
試思表餌終何意，五嶺關防未要疏。[69]

批評時事，發抒己見，此即所謂壯語，亦即所謂狂態。然吾人於此，頗可窺見宗棠一生抱負。以後治軍、理財、安內、攘外，殆亦無不

由此時之感想，演化為異日之事功。

又當鴉片戰爭時，所謂五嶺關防者，形勢驟形嚴重，宗棠適在安化陶氏家塾，憤慨之餘，致書其師賀熙齡，表示所以應付：

> 竊念彼族包藏禍心，為日已久，富強之實，遠甲諸蕃，兵威屢挫之餘，尤足以啟戎心而張敵膽，誠欲勾當此事，非但不能急旦夕之功，而亦並不能求歲月之效。故今日情形所最急者，必在一省之力，足當一省防剿之用，而後可以省兵節餉，為固守持久之謀。其策如練漁屯，設碉堡，簡水卒，練親兵，設水寨，省調發，編泊埠之船，設造船之廠，講求大筏軟帳之利，更造炮船火船之式，火藥歸營修合，兵勇一體敘功，數者實力行之。畫疆為守，明定約束，天子時以不測之恩威行之，庶幾在我無勞費之苦，而海上屹然有金湯之固。以之制敵，即以之防奸，以之固守，即以之為戰，天下事其終可為乎。山齋無事，每披往昔海防記載，揆度今日情形，敢謂帷幄之籌，似無以易此。……[70]

此亦即所謂壯語與狂態。然鴉片戰爭而後，海防日急，四十年後，宗棠兩度督師閩浙，一度總督兩江，其對於海防之設施，多本此時所研究，則似未可概以少年狂態例之。

又如《題孫芝房蒼筤谷圖》有句：

> 頻年兵氣纏湖湘，香杳郊坰驅豺狼。
> 避地愁無好林壑，桃源之說誠荒唐。
> 還君茲圖三歎咨，一言告君君勿嗤。
> 楚人健鬥賊所憚，義與天下同安危。
> 今縛湘筠作大帚，一掃區宇淨氛垢。[71]

此亦即所謂壯語與狂態，然其後果以楚軍平天下，最後四句，轉若預言。

抑為人氣質變化最難。宗棠之狂，年事已大而後，縱力自抑制，且以教子，然即就家書以觀，仍多自然流露。如長子孝威中舉後，宗棠不欲其遽赴會試，誠謝絕宗人餽贈，為預擬一啟事，囑榜諸宗祠，其文曰：

> 奉到浙江大營來諭，明歲且緩北上。凡宗族戚黨惠贈程儀者，概不敢領，孝威敬白。[72]

竟以浙江大營為父之代名詞，抑何誕妄可笑也。又為兩江總督時，出省巡閱，抵上海，家書記其事：

> 到上海時，中外官紳商民陳設香案，親兵及在防各營列隊徐行，老稚男婦，觀者如堵，而夷情恭順，升用中國龍旗，聲炮致敬，較上次尤為有禮。胡雪巖及印委各員與隨行員弁皆竊謂從來未有也。……[73]

想見其又得意忘形矣。是時宗棠年七十二，是書為家書中最後一通，少年狂態，到老未化。

6 師友淵源

　　左宗棠年四歲，始隨祖父讀書梧塘，五歲以後，均隨父讀書，不名他師。[74] 年十九，父歿。次年，方就外傅，讀書長沙省城城南書院。主講席者，宿儒賀熙齡。熙齡之為教，辨義利，正人心，諭多士以立志窮經，為有體有用之學，於宗棠並授以漢宋儒先之書。[75] 而於宗棠之志大言大，未嘗不致偉重。後熙齡入都，宗棠與同門諸子送之江干，熙齡答詩有云：「看子狂瀾回障手，老夫猶覺氣縱橫。」舟過九江，又有懷宗棠詩云：「六朝花月毫端掃，萬里江山眼底橫。開口能談天下事，讀書深抱古人情。」自注：「季高近棄詞章，為有用之學，談天下形勢，了如指掌。」蓋深許之也。然亦寓書告以《論語》一書，每於容貌辭氣之間，兢兢致謹，隱微幽獨之中，戒慎必不容緩，則又深誡之矣。[76] 宗棠亦自知氣質粗駁，動逾閑則，認為先儒「涵養須用敬」五字，真是對症之藥。爰上書表示，願深自刻厲，嚴為課程，先從寡言與養靜兩條，實下功夫。[77]

　　熙齡兄長齡，亦喜宗棠，一見推為國士。嘗語以天下方有乏才之歎，幸無苟且小就，自限其成。時宗棠方弱冠，頗好讀書，苦貧乏，無買書資，適長齡居憂長沙省城，發所藏官私圖書，備之披覽。每向取書冊，必親自上樓檢授，數數登降，不以為煩。還書時，必問其所得，互相考訂，孜孜矻矻，無稍厭倦。長齡嘗纂《經世文編》一書，為清中葉以前名臣巨儒發表其對於學術與政事之思想之結集。宗棠於是書研討甚深，其原書存於家者，後人猶見丹鉛滿紙焉。長齡又嘗著《區田說》一篇，亦為宗棠所篤嗜研究者（詳見九節）。長齡在雲貴總督任，刊佈古本六經，教民飼育柞蠶，尤為宗棠以後施政所嘗取法。[78]

是兩賀者，賞識宗棠最早，宗棠亦引為生平最早之知己也。熙齡主於性理之學，長齡優於經世之學，而其影響於宗棠一生之德性與事功，均非淺鮮。

嘉慶與道光兩朝名臣，允推陶澍與林則徐。兩人者，恆以獎進天下士為己任，而宗棠正先後為兩人所延譽。

宗棠與陶澍相識，事出偶然。陶澍任兩江總督，以巡閱江西，乞假就便回安化故里省墓。道出醴陵，宗棠方主講其地淥江書院。縣令籌備行館，煩宗棠代擬楹帖，其一云：「春殿語從容，廿載家山，印心石在；大江流日夜，八州子弟，翹首公歸。」印心石者，陶澍故鄉勝跡。入覲時，宣宗嘗垂詢及之，並為題字。於是陶澍見聯，大為擊賞。問知為宗棠作，當囑縣令延致一見，目為奇才，縱論古今，為留一宿。及宗棠第二次會試入京，獲識胡林翼。林翼，陶澍女夫也，益為揄揚於陶澍。報罷南旋，遂紆道江寧省城晉謁，陶澍款接頗殷。已而陶澍卒，宗棠館其家，為課遺孤桃。陶澍家富藏書，而尤以所庋清代憲章為最完備。宗棠以暇浸漬其中，一生政事上豐富之學識益臻成熟。[79]

陶澍之為兩江總督也，則徐任江蘇巡撫，長齡任江寧布政使。三人者，皆諳於施政，精於察吏，且彼此同心，期於共濟。三吳治績，一時稱最。於是林翼請於陶澍，密保則徐，以為兩江總督替人。宗棠夙慕則徐，而素不通問，及則徐之任雲貴總督，林翼為貴州黎平府知府，薦宗棠為則徐幕府。宗棠覆以不赴：

> 僕久蟄狹鄉，頗厭聲聞，宮保固無從知僕。然自十數年來，聞諸師友所稱述，逮觀宮保與陶文毅往復書疏，與文毅私所記載數事，僕則實有以知公之深。海上用兵以後，行河、出關、入關諸役，僕之心如日在公左右也，忽而悲，忽而憤，忽而喜，嘗自笑耳。爾來公行蹤所至，而東南，而西北，而西南，計課程且數萬里。海波沙磧，旌節弓刀，客之能從公遊者，知復幾人？烏知心神依倚，惘惘相隨者，尚有山林枯槁，未著客籍之一士哉。來書謂宮保愛君心赤，憂國形癯，巨細一手，勤瘁備至，望僕有以

分其勞。陳義至大，所以敦勉而迫促之者甚切。僕之才之學，固未足以堪此。雖然，如僕本懷，豈不亟思稍出所長，以佐萬一者哉？歐陽公辭范文正記室之辟有曰：「古人所與成者，必有國士共之，非惟在上者以知人為難。士雖貧賤，以身許人，固亦未易。」僕誠無似，然得府主如宮保者，從容陪侍，日觀其設施措注之跡，與夫蒞官御事之心，當有深於昔之所聞所見者。縱不能有當於公之意，然其有益於僕，則決可知矣，尚何疑而待執事之敦促也？顧事固有未能如我意者，孤侄年已十七，嫂急欲為之授室，期在今年。又陶婿去冬來書，預訂讀書長沙之約，僕以小女故，未能恝然。且此子從學八年，資識尚正，冀有所就，以延文毅之澤。渠夫婦現來山中，不數日，當偕之長沙，前書具陳大略，想已得覽。坐此羈累，致乖夙心，西望滇池，孤懷悵結，耿耿此心，云何能已。願我公益堅晚節，善保體素，留佐天子，活百姓，毋遽言歸。文書奏箋，在於幕府，苟不乏人，尚以時優遊齋閣，節勞簡思，永保終吉，天下之幸，亦吾儕小人愛慕公者之幸也。未敢冒昧致詞，藉通款曲，寸衷惓惓，末由自釋，執事倘能為鯫生一達此旨乎？……[80]

情致娓娓，誠有如所謂神交者矣。未幾，則徐引疾還閩，道出長沙省城，遣人至柳莊相邀。宗棠謁之舟中，則徐一見，詫為絕世奇才。則徐既卒，宗棠以書唁其子林汝舟：

十一月二十一日夜午，在黃南坡長沙寓館，忽聞宮保尚書捐館之耗，且駭且痛，相對失聲。憶去年此日，謁公湘水舟次。是晚，亂流而西，維舟岳麓山下，同賢昆季侍公飲，抗譚今昔，江風吹浪，舵樓竟日有聲，與船窗人語，互相響答，曙鼓欲嚴，始各別去。何圖三百餘日，便成千古，人之云亡，百身莫贖，悠悠蒼天，此恨何極！……[81]

追為談讌之歡，情景如畫，並致輓聯云：

附公者不皆君子，間公者必是小人，憂國如家，二百餘年遺
直在；

廟堂倚之為長城，草野望之若時雨，出師未捷，八千里路大
星頹。[82]

所謂出師未捷者，其時太平軍已起金田，清廷特起則徐，馳往剿
辦，乃遽中道而殂也。

宗棠與陶澍及則徐兩人之投契，影響於其後之功業者甚大。陶澍與
則徐均以善治理鹽務、水利、荒政為名督撫，而宗棠開府閩浙與陝甘，
亦無不於此著意，且常以成效自詡。及其蒞任兩江，則更顯欲上承陶澍
及則徐之遺緒。嘗就江寧建祠，合祀兩人，而製聯帖以張之：[83]

三吳頌遺愛，鯨浪初平，治水行鹽，如公皆不朽；
卅載接音塵，鴻泥偶踏，湘間邵上，今我復重來。

其所私淑，蓋有自矣。宗棠嘗與書吳觀禮云：「陶文毅與林文忠兩
公，當日亦各相傾倒。一雄偉，一精密，非近人所可及。」[84] 然以余觀
宗棠，則雄偉而精密，殆兼兩人之長。至宗棠在新疆之作為，或亦受則
徐一言之刺激。則徐嘗語人曰：「終為中國患者，其俄羅斯乎？」[85] 此
宗棠所以銳欲引恢復新疆自任乎？而則徐在新疆，嘗開坎井以興墾殖；
宗棠則力助張曜辦氈工以利灌溉。則徐在新疆教民紡棉織布（則徐以東
南所用紡車授土人，遂名曰林公車）；宗棠則教民育蠶繅絲，尤為規模
則徐。又則徐嘗創議儲備西洋船炮，以禦外侮，興辦畿輔水利，以解決
北方民食問題；而宗棠在福州省城，開辦船政局，晚年復擬拓製大炮，
自西北入覲時，建議以所部協治順直河道，均不啻即為貫徹則徐之主
張。想見當日湘江夜話，則徐於所蘊蓄，無所不談，而所予宗棠之印象
特深也。

則徐朋僚中，有奇才異能之士三人，均為宗棠友好。而宗棠後此之
事功，亦與三人之思想才能，有深切之關係。

　　一為魏源，長於著作才，長齡之《經世文編》，即為魏源相助輯成。則徐為兩廣總督時，曾命人譯《四洲志》與《造炮圖說》，魏源時在則徐幕府，後遂根據此兩書，並採錄其他資料，編成《海國圖志》一百卷。包括四部份，一記述當時所謂西洋、南洋、東洋各國之歷史、地理，及政治近況；二記述製造與使用西洋大炮之方法；三記述製造西洋輪船、水雷與其他各種西洋實用技藝之方法；四輯錄當時朝野人士與魏源本人應付西洋各國之方略。是書初成於道光二十二年（1842），增訂於咸豐二年（1852）。魏源主張：「以夷攻夷，以夷款夷，師夷長技以制夷。」請於廣東虎門外之沙角、大角二處，置造船廠一，火器局一，行取法蘭西、美利堅二國，各來夷目一二人，分攜西洋工匠三人至粵，司造船械，並延西洋舵師，教行船演炮之法，而選閩粵巧匠精兵以習之。工匠習其製造，精兵習其駕駛攻擊。又主張「守外洋不如守海口，守海口不如守內河」。此兩項主張，殆支配中國政府社會對外之政策與思想者，凡數十年。而其書流入日本，更成為明治維新之一大關鍵。魏源又嘗著《聖武記》一書，歷敘清初平定外蒙古、新疆與青海之事實。魏源又與當日齊名之龔鞏祚，同主新疆建省，而各有方案提供。魏源所作為《漠南北建置行省議》，鞏祚所作為《置西域行省議》。宗棠於此數種著述，多有體認。魏源於鹽漕兩務，均有深切研究。陶澍在江蘇，實現漕米改海運，淮鹽改票制，魏源實參與籌議。宗棠習聞其說，故其後總督兩江，亦以恢宏淮鹽票制為首務。[86]

　　一為王柏心，嘗居則徐雲貴總督幕府，後嘗與宗棠同居張亮基湖廣總督幕府。柏心嘗周歷陝甘各郡縣，熟知回、蒙、藏各民族習俗性情，又貫通歷代興亡成敗得失之源，寫成《樞言》一書，發表其政事之主張。清廷命宗棠為陝甘總督，他人皆勸宗棠弗往，獨柏心鼓勵其西征（詳見七十節）。[87]

　　一為黃冕，嘗從兩江總督裕謙治海防，從陶澍辦漕米海運，亦為則徐在江蘇時之屬吏。後因案戍新疆，則徐在新疆興辦水利，即命黃冕為助。迨先後蒙赦歸，則徐過甘肅，奉命平蕃，黃冕素善製造，嘗體會西法，發明爆炸炮及地雷等，則又留為則徐鑄炮。黃冕於造炮確有心得，

為當時之專家。太平軍既起，宗棠入湖南巡撫幕府，襄贊防守機宜，亦引黃冕造炮及子彈。[88]

　　由是，吾人可知宗棠師承兩賀，而上受陶、林兩氏之知，下結林翼之好，聯之以道義，申之以婚姻、學術、政事、友情、親誼，自成一系統也。

7　一攀丹桂三趁黃槐

　　清代以科舉取士，故士人圖上進者，自以應試為惟一正途。然宗棠之出身，則頗特殊。

　　宗棠年十五，始應童試，次年應府試，知府張錫謙奇其文，擬以冠軍，旋以某生年老，抑置第二名，而宗棠亦以母病遽引歸，未與院試。[89] 已而母卒，逾二年，父又卒。因連續丁憂，遂未獲再應院試，故宗棠非秀才也。

　　年二十一，服闋，納資為國子監生，經與仲兄宗植應湖南本省鄉試，宗植中式第一名舉人，宗棠中式第十八名舉人，然已失而復得。故事，鄉試同考官以各省州縣官由科目進者為之，凡試卷先經同考官閱薦，而後由考官取中，同考官所摒斥，謂之遺卷，考官不復閱之。宗棠卷故已被擯，惟是科宣宗有特命，令考官鄭重搜閱遺卷。於是考官閱薦卷畢，先搜第一場遺卷，得六人，而以宗棠卷為首。自餘吳敏樹與羅汝懷二人，後均以古文辭名家。當宗棠卷取中時，考官命同考官循例補薦，不應。比以新奉諭旨曉之，旋又調次場經文卷傳視各同考官，始無異議。其禮經文，尤為考官所擊賞，題為「選士厲兵，簡練傑俊，專任有功」，後並進御覽。顧自內簾監試官以下，仍頗疑為溫卷。按唐之舉人，先藉當世顯人，以姓名達之主司，然後以所業投獻，逾數日，又投，謂之溫卷。故所謂溫卷首，意即暗通關節之卷也。及啟糊名，知為宗棠，群疑始釋。蓋宗棠文才，早已聞於三湘七澤間矣。於是監臨湖南巡撫吳榮光亦揖考官賀得人，此考官何人，則徐法績也。宗棠以有此知遇之感，故當任陝甘總督時，既引致其文孫韋佩於戎幕，保為知府，復就其在涇州故里土門徐村之墓，特加修葺而永禁樵採。[90]

陳夔龍《重宴鹿鳴賦詩》有云:「年比看羊蘇典屬,才輸倚馬左文襄。」自注:「湘陰左恪靖侯相國壬辰(1833)鄉舉三場試卷朱墨本十四卷,至今完好,近日文孫乞余題詞。」[91]云云,此實為士林嘉話。其馳名之禮經文一篇,錄得如下:

> 選士屬兵,簡練俊傑,專任有功
>
> 人與器俱精,得其將而戎政畢舉矣。夫選士屬兵欲其精,簡練俊傑欲其嚴,由是擇有功而任之,而戎政不已畢舉哉?
>
> 且軍旅之故,難言之矣。率不習之師,執不利之器,而驅之於萬死一生之會,其心不固,其器不豫,是將以其士與敵也。官無別擇之識,將有猜疑之意,而責之出生入死之交,是君以其將予敵也。
>
> 天子何以命將帥哉?
>
> 一曰士,士不欲其眾,欲其精。一曰兵,兵不欲其多,欲其利。老者怯,少者憤,幾事不密。其識惑,當事不前。其氣奪,見事不察。其幾昧,臨事不懼。其神潰,惑而奪者走之機,昧而潰者危之道也。制欲慎,用欲審,凡金之剛虞其折,凡木之性虞其脆,凡火之性虞其散,凡革之用虞其裂,折與脆者制之過,散與裂者用之過也。選之哉,屬之哉,形無強弱,惟視其力。壯而猛者,強可用。精而悍者,弱亦可用也。器無輕重,惟其便,止而鬥者,重為可用,行而防者,輕亦可用也,則選屬之道也。
>
> 一曰俊傑,官不惟其備,惟其人,人不惟其全,惟其表。善山戰者,宜夫步,馬輕夫車,車輕夫人,雖高必逾,雖險必涉,此攻險之才也。善野戰者,宜夫車,前有其衝,後有其繼,其來如風,其止如山,此夷敵之才也。善略遠者,宜夫外,熟邊地之形,悉外荒之利,虜其名王,平其土地,此疆場之選也。善撫鎮者,宜於內得士民之心,諳險夷之勢,調劑其豐歉,預制其盈虛,此封疆之寄也。簡之哉,練之哉,職無大小,唯視其才。罷軟而無能者,大可退,果勇而有方者,小可進,分無疏戚,唯視其能。庸懦少識者,雖戚宜疏,忠銳而多勳者,雖疏亦戚也,則

44

簡練之道得也。

　　至於膺專閫之威，受中外之託，則必有緩急可恃之人焉。其在開創之日，披墾草萊，以起皇圖，削平群奸，以裏王事。若此者，可多得哉？德能服眾，位列元戎之上而人不爭，職居親戚之前而尊莫貴，故能總群力群才以赴功名之會焉。而舉動繫天下之安危，其在中興之時，神州著克復之勳，孤忠可託，宗社有靈長之慶，安不忘危。如此者，有幾人哉？端凝者其度，無故犯之而不驚；神妙者其心，多方感之而悉應。故能立業樹功，以應乾坤之運，而進退每關天下之樂憂。

　　若是而戎政不已畢舉哉！

　　讀此文，可知宗棠早年對於軍事學識，已有鮮明堅定獨特之見解。其後參與戎幕，躬臨戰陣，凡所措施，幾無不由此文發揮，以原理見諸事實。文之末段，論中興命將，尤若自為一生勳業寫照，其人奇，其文奇，其事奇，可作傳奇觀已。

　　顧宗棠雖一舉成名，嗣應禮部試，乃三度名落孫山。第一次備中而未售。第二次卷在同考官溫葆深房中，極力呈薦，總裁亦亟賞之，評為立言有體，已取中第十五名。將揭曉，以湖南溢中一名，遂易以他省卷。葆深爭之不得，僅獲挑取為謄錄。葆深家江寧，後宗棠督兩江，適葆深以侍郎退休里居，重敍師生之誼。及葆深卒，宗棠於代遞遺疏時，為之請諡，致以違例議處，蓋亦衛一薦之恩也。第三次仍薦而未取，是時宗棠年二十七，決計不復會試，故宗棠亦非進士也。[92]

　　宗棠製蘭州省城甘肅試院一聯曰：「重尋五十年舊事，一攀丹桂，三趁黃槐。」[93] 實為宗棠一生從事舉業之信史。

　　咸豐元年（1851），清廷詔舉孝廉方正科。郭嵩燾請於湘陰儒學，擬以宗棠保送儒學，並允免收一切費用，宗棠堅辭不就。[94] 是時宗棠年已四十，殆自嗟老大，決然無志於功名矣。

　　宗棠之於科舉，其本人歷程既如是，其對於科舉之見解，可見於訓子之書。長子孝威中舉人後，急欲與會試，宗棠謂之曰：「我之教汝者，

並不在科第之學。」又曰:「作一個有用之人,豈必定由科第?」孝威言:
「欲早得科第,免留心帖括,早為有用之學。」宗棠更謂之曰:

> 科第一事,無足重輕,名之立與不立,人之傳與不傳,並不
> 在此。科第之學,本無與於事業,然欲求有以取科第之具,則正
> 自不易。非熟讀經史,必不能通達事理;非潛心玩索,必不能體
> 認入微。世人說,八股人才毫無用處,實則八股人才,亦極不易
> 得。明代及國朝乾隆二、三十年(1755—1765)以前,名儒名臣,
> 有不從八股出者乎?羅慎齋先生(典)以八股教人,其八股亦多不
> 可訓。然嚴樂園先生(如熤)從之遊,卒為名臣,嘗言得力於先
> 生,在一思字。蓋以慎齋教人作八股,必沉思半日,然後下筆,
> 其識解必求出尋常意見之外,乃首肯也。今之作者,但知塗澤數
> 行,揣摩腔調,並不講題中實理虛神,題解題分,章法股法,與
> 僧眾誦經唸佛何異?如是而求人才出其中,其可得哉?如果能熟
> 精傳注,則由此以窺聖賢蘊奧,亦復非難。不然,則書自書,人
> 自人,八股自八股,學問自學問,科第不可必得,而學業迄無所
> 成,豈不可惜? [95]

及諸孫長成,宗棠又於訓子書中,指示其趨向:

> 諸孫讀書,只要有恆無間,不必加以迫促。讀書只要明理,
> 不必望以科名。子孫賢達,不在科名有無遲早,不過望子孫讀
> 書,不得不講科名。是佳子弟,能得科名,固門閭之慶,子弟不
> 佳,縱得科名,亦增恥辱耳。…… [96]

綜括宗棠之意,求科名,須副以實學,方為有用。然有實學,能致
用,即不必有取乎科名。宗棠於中舉人前,即已致力實用之學,即中舉
人後,仍致力實用之學,故其所持以教子孫,始終一貫。

宗棠致力實學之旨趣,見於其上徐法績書:

　　宗棠早歲孤貧，失時廢學，章句末技，且鮮所窺，每觀古
今蓄道德，能文章，卓然為時論不可少之人，天地不數生之才
者，即其英妙之年，類皆能堅自植立，不為流俗所轉移，其始亦
未嘗不為世詬病也。及其功成事就，而天下翕然歸之。如賈誼、
諸葛亮、陳同甫輩，可指數乎。夫人生無百年之身，大業非百年
可就，小時嬉弄跳梁，不能遽責以學問之事。老而龍鍾衰憊，非
復可用之人，求其可用，其惟壯時乎。而又以妻子室家科舉徵
逐故，阻其來修。乃至割其餘景，以為讀書求道之日，其何而成
矣。比者春榜既放，點檢南歸，睹時務之艱棘，莫如荒政及鹽、
河、漕諸務。將求其書與其掌故，講明而切究之，求副國家養士
之意，與吾夫子平生期許之殷。十餘年外，或者其稍有所得乎。
然其成與不成，則仍非今日所能自必者也。敢附孔氏各言爾志之
義，敬陳所懷，小子狂簡，吾夫子其何以益之。……[97]

　　按此書作於道光十三年（1833），宗棠時年二十二歲，正所謂英妙
之年，少壯之時。以其能堅自樹立，不為流俗所轉移，終於以實學見諸
事實，及功成事就，天下翕然歸之，遂為時論不可少之人，天地不數生
之才，亦可謂不負素志者矣。

8 山川萬里歸圖畫

　　左宗棠家書與兄子澂云：「人生讀書，得力只有數年，十六以前，知識未開，二十五六以後，人事漸雜，此數年中放過，則無成矣。」[98]雖勉子弟之語，亦自道其一生得力所在也。

　　宗棠仲兄宗植，精於天文之學，而宗棠則精於地輿之學，可謂二難。宗棠初步研究地學，在十八九歲時，嘗於書肆購得顧祖禹《方輿紀要》一書，潛心玩索，喜其所載山川險要戰守機宜，了如指掌，繫以評語：

> 顧氏之書，考據頗多疏略，議論亦欠斟酌，然熟於古今成敗之跡，彼此之勢，魏氏源謂其多言取而罕言守，言攻而不言防，乃搶攘策士之談。此論大謬，大凡山川形勢，隨時勢為轉移，至於取守攻防，則易地可通也。

　　嗣得顧炎武《天下郡國利病書》，與齊召南《水道提綱》諸書，復於可見之施行者，另編存錄之。[99]更嘗繪製皇輿圖，時則僑居外家，即宗棠創作，而筠心夫人所影繪。夫人有詩云：「山川萬里歸圖畫。」自注：「近製輿圖成。」殆指此也。[100]宗棠對於圖之設計，見於致賀熙齡書：

> 竊意古今談地理者，索象於圖，索理於書，兩言盡之矣。然而陵谷之變遷，河渠之決塞，支源之遠近，疆索之沿革，代不侔也。又土宇有分合，則城治有興廢，於是疆域雜錯，攻守勢殊。故有古為重險，今為散地，彼為邊荒，此為腹裏者，如此則圖不

能盡記也。廣輪之度，山川所著也，山川脈絡，準望所生也，於是方邪迂直高下，均於是乎憑之，然而一言東，則東南，東也，東北，東也，果何據以為此郡此縣之東乎？既辨其為東南矣，又或以東兼南，以南兼東。或東南各半，始以毫釐，終以千里，果何據而得其東南之數乎？既得其東南之數矣，或自某省量至某府，某府量至某縣，又自所界之府州縣治忖之，或饒或減，歧出不定，果何從而折衷至是乎？如此，則書亦不能盡告也，亦不能盡信也。

宗棠不揣，竊自思維，以為欲知往古形似，當先據目前可據之圖籍，先成一圖，然後辨今之某地，即先朝之某地。又溯而上之，以至經史言地之始，亦猶歷家推步之法，必先取近年節令氣候，逆而數之，乃為有據，故千歲日至，可坐而定也。欲知方位之實，當先知道里之數，欲知道里之數，當先審水道經由之鄉。凡夫行旅輿程之記，村驛關口之名，山岡起伏之跡，參伍錯綜以審之，直曲圍徑以準之，以志繩史，以史印志，即未必盡得其實，其失實也，亦寡矣。古書流傳絕少，賈圖李志，恆不多見，諸書引注，除蔡沈、王伯厚、胡身之數家外，類多牽鑿，而外間所行諸圖，位置乖舛，尤無足觀。大率先畫疆域大界，稍依各書，填載方向，展轉增竄，不求其安，譬猶鑿趾以適其履，誠不知其不可也。宗棠才識昏陋，詎能辨此？又僻處深山，雖稍有書籍，究鮮友朋討論之益，良用慨然，懼不自克，以為儒者羞。辰下左圖右書，以日以夜，擬先作皇輿一圖，計程畫方，方以百里，別之以色，色以五物，縱橫九尺，稍有頭緒，俟其有成，分圖各省，又析為府，各為之說。再由明而元，而宋，上至禹貢九州，以此圖為之本，以諸史為之證，程功浩蕩，未卜何如，竊有志焉。[101]

逾年，圖成。復取《圖書集成》中康熙輿圖並乾隆內府輿圖，悉心考索，以訂正其脫誤。[102]

繪圖之外，摘抄《畿輔通志》，以次及西域圖志，各直省通志，於山川關隘道里遠近，分門記錄，凡數十巨冊。已而復從事地學圖說，擬於山川道里、疆域沿革外，但條列歷代兵事，而不及形勢，以為地無常險，險無常恃，攻守之形，不可前定，非僅不欲居策士之名已也。時羅汝懷亦好地學，宗棠與書研討：[103]

　　承諭從事地理之學，甚感甚感。此學歷少專門為之者，大都鈔掇舊書方志，以矜博炫多耳，齊次風《水道提綱》乃矯其弊。惟據目今之形勢，而不援襲古人一字，數千年來，言地學者，奉為典冊。然其中舛錯頗多，不可一一。李申耆（兆洛）於肥水條，力糾其誤，而亦不知其所據之何書，孰知此公乃並無書可據耶！蓋僅據仁廟時西士之圖成書，其於此學，未嘗窺其一二也。大抵吾輩著述，必求其精審，可以自信，然後可出以示人。若徒以此為啖名之具，則其書必不能自信，不能傳久，枉用功夫，殊無實際，何為也？顧景范書，較勝於閻百詩、胡朏明諸人，而其間亦不免時有所失。僕嘗論古今言地之書，《禹貢》而外，無一完書，亦無一書不可備採，此在有志而專精者，自為擇別而已。……[104]

其對於地學之自負如此。

同治初，宗棠任閩浙總督，總理各國事務衙門徵取各省地圖，宗棠覆陳其主張：

　　查地理之學，百聞不如一見。近時地方文武所呈各轄輿圖，率皆照據舊本臨模，於地方道里方向，曲直廣袤，山之險夷，水之深淺，均無體會，惟填用顏料，模山範水，以取美觀，究竟地之真形，全不相合。若此，與俗畫山水，何以異乎？我朝輿地之書，如顧祖禹之《方輿紀要》，胡渭之《禹貢錐指》各圖，皆用開方法，每方百里。然限於篇幅，所注地名之口岸及府縣名字，佔去實在地形，故不免舛錯之弊。惟康熙、乾隆年間內府輿圖

最為精當。雖未開方計里,而山水方向,道里遠近,較為確實,顧外間絕少流傳,無從稽覽。今擬由各道給各府紅方格紙十張為式,每方兩寸,一方准平地五十里,其山路崎嶇,水道迂曲,所佔里數,概行折算。譬如人行之路,上山若干里,下山若干里,由某港汊經過,只有若干里,繞過若干里,均須照地形平準計算,其由崎嶇迂曲佔去若干里之數,概須除去,其方向應用羅盤之二十四字,始較精密,否則一言東,而東南東北無分,一言南而東南西南無分,皆令地失其形,難於省覽。各縣畫成後,將稿匯由各府聯合,始填用顏色,總繪為一府沿海輿圖,各府又呈該道,總繪為一道輿圖。其色山用黃兼綠皴寫,高峻處用墨點;溪港用青,闊處淡青,深處濃青,海用黃色,潮水所到之處用赭,衙署、祠廟、村莊、津渡,均只注其名,不必畫屋。惟商海船隻所泊埠頭,及官兵營汛,與洋面島嶼礁石,均須畫其本形,貼說其下,以備省覽,庶幾與時手摹照舊本者,稍為精核。地方官不能一到了然,須擇各處紳士,攜帶羅盤,同往相度,但須屏去輿從,免駭聽聞。其夫馬不無費用,准其開銷,由司給領。此件非同尋常索取輿圖,如該守令等不認真遵辦,仍潦草塞責,本部堂即嚴飭擲還,勒令更正,方准銷差。總以確實地形為主,不取美觀也。

又以函申其說曰:

其《豫乘識小錄》《河南林縣志》所言圖說之式,與晉司空裴秀分率裴望諸法,宋括筆談所載取飛鳥數之說相仿,故一併引申之。俾各守令有所依仿,務得山水真形,而有圖以明其象,有說以明其數,或較之尋常官式應酬者,稍為確核耳。……[105]

良以宗棠於此道究之甚精,故能言之真切,不同虛應故事。前宗棠自製皇輿圖,係欲由今而推之古,令所屬繪呈之圖,乃欲由縣而合為府,由府而合為道,彼時測繪之術未精,宗棠所具計議,不能不謂為別

具隻眼。

光緒初，宗棠任陝甘總督，帝俄兵官索思諾福齊（Sosnovsky）訪之蘭州省城。其人舌辯有才，談次，每自詡其地學之精。宗棠細玩其所攜之中國地圖，果細微異常，山川條列備具。因問，客遊中國日淺，未經身歷各郡縣，何能周知山川形勢，憑何繪成全圖。則云，此就康熙圖摹繪而成也。宗棠乃曉之曰，康熙輿圖，是測度定地而成，故為古今希有定本。後此拓地漸多，乾隆中，隨時增入，並令何國宗攜帶儀器，遍歷各處，詳加覆訂，是為乾隆內府輿圖，則精而又精者。因取影刊大圖示之，索思諾福齊嗒然，自此希言地學。[106]

嘗考宗棠一生勳業，泰半在軍功，而其用兵之神奇，與夫料敵之精審，無不得力於早歲輿地之學。今讀其奏疏、書牘、批札，言及山川形勢，與軍事進退關係，歷歷如繪，且援古證今，俯拾即是，誠足見其對於地學素養之湛深。顧當宗棠之青年時期，凡為士人，無不以八股文、試帖詩及律賦為惟一學問，見宗棠獨耽地學，無不目笑存之。詎知以後偉大之成就，即植基於此耶！亦猶前明之王守仁與孫承宗，因偶精地理，遂為儒將也。

抑清自道光中葉而後，中外形勢劇變，故宗棠自彼時起，益精研西洋各國地學。凡唐宋以來史傳、別錄、說部及本朝志乘載記、官私文書，有關海國故事者，靡不考覽。[107] 其後總督陝甘，並督辦新疆軍務，對於中、俄、英交涉，每能洞中肯綮，亦得力於此。然不無誤會之處，如鴉片戰爭後與人書，以為米里堅即明之洋裏幹，西洋海中一小島。[108]又如收復新疆時與人書，以為安集延人所有銳利之兵器，乃來自乳目國，其國則在俄、英之西。[109] 凡此云云，自以為是，頗覺可笑，則以當時言海外地理之書，究屬尚多隔閡，故有認識不足之憾。

9　湘上躬耕

　　左宗棠於地學外，尤精農學。先是，宗棠既以湘陰先人遺產，悉畀伯兄嗣子，僅僦外家一廡以居。[110] 歷九載，舉積年修脯，於湘陰東鄉柳家衝，置薄田七十畝，並築屋數間，移眷屬於此。自是始自有其家，署其門曰柳莊。[111] 每自書館歸，督工耕作，以平日所講求古農法試行之，日巡隴畝為樂，自號湘上農人。益種茶，植桑竹，以盡地利。湘陰本無茶，其產茶，實宗棠為之倡，而每載茶園收入，差可了清田賦。桑既長成，又教家人飼蠶治絲。宗棠此一時期之生活，頗為快意。《二十九歲自題小像》詩有曰：「有女七齡初學字，稚桑千本乍堪蠶。」筠心夫人和詩亦有云：「清時賢俊無遺逸，此日溪山好退藏。樹藝養蠶皆遠略，由來王道重農桑。」[112] 饒有梁孟之遺風。宗棠更有致賀瑗書曰：「山中小筍新茶，風味正復不惡。」又曰：「兄東作甚忙，日與傭人緣隴畝，秧苗初茁，田水淙淙，時鳥變聲，草新土潤，別有一段樂意。」[113] 宗棠好以諸葛亮自況，此情此景，倘不殊隆中高臥時乎？

　　宗棠以為農事乃人生要務，思為一書以詔農圃，乃分類撰著曰《樸存閣農書》。[114] 惜此書只有稿本，未完成，僅傳《廣區田制圖說序》一文：

　　　　區田之制，農書傳之。創自伊尹與否，未可知。若語農務之精良，古近無以過，蓋論農之理，具六善焉，論農之事，兼三便焉。

　　　　今法，田必秧種，宿水積穀，夜涼晝沉，釀鬱蒸逼使芽。甫芽，佈諸秧田，春陰多雨，秧悴不耐，諺謂之酣。晴乃起，否竟洇瀾不成。苗長二寸以上，始分栽，並手忙插，一夫日畢二三

畝。嫩綠數莖，欹臥白水中，貴種賤植，於茲甚矣。夫嘉禾視乎種，未有種不善而禾善者。一穀三移，元氣屢泄，親下之本，既久去地，傷母之體，豈能全天。兒在胎中，賊其天和，墮地而哭，尫悴善病，良媼其將如爾何？世傳撮穀種，宜稼而豐苗，利較恆田倍。然指撮穀，足踏水，水漾，穀不安簇耘盪艱，且托根已淺，不耐酣病，差與秧種等。區田法，佈穀於區，手覆按令着土，足履區旁高土，水不縐，穀不易其所，有撮穀之利而無其病，善一也。

凡農之道，厚之為實。土宜禾，糞益土，糞欺土者穰，土欺糞者荒。是故上農治田，先治糞，糞與田稱，禾之良也。今農田一畝，糞多十數箕而止。農糞之薄，禾亦報之薄。徐文定公稱張宏言，以糞壅法治田，今田一畝，亦得穀二十餘斛，多恆田三之一。區種法，區用熟糞二升，一畝一千三百五十二升，旁土不糞，土受糞者，止畝四之一。實土戴糞，糞圍禾，質取其熟，力取其多，以視恆田，倍十有加，善二也。

禾畏旱，畏風。今田竟畝不為畖，費水多，宿水盡，輒翹首望澤，不時則損。區種法，費水止今田四之一，水易足，又禾根深，禾葉茂，雨澤雖遲，實土常潤，陰穀能旱。凡灌稼，溝納外水，自區角斜入遞注之，歲甚旱，五六番足矣。區深一尺，禾自出葉已上，至結實時，旋助區土壅之，無慮七八寸，振林之風不損，善三也。

禾畏蟲。今農田一畝，為禾二千餘科，疏者千數百科，禾長掩畝，氣不得利，鬱蒸所至，並鍾五賊。積熱在土，盛雨卒加，外濕裏燥，根則受之，是生蝨。日正烈，忽小雨，自葉底流注節間，或當午納新水，熱與濕薄，厥病均，是生賊。露未晞而朝暾紅，霧未散而溫氣蒸，着葉而凝，是生螣。熱附於根，濕行於槁，時雨時暘，二氣交錯，是生蜈。不雨不暘，蘊氣難泄，日霾宵暍，是生螢。凡厥五賊，賊禾之渠，未化之先，遇風乃除。區種法，空四旁，風貫行間，灑灑然，鬱者通，結者解，蟲類無由滋。書曰，上農治不萌，此故勝也。惟蝗與蛛，末由獨免，然耕

道交互，足不踐稼，卯午之間，勤撲逐，視他田便，善四也。

有農焉，地饒而糞強，苗長而葉光，望之非不油油然，蕃且良矣。逮日至，實瞤葉豐，十穀五空，於諺為肥瞤，美其始而惡其終者，何也？纖根旁出，遇浮泥而滋，直根力衰，遇實土而止，得濁氣也多，得清氣也微，陽極陰絀，葉繁而心不充。拙農不知，乃專咎夫風，旨哉，周韰之論稼也。耨禾時，足躡禾四旁，令浮根斷，如是者再，其穀倍豐，其米耐舂。區種，務勤鋤厚壅，禾生葉馬耳已上，即鋤，比稼成，數不啻十遍，隤土附根，深可七八寸，旁根斷，正根王，穗蕃碩而長圓，粟而少糠，米飴以香，多沃而食之強，善五也。

先農盡地力，又懼地力乏，息者欲勞，勞者欲息，棘者欲肥，肥者欲棘，歲易之法易其田，代田之法易其甽，禾不欺土，土不竊穀，上之上也。今農為田，寧普種而薄收，地稀種則詫，禾稀穀則無究之者，嘻，其惑矣。區田，歲易其所，不甚其取，旋相為代，地氣孔有，善六也。

非惟六善，是有三便。

今農，惟壯丁治田，老弱婦稚供饋餉小運，鮮以充耦。區田，用力雖頻，不甚勞累，力小者亦任。開區，治田，擔糞，引水，壯夫任之。和土，佈穀，鋤草，土壅根，餘丁力可給。地近，足力省，鋤小，手力省，隴高，體不沾，足不塗，犁既廢，省牛牧與芻，肩不重負，腰腳便無前牽後拽之劬。老自六十以下，稚自十歲以上，主婦童女自治饋應餉外，皆量力而趨。循行耕道來徐徐，盡室作活如嬉娛，人無冗而力無虛。其便一。

貧農貰田，先奉田主上莊錢，歲租多寡，視此為差。我鄉上田，畝約錢二千許，歲租石五斗。湘潭西南鄉上田畝十金，或減其二，歲租一石，大率湘潭上農貰耕一畝，得穀可四石，歲租一石，一石充糞值，庸錢、雜費、上莊子錢應除一石，餘乃為佃農利。吾鄉上農，貰耕一畝，得穀三石六斗有奇，歲租石五斗，一石充糞值，庸錢、雜費、上莊子錢應除斗許，餘乃為佃農利。他縣郡佃例不一，茲固其概也。歲歉收，或豐而穀賤，佃農撦撦終

歲，僅及一飽。次虧子錢，又次乏耕資，負租不能償，或以上莊錢抵，或徑謝賃地，還取上莊錢，棄耕圖暫活，中下農與田，更無論爾已。區田法，治田少而得穀多，壯丁一人，但佃二三畝，上莊錢少，租不外科，餘丁合作，自庸其家，糞雖多，準恆年廣種所需，又何加焉？其便二。

舊說，區獲四五升，畝計三十石，食五人，糠少粒圓，斗得八升，總為米二十餘石。初年學種，以半計，即以半計，計亦非左。數口之家，力作不惰，凶歲能餬，豐年大可，既高吾廩，復通人貨，易乏為饒，反瘠為沃，效莫捷焉，其便三。

是故，讀書養素之士，世富習耕之家，末作趁食之民，遊手無俚之子，皆能自營轉雇，稱力而食。一家為之一家足，一邑為之一邑足，天下為之天下足，聚民於農，人樸心童，几蘧之理，於焉隆矣。嗟乎，我言區田之利，我農重思之，不誠如此乎！乃驚其土省而獲多，又畏其煩數不易治，輒置之。嗟嗟，人心無古今，習故安常，莫適為倡。或間為之而不悉其法，或厭其煩數而意為增損，利不及古，則倦生矣。嗟乎，此區田之制所為旋作旋廢，彼作此廢，孤良法於數千百年而未能多睹其驗也夫！ [115]

按區田者，「一畝之地，廣一十五步，每步五尺，計七十五尺，每一行佔地一尺五寸，該分五十行，長十六步，計八十尺，每行一尺五寸，該分五十四行，長廣相乘，劃為二千七百區，空一行種，於所種行內，隔一區，種一區，除去隔空，可種六百七十五區。」[116] 然如宗棠言，區用熟糞二升，一畝一千三百五十二升，則以為畝可種六百七十六區也。

又嘗致賀熙齡書云：

宗棠於農事，頗有所窺，嘗問之而得其事，亦學之而得其理。以為今之農者，與今之學者，弊正相等，皆以欲速見小，自誤而以誤人，其關係天下不少也。……[117]

所謂欲速見小者，即謂循俗密種而不知採用古區田法也。光緒三年（1877），宗棠方總督陝甘，會大旱，與兩省官紳商善後，復致書幫辦陝甘軍務劉典：

> 秦中宿麥，未及播種，已種者，不能出土，殊為可慮。此時亟宜仿照陳文恭公（宏謀）撫陝時救旱之政行之。開井一法，是崔前中丞（紀）已行有效，而文恭奏請照辦者。鄠縣名儒王豐川先生（心敬）當時亦極以為然，並有區種一說，與鑿井同為救荒善策。以陝中名官鄉賢遺法，救陝西之災，地方人情，均無不合。施之於今，以工代賑，費不外籌，尤為便利，而此法一行，秦中可永無旱荒之患矣。……

以為開井與區種，兩法本是一事。非鑿井無從得水，非區種何能省水。兩事並舉，方能有益。劉典請推行於甘肅，宗棠力贊成之。但以為慶陽治旱，自以開井區種為宜，平涼則川地甚多，俗稱為糧食川，與其開井區種，尚不如多開引地，其利更普。[118] 時譚鍾麟為陝西巡撫，宗棠益與書討究區種與區田之差別，其一曰：

> 區田之法，傳自伊尹，其說固不可考，然周秦農書已有之。漢儒氾勝之於農學，最為博通，其言亦堪互證，是古法流傳，非漢代後贋作，此可知也。王豐川先生《區田圃田說》，去今不遠，其言區田，意以為難行而多費周折，不如劃為種禾之溝，按時灌注之，法省而工捷，是變通古區田為區種，非復隔一區種一區之舊，可免負水澆種之繁，汲井水入總溝（如南中所呼包田圳），由總溝分入各小溝，即所言種禾之溝，故云法省工捷，但豐川原說未及明晰耳。……

其二曰：

豐川氏區種之法，改區田之隔一區，種一區，為間一行，種一行，與趙過代田相同。特代田者，今年種此行，明年種彼行，而區種只就一年種法言之，謂其改區田而兼用代田之意則可，謂其即是區田，即是代田，均之不可也。……[119]

又宗棠擬勸民用區田法，種米棉，以代罌粟，有鳳翔府知府原峰峻者，嘗致力於區田，因復與書研究，其一曰：

曾閱豫中所刻區田編加注中言，該守兄弟，於咸豐八年（1858），在東鄉平皋，試種區田有效，足見留心本計，一行作吏，鳳翔何異於溫縣之平皋乎？近因罌粟為害最烈，思課民種棉，藝百穀，芟除惡卉，易以本富，該守試詳舉區種各法示我，俾得廣為刊佈。……

其二曰：

區田圖，與古農書不合。古法，第一行一壠一區，第二行一壠一區，第二行如第一行，區壠無相併者，意取四面通風，根不相交也。先正陸桴亭慮其不能犁耬，改為一溝一壠，已失本法。茲改為區壠相併，似更非宜耳，區法宜於人稠地狹之處，非陝甘所急，惟宜種棉耳。……[120]

由此可知宗棠雖早歲一主區田之說，及其見於施政，仍貴因地制宜也。

大抵宗棠少壯讀書，雖嘗潛研漢宋儒先之書，並嘗以寡言與養靜二端自課，趨向於理學之途徑（參閱六節），顧仍以時務為主，地學、農學而外，於荒政、漕政、鹽政、河工、海防，尤所究心（參閱七節）。[121] 今按宗棠於二十一歲中舉後，僅在耕讀中度其淡泊之生涯，至

四十一歲始出山，而四十歲以前之素養，正為四十一歲以後功業之基礎，故家書與其長子孝威云：

> 學問日進，不患無用着處，我頻年兵事，頗得方輿舊學之力，入浙以後，兼及荒政、農學，大都昔時偶以會心，故急時稍收其益，以此知讀書之宜預也。

又一書云：

> 古人經濟學問，都在蕭閒寂寞中練習出來，積之既久，一旦事權到手，隨時舉而措之，有一二樁大節目事，辦得妥當，便可名世。……[122]

蓋仍自道其一生得力所在。

10 課徒自給

　　往昔士人出路，大抵不外三途，一仕宦，二遊幕，三教讀。左宗棠之生涯，亦不外是，其次序則先教讀，繼遊幕，最後乃仕宦，而宗棠之教讀凡三度。

　　吳榮光為湖南巡撫時，與本省士人賀熙齡等合力創設湘水校經堂，以經學課士，宗棠與焉。且資膏火自給，嘗於一歲中列第一名者凡七次。宗棠之中式本省鄉試舉人也，榮光又適為監臨，對宗棠夙器重。其再度會試報罷歸來，遂聘以主講醴陵之淥江書院。院在縣西淥水南靖興山，鄰李靖之祠，傍紅拂之墓，固為名勝之區，實宜潛修之所。院中分六齋，東三曰主敬、正誼、明道，西三曰存誠、進德、居業。[123] 學生住齋者近六十人，妻弟周詒晟亦從學。宗棠之為教也，凡諸生晉謁，各給日記一本，令將工課隨時記載。日入，頭門下顧，即查閱工課。如曠廢不事事，及虛詞掩著兩次，將本課除去膏火，加與潛心攻苦之人。計七十餘日，熟《毛詩》一部及《尚書》二卷。作文每課約改六七篇，本本批點詳細。又念先儒所謂制外所以養中，養中始能制外，二義互相圓足，因於小學節文內，撮取八則，訂為學規，以詔學者。月朔望，會訂工課日記，為之引掖而督勉之。其有不率，則撲責而斥逐之。醴陵故山川僻狹，先輩又絕少宏達儒宗，聞見未廣，故風氣較閉。以往書院講席未得其人，黠者益其奸，拙者誨之惰，少年無俚之人，競以訾薄相長益，以故父兄少嫻禮教者，輒以子弟入院為非幸事。自宗棠主講，各生俱知強勉學問，士習文風，為之丕變。[124] 是為宗棠教讀之第一次，凡一年。

　　陶澍之卒也，胡林翼與賀熙齡（陶與賀，故有姻婭之誼）邀宗棠課

其子桃。宗棠以陶澍生前與有一日之雅，直任弗疑。[125] 攜伯兄嗣子世延以往，顧以為世家子弟修身立名之難，較寒士百倍。蓋緣先世之祿，足以自贍，憑席餘業，刻厲之志不生，內志不生，外緣益盛，其入非僻之路，較便於凡人，其求成立之心，倍寬於素士，浸至志鈍名敗。惟桃於其時，方當就傅之年，私識未開，新機乍啟，正諺所謂「素絲無常，惟其所染」。故宗棠之教育方針，重在小學幼儀，求淑其身，以淑諸人，初不必以尋常世宦子弟掇科名，博雅望，以翩翩見譽。[126] 是為宗棠教讀之第二次，凡八年。

宗棠早年所受於父師之教育，重在以程朱之學，涵養德性，陶鑄人格，故其後所以教育人者，亦以此為宗。如同治十年（1871）批答平涼孫知縣稟設義塾條規云：

> 古人八歲入小學，十五入大學，次第節目，一定不可易。故小成大成，各有規模，經正民興，人才從此出，風俗亦從此厚矣。……須知自灑掃應對至希聖希賢，下學上達，皆是一貫。今日入塾童子，先宜講求幼儀，弟子職，而歸重於《小學》一書，才為得之，薛文清公（瑄）有云：「《小學》一書，我終身敬之如神明。」以其為人作榜樣，表裏精粗，全體大用，無不具也。……[127]

又如光緒九年（1883）跋江陰南菁書院題額云：

> 易曰：「君子以朋友講習。」夫子以學之不講為憂，蓋明於心而不宣於口，則旨趣未暢，其必往復辯論，而後人已共浹洽於中也。博學、審問、慎思之後，繼以明辨，義亦如此。惟自頃士習凌夷，狃於科第利祿之說，務為詞章，取悅庸耳俗目，而不探其本原。其有志於學者，又競於聲音訓詁校讎之習，以搏擊儒先為能，或藉經世為名，謷聞動眾，取給口舌，博聲譽為名高，而學術益裂。求如李申耆先生暨陽講席，訓誨後進，恪以程朱為宗旨者，百不一二也。……願承學之士以程朱為準的，由其途轍而日躋

焉。升堂入室，庶不迷於所向矣夫。[128]

尊重漢宋儒先之學說，排除功名仕宦之俗念，乃至詞章考據之士風，蓋猶在小淹課陶氏孤兒，在醴陵主淥江書院時之思想與方法也。

宗棠在陶氏家塾，賓主情誼極篤。其間賀長齡為貴州巡撫，嘗以書幣邀往，宗棠坐是作書辭之：

> 文毅夫人時遣所親預定明年之約，因請至數十次，殷勤誠懇，不懈如初。學子在側，竊聞有辭謝之說，則誦讀益勤奮，倍他時。聞其母夫人嘗戲語之云：「兒不力學，先生將捨汝去矣。」彼誤以為誠然，故如此，其癡益可念也。宗棠鑒此，已心諾之，來命雖殷，成言敢食，且辭少就多，避寒就暖，寸心可念，十喙難辭。……[129]

陶夫人母子求師之篤，與宗棠行止之宜，並足稱焉。逾年，復申之以婚姻，其事成於陶夫人之堅請，與賀熙齡之力勸，宗棠之態度，則見於其覆熙齡一書：

> 長女姻議，辱荷師命諄諄，宗棠何敢復有異說。然其中委曲極多，此議始於戊戌（道光十八年——1838）之秋，旋復中止。今夏王師璞為述文毅夫人之意，必欲續成前議，並代達一切。宗棠初頗不以為然，蓋實有礙難處措之勢也。……知者以為童蒙之求我，不知者必且疑宗棠之就此館，及今日之欲辭此館，皆隱有求繫求援之意。竊維君子之處事也，與其欲人之我諒，不如示人以無可疑。且此間人各有心，難期協一，訂姻之後，尤難自處。……但聞文毅夫人催備納采禮物甚急，足徵其用意之誠。宗棠既有俟我師一決之約，自不能復有他說，許之卻之，一聽我師之命而已。但成否兩議，意在速決。蓋此議知之者多，而宗棠又現館此間，過於遲延，殊無以相處耳。[130]

　　以師生而進為翁婿，可謂一時嘉話。然在此書中，可見宗棠所求自處者，如何鄭重。

　　八年而後，陶桄成婚，宗棠乃去職。越一載，赴長沙省城，就朱文公祠，設館授徒，桄仍受學。此外從遊者，有黃冕三子，黃瑜、黃上達、黃濟，及周開錫。[131] 為時雖僅一年，然於未來功業，雅有關係。開錫先於咸豐八、九年（1858—1859）間，在小淹陶氏，課宗棠諸外孫，嗣從宗棠戎幕，為得力之一人。黃濟當宗棠西征時，方官四川資州知州，宗棠當令助運軍米。此為宗棠教讀之第三次，名為設館授徒，實仍為桄之故，於是又辭雲貴總督林則徐之招（參閱八節）。

11　入山惟恐不深

　　鴉片戰爭之作，英軍沿海北上，連陷定海、鎮海、寧波、乍浦、上海，兩江總督牛鑒[132]自吳淞遁走。又溯江西上，陷鎮江，而直搗江寧省城。時清廷筦中樞者，為大學士穆彰阿，[133]主和，褫主戰之林則徐兩廣總督職，戍之伊犁，遣琦善[134]繼其任。琦善與英媾和，遽徇其嚴刻之要求，遂逮問。復與英戰，戰不利，始復言和。左宗棠方在安化陶氏家塾，聞之憂憤甚，上書其師賀熙齡，論戰守機宜，為料敵、定策、海屯、器械、用間與善後諸篇。又貽函黎吉雲為御史者，謂「非嚴主和玩寇之誅，詰縱兵失律之罪，則人心不聳，主威不震」。[135]又嘗作感事詩四首，發抒其憤懣，其末首云：

> 海邦形勢略能言，巨浸浮天界漢蕃。
> 西舶遠逾師子國，南溟雄倚虎頭門。
> 縱無墨守終憑險，況幸羊來自觸藩。
> 欲效邊籌裨廟略，一尊山館共誰論。[136]

　　則頗自負其才，而自惜其不用。今考宗棠之策，見於與熙齡書者，如練漁屯，設水寨，編泊埠之船，設造船之廠（參閱第六節）。晚年籌辦海防，大抵仍此一番議論。

　　《江寧條約》成，宗棠以為時事竟已至此，夢想所不到，古今所未有。[137]於是益思入山歸隱，先有一書告熙齡：

> 天下湯湯，曷其而歸？午夜獨思，百憂攢集，茫茫世宙，將

焉厝此身矣！去冬歸家時，即擬營一險僻之處，為他日保全宗族親黨計。近得鄉間諸昆書云，得一山於湘陰與長沙交壤之間，去先世敝居十餘里而近，其中群峰錯互，山谷深邃，即方志所謂青山者也。一山綿互，而相近以洞名者數，宗棠雖未嘗親履其地，然竊以意揣之，或有差可托足者。冬間解館歸，擬便道先往謀之。田可區，材可纍，薯蕷可保藏。園可桑，山可竹，羊可牧，數年而後，其遂從山澤之氓，優遊此間矣。昔孫夏峰先生（奇逢）當明末造，入易州五公山，從者數千百人，皆衣冠禮樂之士。部署諸人，量才分守，干戈擾攘，有太平揖讓之風焉。魏敏果（象樞）嘗奉母潛入蔚州德勝寨，卒以免難。寧都三魏（際瑞、禧、禮），與邱邦士及群從子弟守鄉寨，捍山寇，寇至則挺刃交持，寇退則弦誦不倦。嘗讀書至此，既服數君子保身之哲不可及，而又以悲其時之人，夫使數君子得行其道於天下，則天下之郡縣，非即其寨堡乎？天下之人民，非即其宗族親黨乎？而何獨優為於此！長沙北境五十里許，有智度山，其特起而高者，為黑石峰。湘水西七十里，有秬家山（一作秬架，一作秬茄），背湘而面溈。二山巖谷幽夐，皆昔人避世之所，若於此間得一行窩，亦一樂也，吾師其有意乎？……[138]

鴉片戰爭方已，而太平軍繼起。此故宗棠所逆料者，嘗謂：「國威屢挫之餘，內地奸民，嘯聚山澤者，亦復在在有之。……辰下康年屢降，故事變未形，一旦稍有水旱之災，正恐無復收拾之日。」[139] 其言乃不幸而中，太平軍於轉瞬間由廣西驟入湖南，經趨長沙省城，勢如洪水滔天。宗棠於是自柳莊徙家白水洞，距湘陰縣城五十餘里。蓋宗棠自與熙齡函述入山之計，便常物色其地，此白水洞為上述青山之一部，與郭嵩燾、崑燾兄弟相約結鄰之處，亦嘗寓書熙齡報告：

偶閱明人詩云：「老去尋山報國恩。」每微吟一過，輒為之不怡。大栗港近地，有名白水洞者，距星翁之莊，不過數里，深邃幽窈，一如鍔雲所言。昨無意中晤彼地一農人，具悉其概，檢閱

省志，唐裴休有遊白水洞觀瀑布詩，亦頗及其境之佳妙。前臥雲曾云，彼中有百畝之田可得，價亦不昂，惜相距太遠，且臥雲未移居其間，無依倚耳。……[140]

至是則誅茅築屋以居，仲兄宗植與僚婿張聲玠夫婦等均從，而嵩燾兄弟別居梓木洞，山中時相往還。宗棠早歲嘗有詩云：「賭史敲詩多樂事，昭山何日共茅庵。」自注：「素愛昭山煙月之勝，擬買十笏地，他日挈孥老焉。」[141]今所居雖非昭山，而為青山，然夫婦偕隱之願，差可償焉。

宗棠之山居，本尚有其遠大之規劃，為長治久安之計。

廣置田產，或一洞而得其三之一，或及其半，召良善有力而可為我使者十數家耕其中。於通徑則堅築莊屋以當之，即隱寓碉堡之意，於山徑則修鑿之，俾其難越而易守。總計本洞丁口，設立社倉，為輔助之計，體察謠俗，嚴立條規，為正俗之計。內釁不作，外侮易防，庶幾安枕高臥其間，吾無憂矣。……[142]

所惜時勢需才，不容久於高蹈，於是曾幾何時，宗棠雖為太平軍而入山，亦終為太平軍而出山，自是移其經營一山一洞之謀略與精神，經營一省一國。

12 幕府生涯之第一期

　　太平軍之入湖南，實予左宗棠以遊幕之機會，將一生經綸抱負，作初步之試驗。

　　宗棠之遊幕，可劃為兩個時期。第一期在湖南巡撫及署湖廣總督張亮基幕府。

　　先是，咸豐二年（1852）三月，太平軍圍桂林省城，江忠源聞警，發家財，募勇往援。太平軍北走，連陷興安、全州兩城，遂入湖南境。由永州竄道州、江華、永明、嘉禾、藍山、桂陽、郴州、安仁、攸縣，所至城悉陷，終於道醴陵，直薄長沙省城。省城官民料太平軍必從耒陽、衡州正道來，不料其遽掩至，益惶急無措。於是清廷罷駱秉章湖南巡撫，移貴州巡撫張亮基繼其任。[143] 時胡林翼方任貴州黎平府知府，嘗薦宗棠於亮基，盛稱其才。至是，亮基一至常德，即專使禮迎宗棠入幕。宗棠初未有以應，林翼走書責以大義，謂宜出紓桑梓之禍，不當獨善其身，並盛稱亮基之賢。[144] 忠源追太平軍，壁長沙省城南，亦以書促行。仲兄宗植與郭嵩燾、崑燾兄弟同居山中，並力勸之，以為公卿不下士久矣，張公此舉，宜有以成其美。宗棠始毅然應聘，馳見亮基於長沙圍城中，握手甚歡，如舊相識。干以數策，立見施行。[145] 已而又引崑燾入幕相贊，宗棠亦親督兵勇助防守。太平軍以地雷轟城，三陷缺口，而宗棠三搶堵之，由是亮基益以兵事相委。未幾，亮基調署湖廣總督，挽宗棠偕行，亮基在湘陰途次，接受關防，即渡洞庭湖，由岳州入湖北，沿途居民避賊，遷徙一空，士卒掘芋充飢，兩人嘗在破屋風雪中，危坐終夜。既抵武昌省城，太平軍去甫十數日，公私蕩盡，惟貢院巍然獨存。而屍骸枕藉，則亟命葬埋整葺，權作休息辦公之所。而軍民

政事旁午，批答咨奏，皆宗棠一人主之。其間又嘗與亮基先後親至田家鎮，相度地勢，築炮台半壁山麓，北岸亦建水營，歷旬日始返。廢寢忘飧，晝夜劬瘁，亮基益推誠相與。每夕，手挈總督關防以屬宗棠及崑燾曰：「軍情緩急，眉睫間耳，有發先行而後告。」[146] 會亮基調補山東巡撫以去，宗棠亦辭歸，仍居白水洞。

此一時期，在湖南巡撫幕，計自咸豐二年（1852）八月至十二月，凡五閱月。在湖廣總督幕，計自咸豐三年（1853）正月十二日，至九月十三日，凡九閱月，先後都十四月。[147] 在此十四月中，宗棠之運籌帷幄，足以躊躇滿志者，與可以惆悵扼腕者，各有兩事。

瀏陽有徵義堂者，為周國虞與曾世珍等所結祕密團體，已有十餘年之久。藉名團練，陰聚徒眾，頗為閭閻患。太平軍圍長沙省城，徵義堂嘯聚至二萬餘人，實與潛通，廩生王應蘋舉發其事，則殺應蘋。事聞於清廷，有詔按問，瀏陽縣署吏胥多為徵義堂黨羽，於是知縣懼禍，意主羈縻，力辨其無反徵。會忠源平巴陵土寇，將旋師，宗棠乃建議亮基，乘間移師剿辦。知縣益惶急，至為血書上亮基，保徵義堂不為亂，亮基心動，宗棠力持之。[148] 於是忠源由平江取間道入瀏陽，築壘竟，遽張示，捕誅徵義堂渠魁，宥脅從。周國虞等陰覘其軍少，以為易與，率眾數千，猝撲忠源。忠源遣一營衛縣城，而自督兩營拒戰，大敗之。下令良民詣營領牌免死，遂直逼其巢，復擊破之。統計是役自咸豐三年（1853）十二月十八日接仗起，至三十日止，先後生擒暨各鄉團捆送黨徒六百七十餘名，臨陣斬首暨鄉團格殺七百餘名，先後解散脅從四千三百餘戶、一萬餘名，起獲大炮六尊，抬槍鳥槍二百餘杆，長矛三百餘杆，擋把擋牌六十餘件，腰刀一百數十把，皮甲二十餘具，硝磺子藥數十石。凡徵義堂黨徒嘯聚巢穴，無不深入窮搜，地方一律肅清，良民安堵如故。[149] 後嵩燾論其事，以為「江忠源平徵義堂，實受方略於左宗棠，發謀決策，皆宗棠任之，張亮基受成而已」。[150] 今考宗棠密函忠源之方略，一曰「進兵宜神速，令賊不測」；二曰「解散脅從，以孤賊勢」；三曰「聯絡鄉團，使併力齊進，以助軍威而寒賊膽」。[151] 以一紙書悉去肘腋之患，此足以躊躇滿志者也。

　　長沙省城西瀕湘江，過江瀠灣市及漁灣一帶，係通寧鄉、益陽，直趨常德大道。常德與湖北荊州，隔長江，相為表裏，又與岳州隔洞庭湖對峙，同為兩湖重地。顧太平軍之迫長沙，背水而扼其城南，官軍扼其東北，湘江西岸，均未措意。宗棠則策，如城圍解，太平軍必渡江西竄，因主同時應嚴西岸之防，扼土牆頭與龍回潭，杜其去路，亦斷其米、鹽、硝磺之來路。時湖廣總督徐廣縉主戎政，未之信。[152] 咸豐二年（1852）十月十九日，太平軍果解八十餘日之圍，渡江而西，長驅北上，過益陽，虜船數千，過岳州，又虜數五千餘，於是艨艟萬艘，帆幟蔽江，既下武漢，旋又棄之，直下江寧省城。[153] 使早從宗棠言，太平軍一時未由割據長江下游之局面，或竟遂局促湖南一隅，馴至消滅。如吳三桂叛時，以清兵堅扼岳州，終不得逞往事，均未可知。秉章雖卸任湖南巡撫，時猶在城中，因謂：「住城一大學士，三巡撫，三提督，總兵十一二員，城外兩總督，而不能阻賊西往，深為可恨。」[154] 然吾人今日讀史至此，感覺豈惟可恨，抑又可笑，此可以惆悵扼腕者也。

　　太平軍入據江寧省城後，復分黨北上，達於安徽之滁州，折入河南之新鄭、許州。湖北官軍紮應山、孝感北界，嚴密防禦。太平軍乃改由羅山襲黃安，有眾三千餘人，有馬六七百匹，聲勢甚盛。宗棠逆料其必由麻城、黃岡內河，圖出長江，由此可向南循陸通江西，向東順流達江西、安徽，上亦可逆襲武漢，張其恫喝之勢，當先分軍由河口赴黃安拒堵。咸豐三年（1853）六月二十七日夜半，得急報，太平軍傾眾而來，於是不及關白亮基，權患遣武昌省城兵三千人，星夜馳往團風鎮，扼其入江之路。甫至數刻，太平軍果水陸並至，官軍急起奮勇力戰，太平軍知官軍層層佈置嚴密，勢難出江，當即折回。而官軍已追至新洲，更知前後受敵，萬無出路，乃分水陸竄去，官軍亦分水陸兩路追擊。陸上要之於馬鞍山，水上要之於黃石港，甫及八日而事定。當場斃太平軍近一千名，溺斃者數百，余俱剃髮潛逃。各州縣復日有盤獲，凡奪騾百數十匹，民間牽去者，尚不在內。燒沉船七十餘艘，其輜重盡棄去不暇取，為鄉民所分者，約十數萬金。太平軍自言，自金田舉事以來，從未遇官軍知此死戰者，此又足以躊躇滿志者也。[155]

自太平軍入踞江寧省城,清廷令長江各省督撫,造木簰,安設炮位,用嚴江防。宗棠以為長江下游,江面甚寬,極狹之處,亦自五六里至七八里不等,簰少則控制難周,簰多則需費甚巨。惟安慶省城下游,有東梁山與西梁山,對江夾峙,江面尚不甚寬,距江寧省城又近,此處設防,則安徽、江西、湖北各省江面,均可無慮,遇便仍可相機協剿。若合三省全力扼之,通力合作,分辦其事,而專責其成,兵力厚而物力稍豐,視各省之節節設防,徒滋勞費而力單費絀,終歸無補者,少為可恃。亮基深然之,上其議於清廷,但事屬三省,呼應不靈,意見各別,又人才難得,求一謀勇兼資者,總司其事,甚非易易。會亮基去任,宗棠引歸,此議竟無實現之機會,坐視太平軍縱橫江面,三陷武漢。所謂藩籬一撤,堂奧堪虞,誠如宗棠所料,悔不可追,[156] 此又可以惆悵扼腕者也。

王柏心同在亮基幕府,是時有贈宗棠詩云:

> 吾子天下才,文武足倚仗。
> 談笑安楚疆,備箸無與讓。
> 建策扼梁山,事寢默惆悵。
> 復議造戈船,進攻萬里浪。
> 鄂渚臨建康,捫嗌等背吭。
> 從此下神兵,勢出九天上。
> 贊畫子當行,麾扇坐乘舫。……[157]

恰可綜括宗棠在第一期幕府生涯中之故實。

13　幕府生涯之第二期

　　左宗棠歸白水洞未久，太平軍大舉溯江而西，進圍武昌省城，上陷岳州，更南陷湘陰，西陷寧鄉。雖由胡林翼、塔齊布、王鑫等先後收復，而岳州旋復失陷。時駱秉章復任湖南巡撫，屢遣使幣赴白水洞奉邀，宗棠堅謝不出。已而宗棠因事至長沙省城，秉章又再三殷勤勸駕，宗棠顧念時事益棘，始允權為襄辦。逾時，曾國藩、彭玉麟、楊岳斌、羅澤南等水陸並力，太平軍之續進湘潭、龍陽、常德者，均被擊退，岳州再度收復。宗棠乃請辭，而秉章推誠委心，堅不之允，宗棠遂慨然相許，重為入幕之賓，[158] 直至秉章舉劾永州總兵樊燮一案被誣（參閱第十四節），始以憂讒畏譏，決然引去。此為宗棠遊幕之第二時期，起咸豐四年（1854）三月初八日，訖九年（1859）十二月二十日，專湖南軍事者五年九閱月。顧據宗棠自言，秉章「初猶未能盡信，一年以後，乃但主畫諾，行文書，不復檢校」。[159]

　　宗棠在第二次戎幕之偉畫，揭其最重要之一點，括以二言曰：內清四境，外援五省。湖南之為省，北鄰湖北，東接江西，此三省交界，常為太平軍出沒之區，姑弗具論。南則廣東與廣西，本為太平軍策源地，雖大軍已越湖南而東下，仍有零星散股，往來邊區，陰為呼應，或與當地土匪勾引滋擾。至西界為四川與貴州，四川因接境較少，無多關係，而貴州之苗民與土寇，則時在蠢動。宗棠以為不靖邊境，不能保湖南之安全，不援鄰省，不能致湖南邊境之肅清。於是毅然以一省兵力與財力，當太平軍之全面，其始意僅在維護桑梓，其後愈推愈遠，功在國家矣。[160]

　　湖南之防南境寇，以桂陽州一帶，宜章一帶，及江華一帶為據點，

各駐陸師，後方以衡州為據點，駐以水師，視寇竄擾至何處，分兵或合兵擊之。

　　廣東寇之入擾湖南，在咸豐四年（1854）八月至十月間為最囂張。有由仁化犯桂陽州之一起，有由樂昌與乳源犯宜章之一起，有由連州犯臨武之一起，均旋被官軍擊退。官軍且徇兩廣總督之請援，赴剿連州，直至韶州一帶。連州左右，固廣東寇之巨窟也。[161] 咸豐五年（1855）之兩起入犯，聲勢最大。其一亦為仁化寇，先於二月中，犯桂陽州，不逞。走廣西之富川，已而又入犯永明，不逞。再走廣西之灌陽，已又入犯道州，仍不逞。則乘間越零陵而直陷東安，官軍圍攻四閱月，始下之。寇逸出新寧、祁陽間，亦被擊散。其二亦為連州寇，先於四月中，由韶州入犯宜章，分掠臨武、嘉禾，遂上陷郴州、桂陽州，更北侵永興而掠耒陽，襲安仁而陷茶陵。於是衡州、武岡土匪，乘機響應，兩者合勢，不下數十萬，官軍分剿合擊，先復耒陽，次復桂陽州，次復茶陵。桂陽州寇西竄江華，則截之於寧遠，茶陵逸寇東竄江西，則截之於酃縣。寇勢既散，於是圍攻郴州而收之，顧淪陷已半載矣。寇分走宜章、臨武，卒遁入連州。[162] 六年（1856），湖南官軍出境，追剿連州寇，三月，及於陽山、英德，六月，直破潭洞屯，嗣是湘粵邊境大定。[163] 潭源洞居楚、粵之脊，山南之水入粵，山北之水入湘，千巖環峙，聳入雲霄，古為黃芥嶺，即五嶺之一。洞故少土著之民，有田可耕，而地氣高寒，歲收歉薄，惠潮嘉窮民取煤造紙，搭寮居住者，數百千戶，故奸民多藏匿其間也。九年（1859），太平軍翼王石達開入湖南，廣東寇始復起，則有如四月英德寇之窺伺郴州、桂陽州，五月連州陽山寇之入犯臨武、藍山、寧遠而掠道州，陷永明，八月乳源寇之犯宜章，九月湖南官軍追擊入粵，悉蕩平之。[164]

　　廣西寇繁殖於灌陽一帶，猶廣東寇之於連州一帶也。且兩者時通聲氣，廣東亡命無賴之徒，號廣碼，廣西本籍亂民號土碼。其大舉入犯湖南，一在咸豐四年（1854）九月，先圍道州，次襲江華，均被官軍擊退。已合恭城寇，襲零陵，復被官軍擊破。官軍且越境而剿洗恭城寇於栗木街，更回師而剿洗龍虎關逸寇。乃散在江華與道州之餘寇，復糾連

州寇，反攻寧遠，仍被官軍所擊走。而連州寇又大入藍山，灌陽寇遂與合勢，侵嘉禾、寧遠，然均未獲逞。其間又有清水寇者，亦勾結連州寇，一度陷江藍，然亦旋被克復，於是至十一月而寇氛息。[165] 一在咸豐五年 (1855) 十月，先犯永明，次陷江華。六年 (1856) 正月，官軍復江華，寇走寧遠、嘉禾而入臨武，由臨武而遁連州。其竄富川者，又一度入江華，亦被擊退。[166] 至湖南官軍之應援廣西者，先後凡水陸兩起。咸豐七年 (1857) 四月，廣西群寇陷柳州，竄桂林省城，廣西巡撫求助於湖南。湖南以其逼南境也，命蔣益灃練湘勇一千五百八十人，又令督段瑩器一千人，永勇四百人，赴全州進援。寇亦轉進靈川、興安相拒。於是復益以江忠濬楚勇一千人，遂復興安，寇走平樂，旋又復之，此則陸師也。八年 (1858) 四月，廣西巡撫見益灃軍之可用也，留以助剿潯州、梧州、慶遠寇。於是益灃回湖南，益募水師，載船六十餘艘及火藥七萬餘斤以往。月餉二萬兩，由湖南任之。先克潯州，以次略定他地，此則水師也。嗣是湘桂邊境亦大定。[167] 至石達開入湖南，而賀縣寇一度陷江華，旋自棄之，掠江藍廳而走，更一度自灌陽竄入道州，走永明，官軍追逐出境，直入賀縣、灌陽蕩平之。[168]

若數戡定湖南南境之功，自當首推王鑫。鑫為宗棠所賞識，嘗讚其用兵曰：「審事之精，赴機之勇，皆非近時人所有。」譽其立品曰：「剛明耐苦，義烈過人。」而遇疾苦則慰藉之，遇怨憤則針砭之，於是鑫為一時名將。其所部曰老湘營，亦稱精勁。其後宗棠東征、西征，均用其舊部，立大功。益灃之援桂，亦為宗棠所促成。其後宗棠平浙，尤多藉益灃之力。始廣西赤貧，益灃援軍，均以宗棠力，資於湖南。及益灃應宗棠調赴浙，而費無所出，勞崇光已由廣西巡撫調任廣東，廣東財力充，則資其行，亦所以為報也。[169]

湖南北境之防，遠較南境為重要，蓋逼近武漢，而其地為太平軍所必爭也。其關鍵則在岳州，而湖北之崇陽、通城，毗連湖南東北隅，尤為唇齒相依，其關鍵則在平江。故自咸豐三年 (1853) 正月，太平軍棄武昌省城東下，湖南北境，本已告安全，及武昌省城再陷，三陷，而敵氛又熾。其時湖南內靖外援工作，亦可以此為界限，析為兩個階段。

　　咸豐四年（1854）正月，太平軍進圍武昌省城，上竄湖南，陷岳州、湘陰、寧鄉三城。於是曾國藩軍援寧鄉，王鑫軍援湘陰，鑫敗敵於靖港，三城太平軍聞耗，皆遽驚走。時胡林翼方攻通城，國藩軍亦北上，鑫約林翼會師，乃失利於羊樓司，國藩軍並被擊潰，俱退長沙省城。太平軍乘機又陷岳州，進逼靖港，經寧鄉而陷湘潭。於是國藩集諸將議，先攻靖港，宗棠獨主援湘潭，以塔齊布往，告大捷。而國藩軍失利於靖港，再退長沙省城。惟靖港太平軍既知湘潭大敗，則取水陸兩路遁。水由岳州西陷龍陽、常德，且窺澧州。陸由江西北上，會通城部，復圖南下澧州。常德陸接荊宜，岳州一府，下通武漢，均為衝要之區。而通城與崇陽、通山等縣，又壤接岳州府與江西之義寧州，山谷幽深，民情獷悍，太平軍馳驟其間，所志非小。於是林翼自安化攻常德，江忠濟自平江剿通城，塔齊布由湘潭趨岳州，國藩命羅澤南軍出新牆，與塔齊布會師前進。六月，常德太平軍自走，閏六月，克岳州，收通城，由是太平軍勢蹙。雖於六月再陷武昌省城，而至八月間國藩遽復之，湖南北境為之一靖，此為第一階段。[170]

　　咸豐五年（1855）正月，太平軍復西上，陷湖北之興國、通山、崇陽、通城，及江西之義寧州。二月，三陷武昌省城，於是湖南亟以江忠濟等軍屯岳州，遏其由武昌南下。何忠駿率平江勇，遏其由崇通南下。時林翼已為湖北巡撫，屯師金口，湖南資以軍實，更練水師。國藩駐南昌，亦撥師回援。五年（1855）六月，通城太平軍竄湖南，入臨湘，犯湘陰，官軍擊走之，而以劉騰鴻軍增屯岳州。七月，崇陽、蒲圻太平軍出入巴陵、臨湘境，蔓延三百餘方里。時羅澤南由湖口回師援鄂，道出崇通。九月，江、羅兩軍會克通城。十一月，羅軍又克崇陽，然旋並通城失之。六年（1856）四月，義寧、興國、崇陽太平軍益肆擾。五月，騰鴻軍將赴援江西，由咸寧出崇通，太平軍則由平江、巴陵，上掠湘陰，下犯瀏陽、醴陵，冀截其後。會湖南南境大定，調王鑫北上，駐軍巴陵、臨湘間，兼治團練。十月，克通城。十一月，復崇陽。十二月，肅清蒲圻、通山，而林翼亦遂復武昌省城。湖南北境又為之一靖，此為第二階段。[171]

　　然自武昌省城三復，太平軍無復西爭上游能力，湘鄂邊境從此無恙。而太平軍既不能據有湘鄂，坐視湘軍縱橫東下，亦遂不能成其統一天下之大業。

　　「湖南晃州、鳳凰、永綏三廳，與貴州銅仁、思州兩府，松桃一廳接壤。苗地毗連，以苗疆而論，則鳳凰廳、永綏廳最為吃緊，以兩省而論，則晃州廳、沅州府扼黔楚津要，據西北上游，形勢尤重。」[172] 此宗棠目光中之湖南西境也。太平軍既起，貴州土民、苗民、教民，紛紛發難，交織成一片寇氛。貴州官吏不能平，其勢駸駸及於湖南，湖南斯復有事於內靖外援之工作，述其重要者三起。

　　一為銅仁之寇。咸豐五年（1855）十二月，始陷銅仁府城，乃北陷松桃，東撲鎮筸城（即鳳凰廳治），鎮筸駐軍擊卻之。而寇更陷思南、石阡、思州三城，再撲鎮筸城，鎮筸駐軍再擊卻之。而寇於更陷玉屏後，一路東陷晃州，進圍沅州，一路北犯麻陽，直竄永綏。湖南官軍既解沅州圍，復麻陽、晃州，復肅清永綏，然後出境，會貴州軍，克松桃。至六年（1856），又收銅仁府城，此援黔軍之所由起也。督軍者，守備田宗藩，苗守備吳永清。九月，寇又蠢動，首撲銅仁府城，次撲鎮筸城，均為戍軍所格。十二月，援黔軍且攻破其堅強之老巢，一在銅仁府城屬之三角莊，高五十里，人跡罕到；一在銅仁縣屬之三元屯，四面石壁峭拔，由麓至巔，凡三層，於是全府轄境蕩平。此次湖南出兵四千餘名，連防邊兵五千餘名，月耗餉五萬餘兩，歷時一年，已共銀六十餘萬兩。[173]

　　二為黎平之叛苗。咸豐六年（1856）十二月，黎平六洞苗合土寇，陷古州廳城，獲其軍火，肆擾靖州，迭為靖州兵所敗。次年三月，踞聚金山寨、錦屏鄉，援黔軍先後攻破之。分兩路援黎平，剿撫兼施。六月，復永從。又次年十月，解黎平圍，進攻古州。會貴州下游「教匪」起，軍勢被掣，故遲至又次年即九年（1859）之十月，始將此起叛苗戡定。此次湖南出兵，前後又凡八千餘名。[174]

　　三為貴州下游之「教匪」。「教匪」凡三股，在思南者，為白號。在銅仁者，為紅號。在思州者，為黃號。皆由貴陽城外之天主堂傳佈，遍及黔疆。咸豐八年（1858）十月，與叛苗、土寇，合陷鎮遠，分犯銅

仁、晃州，援黔軍為益兵，分赴思州、玉屏、青溪、邛水助剿。九年（1859）十月，克復鎮遠府、衞兩城，亂乃止。此次湖南出兵，又三千餘名，並每月資助貴州友軍餉四千兩，及所需軍火器械。[175]

此外如咸豐五年（1855）鎮遠苗之逼沅州、晃州，六年（1856）九月，松桃、石峴苗之窺永綏，永從苗之犯通道，均以湖南官軍有備，未為患。[176]於是湘黔邊境，亦保安全。

至湖南東境，與江西毗連之區，初甚寧靜，自國藩進攻九江失利而一變。太平軍之回師西上者，其一部由湘鄂交界，竄入江西之義寧，江西竟無一人起而捍之，一任長馳直下。其西部之瑞州、臨江、袁州、吉安四府屬，先後淪陷。宗棠以為此不獨湖南唇齒之患，抑亦東南半壁之憂，且國藩此時逼處南康與南昌省城間，而國藩為惟一平亂之人，更豈可使有差失，遂策動援贛之師，分三路進。[177]

中路由劉長佑督師，以克復袁州為目標。於咸豐五年（1855）十月，分南北兩支，取道醴陵、瀏陽出發，分投收復萍鄉、萬載兩縣城，會師袁州府城，於六年（1856）十一月克之。復取次前進，於七年（1857）十二月，克臨江府城，八年（1858）四月，克撫州府城，其間尚收復諸縣城，曰分宜，曰新喻，曰新淦，曰崇仁。而於克撫州後，猶追擊由福建來援之太平軍於新城、南豐間。[178]

北路由劉騰鴻督師，以克攻瑞州為目標。於咸豐六年（1856）五月出發，先由瀏陽至萬載，會中路軍之北枝，收新昌、上高兩縣城，遂進攻瑞州府城，其間復北上收復靖安、安義、奉新三縣城。七年（1857）七月，克瑞州府城，騰鴻殞於陣。[179]

南路由曾國荃督師，以克復吉安府城為目標。於咸豐六年（1856）六月出發，由醴陵經萍鄉，先復安福縣城，進攻吉安府城，至八年（1858）八月而克之。[180]

國藩軍與江西本省官軍，均分投赴援，然觀各府城之自圍攻以至收復，輒經一二年之久，亦可見太平軍守援之堅強矣。而湖南之所以援江西者，猶不止此三路之軍。當中路軍之於咸豐七年（1857）二月間進攻臨江府城也，受太平軍援師之掣動，嘗大敗於太平墟，退至新喻。

於是湖南復命王鑫督老湘營往，責以不必專注一隅，惟確偵悍賊大股所在，捲甲趨之。於三月出發，直抵新喻，馳驟於峽江、永豐、吉水、寧都、廣昌之間，屢摧各路奔援之太平軍。已而由永豐而東，迭復樂安、宜黃、南豐三縣城。八年（1858）四月，克復建昌府城，此則游擊之師也。[181] 當湖南援軍之東征也，太平軍則肆力西竄，其在江西北部者，由奉新、義寧侵瀏陽，由上高、萬載侵醴陵。其在江西南部者，由蓮花侵攸縣、茶陵，由永寧侵酃縣，由龍泉、上猶、崇義侵桂東。湖南駐屯軍，始則嚴遏其入境，及南路軍復安福，更出境攻剿，於是茶陵、酃縣與攸縣之師復永寧、永新縣城，及蓮花廳城。桂東之師復崇義、上猶、龍泉縣城。此則邊防之軍也。[182] 同時，在江西之北部，自武昌省城光復，湖北水陸各軍亦復東下，先後收復瑞昌、德安、湖口、彭澤四縣城及九江府城，於是江西全局底定，而湘贛邊境得以乂安。

綜計湖南之援江西，自中路軍於咸豐五年（1855）十月開入萍鄉，訖八年（1858）八月南路軍收復吉安府城，先後幾及兩載。出水陸勇丁一萬九千餘名，用軍餉二百九十一萬餘兩，而所耗軍械、火藥，尚不在內。[183] 顧宗棠意猶未慊，鑒於太平軍大部竄浙江，與林翼計議，移師援浙。先是，國藩於咸豐七年（1857）二月，以丁父憂回里，堅持終制，不肯出山。至是，為請於清廷，強令墨絰從戎，為諸軍統率，由湖南每月給餉銀三萬兩，湖北每月給餉銀二萬兩。國藩因於八年（1858）六月復循長江東下，由九江進南昌省城。會太平軍又有大部竄福建，變計擬先援閩。不幸李續賓克九江後，渡江攻安慶省城，三河會戰，全軍覆沒，又不得不先援皖，益以曾國荃一軍，湖南獨任給餉，共每月三萬兩。[184] 王闓運《湘軍志·援江西》篇有曰：

> 江西與湖南唇齒，自曾軍出時，謀者已言當出軍瀏陽、醴陵，乃能自主。駱秉章委事左宗棠，宗棠韙其言，以力不足，故罷。未一歲，湖北、江西並陷，湖南力愈不足，乃始汲汲治援軍，尤傾國以事江西，殆所謂收之桑榆者耶？向使秉章不聽宗棠，宗棠久持力不足之說，則湖南之亡可待也。湖南亡而曾、胡

湘軍亦終困躓漂散，無以自圖。然則洪寇之滅，湖南之盛援江西之力也。……[185]

　　蓋由存江西而存湖南，使湖南更得資湘軍，轉以江西為根本，而肅清皖、浙、蘇，其關鍵全繫乎此。

　　惟湖南本省之兵，既四出援應鄰省，境內不免空虛。翼王石達開，故太平天國健將。當時太平軍與湖南援贛之師，角逐瑞州、袁州、吉安各府屬者，即為石達開所指揮。嗣太平天國內訌，北王韋昌輝先戕東王楊秀清，天王洪秀全復誅韋昌輝，石達開不自安，遂捨洪秀全。益出入江西、福建，別圖出路。咸豐九年（1859）正月之一日，突由江西之南安，竄入湖南之桂陽縣，將以趨四川或湖北，號稱人眾數十萬，騾馬數千，疾行如風雨，亘六日夜不絕，連陷興寧、宜章、郴州、桂陽州，全省大震。急召援贛之劉坤一諸軍回湘，又於一個月內，募勇成軍四萬人，以與石達開周旋。石達開初擬由桂陽州上經常寧，直趨衡州與長沙省城。扼於宗棠所佈置在安仁、茶陵、衡州一線之防，折而南趨，陷嘉禾，襲臨武，分侵新田、寧遠。不逞，復上趨祁陽，圍永州。宗棠料石達開意在寶慶，則加嚴寶慶之防，更迤東與衡州相聯繫，並先以一軍解永州之圍。石達開折回祁陽，偽以眾之一部南下道州，揚言將趨廣西，而潛以大眾西襲東安陷之。同時，益增兵祁陽，直趨寶慶，而分軍竄新寧，圍武岡，又不逞，則偽合寶慶、道州、寧遠諸軍南下，繞廣西之全州，而乘虛突北上，再襲新寧，遂圍寶慶，連營一百餘里，勢張甚。而於時湘軍在寶慶者，水陸亦且一萬三千人，竭兩個月四面夾攻之力，卒大敗石達開，斃敵八千餘人。石達開始氣餒，退至廣西之興安。旋復圍桂林、柳州，而湘軍逐步追擊，以至於慶遠。當其事急時，宗棠請自臨前陣，秉章以幕府無人，不之許。[186]

　　綜上所敘，宗棠在第二次參與湖南巡撫戎幕所為，一即肅清邊境，二即援應鄰省，三為擊破石達開主力。故當宗棠之去，林翼嘗謂至少可保湖南二三年之安全也。王柏心又與書宗棠，謂為「策安三楚，勳贊一匡」，[187]自非過譽。

14 功名所始

左宗棠之參與湖南巡撫戎幕，自非志在功名，顧以後之功名，不能不謂由此始。

最先張亮基以宗棠防守湖南功入告，得旨以知縣用，並加同知銜。其後駱秉章追敘宗棠平徵義堂功，奏准以同知直隸州選用，辭不獲。[188]此第一次遊幕時期事也。

次曾國藩以宗棠接濟軍餉功，奏准以兵部郎中用，並賞戴花翎。[189]此舉宗棠大為不懌，見於致劉蓉書：

> 吾非山人，亦非經綸之手，自前年至今，兩次竊預保奏，過其所期。來示謂滌公以藍頂花翎尊武侯，大非相處之道。長沙、瀏陽、湘潭，兄頗有勞，受之尚可無怍。至此次克復岳州，則相距三百餘里，未嘗有一日汗馬之勞，又未嘗參帷幄之議，何以處己，何以服人？方望溪（苞）與友論出處：「天不欲廢吾道，自有堂堂正正登進之階，何必假史局以起？」此言良是。吾欲做官，則同知直隸州亦官矣，必知府而後官耶？且鄙人二十年來所嘗留心，自信必可稱職者，惟知縣一官。同知較知縣則貴而無位，高而無民，實非素願。知府則近民而民不之親，近官而官不稟畏。官職愈大，責任愈重，而報稱為難，不可為也。此上惟督撫握一省大權，殊可展佈，此又非一蹴所能得者。以藍頂尊武侯而奪其綸巾，以花翎尊侯而褫其羽扇，既不當武侯之意，而令此武侯為世訕笑，進退均無所可，非積怨深仇，斷不至是。滌公質厚，必不解出，此大約必潤之從中慫惥，雨諸萬又從而媒孽之，遂有此

論。潤之喜任術，善牢籠，吾向謂其不及我者以此，今竟以此加諸我，尤非所堪。兩諸葛憒焉為其顛倒，一何可笑。幸此議中輟，可以不提。否則必乞詳為滌公陳之。吾自此不敢即萌退志，俟大局戡定，再議安置此身之策。若真以藍頂加於綸巾之上者，吾當披髮入山，誓不復出矣。……[190]

此函頗詼諧入趣，惟其後所加之官，乃兵部郎中而非知府耳。復次，秉章以宗棠連年籌辦炮船，選將練勇，均能悉心謀劃，入告請賞加四品卿銜。[191] 此第二次遊幕時期事也。

不特此也，宗棠參與湖南巡撫幕府既久，功在大局，迭經中外大臣保奏，而宗棠之姓名，漸達九重，其最初保奏者，當推御史宗稷辰，略謂：

自粵寇竄擾長江，數年以來，武臣之能守者既少，文臣之有膽略者尤少。……近日支持兩湖，賴有一二書生，如胡林翼、羅澤南，以膽略為士卒先，遂時有斬獲收復。此二人者，實曾國藩有以開之。……臣聞見隘陋，未能盡識天下之人才，所知湖南有左宗棠，通權達變，疆吏倚之，不求榮利，而出其心力，輔翼其間，跡甚微而功甚偉，若使獨當一面，必不下於胡、羅。[192]……

詔秉章悉心訪查，其人果有經濟之才，即着出具切實考語，送部引見。秉章據實覆奏，請俟湖南軍務告竣，再遵旨給咨送部引見，時在咸豐五年（1855）。次年（1856）林翼奏薦為將材，[193] 又次年（1857）復有上諭曰：

湖南舉人左宗棠，前經曾國藩奏保，以郎中分發兵部行走。復經駱秉章奏，該員有志觀光，俟湖南軍務告竣，遇會試之年，再行給咨送部引見。現當軍務需才，該員素有謀略，能否幫同曾國藩辦理軍務，抑或無意仕進，與人寡合，難以位置，着駱秉章據實陳奏。

秉章復以湖南軍事方急，覆奏相留。[194]宗棠同鄉郭嵩燾值南書房，文宗亦囑其勸宗棠務為國家出力。[195]蓋自宗稷辰等保奏之後，宗棠之為人，益簡在帝心，內外臣工入見，知其稔宗棠者，文宗必垂詢及之。

然宗棠之作為，固有功於國家，而自身則成為怨府，第一欲得而甘心者，自為太平軍。當宗棠出湖廣總督幕而還居白水洞未久，太平軍由長江重入湖南，知宗棠向嘗在張亮基幕，屢畫策破敗其眾，則遊氣四出，謠言迭起，謂將劫以圖報復。宗棠未為動，已而離白水洞赴長沙省城，復參與駱秉章幕。一日者，太平軍逸騎三十餘，果馳至梓木洞，幸未抵白水洞，而宗棠先已得訊，自率楚勇一百，前往迎護眷屬以去，故未受其厄。乃甫過湘潭縣城，正在赴其隱山外家途中，而太平軍已繼至，相距不過十里，為時不過數刻，其不及於難，僅在毫髮間。[196]

抑不第太平軍集怨宗棠也，宗棠助當局澄清吏治，整頓財政，稅厘涓滴歸公，錢糧浮收悉去，進循良，黜貪污，一無假借，於是所有不肖官吏皆集怨於宗棠矣。且近在桑梓，所接觸非姻婭即友好，而凡有非分之求，宗棠概裁以法理，無所瞻徇，於是當地人亦皆集怨於宗棠矣。及永州鎮總兵樊燮參案作，凡所不慊於宗棠者，更咸思藉機泄忿，以圖報復。[197]

樊燮參案凡二次。第一次，係參樊燮由永州入都陛見時之兩點。一為違制乘坐肩輿，證以平日在任，向乘肩輿，眾目共睹。二為隨帶弁兵三十二名護送，證以眷屬住長沙省城南門大街，家中供差兵丁常有數十名之多，樊燮遂奉旨革職。第二次係追劾在任時劣跡，凡有數端。一為出入乘坐綠呢轎，轎夫派中、左、右三營分撥；二為在任兩年，從未操兵一次；三為署內供差兵丁，實有一百六十名之多，內廚役、裁縫、剃頭、茶水、火夫並花兒匠、泥水匠作等，均冒充額兵，支領糧餉；四為先後修造署內花廳上房，共用制錢九百五十千，均派各營於公項下支撥；五為署內家宴彩觴戲價賞耗，均派用營中公項；六為前次北行赴省，共用大小船七隻，所有一切費用，共計制錢一百八十八千，均派左營於公項下支撥；七為此次北上入京，起程時，預提春夏秋三季俸廉等項一千五百八兩零，而春季兵餉，至今尚未全數發放，又動用上年秋季應

分米折銀二百二十七兩零，購買綢緞，致該項米折，亦至今尚未支放，又借支中營銀二十二兩七錢，而署中一切零星使用，無一不取之營中，故尚提用銀九百六十二兩，公項錢三千三百六十千零。凡此諸款，均有確鑿證據，於是復奉旨，樊燮着即拿問，交秉章提同人證嚴審究辦。[198]

以上為樊案經過，今吾人就事推究，大概出名者自為秉章，而策動者殆為宗棠。顧樊燮之劣跡，既如是昭著，當軍務如此緊張之時，而為堂堂總兵者，猶如此貪黷，誠屬罪無可逭，不能謂宗棠之文致羅織。顧樊燮所以尚敢蒙詞相訐者，則一由於湖南有人深惡痛絕於宗棠，故意慫恿樊燮與宗棠為難。二由官文[199]對於本案有牽涉難堪之處。其時官文已派樊燮署理湖南提督，秉章第一次參奏中，連帶敘入，乃奉旨着官文另行派員署理，此一難堪也。官文對於永州鎮總兵遺缺，係奏委栗襄署理，而栗襄原為秉章在湖北巡撫任內撫標中軍參將。秉章曾飭其整頓營務，一味支飾，毫無實際，甚至各城門應派弁兵，經秉章親往查視，並無一人。又張亮基署湖廣總督時，飭栗襄監造鳥槍，及抽提試驗，則內膛並未鑽過，木殼外雖塗飾光彩，料極脆薄，所有鐵箍，均是濃墨畫成，着手即脫。亮基恨其作偽，令其自行點放，栗襄不敢點放，自認賠造，請求免究，一時咸以為笑。秉章於第二次參奏中附片和盤托出，於是又奉旨着官文查明參奏，[200]此亦一難堪也。且宗棠素賤視官文，平日兩湖間公事往來，尤時有與官文牴牾之處，官文嗛恨已久，至是遂被樊燮等利用而不自覺，遽據樊燮所控問官飭換親供，挾嫌串害。並永州府知府黃文琛濫邀優保各情，聞於清廷，清廷即交官文會同湖北鄉試主考錢寶青查辦，牽入宗棠。秉章雖為剖辯，清廷亦偏聽官文一面之詞，轉責秉章受屬員慫恿，劣幕把持。[201]斯時，宗棠有與李續賓一書，申其憤慨：

> 自二年（1852）至今，介於不紳不幕之間，蹤跡太幻，早已為世所指目。今更孤蹤特立，日與忌我疑我者為伍，身家無可惜，性命不足惜，特拚此身家性命，而於大局桑梓，均無絲毫之裨，則殊不值耳。謹奉身暫退，以待機之可轉。……

咸豐十年（1860）正月，宗棠乃攜婿陶桄，藉會試名義，北走京師，且以問心無他，欲自直於清廷。[202] 於是以公私關係，為宗棠解救者，外有胡林翼，內有郭嵩燾。

林翼知宗棠北行，亟遣急足追蹤而往。故宗棠抵襄陽，而林翼之密函已先在。略謂含沙者意猶未慊，網羅四佈，北上正墮其計。宗棠遂折回漢川，復沿江而下，至英山。先晤林翼，至宿松，再晤國藩。於是宗棠欲以親歷行間自效，以為與其死於小人，未若死於盜賊之快。國藩與林翼慰勉之。會聞長子孝威病篤，姑回家省視，其間林翼更以私情為解於官文，以緩其獄。[203]

嵩燾時尚值南書房，為言於同值之潘祖蔭，認宗棠之去留，關係大局。祖蔭遂奏保宗棠，辨其誣，且謂國家不可一日無湖南，湖南一日不可無宗棠，文宗果為動容，以特旨詢國藩：

> 有人奏，左宗棠熟悉形勢，運籌決策，所向克敵，惟秉性剛直，嫉惡如仇，以至謠諑沸騰，官文亦惑於浮言，未免有指摘瑕疵之處。左宗棠奉身而退，現在賊勢披猖，東南蹂躪，請酌量任用等語。左宗棠熟習湖南形勢，戰勝攻取，調度有方，目下賊氛甚熾，兩湖亦所必欲甘心，應否令左宗棠仍在湖南襄辦團練，抑或調赴該侍郎軍營，俾得盡其所長，以收得人之效？

國藩覆陳，左宗棠剛明耐苦，曉暢兵機，當此需才孔亟之時，無論何項差使，惟求明降諭旨，俾得安心任事，必能感激圖報，有裨時局。林翼亦奏請酌量器使，募勇以救江西、浙江、安徽。[204]

於是宗棠回家不三日，即奉詔以四品京堂候補，襄辦曾國藩軍務。[205] 牽涉樊燮之案，無形消除。故宗棠對文宗特達之知，與祖蔭等素無一面之緣而力保，深引為知遇之感。其後家書致長子孝威備述之：

> 吾以婞直狷狹之性，不合時宜，自分長為農夫以沒世。遭際亂離，始應當事之聘，出深山而入圍城。初意亦只保衛桑梓，

未敢侈談大局也。蒙文宗顯皇帝以中外交章論薦，始有意乎其為人，凡兩湖之人及官於兩湖者，入覲時無不垂詢及之，以未著朝籍之人，辱荷恩知如此，亦稀世之奇遇。駱、曾、胡之保，則已在乎聖明洞鑒之後矣。官文因樊燮事，欲行構陷之計，其時諸公無敢一言訟其冤者，潘公祖蔭直以官文有意吹求之深意入告。其奏疏云：天下不可一日無湖南，湖南不可一日無某人。於是蒙聖諭垂詢諸公，乃敢言左某可用矣。咸豐六年（1856），給諫宗君稷辰之薦舉人才，以我居首。咸豐十年（1860），少詹潘君祖蔭之直糾官文，皆與我無一面之緣，無一字之交。宗蓋得聞之嚴丈仙舫（正基），潘蓋得聞之郭仁先（嵩燾）也。郭仁先與我交稍深，咸豐元年（1851），與吾邑人公議，以我應孝廉方正制科，其與潘君所言，我亦不知作何語。宗疏所稱，則嚴丈仙舫親得之長沙城中及武昌城中者，與我共患難之日多，故得知其詳，而直道如此，卻從不於我處道及隻字。亦知我不以私情感之，此誼非近人所有。而宗、潘之留意正人，見義之勇，亦非尋常可及矣。……[206]

　　時石達開竄四川，形勢驟張，清廷又議令宗棠督辦四川軍務，先諮詢官文、林翼意見。宗棠本人殊不願，兩人覆陳，亦認為難收速效。於是清廷明令，即着無庸入川，仍着襄辦國藩軍務。一面調秉章督辦四川軍務，而秉章又奏調宗棠襄辦，會江蘇情形危急，希望國藩往援，國藩則以宗棠募勇未到，不能前進，故清廷亦仍命宗棠毋庸入川，但趕赴國藩軍營。[207] 嗣是而後，宗棠躬事軍政，可分為六時期：（一）援應江西、安徽時期；（二）平定浙江時期；（三）肅清福建、廣東邊境時期；（四）協剿西捻時期；（五）肅清陝西、甘肅時期；（六）平定新疆時期。前三期亦可括為東征時期，後三期括為西征時期。

15　皖贛援師之前期

　　咸豐十年（1860）閏三月，江南大營崩潰。太平軍連陷常州與蘇州省城，更由蘇州入浙，陷嘉興。而江西及安徽之間，太平軍勢力，重復瀰漫。時曾國藩駐祁門，曾國荃圍安慶省城。[208] 左宗棠既奉旨以四品京堂襄辦國藩軍務，於是國藩咨請募練五千人，增援皖南。宗棠就所知湘、楚舊將弁中，擇其勇敢樸實者，得崔大光、李世顏、羅近秋、黃有功、戴國泰、黃少春、張志超、朱明亮與張聲恆等九人，四出選募，立四營，凡二千人，又立四總哨，凡一千二百八十人，別以精銳為親兵，凡二百人，總名曰楚軍。更收王鑫舊部所謂老湘軍者，得一千一百四十人，成四旗，統共四千九百二十人，混稱五千人。以王開化總楚軍營務，劉典與楊昌濬副之，而別以王開琳總理老湘軍營務，屯長沙省城南金盆嶺，教練歷兩個月而成。[209] 會石達開有由貴州竄四川趨勢，清廷議移宗棠督辦四川軍務。宗棠以軍初起，未欲專任一方，而國藩與胡林翼復以皖贛事急挽留，事遂寢。八月，取道醴陵，整旅東行。[210]

　　國藩之駐祁門，以鮑超之霆軍屯漁亭，張運蘭之老湘營屯黟縣。然東、南、北皆太平軍，惟其西景德鎮，猶與官軍一線可通，勢至危迫。故宗棠之東行，其主要使命，便在扼景德鎮，與國藩取得聯絡。惟太平軍亦正策奪取祁門，緣其時國荃圍安慶省城益急，太平軍冀以壓迫祁門，促國藩撤國荃軍回援，藉紓安慶省城之危。於是景德鎮與其北之浮梁，其南之樂平，其東之婺源，其西之饒州諸城，均為兩軍必爭之地。[211]

　　太平軍採分道進攻之勢，一支由廣東之韶州，越南贛進，擬由貴溪、安仁，窺饒州及景德鎮。宗棠先遣開琳迎擊敗之，太平軍走弋陽，

與德興軍合，東陷婺源。宗棠又遣開化、昌濟會師追擊敗之。十日之內，轉戰三百餘里，連克德興、婺源兩城，此南路之局也。一支由安慶省城對岸之池州進，其酋為堵王黃文金，梟悍耐戰，太平軍中所稱黃老虎者也。於攻取建德後，連陷彭澤、都昌、饒州、浮梁四城。宗棠憑昌江扼守，然後分道出擊，鮑超亦督師援應，先後復浮梁、建德兩城。水師彭玉麟、楊岳斌亦先後收復都昌、饒州、彭澤三城，此北路之局也。時宗棠雖以京卿督師，軍事皆秉國藩指揮，自比於列將。國藩以楚軍新造，慮未任戰，遇急則令鮑超為之援。宗棠佐軍幕十年，諳韜略，或疑行陣非所習，而鮑超領霆軍有聲，慓急，素為敵所畏，宗棠始起，亦欲假超威名以為輔云。[212]

太平軍既不獲逞志於祁門之西，其踞祁門以東徽州等處之侍王李世賢突南下，直破婺源、越樂平而西，圖合饒州、池州之軍，以圍困宗棠。逮宗棠移軍馳救婺源，而婺源之太平軍又赴樂平，適國藩移建德屯軍，增防景德鎮。宗棠率楚軍出禦，而太平軍猝自樂平取間道，襲景德鎮陷之，東擾祁門，南圍樂平。時國藩自將攻徽州府城，敗退休寧，檄鮑超赴援，亦未至，形勢異常險惡。宗棠駐金魚橋，太平軍三面環集，後路斷，移駐樂平。李世賢偵知，留黨守景德鎮，自將趨樂平，與宗棠遇於途次。宗棠一敗之於馬家橋，再敗之於桃嶺。宗棠度李世賢必薄樂平城，城久廢，乃傍城東南，掘外壕十餘里，引水塞堰，以陷敵騎，令鄉團入城為疑兵。越日，李世賢欺楚軍不能戰，果逼城而陣，縱橫十餘里，旌旗蔽山谷。而楚軍好整以暇，憑壕植立無嘩，待其逼而擊之，輒中，相持至夜，敵益疲。詰朝，敵大舉犯西城，宗棠率劉典趨中路，開化趨西路，開琳趨右路，將士躍壕大呼，太平軍皆駭而奔，人馬相藉，李世賢易服遁，且遺其所供九寸長之天德王金像。統計是役前後轉戰三十餘日，亦獲大捷，斬馘幾二萬人。以數千新集之師，破十倍兇悍之敵，卒收回景德鎮而解樂平之圍，宗棠聲威由是大振。歸途經樂平、浮梁諸地，婦孺夾道歡迎，陳設茶果香案相望，景德鎮遺黎猶於破屋中燃放爆竹相迎。[213]

初，太平軍自韶州、池州進時，其忠王李秀成一支，更從廣信入攻

撫州、建昌，而分襲瑞安、吉安。至是宗棠自德興進擊廣信，太平軍悉走浙江。乃池州之太平軍復乘虛陷建德，分黨入饒州。宗棠聞警回師。饒州、建德之太平軍先後遁，其踞徽州之太平軍亦棄城走浙江。已而福建汀州之太平軍由浙江常山入德興，圖襲徽州，宗棠並擊破之，均走浙江開化。[214]

十一年（1861）八月，國荃克安慶省城。同時，水師將池州太平軍肅清，鮑超悉平江西境內太平軍，移師渡江，宗棠則坐鎮婺源，統制徽州、饒州、廣信三府二十縣，安徽、江西間局面，煥然一新。其嚴重之形勢，益轉移於江蘇與浙江。婺源為朱子之闕里，夙稱文化之邦，而八九年中太平軍往來二十餘次，子民皮骨僅存，典章文物，掃地而盡。宗棠撫其難民，接其文士，深為上下所悅服。值宗棠五十生辰，四境士民，多有不遠數十百里，冒雨而來祝嘏者。[215]

綜計宗棠自咸豐十年（1860）督師離湘，至十一年（1861）八月，皖贛大定，恰為一年。德興、婺源兩城之復，奉旨以三品京堂候補。景德鎮、樂平兩處之捷，奉賞白玉搬指、火鐮、小刀、荷包。而國藩復奏准改為幫辦，儲備大用。[216] 按國藩之堅守祁門，為當日大局轉機之一大關鍵。蓋祁門坐鎮之局不撓，乃得攻下安慶省城，為進取江寧省城張本，並得保固徽州、饒州、廣信三郡，為進取浙江之張本也。惟宗棠之懷抱，雖於此少得表顯，而賞拔宗棠之文宗與胡林翼，則均以其間先後物化矣。

16 肅清兩浙

湘軍既復安慶省城，太平軍益無能再爭長江上游，則盡力馳騁於江浙。在江蘇尤矚目於上海，浙江則杭州省城再陷。其餘郡城之僅存者，為衢州、溫州，廳縣城池之僅存者，為定海、石浦、龍泉、慶元、泰順，全境幾無一片乾淨土。清廷與曾國藩之佈置，以左宗棠負規復浙江之責，而於江蘇則以曾國荃圍攻江寧省城，更以李鴻章馳援上海，由東而西。援浙固宗棠早在湖南巡撫幕中所主張，當景德鎮與樂平之役告一段落時，清廷已授宗棠為太常寺卿，命率師援浙。國藩奏稱，景德鎮為全徽咽喉之地，婺源為皖浙縮轂之區，鮑超北渡後，南岸僅恃宗棠一軍，縱橫策應七百餘里，不能分身，坐是未果行。咸豐十一年（1861）十月，浙事益急，清廷遂以宗棠督辦浙江軍務，嗣復徇國藩之請，授為浙江巡撫，由此宗棠得獨當一面，意氣益發抒。[217]

先是，宗棠由湖南出發時，僅募練楚軍合老湘營凡五千人。及入江西、安徽，陸續增至八千人。至是奉命督師浙江，請以蔣益澧就所部募成數千赴浙當一路。益澧即率湘軍援廣西，為宗棠所賞識者也。復以劉培元募勇三千相隨，培元久在湖南治軍，諳習水戰，宗棠期以在浙募練水師者也。清廷一一報可，以益澧任浙江布政使，培元署衢州總兵。國藩亦奏准以駐防徽州之張運蘭，駐防廣信之屈蟠，駐防玉山之王德榜、顧雲彩，駐防廣豐之段起各軍，以及孫昌國所部在弋陽一帶之內河水師，悉歸宗棠指揮。旋又益以魏喻義一軍，俾共維護後路，一面將向所指定為宗棠在贛東與皖南時餉源之婺源、浮梁、樂平、景德鎮、河口等五處稅厘，仍由宗棠自行派員經理，以裕軍食。[218]

此時浙江之情勢，李定太一軍苦守衢州，李元度領安越軍屯江山，

福建軍屯處州、松陽、龍泉、政和，而別部屯溫州。江蘇之美國常勝軍，渡海收定海，台州民團方規取本郡列縣，湖州義士趙景賢猶困守府城。太平軍以侍王李世賢據金華，為各方策應。宗棠與國藩計議，以固徽州，保饒州、廣信，為規浙後方之根本。故宗棠之戰略，亦主先由婺源攻開化，以清徽州後路，分軍攻遂安，俾饒州、廣信相庇以安，然後傍徽州，取道嚴州，節節進剿，誠以鑒於前此督師者僅知向前攻取，而於所攻取之境地，不知顧復，往往隨得隨失，徒使人民多受一番蹂躪。故宗棠自矢，不得地則已，既得必使弗復失也。[219]

　　同治元年（1862）正月，宗棠又旌旗東指，一如所預計。先分道攻開化，四日而肅清之，斃太平軍五千人，以王開耒留守。繼攻遂安，二日而克復之，斃太平軍一萬人，以王文瑞留守。先聲之氣奪人，據守之點胥定。金華、嚴州等處太平軍屢出襲擊衢州、江山，更圍遂安，終不獲逞，然湖州府城又以失守聞矣。[220]

　　此後軍事，可分數部份言之。宗棠之直轄部隊，由高連升之取壽昌，而有魏喻義之復嚴州，由蔣益灃之取湯溪，王德榜、劉明燈等之取龍游，而有連升之更復金華。自是劉典攻蘭溪，黃少春攻浦江、諸暨，均先後收復。喻義復一舉而下桐廬。同時，將侵擾衢州之太平軍，陸續擊退，便就衢州建立水師，此由西向東推進者也。[221] 已革寧紹台道張景渠先招致海盜，收鎮海，嗣會外國軍規復寧波、慈溪、象山、餘姚、奉化、上虞，更攻破紹興府城而直趨蕭山下之，遂據守錢塘江南岸，此由東向西推進者也。[222] 台州民團悉定本郡所屬，且協克紹興府屬之新昌、嵊縣。福建軍秦如虎於收復樂清、青田後，克驟失之處州。林文察更先後規復松陽、宣平、武義。同時，民團收永康，而東陽、義烏之太平軍悉走，此由南向北推進者也。[223] 於是浙東之金、衢、嚴、寧、紹、台、溫處七府屬均還隸清廷。其太平軍之出沒溫州各處，牽制前線者，既均無力，而多方滋擾徽州一帶，撓阻後路者，亦被擊破（另詳十七節）。盤踞杭州省城之太平軍，用是震怖，悉眾拒集富陽。而宗棠於斯時又被命為閩浙總督，仍兼浙江巡撫，位望日重。其間於三日內連克湯溪、蘭溪、龍游、金華四堅城，共計殺敵五六萬，最稱偉績。而

湯溪之役，尤為嚴重，以益澧全軍益以福建之康國器一軍，方得合圍，而城中太平軍猶有十萬，堅守莫卻。其由寧波、紹興兩府屬撤退之太平軍，又悉聚金華，相繼竄擾圍師。後復於金華、湯溪兩城間築堅壘，連十數里。益澧並力開地道，轟城壘，終弗克。逾時三月，始乘城中局部太平軍通款之機，伏兵壕中，突起斬通款者八人，一擁從西門而入。[224] 湯溪、龍游兩城，均為通金華要道，而金華府城最得地勢，垣墉堅固異常。蘭溪則一水直達嚴州，嚴州外通徽州、寧國，內達杭州省城，素為形勝，宗棠一軍連得此數重地，制勝之機固已牢牢在握矣。

宗棠規浙軍事，至此階段，進一步自以奪取杭州省城為主要目標。顧宗棠以為欲取杭州，先必西取餘杭，東取海寧，方可絕杭敵之接濟，而速杭城之陷落。又以為徽州、廣信各屬太平軍猶出沒無常，一旦杭城克復，太平軍勢必益竄入皖贛，彼時仍為後路之憂，雖復杭城，奚補於浙局？於是復分軍回皖、贛剿擊（另詳十七節），一面移軍下富陽，再進攻餘杭。同時，更以一軍收海寧，並下桐鄉。宗棠之規富陽也，水陸並進，而以益澧之萬人為主力。蓋將欲進取杭州，固不能不先取餘杭，而尤不能不先取富陽。在太平軍欲據守杭州，亦不得不先保餘杭，而尤不得不先保富陽。且錢塘江自桐廬七里瀧以下，地勢漸平，江面漸闊，富陽縣城背江面山，右阻一溪，形勢素完固。故雙方對於富陽之攻守，頗為猛烈，不特杭州太平軍傾眾來會，即嘉興、常州、蘇州之太平軍並麇至。宗棠亦發嚴州駐軍及康國器所部益之，爭持至半年餘，益澧部將熊建益且死之，最後調法國軍德克碑洋槍隊，用炸炮猛轟，晝夜不絕，太平軍乃不支。[225] 宗棠初不甚信洋槍隊，至是始認識其威力，以後圍攻杭州、湖州等城，均利用之。

富陽既克，益澧徑進杭州，而以別部取餘杭，然其所遇阻力，又如富陽。太平軍於餘杭與杭州之縱橫四十里間，滿佈營壘。於是先之以國器、喻義，繼之以明亮、聲恆，再繼之以昌濬各軍，亦歷時半年餘，終不獲克。[226] 會李鴻章之淮軍由楓涇入浙，克嘉善，乘勢收平湖、乍浦、海鹽，連升遂與會師復嘉興。[227] 益澧等先已薄杭州，牽制其策應餘杭。至是城內太平軍勢日蹙，其首領聽王陳炳文忽請降，已而又忽殺城中謀

內應者。宗棠謂有隙可乘,決先令益灃並力攻取杭州省城,以劉清亮攻錢塘門,連升、德克碑等攻鳳山門,王月亮等攻清波門,劉連升等攻望江門、清泰門。益灃親至武林門督戰,別遣徐文秀攻城北長街,如是協攻互數日,至同治三年(1864)二月二十三日之夜,陳炳文開北門出走,益灃聞城柝漸稀,頃之,人聲鼎沸,知太平軍已逃,即整部入城。諸軍分門大進,而餘杭太平軍首領康王汪海洋亦棄城走。次日,以收復杭州省城並收復餘杭之捷聞,清廷命宗棠加太子少保銜,賞穿黃馬褂。當承平時,杭州城內外居民男女八十一萬口,及復城,才十七八萬口。宗棠申虜獲之禁,婦女財物,各從其主,制止軍士入民居,招商開市,奏停杭關稅,立清賦局,減杭、嘉、湖三郡額賦漕糧三之一,益灃履布政使任,亦輕財致士,杭垣善後事一時翕然稱之。[228]

太平軍失杭州省城後,更不振。於是聲恆、大春等取武康,連升取德清,而石門太平軍自逸。劉璈取孝豐,生擒感王陳榮,到處勢如破竹,已而長興亦為淮軍所復。[229] 於是太平軍在江浙兩省之重要據點,僅餘湖州府城與江寧省城兩處。而湘軍攻江寧省城已合圍,故兩省太平軍,除西竄者外,幾悉聚於湖州,其首領有堵王黃文金,佑王李遠繼,輔王楊輔清。及湘軍復江寧省城,太平天國幼主洪福瑱亦潛入湖州。宗棠令益灃領軍進攻,一軍由德清向西南進,一軍由石門向東南進,而別遣一軍攻菱湖。同時,淮軍以一軍屯泗安,而以別一軍向湖州東驅。湖州太平軍為欲保此一隅,以維其在東南之勢力,亦多方抵禦,尤以晟舍之爭為劇。晟舍在湖州府城東南,合宗棠軍、淮軍,更益以法國軍,協力猛攻,歷一月有半,僅乃克之。由是湖州府城合圍,城中太平軍多歸誠,於七月二十七日收復。次日,昌濬又取安吉,洪福瑱與餘黨西逸,於是浙西之杭、嘉、湖三府亦定,全省告肅清。宗棠所部嚴追,戮其堵王黃文金,昭王黃文英,及洪福瑱於玉山,幾獲之,卒被兔脫,後在江西就逮。宗棠奉封一等伯爵,錫號恪靖。[230]

以數百萬太平軍,幾擁有全浙之勢力,而在宗棠指揮下,以不滿三年之時間,摧陷而廓清之,似不能不謂為神速。惟吾人事後檢討當日宗棠軍事之成功,不能不謂有得乎兩種助力。一為民眾之響應。如台州府

列縣，處州等府若干縣之光復，殆全為當地民團所致。嚴州之光復，有城內居民潛以太平軍虛實相告；諸暨之光復，有民團之內應；紹興之光復，亦有城內居民舉火為內應。二為敵人之款附。如因羅埠敵首李世祥之約降，而獲進攻湯溪，又以湯溪敵之通款而城遂突陷。因方蒂桂、張茂夫、程為懋等之投誠而復諸暨。因會王蔡元隆之輸款而海寧不攻而得。又以蔡元隆進攻桐鄉而城敵何培璋亦降服。而淮軍之收取平湖、乍浦、海鹽、嘉善，並係守城太平軍自行反正。（平湖降者陳殿選，乍浦降者熊建勳，嘉善降者陳占榜、余嘉鰲，海鹽之降則為熊建勳所撮合。）至杭州省城陳炳文先遣使詣鴻章約降，鴻章令至宗棠所。已而陳炳文所部被殺，內應已中變，宗棠密知其狀，仍報許之，而急督軍進攻，城敵自相疑忌，遂為宗棠所乘。自杭州省城陷，而師行所至，各城太平軍幾無不望風而轉，此種情況，為前此所罕有。於以見太平軍至此地步，已外不為人民所悅服。內不為袍澤所誠信，其勢早成強弩之末。[231]

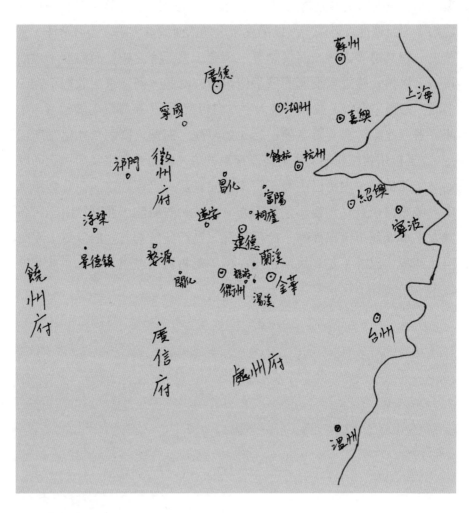

浙江及周邊示意

17 皖贛援師之後期

當左宗棠入浙前之形勢，江西及皖南之池州、徽州兩府屬已肅清。宗棠受曾國藩命，駐婺源，負責戒備徽州府屬及贛東之廣信、饒州兩府屬。及宗棠奉詔入浙，國藩以為仍須顧全此三府屬地，以通嚴州、衢州之後路，宗棠亦同此意見。於是國藩以廣信與徽州之防軍及內河水師，悉聽宗棠節制，以期指揮靈活（參閱十六節）。[232] 顧太平軍亦頗著眼於此一隅地，不時加以襲擊竄擾，故終宗棠平定浙江，未嘗稍弛其警戒，名為援皖贛，實所以自援也。

宗棠督師浙江時期中，援皖與援贛之軍事，可分為三個階段。

第一階段，在宗棠入浙時，其先太平軍本已在皖南奪踞數城池，復肆猖獗。咸豐十一年（1861）十二月，太平天國輔王楊輔清更由寧國府進圍徽州府城，有眾十萬，號稱二十萬，意在阻撓宗棠入浙。宗棠命劉典率三千人出婺源，而自將軍出屯玉山拒之。同時，在浙之太平軍，由遂安、開化西犯婺源，與輔清遙相呼應。蓋婺源居徽州、廣信兩郡之間，為太平軍與清軍所必爭也。宗棠則遣王開來由白沙關扼華埠，自率親軍趨婺源，大敗之，掃平敵巢二十餘處，斃悍敵千餘。會徽州防軍亦破太平軍於巖寺，徽州解嚴，而婺源之防並固。宗棠乃於同治元年（1862）正月，安然入浙。其時，池州、銅陵先已由楊岳斌水師於上年（1861）八月中克復。嗣是鮑超軍又先後克復青陽、石埭、太平、涇縣、寧國府城，更因寧國縣城之降，收廣德州城，曾貞幹軍先後克繁昌、南陵，張運蘭軍克旌德，而曾國荃軍亦先後克太平、蕪湖，直逼江寧省城。皖南大局，重復粗定，然太平軍在皖贛間之餘黨，固未根絕也。[233]

　　第二階段，在宗棠入浙後。同治元年（1862）五月，太平軍陷湖州府城，西與廣德、寧國，一氣可通。十月，蘇州、常州太平軍西上，圍攻國荃進取江寧省城之軍。已而解圍南下，走入寧國，於是皖南太平軍之勢又驟張。二年（1863）正月，宗棠先後克浦江、桐廬，其軼出之太平軍亦多竄入寧國。於是皖南太平軍之勢益熾盛。此對於曾左兩軍後路，均為莫大之威脅。溯自曾軍入蘇，左軍入浙，原在皖南之兵力，固已削弱，其駐防皖南各軍，又適患大疫，將士均疲敝已極，控制之力大弛，殊不足以應付。馴至西而池州，東而廣德，北而寧國，南而石埭、太平、黟縣、旌德，縱橫四五百里間，所在騷然。茲專就宗棠後路所在之徽州言之，則太平軍先陷績溪，再陷祁門，更踞黟縣，而又屢侵徽州、休寧，無非冀斷宗棠糧道。宗棠亟遣王文瑞軍馳往，會防軍援剿，幸即克復績溪、祁門，嗣復調劉典軍馳往，增厚實力，一面屯軍遂安、開化一帶，嚴防浙皖之邊。而太平軍尤意在取徽州、休寧後，經婺源而入江西之德興、樂平。一面則以黟縣為據點，欲越祁門而入江西之浮梁、景德鎮。故王劉二軍既堅屯草市、屯溪、萬安、漁亭一帶，復奪取巖寺、潛口一帶，且再度克復黟縣，以固祁門、休寧、徽州、績溪一線之防。而江西軍亦力防玉山訖景德一線。且北上以協助王劉二軍。在如此形勢之下，太平軍雖幾番向南奔衝，卒莫得逞，且損失實力甚大。三月，寧國、旌德太平軍西竄建德，會池州太平軍，南掠江西之饒州，浮梁告急。劉典軍亟出婺源，會江西軍力戰，太平軍始復北竄湖口、彭澤，還竄青陽。九月，寧國太平軍東竄浙江之昌化、於潛，不逞，退至寧國，復突竄浙江之孝豐，以趨臨安，圖掓宗棠進攻餘杭一帶之背。既被阻於新城之防軍，卒馳入湖州，與彼處太平軍合流。時國藩命鮑超軍由蕪湖南下，又命江忠義所在湖南新募之軍，由九江東進。其在石埭、太平、旌德之太平軍，更請降於鮑超，由是皖南之太平軍勢又漸蹙。而宗棠則益嚴衢州、嚴州之防，懼其在皖被迫而群趨入浙也。先是，宗棠既下桐廬，將士多樂於直下杭州省城，不願回援皖贛，宗棠則諭之曰：「擊寇以殄滅為期，勿貪克省城之功，冒進而忘大局，勿憚江西皖紆阻之勞，就易而昧戎機。」並為請於清廷，將來皖南肅清，無論曾否克復

省城，總以殺賊多少為勞績高下，一體甄敘，藉以鼓勵回援皖贛之軍心。按由徽州沿新安江順流而下，數日抵杭州，苟徽州不保，則雖得杭州，仍難扼守。故宗棠本軍三萬餘人，留浙者僅三分之一，而回皖南者竟佔三分之二。[234]

第三階段，在宗棠進攻杭州省城之際，時太平軍侍王李世賢盤踞江蘇之溧陽，與其東句容，其西廣德，其南湖州之太平軍相倚，勢頗不弱。其地又正為竄入皖南與贛東要衝，亦可由此竄入浙江西境。宗棠因建議於國藩，皖南防軍由寧國攻廣德，宗棠軍由昌化、於潛進孝豐，攻湖州，先合力以解決此一區，以免後患。國藩自以兵少，不敷游擊，僅飭各防軍謹守皖贛城隘。已而李鴻章軍克蘇州、無錫，別枝入浙，克平湖、嘉善、海鹽等縣，乃策西進之師攻常州，東進之師攻嘉興，冀以前者保固蘇州、無錫，後者保固松江、上海。宗棠則議鴻章應由無錫急攻宜興及溧陽西北，與國藩駐溧水軍相聯絡，更由國藩軍攻取廣德，俾通一氣。以為如是縱未能即時撲滅，猶勝於空此一路，一任太平軍竄過，國藩是其說，而未能實行，以鮑超軍方守東壩，一動即影響國荃圍江寧省城之師，而他軍則調撥不及，無法同時進攻廣德也。[235] 同治三年（1864）正月，於是李世賢以江寧省城情勢危急，擬先赴江西，預為佈置，糾廣德太平軍，突由寧國南陷績溪，東趨昌化、淳安。既不逞，李世賢折回溧陽，餘黨由林正祥領導，回至深渡，又折入遂安，經開化、華埠，入江西，取道玉山、德興邊界，向南直達建昌、南豐、廣昌、石城間。宗棠為益軍嚴州、金華、衢州以拒之。其後江浙各路太平軍，由此經皖南或浙邊入江西者，絡繹不絕。雖經宗棠撥軍攔截於浙皖之交，國藩與江西亦各撥軍襲擊，要均無法圍殲。其最著者，約為四起。其一，同治三年（1864）二月，宗棠克杭州、餘杭，此兩處太平軍首領陳炳文、汪海洋，合武康、德清、石門餘黨，西走孝豐，入安徽，取道深渡，折至遂安，復折至屯溪，復折至開化，入江西，經玉山、鉛山，直達貴溪、安仁、東鄉間。其二，李世賢之被扼於昌化也，退歸溧陽。不久，鴻章克溧陽，則入湖州，餘杭既被克，又迎陳炳文、汪海洋西行，既被阻於孝豐，與陳、汪分道，由昌化入績溪，經婺源而直奔

江西，由德興、弋陽，以達貴溪、金溪間。其三，同治三年（1864）四月，鴻章克常州，軼出太平軍與宜興、溧陽等處餘黨，由廣德南下，直奔婺源，入江西，以達德興、弋陽、鉛山間。其四，七月，宗棠、鴻章會克湖州，太平軍首領堵王黃文金軍，奉由江寧省城被陷時逃往之幼主洪福瑱，分奔廣德、孝豐，又合奔寧國。黃文金被中途擊斃，餘黨由寧國至昌化，由昌化至績溪，由績溪道出遂安、開化之交，卒經常山、江山奔入江西，經廣豐、鉛山、廣信分達貴溪、瀘溪、新城間。於是贛水以東，無復完土，惟常州、杭州之兩股太平軍旋被擊散，獨李世賢踞崇仁，陳炳文、汪海洋踞東鄉，勢特盛。而林正祥出沒石城，丁太洋出入瑞金，尤為諸太平軍入閩與入粵尾閭。先於正月間，宗棠料由廣德、寧國軼出之太平軍，如浙江遏之嚴，非入福建，必入江西。會張運蘭授福建按察使，假歸在籍，當奏准飭帶所部二三千人，即赴本任，以為戒備。劉典丁憂在里，亦奏准特旨起復，募新兵三千人，督同到贛，以供防剿。及事急，更奏准以楊岳斌督辦江西皖南軍務，而以劉典為幫辦。劉典於八月間師抵貴溪。其間，宗棠仍命在皖南之王開琳等軍，由南入贛，在浙皖間之王德榜等軍，由西入贛，並會同席寶田、鮑超諸軍，相與戮力追剿。復調林文察、康國器兩軍，由浦城馳往奉寧、建寧、寧化一帶。而張運蘭亦於八月終行抵汀州，以防閩贛之邊。時則江西諸被踞城邑，逐次收復，鮑超更降陳炳文於許灣。由是所有殘餘之太平軍，由瑞金悉奔廣東，由廣東折入福建，運蘭在武平陷陣，被執遇害，宗棠乃親往督師。[236]

18 掃蕩閩粵邊境

　　太平天國幼主洪福瑱既授首，餘眾旋被逐出瑞金，然猶存四大股，即侍王李世賢、康王汪海洋、黃旗丁太洋、花旗林正揚（林伯燾）。黃旗與花旗，亦稱黃白號衣黨，皆汪海洋所豢死士，平昔遇之厚，遇危急則麾之前，自號無敵。同治三年（1864）九月，相率由瑞金竄廣東之南雄、連平、嘉應，而陷平遠，陷鎮平，然皆不踞。由是分為兩股，竄入福建，李世賢一股由嘉應東移，陷大埔、永定、龍巖、平和，更由龍巖而陷漳州、雲宵、南靖。汪海洋、丁太洋、林正揚由嘉應北上，連陷武平、長汀、連城、上杭。於是李世賢據漳州，有眾十餘萬。汪海洋據長汀、連城、上杭三縣中心之南陽及新泉，有眾一百八十五隊，每隊五百人，合共九萬有餘。丁太洋、林正揚出沒漳州、龍巖間，有眾各約數萬。要之，以李世賢之眾為最盛，汪海洋之眾為最強。李寬而易，汪狠而譎，眾皆樂李而憚汪。惟汪精悍善鬥，狡獪多謀，能以嚴馭眾，為眾所畏。已又攻陷長泰、詔安、漳浦、平和等縣。福建之龍、漳、汀、泉、廈，廣東之潮、嘉，向稱盜匪淵藪，至是益從亂如歸，閩粵間一片寇氛。[237]

　　同時，左宗棠以閩浙總督，策動其進剿之師。命黃少春、劉明燈兩軍四千五百人，由衢州取道浦城，赴建寧，以趨延平，是為中路，扼敵北竄，兼顧浙江、江西。命劉典所部八千人，取道建昌，以趨汀州，南以王德榜二千五百人繼之，是為西路，扼敵西竄，兼顧江西。命高連升一軍四千五百人，馳赴寧波，乘輪船，由海道直趨福州，先顧省城，再出興化、泉州，赴漳州，是為東路，扼敵東竄，均分投追擊，或相機迎剿。最後，宗棠繼黃少春等，移節延平，居中調度。友軍會剿者，婁雲

慶之霆軍，由江西向東壓迫；郭松林等之淮軍八千人，浮海而下，在廈門登陸，向西壓迫；方耀等之粵軍，以鎮平為中心，戒備閩粵邊界，並局部越境向北壓迫；護浙江巡撫蔣益灃復遣劉清亮率所部三千人，進駐浦城，備援應；而福州海關稅務司英人美里登亦攜帶開花炮，由廈門、海澄助剿。至同治四年（1865）四月中，楚淮軍會克漳州。李世賢由永定出走，不知所之，或云遁上海，餘黨退入廣東。漳州居腹地，又菁華聚積之區，自被李世賢據有，林文察進攻敗歿，全局為之震動。自漳州復，而太平軍氣奪，官軍益勝算可操。五月初，劉典降丁太洋，收編一千人，餘悉遣歸。林正揚一股亦擒斬殆盡，惟汪海洋雖迭受重創，精銳喪失過半，而所部仍有十萬之數，至是亦竄廣東，所有其餘淪陷各城，次第收復，福建全境肅清。於是宗棠就漳州好景山松關磨崖勒銘曰：

> 率師徒，徂閩嶠，犁山穴，截海徼，龍巖平，漳州復，寇亂息，皇心寧。

咨遣淮軍回江蘇，而餉王開琳率所部入江西之贛州，高連升、黃少春、劉清亮所部暫駐武平，劉典將各部馳回汀州。宗棠以為汪海洋志當仍在江西，故駐武平者，將趨長寧、安遠，以固江西東部。馳汀州者，將由贛州趨南安，以固江西西部，兼固湖南也。[238]

汪海洋之入廣東也，首陷鎮平而踞之，以李世賢之敗，歸咎於其宗人李元茂，則殺之以立威，乃不為部下所悅服，始相攜貳。先是，鮑超之霆軍，自逐出太平軍於江西，奉命以一部由婁雲慶統率留江西助防，餘由鮑超親率北上，將出征陝甘，行至湖北之金口，鮑超假還夔州，所部忽藉口索餉嘩變，潰卒竄江西入廣東，與惠、潮、嘉一帶土匪，均合於汪海洋，約共十餘萬，於是汪海洋之勢又振。李世賢亦於此時掩至，顧為汪海洋所刺斃。兩人在太平天國，李為二等王，汪為三等王，李位望較高，故汪忌之。久之，糧儲漸匱，霆軍潰卒又以與太平軍爭食，歸降廣東軍。時宗棠已移節漳州，督師乘之，竟復鎮平。汪海洋走江西，

諸軍窮追六畫夜，行至宜黃之黃波墟，為土匪所紿，深入伏中，亡參將以下十餘人，兵數百，輜重軍火，喪失甚多。汪海洋遂得遠颺，由定南、信豐而西，為江西軍擊敗。又南走廣東，過連平，攻城三日不下，欲竄廣州，亦未得逞，乃又東趨和平、興寧，終於陷據嘉應州，附近土匪爭附之。十月終，宗棠進駐大埔，受詔節制福建、廣東、江西會剿之師。促鮑超移師入廣東，由平遠趨嘉應西北；劉典由武平、上杭，出松口，延紮嘉應之東南；高連升、劉清亮進紮樟樹坪，當嘉應之東北；而以鄭紹忠之廣東軍屯長沙墟，扼嘉應之西南；更檄廣東炮船數十艘，駛駐三河壩，以遏梅江通汀州、潮州之水路。部署既定，始進攻州城，汪海洋中炮死，群情始惶懼，議歸降，然猶推太平天國諸王中碩果僅存之偕王譚體元主城守。十二月中，城圍益合，譚體元遁，州城復，譚旋為黃少春所獲，磔死。此太平天國最後之一役，結束於黃沙嶂，被擊斃一萬六七千，墜崖死者無算，生擒數千，歸降五萬餘，太平天國嫡系軍隊乃無復孑遺。宗棠益解散難民萬餘，並撲滅土匪之附太平軍者。宗棠先策，應付此殘局，當由內而外，由東北而西南，結果正如所期。捷聞，詔宗棠賞戴雙眼花翎。同治五年（1866）正月，凱旋福州省城，[239] 幕客吳觀禮為作嘉應班鐃歌：

> 金盤堡，班師回；金盤嶺，率師來。
> 七歲徂征五行省，東南澄鏡無纖埃。
> 嘉應潮州作戰場，殘寇並滅歸堵康。（原注：賊雜號）
> 大憝先摧李鐵槍，以次削平黃與汪。
> 允哉末劫在錢塘。（原注：嘉應州有錢塘墟）
> 父老歡迎竊相語，元戎勳業照古今。
> 嗚呼，父老今快睹，豈知在山雲，早為天下雨。（原注：嘉湖作戰場，末劫在錢塘，皆愨緯家言）[240]

概括宗棠出山典兵至東征告成，詞無溢美。

按太平軍雖起於廣西，而洪秀全等本出生於廣東，楊秀清等且籍隸

嘉應州，今其餘黨卒覆亡於此，此一奇也。太平軍初起於廣西，僅土匪之雄，及入湖南東下而始大，此時宗棠已在湖南巡撫幕府，開始與太平軍角逐，自是相與周旋者十六年，卒結束於宗棠之手，誠如劉長佑所謂「中興戡定之功，惟我公發其謀於始，而要其成於終」，[241] 此又一奇也。

抑於此須連帶一述者，當宗棠在福建掃蕩太平軍，一面剿除當地土匪，蓋福建之下府屬如興化、泉州、永春、漳州等處，向有烏白旗、紅白旗、小刀會、千刀會等匪黨。上府屬之南平、永安、沙縣、順昌等處，亦常有悍匪出沒。至閩浙洋面，尤多海盜，彼等均兇頑成性，潛不畏法，肆意劫掠，久為閭閻患。宗棠分區派兵搜剿，痛加懲創，於是及太平軍覆滅，而土匪亦誅夷殆盡。[242] 乃宗棠方於二月十八日回抵福州省城，而「齋匪」同時暴動。「齋匪」者，源於宋時之吃菜祀魔教，其始以戒殺放生、消災避劫為言，愚民動於禍福之說，多為所惑，人數既眾，浸為不軌。其巢穴在江西鉛山之封禁山，舊名銅塘山，盤互廣信、建昌兩府之交，延袤數百里，巖谷幽邃，常為逋逃之藪。比由江西突入福建，於五日內，連陷崇安、建陽兩縣城。宗棠所部，猶在凱旋途次，省防較空，故一時大震。宗棠檄飭黃少春、張福齊分向崇安南北並進，張樹茨直赴建寧，以向建陽，唐熊飛、王德榜、吳得鳳等進延平，分路兜剿，浹旬而復，此則宗棠東征之餘波也。[243]

19 平定浙閩時之涉外事件

　　自外國勢力侵入中國，凡遇中國有任何內戰，幾無不有外國勢力直接間接參與其間。清軍與太平軍之爭，亦無例外，或更可認為外國參與中國內戰之第一聲。其一為售與雙方軍火；其二為借與清軍戰費；其三以官兵協助清軍作戰；其四為與太平軍半官式之往來及私人間勾結。左宗棠督師浙江、福建，與一、三、四端多有關係。

　　外人受中國使命，募練軍隊，助攻太平軍者，凡三起。一為美人組織之常勝軍，二為英人組織之常安軍（即綠頭勇），三為法人組織之常捷軍（即花頭勇與黃頭勇）。大致以外人為將官，並參入外兵，而以華人歸其訓練與統率。此外又有上海租界英法人自行組織之軍隊，則與駐在上海之清軍，共設會防局，專任征剿上海與其四圍之太平軍。常勝軍完全為清政府所僱募，受李鴻章節制。至常安軍與常捷軍，則最初發動者，為寧波、紹興兩府屬之紳商，欲藉以撲滅其在本鄉之太平軍，其後始受宗棠節制。[244]

　　先是宗棠奉命援浙，係由安徽東境，向浙推進，對於沿海及毗連江蘇之浙江各府屬，因其間為太平軍所阻隔，聲息不通，故鴻章之撥常勝軍，浮海收定海，因失守寧波而革職之寧紹道台張景渠之用已撫海盜布興有等復鎮海，及招致常安、常捷兩軍克寧波，宗棠初未與聞。至寧波恢復，清廷命宗棠以中國制度部勒常安、常捷兩軍。宗棠即以史致諤為寧紹台道主其事，然猶取徑長江，轉由海道馳往。已而克慈溪，常勝軍先經鴻章調回。克紹興，常安軍續經史致諤遣撤，惟常捷軍則至全浙平定方解散。[245]

　　此三常軍外籍將士俸給，每人每月均在銀一百兩以上，兵士糧餉，

較其他清軍高出一倍，國人之狡黠無賴，圖其厚利，與欲利用外力以作威福者，爭趨之。於是常勝軍始僅五百人，陸續增至四千五百人，糜費最巨。常安軍凡一千人，常捷軍凡一千五百人，兩軍合計，其中外人約一百五十人，每月約共需餉銀八萬兩。傷亡之後之巨額撫卹，與勝利時巨額之犒賞，尚不在內。外將與外兵尤驕悍。故寧波、紹興兩府屬之復，雖幾全賴其力，而所受禍害亦不淺。如在餘姚，竟與清軍一度衝突，入紹興府城時，搜括民間財物，據為己有，而勒派紳民以十一萬元收買。克蕭山時，太平軍所遺財物，悉被囊括以去，浸至檢收清軍。[246]宗棠本不以招致外籍軍官兵士為當，嘗於奏報中發其感慨：

> 沿海各郡，自五口既開之後，士民嗜利忘義，習尚日非。又自海上用兵以來，至今未睹戰勝之利，於是妄自菲薄，爭附洋人，其黠者且以通洋語，悉洋情，猝致富貴，趨利如鶩，舉國若狂。自洋將教練華兵之後，桀驁者多投入其中，挾洋人之勢，橫行鄉井，官司莫敢詰治。近聞寧波提標兵丁之稍壯健者，且多棄伍籍而投洋將，充勇丁，以圖厚餉。若不稍加裁禁，予以限制，則客日強而主日弱，費中土至艱之餉，而貽海疆積弱之憂，人心風俗，日就頹靡，終恐非計。……[247]

於此可見五口通商後之沿海人民，與湖南等省內地之人民，其性情在當時已甚有區別。一則巧詐，一則拙誠。故湖南人欲禦太平軍以保衛鄉里，則自行組織團練，而擁護其士大夫為之魁。上海、寧波一帶之人，則以外人為重，而託以代為募練軍隊，卒至為外人所利用，使地方於飽受太平軍之蹂躪後，復遭外國將士之騷擾。

蕭山定後，常捷軍統將、權授中國總兵、法人德克碑（d' Aigwebelle）欲添募一千人，宗棠毅然不許。德克碑則因胡光墉之請，謁宗棠於嚴州，宗棠諭以現既權充中國總兵，應照總兵見總督儀節。至時，宗棠待以禮貌，而微示以威嚴，德克碑表示願出死力，報效中國，謹受節制。宗棠止其添募一千人，而仍許留一千五百人暫駐蕭山，以待後命。德克

碑自立條約，誓不節外生枝，繕具華法文各一份存案。自此德克碑改易中國服裝，並將兩顴虬髯剃去，對宗棠益恭順。[248] 其後復富陽縣城，復杭州省城，復湖州府城，常捷軍均與有功。湖州平，德克碑歸國，議先撤一千人，餘五百人歸日意格接統。因日意格（Giguel）任寧波海關稅務司，不能兼顧，遂併撤焉。[249] 德克碑在本國，故業造船，日意格故業駕駛，宗棠至福建創辦船政，以二人為正副監督（參閱五十五節）。

太平天國初起，各國見其進展甚速，頗有意聯絡，大有認為交戰團體之趨勢。後因太平天國諸領袖仍循中國傳統思想，鄙視外人，又轉戰多年，其勢日蹙，且戰事移至東南沿海，不免損及上海、寧波等海口英國之利益，而太平天國之崇奉基督新教，尤妨礙法國天主教在中國之勢力，於是相率轉向清廷，並欲協助撲滅太平軍，惟恐其不速。然當太平天國侍王李世賢馳入福建漳州時，因海口之便利，外人仍多與交通，李世賢亦圖於此得一出路，故當日破獲之案，頗有多起。

（一）李世賢託其至友陳金龍攜密函致廈門海關稅務司英人休士，意在乞援外國而啗以厚利。據陳金龍自陳，彼即勸李世賢須與外人和好，以便相機行事，由水路以擾天津者也。[250]

（二）廈門英國領事柏威林駕小夾板船，乘潮突駛漳州，清軍阻之不獲，柏威林反正式書面抗議，並邀集在廈中國官吏，公然宣佈：「聞前此李世賢遣人送信到廈，被洋關拿解地方官正法，其信內是何議論，不能知悉，是以親到漳郡，面會李世賢，以後有信來往，不可攔阻，有事自能知會。現帶長毛頭目一名，在戰船官全順艙內，稍緩幾日，仍擬送伊回漳，官民欲截港拿辦，必致開仗。至照會內小夾板船三隻，係我駕坐入漳之船，不必再查。」云云。詞頗蠻橫。柏威林所謂戰船者，載有英兵三百餘名，炮二十七尊也。宗棠知柏威林與李世賢通，輾轉多方籠絡之，李世賢疑為柏威林所賣，則斬留在彼處之三英人以洩憤，由是兩人之勾結斷絕。[251]

（三）有合眾國人三名，駕小哨船，行經白水營，載太平軍人謝應瀧，攜有太平天國侍王李紅綢大旗一面，護照一張，洋槍五把，洋銀四百九十六圓，據稱為李世賢商購大輪船，以便沿海竄颺。[252]

（四）有英國人一名，布國人三名，合眾國人一名，駕船行經海門山港，被截獲時，將所載貨物投水，然猶起得洋槍與銅冒等件。[253]

（五）英國輪船名古董者，泊虎門山澳，卸載火藥、洋槍，揚言人民如敢攔阻，立即開炮。[254]

（六）澳門西洋人用合眾國煙那兒香門夾板船，行經鎮海澳，被查出洋槍六百三十杆，洋硝五包，火藥三桶，碼鐵三箱，洋炮五尊，剽刀二十把。[255]

凡此皆可見其時外人如何與太平軍勾結貿利。故宗棠至福建後，規劃軍事而外，又須應付是類交涉事件，而外人則頗囂張，交涉輒不能徹底。

中國最初與外國交接，其實無關大體而常有爭執者，一為相見禮節，一為行文程式。其故固由於雙方禮俗頗不相同，而特別由於當時之政府猶欲以屬邦視外國，而在外國則其先誠不甘自屈於屬邦。往後則其外交官員更欲凌駕中國官吏之上，故當時中國與外國所訂條約，有一特異之點，即將此兩項竟用明文規定。宗棠在閩浙總督任內，對是項問題，與福州英國領事賈祿，嘗有一度爭議。賈祿以宗棠對彼行文用札，甚為不滿，且責宗棠接見時，為何不開門鳴炮。按此處所謂開門，係指清代衙署正中之大門。彼先向通商局表示，總督行文外國領事，應按上海與廣東辦法，用照會，不應用札，文中應稱貴領事，不應稱該領事。又謂外國領事見各省將軍督撫，均開門鳴炮，福建何獨不然。通商局答以總督行文外國領事，係遵照約章，蓋因外國領事與中國道員並行，故督撫不能不用札，而接見時亦因此不能鳴炮開門。宗棠見賈祿，亦為言之。賈祿終不服，請由本國公使向總理各國事務衙門交涉，總理衙門據以詢宗棠，宗棠覆以：

> 向來各省將軍督撫行文各國領事，遵約用札，領事用申陳。前此在浙，及入閩以後，遇有外國領事公文，皆用札，各領事亦以分所當然，並無異議。至廣東、上海如何加禮之處，則閩浙無所聞也。從前和約，迫於時勢，不得不然，條約既定，自無逾越

之理。若於定約之外，更議通融，恐我愈謙，則彼愈抗，我愈俯，則彼愈仰，無所底止，惟有守定條約，禮以行之，遜以出之，冀相安無事而已。……[256]

等語。以後賈祿屈於條約，行文宗棠，循用申陳。然今按宗棠書牘，其致外國領事函，有用「閩浙總督左逕覆者」字樣者，則想為非公式之函，為宗棠所別創之體裁。平心論之，各省督撫行文外國領事用札，稱該領事，以及外國領事行文督撫用申陳，固不如彼此互用照會之妥適。惟既為條約所規定，自未便遽改，轉貽口實。宗棠所云，不能不謂為義正辭嚴。至相見儀式，總當在不卑不亢之間。開門鳴炮，原可不必，而如賈祿所言，上海、廣東當必先有行之者，此為當日若干不肖官吏之媚外，殊可慨也。抑季芝昌《感遇錄》云：

> 英夷數人住福州，向與督撫抗禮。每至署，則啟中門，踞上座，並款以小食，出則親送如敵體之儀。余以樞密出督，不忍為也。壬子咸豐二年（1852）三月，其副領事韋詩巖，翻譯星察悝，闌入宅門求見。余令中軍懷他布堅拒，自未刻至戌刻，良久，並命不與茶燭，署前聚千餘人，探知總督不見夷人，伺其出，群拾瓦礫擊其肩輿，夷頗喪氣，由小路而逸。

可見英人在福州，驕橫已久，亦久為督撫者所不滿也。[257]

20　東征經費

　　清廷征討太平軍，先後歷十五年，共用兵費幾何，此當為最難答覆之問題。據王闓運《湘綺樓日記》，計銀二萬八千餘萬兩，鈔七百六十餘萬兩，錢八百十八萬貫，[258] 固不知何所根據。今考諸載籍，惟當時統兵大員或戰區地方長官文集、奏疏或政書等，載有此項報銷者，尚可鉤稽一二，要未能獲取一總共之數也。即就左宗棠所部用於太平軍之經費而言，亦無法求知一總數。蓋在未入浙以前，係歸曾國藩併案報銷，無法劃分。入閩以後，因奉調陝甘總督，由繼任之閩浙總督報銷，無可稽考，今尚能查悉者，惟在浙江之一部份而已。

　　宗棠係於咸豐十一年（1861）十二月督師入浙，截止同治三年（1864）六月全浙肅清，計用兵兩年有半，下錄經辦報銷之浙江布政使楊昌濬之詳文，可顯示當時籌措款項與應付開支之概況：

　　　　所有軍需，其時全浙糜爛幾盡，本省萬無可籌，多賴外省接濟。而外省亦各有軍務，又道路多阻，批解不前，以致浙省軍需，短絀萬狀，積欠甚多。前兼署撫憲左設法籌濟，奏開米捐，遴派委員，分地勸辦，並採買米鹽茶筍，轉輸接濟，雖薪糧積欠仍多，而本司等躬在行間，目睹艱難，時以開諭眾軍，各知感奮。全省以次克復，遴委州縣，籌給錢米，招徠流亡，商賈漸集。因整頓鹽課、牙釐，規復寧關稅務，復體察始終保全及最先收復地方，或動碾倉穀，或酌量啟徵及提查咸豐十一年（1861）徵存未解銀款，並聲明大義，剴切捐輸，兼籌並計，輾轉補苴。

　　　　至支放各款，薪糧為大，悉照楚軍定章，核實支給，逐月

皆有欠款，積壓甚巨。次則招募資遣整裝川費。又次則採辦製造軍火器械及轉運各經費，購置並仿造洋槍炮、洋藥、火帽各價值。而浙省襟帶江湖，水師炮船，最關緊要，設廠趕造，費亦不資，皆以餉項支絀，核實急需，方准支發，仍力求撙節。而其中製造、採辦兩項，亦多借挪掛欠。又弁兵亡傷賞項，亦查照楚軍定章，分別支給。其完善各標營與滿綠各營，續奉旨簡放大員，及陸續補署各員弁，奉文收伍各勇丁，分別額支防剿廉俸薪糧等項，隨營差遣文武員弁、書識、伕役，並投誠隨剿各營，所有一切支款，均不容稍有冒濫，而亦隨時照常放給，以資口食，業已竭蹶日滋。又凡克復一城，即須遴委正佐各員，前往署理，撫綏彈壓，難使枵腹從事，亦須酌給半廉，以為辦公經費。其地方例支各項，如元年(1862)春季克復者，夏季即應酌量撥給，以免曠誤。或新復地方鄰近賊烽，尚多伏莽，大軍進剿他城，不能分兵駐紮，復須配募壯勇，以資防守。各屬驛站，均已被毀，其時各軍分道攻剿，文報不容稽遲，必須趕緊補設，並照例分設腰站，以資接遞。而撫恤難民，掩埋暴骨，尤不可緩，雖餉項匱乏異常，亦必查照例案，酌量緩急，分別籌辦。⋯⋯

蓋其時宗棠以浙江巡撫督師，後遷閩浙總督，仍兼浙江巡撫，負有地方之責，故有權直接徵收地方賦稅，以裕軍用，而其開支中，亦包含不少地方行政經費也。[259]

關於辦理軍需機構，宗棠初入浙，多恃後路之接濟，故在江西之廣信，設立後路糧台，轉輸外省協餉。並在玉山設立轉運局，以便接運。而福建向在浦城設有援浙糧台，支應援浙各軍。及浙東肅清，師行愈遠，而宗棠又被命為閩浙總督，統轄兩省，遂在衢州設立閩浙總糧台，以便就近供應軍實。其浦城糧台，則改為轉運局，專司轉運福建餉需焉。[260]

宗棠治事，綜核名實。對於軍費，固未嘗絲毫沾染，亦未容絲毫虛耗，馳驅三載，無日不在撙節之中。其開支有用現銀者，有用米穀

者，則因勸辦捐輸，有直接捐納米穀者，即直接撥放米穀，不復作價列賬也。

其各項收支曾奏報如下：

自咸豐十一年十二月楚軍入浙之日起，截至同治三年六月止，共用兵兩年有餘，計收各省協餉銀二百九十七萬八千一百五十四兩零；咸豐十一年、同治元、二兩年，地丁屯餉正耗銀四十七萬一千九百六十一兩零；又咸豐十一年至同治三年漕項正耗銀六萬六千五百三十四兩零；各年契稅、雜稅、學租存留福建及溫處等府屬芽茶、鄉飲、歲貢、旗扁等款項銀六千六百六十六兩零；藩庫撥濟軍餉銀三十八萬兩；鹽課銀九萬一百四十九兩零；寧紹關撥解銀四十二萬三千八百二十八兩零；本外省米捐銀七十三萬五千三百七十三兩零；本省捐輸銀七十一萬八千四百五十八兩零；江北、上海捐輸銀二十萬八千八百二十五兩零；本外省各厘捐銀一百三十九萬九千九百七十八兩零；牙帖捐項銀九萬九千五百六十九兩零；各營兵勇截曠銀三萬八千七百十七兩零；採買米穀、茶筍變價贏餘銀四萬四千七十二兩零；支放製造、採辦各款平餘銀九千九百十一兩零；寧、紹紳捐代賠前護關道段光清海關短徵稅銀四萬八千四百七十五兩零；前閩浙總督耆發撫恤銀一千兩；奉旨查抄革員家資銀八千一百八十三兩零。咸豐十一年、同治二、三年，南米五萬三千八百二十六石五斗九升九合八勺；各屬倉穀碾米七千一百六十四石九斗九升三合五勺；江西等處撥解捐米五千三石八升，採辦兵米除扣價外贏餘暨出戽米一萬九千七百五十三石二斗七升二合；採辦出戽穀五千七百十四三石二斗三升。共收銀七百七十二萬九千三十八兩二錢五分三厘零；米穀九萬一千四百六十二石一斗五升五合三勺。

支楚、湘暨閩、粵各軍兵勇口糧銀五百八十三萬三百十三兩零；滿、綠營額支員弁兵丁廉糧、馬乾各項銀七萬八千四百六十二兩零；帶兵大員補支停廉銀六千七百十七兩零；隨營文武弁員薪水、書役工飯食紙張等項銀四萬九千四百七十七兩零；招募各營勇夫安家整裝、沿途口食川資銀十五萬一千四百五十七兩零；隨營攻剿、投誠勇丁鹽糧及裁撤資遣各勇川資銀二十一萬八千二百五十四兩零；陣亡故傷各員弁勇丁恤

賞銀三十六萬五千七百三十八兩零;製造、仿造軍火及製造一切器械、賑房各項銀二十萬二千一百九十五兩零;興造戰船並各項運船、僱用渡船等費銀三萬三千七百六十一兩零;來買馬匹、硝磺、銅鐵、藥材、油燭、紙張等項銀十八萬八千三百十八兩零;運解軍火、軍米、軍裝、餉鞘、木料及押運員弁水腳夫價等項銀十九萬三千二百六十六兩零;通省官員並衛所各員廉銀十二萬六千五百二十四兩零;地方例支各款及零祭、昭忠祠祭祀,囚糧不敷等項銀五萬八千一百八十九兩零;各屬設立腰站銀四萬一百九十六兩零,隨營工匠及糧台各局護勇長夫糧銀一萬一千八十九兩零;撫恤各項銀十七萬二千九百十六兩零;同治二年,各大員衙門書吏心紅紙張銀八百三十兩零。支軍需兵米及團練撫恤等米八萬二千八百九十九石零;種籽穀五千七百十四石零。

收支相抵外,存銀一千三百三十兩零;存米二千八百四十八石零。[261]

上述銀錢、穀米均有非軍事支出,如果剔除,純用於軍事者就更少了。以上均指由宗棠大營直接支放者而言,此外尚有歸溫州、處州、寧波各府屬直接支發之軍事費用計銀五十九萬五千五百零一兩,米五千一百八十七石。[262]

在杭州未失陷前,清廷核准各省協撥浙江等餉,廣東每月銀五萬兩,江西、湖南、湖北各每月銀三萬兩。宗棠督師入浙,復奉准由粵海關協撥每月銀十萬兩,閩海關協撥每月銀三萬兩,合計每月二十七萬兩。[263] 若以二年半核算,應可共收銀八百十萬兩,今實收不足三百萬兩,其原因大抵實屬無力,而意存漠視者,當亦有之。反觀宗棠自辦之捐輸與厘金,卻共收銀三百餘萬兩,故當時統兵大員不得不一面治軍,一面自行籌餉,良以求人不如求己也。

東南各省,固為中國財賦所聚,顧歷經太平軍之戰亂,公私蓋藏,早已耗竭。而以浙江一省為尤甚,蓋郡縣城池之僅存者,惟定海、石浦、龍泉、慶元、泰順、衢州諸城,以外遍遭蹂躪。溫州先被「會匪」肆擾,尤幾無完土。宗棠臨此殘破之區,復地愈廣,用兵愈多,用兵愈多,需費愈繁,需費愈繁,欠餉愈巨。宗棠雖本人不支廉俸,家用僅年給二百兩至四百兩,[264] 然所部仍常在飢餓線上,茲將宗棠奏報欠餉情

形，摘記於下：

同治元年（1862）四月云：「臣軍未入浙之前，已欠餉六月，入浙以來，合之舊欠，仍六七個月不等。」

二年（1863）正月云：「現在各軍積欠之餉，已九個月。」

三年（1864）十月又云：「臣軍餉需，截止本年二月底止，積欠或七八個月至九十個月不等，至今未能清理，新餉又欠兩個月。」[265]

於是在全浙宣告肅清之後，不得不急於裁兵，然裁兵須補發欠餉，並酌給川資，每營又須銀二三萬兩，仍有待籌措。故截至同治三年（1864）六月，宗棠在浙所轄各軍，尚積欠餉銀八萬六千七百十一兩，恤賞銀八千七百四十四兩。在如此情形之下，惟有以宗棠之廉潔公誠維繫軍心矣。[266]

21　協剿西捻

　　左宗棠為閩浙總督之第四年，方竭力整飭吏治、財政、軍制，忽奉命調任陝甘總督，將負責綏靖甘肅境內漢回相仇之變亂。同治五年（1866）十一月，宗棠去福州省城，取道江西、湖北，遄赴新任，所謂「直從甌海指黃河，萬里行程枕席過」者，正足為此征途寫照。途次，復奉命促先督剿西捻，並肅清陝境，然後乘勝入甘。[267]

　　何為捻？《湘軍志》有曰：

　　　捻之為寇，蓋始於山東，遊民相聚有拜幗，有拜捻，蓋始於康熙時。其後捻日益多，淮徐之間，因以一聚為一捻，或曰，其黨明火劫人，捻紙燃脂，因謂之捻，莫知其本所由也。……[268]

《湘軍記》亦有曰：

　　　捻之患，不知其所自始，或曰鄉民行儺逐疫，裹脂燃膏為龍戲，謂之捻。其後報仇嚇財，掠人勒贖，浸淫為寇盜，或數人為一捻，或數十百人為一捻，白晝行劫，名曰定釘。山東之兗、沂、曹，河南之南、汝、光、歸，江蘇之徐、淮，直隸之大名，安徽之盧、鳳、潁、壽，承平時在在有之。……[269]

按陶澍在嘉慶十九年（1814）十二月為御史時，有一封奏，略謂：

　　　安徽之盧、鳳、潁、亳，河南之南、汝、光、陳等處，向有

匪徒，名曰紅鬍子。原係白蓮教匪漏網之人，間出偷竊，身帶小刀，為防身之具，人以其兇猛，故取戲劇中好勇鬥狠，面掛紅胡者名之。然匪徒聞之，猶以為怒也。近則居之不疑，成群結隊，白晝橫行，每一股，謂之一捻子。一小捻子數人、數十人，大捻子一二百人不等。恃有羽翼，或劫人資財，或搶人妻女，或當街臨市而喝人脫去衣裳，且剜人眼睛，謂之滅燈；刀扼人頸項，謂之禁聲；據險扼隘，突起搶奪，謂之打悶棍；皆以夥群日眾，故爾肆行無忌。……[270]

對於捻，更有詳細之描寫，捻之一名詞，雖難得確解，而其散佈之地區，與夫發展之歷史，固已信而有徵。

咸豐三年（1853），捻首張洛行稱兵於安徽渦陽之雉河集。太平天國既立，與通聲氣，封為沃王。後為僧格林沁所擒，其從子小閻王張總愚走山東，與太平天國遵王賴文光等結合，氣焰仍熾。嗣僧格林沁陣亡，而太平軍於江寧省城被攻克復散而之北者，多併入於捻，勢益不可遏。迭由曾國藩、李鴻章等移湘淮軍攻剿，均未奏效。同治五年（1866）八月，捻合趨中牟，復犯曹州，淮軍要之巨野北，大破之。九月，捻南奔杞縣，分兩股東西走，由是有東西捻之目。任柱領東捻，賴文光附之，略山東。張總愚領西捻，入陝西[271]。宗棠奉命督剿之西捻，即張總愚所領一股也。

何謂陝甘漢回相仇之變亂？回居陝甘，遠溯隋唐，其中心在陝為大荔，為渭南；在甘為寧夏，為河州。因種族、宗教、風俗及生活習慣與漢人在在不同，每相仇殺。此次之變亂，有如下述：

同治元年（1862）二月，太平天國將陳得才合捻叩武關。時捻未分東西也。三月，藍大順犯漢中。藍，四川寇，而亦與陳得才勾結者也。陝境制兵，因調征在外，實力甚虛，於是議團練回人。四月，渭南回始受募為勇丁，任防禦。乃聞警則皆散，有中道伐漢人家竹作矛者，被物主擊斃其二人。於是議糾同族復仇，漢人亦集眾圖先發，回遂徙之渭北。會有咸豐五、六年（1856—1857）間在雲南作亂之赫明堂、任五，

潛匿大荔一帶，陰肆煽誘。漢人偵知其且發難，將屠之。回佯與和而猝起戕殺。於是華陰、耀州、富平漢人，亦起而焚殺回民村堡及禮拜堂。回更戕團練大臣張芾與諸團練委員。五月，同州漢人屠城內回戶，焚殺西安省城附近回人村落。七月，鳳翔回亦肆殺漢人。由是到處仇殺，而回民勢強，亂遍全陝。[272] 清廷命多隆阿移師督剿，未即至。又命成明、勝保先入陝。成明初接仗，即大敗，勝保先勝後挫，且肆貪殘，清廷乃又促多隆阿繼之。多隆阿沿途擊破陳得才與捻。入陝後，復屢破回，回事漸定矣。而藍大順猶寇陝南未已，且侵入甘肅之階州等處。清廷以陝西巡撫瑛棨取巧畏事，擢四川布政使劉蓉繼其任。蓉以湘軍在川剿藍大順、石達開著績，故清廷令先肅清陝南。藍大順遂竄盩厔，窺西安省城。多隆阿親往圍攻，寇槍子中其目，於是盩厔城破而多隆阿亦以傷重卒，回氛重熾。經劉蓉及多隆阿部將繼續掃蕩，復將平定。而五年（1866）十月，西捻首張總愚擁眾入潼關，直逼西安省城。時喬松年繼劉蓉為陝西巡撫，而劉蓉仍留助軍務。十一月，擊之城南，三十餘營全軍覆沒，回更與捻合，此陝回之變也。[273]

同治元年（1862）八月，甘肅固原回始叛。十月，河州、金積、狄道回繼之。十二月，平涼漢回相屠殺，漢人更掘回教首領墓，此固回民呼為拱拜，認為神聖不可侵犯者，益視漢人為不共戴天之仇，怨恨莫解。二年（1863）五月，西寧回叛。九月，金積回陷寧夏府城、靈州城。三年（1864）三月，慶陽府城亦陷。四年（1865）二月，肅州漢回又相仇殺，回陷州城，涼州、甘州回亦叛，亂遍全甘。蘭州省城與西安省城間，僅秦州一路可通，與關外新疆，更音訊阻絕。陝甘總督熙齡駐隴東督剿，畏葸無能。甘肅布政使恩麟護總督，留蘭州省城，與寧夏將軍慶瑞、西寧辦事大臣玉通，對回均一味羈縻，回則屢撫屢叛，勢焰彌張。清廷乃以楊岳斌繼陝甘總督，督湘軍馳剿。時多隆阿部將穆圖善、雷正綰、曹克忠等亦先後入甘攻取，始稍奏績，嗣均作敗局，所部多潰散。岳斌入甘後，亦受糧餉不給之厄，師久無功，浸至督標兵變，威望大損，甘回更與陝回合，回禍靡有已時，此甘回之變也。[274]

劉蓉、楊岳斌之湘軍既先後挫損，清廷因復調左宗棠之楚軍往。時

陳得才之太平軍已卻退，藍大順之黨亦擊散。而甘肅土匪四作，且流入陝西，亦與回、西捻，時合時離，此外潰軍、饑民，以及漢人之奉回教者，又夾雜其間，構成一片離亂世界。

同治六年（1867）正月，宗棠行抵漢口，駐軍後湖，又被授為欽差大臣。湖廣總督官文，適為湖北巡撫曾國荃所劾罷，清廷遂命即以官之所遺欽差大臣關防，授與宗棠。時東捻由山東回竄河南、湖北，而在陝西之西捻，則已為曾國藩所遣劉松山之老湘軍等十七營驅之渭河以北。山西按察使陳湜主黃河之防，晉陝間水陸數千人，清廷命宗棠節制其軍。宗棠所部隨行者，僅三千人，此外命劉典募舊部三千人，至是，見賊蹤蔓延甚廣，請加募六千人。而宗棠嘗謂「塞上用兵，制寇之步宜用馬，制寇之馬宜用車」。因更一面募練馬隊，一面創製炮車。二月間，部署既定，先後分三路入陝。宗棠自統楚軍，由樊城趨潼關；劉典部克勇，取道荊紫關，出藍田；高連升部果勇，由襄陽溯漢水，至洵陽登陸，以顧興安與漢中。惟宗棠因沿途攔擊東捻，覓僱運輸工具困難，又天熱多雨，故抵潼關已在六月間。劉典先抵藍田，連升續抵洵陽。岳斌先奉准解職，由寧夏將軍穆圖善兼署陝甘總督。[275]

西捻既被驅至渭北，盤旋於蒲城、富平、高陵、渭南之間。宗棠之戰略，將限之於涇、洛二水之間而殲滅之，不容其南竄入河南或湖北，與東捻合，並不容其渡河入山西，危及畿疆。惟同時甘肅之回，乘機趨陝西之西、北兩邊，而陝西之回，亦有向西而趨者，並與土匪勾結，聲勢均甚盛。宗棠西征最初之使命，本為「剿回」，因西捻既入陝，勢不能不先剿捻。然欲先剿捻而不容其東竄山西，南竄河南、湖北，則又勢在迫之西馳而與回合，故仍須分軍「剿回」。於時劉松山統萬餘人，郭寶昌統卓勝軍三千人，劉厚基統三千人，原在剿捻，則仍責以剿捻，而指劉典所部五千人，分駐同官、耀州、三水，責以剿土回各匪。連升所部五千人，本以共同剿捻，而為回牽於宜君一帶，遂即責以「剿回」。黃鼎所部彝軍三千人，屯邠州，亦專任「剿回」。別以楚軍楊和貴、周金品三千餘人屯鳳翔，周紹濂三千餘人屯宜君。另親兵營三千餘人，水師一千人，馬隊一千餘人，分佈華州、華陰、潼關、渭南、臨潼之間，

均責以兼討捻回。對於渭河沿岸，則令吳士邁以宗岳軍一千餘人防之。其黃河對岸，分為三段，自歸綏至河曲保德州，為西北岸；自保德州至永濟，為西岸；自永濟至垣曲，為南岸。西岸仍責陳湜防守，西北岸請大同鎮撥兵協防，而受陳湜節制。並以寒冬且至，冰橋將成，山西河防過弱，又請增募八營。南岸則請河南巡撫撥兵船防守。然回由西而東，凡千里，捻由南而北，亦千里，用兵頗困難。僅就捻言，先截之涇水，旋逼之北山，既在後追剿，更迎頭繞擊，均未克大捷。馴至延川、綏德兩城，一陷再陷，宗棠自請處分，部議革職，優旨留任。已而厚基復延川，松山復綏德，劉典、連升頻破回於宜君，稍稍見功。乃一夕南風驟起，黃河冰橋成，張總愚突由壺口渡河而東，惟張總愚初入陝有眾六萬，此時則已約剩三萬矣。[276]

同治六年（1867）十一月二十三日五鼓，張總愚入山西，連陷吉州、鄉寧二城。宗棠命松山、寶昌追蹤而往。劉、郭兩軍風馳電掣，次日即抵渡口，諸捻猶有未渡者，先擊散之。於是全師而濟，攻復吉州城，追退陷踞鄉寧之捻，復馳赴洪洞一帶，繞出捻前，大破其眾。捻竄河津、櫻山兩城，劉郭兩軍又一擊而圍解。捻復走聞喜、曲沃、絳縣。宗棠加派喜昌、全福，共帶馬隊一千七百，由潼關而渡，取道澤州、潞安，繞出捻前，冀與劉、郭兩軍合殲之於山西與河南之交。一面宗棠籌備親往指揮，命幫辦陝甘軍務劉典代主陝境軍事。嗣開缺陝西巡撫喬松年，劉典遂繼其任。十二月中，宗棠督所部約五千人，亦由潼關渡，然張總愚已先數日由垣曲而東，折入河南之濟源。宗棠察其趨勢，必鋌走直隸，上侵畿輔，決計先趲程北行，然後向南驅逐。捻果由濟源迤東至新鄉，更長驅入直，以達定州，並以游騎犯保定。幸松山先期抵達，已有戒備，未被深入。於是山西境內肅清，而嚴重之局勢轉移於直隸、河南之間。已而宗棠行抵獲鹿，奉詔節制宋慶、張曜、程文炳等前敵諸軍。[277]

張總愚之始犯保定也，朝野大震，清廷為出神機營屯涿州。而此時清廷所簡督師大員，凡為內大臣三，總督一，巡撫三，侍郎二，將軍一，號令頗不齊，於是又以恭親王節制各軍。宗棠進至保定，適官文為

直隸總督，兩人本積不相能，而相見之下，宗棠以為官文有地方之責，不宜出境。彼年齡又少官文十七歲，當商請官文坐鎮保定，由彼親赴前敵。自是捻常在保定以南千數百里間馳驟奔突。始嘗欲南趨河南之懷慶，再入山西；復嘗欲東至滑縣與直隸大名南龍王廟，渡衛河而西。雖以宗棠多方剿截，其志不售，要亦未獲稍殺其勢。惟嘗擊斃張總愚胞弟張二，義子張和尚及張洛行胞姪張五孩，為一小收穫。蓋捻人各有騎，或更一人多至三騎，而官軍步隊多於騎兵，故追奔常落後不相及。如是相持至同治七年（1868）四月，張總愚忽由直隸之開州，折入山東。溯自西捻東竄，負責將領均受嚴譴，宗棠被降革之處分。張總愚之得踏冰橋渡河長驅也，由於山西河防不固，宗棠原擬增募八營之會奏稿，山西巡撫認為不急之務，擱置一個月始繕發，奉旨照准後，又擱置許久，始實行招募，更閱兩個月而募勇始到，時則張總愚且入山東矣。然宗棠絕不聲辯、推諉，甘受處分。[278]

先是李鴻章駐山東之濟寧督剿東捻，已於同治六年（1867）十月擒斬任柱於江蘇之贛榆。十二月，又擒斬賴文光於揚州，東捻全股蕩平。及西捻東竄，於是鴻章又奉命北援。西捻既入山東，清廷更以鴻章總統前敵各軍，責宗棠就山東、直隸交界處所扼紮。而張總愚又已渡運河而北，直犯天津。顧張總愚至此，不啻自投陷阱。鴻章仍用撲滅東捻之策，圈之於減河之南，黃河之北，運河之東，大海之西，而尤注意於運河與減河，就河之左岸，興築長牆，河之右岸，挖掘長壕，以陷戎馬之足。旋又增防馬頰河，蘗之河南，作為內圈，各軍分段合圍。宗棠與駐天津之三口通商大臣崇厚所負責地段，係緣運河東岸，由德州以達滄州。於是宗棠常往來吳橋、連鎮兩處，相機扼剿，時有斬獲。初，張總愚猶豕突狼奔，不稍屈。然往來不出數百里，無法突圍，不三月而氣漸餒，勢漸蘗，部下降者日眾。僅松山一處，已受降七千之多。至七年（1868）六月初，張總愚率殘部由商河、濟陽而趨臨邑、清平、博平，卒至茌平，官軍四面圍之。會大雨，徒駭河水盛漲，諸軍迫之河邊，張總愚窮無復之，赴水死，西捻平，而距宗棠入陝，亦已一年矣。清廷命宗棠晉太子太保銜，開復降革處分，並交部照一等軍功議敘。[279]

　　張總愚之渡河而東也，因松山、寶昌兩軍追擊神速，故餘捻之被截留於西岸者，猶不下萬人。自此游弋於澄城、韓城、宜川、郃陽境內，由劉典督厚基、連升等剿辦。同治七年（1868）四月，張總愚由開州渡運河以入魯，陝捻亦由葭州企圖渡黃河以入晉，而為河東防軍所擊退。時韓城、澄城、郃陽已肅清，諸捻合潰勇三百餘人，土匪三千餘人，復裹脅難民萬餘人，集中於宜川之雲巖鎮，將鎮上舊城加修堅固，挑浚壕溝，柴木城一圍，並在上坡修葺寨堡一座，其地距黃河西岸僅八九十里，仍窺伺山西，搶渡合隊。五月，劉典益飭劉端冕會諸軍進攻，歷半個月，卒克堅城，擒賊五千餘人，遣散被虜男婦四千餘人，奪獲糧食數千石，騾馬千餘匹，耕牛百餘頭，旗幟、槍炮、軍械無算。自是留在陝西之西捻，無復大股，其漏網者，六月間又在延川之棗榆灣被擒斬三百餘名，七月間，在西溝被擒斬二三百名，在王家河被擒斬二百三四十名，於是餘黨亦完全撲滅矣。[280]

22 五年期之平定陝甘

同治七年（1868）七月，左宗棠奉召入覲，賜紫禁城騎馬。[281] 宗棠以舉人賞京卿，峻擢督撫，前此固未嘗在京服官，故殿廷瞻對，此猶為第一次。時廟堂論宗棠迅速西征，並詢以陝甘變亂，何時可定。宗棠念陝甘之事，籌餉難於籌兵，籌糧難於籌餉，籌轉運尤難於籌糧，非二三年所能為功，則對以五年為期。[282] 退後復數陳困難之情形凡八：

地方荒瘠，物產非饒，一也；

舟楫不通，轉遷不便，二也；

各省雖遭捻逆、髮逆之害，然或旋擾旋復，或腴區被擾，瘠地猶得保全，或衝途被擾，僻鄉猶能自固。陝甘則漢回錯處，互相仇殺，六七年來，並無寧宇，新疇已廢，舊藏旋空，搜掠既頻，避移無所，三也；

變亂以來，漢回人民，死亡大半，牲畜掠食鮮存，種藝既乏壯丁，耕墾並少牛馬，生穀無資，利源遂塞，四也；

兵勇餉數，各省雖贏縮不同，然日食所需，尚易點綴，以糧價平減，購致非難也。陝甘則食物翔貴，數倍他方，兵勇日啖細糧二斤，即需銀一錢有奇，即按日給予實銀，一飽之外，並無存留，鹽菜衣履，復將安出，五也；

各省地丁、錢糧之外，均有牙厘雜稅，捐輸各項，勉供把注。陝西厘稅，每年尚可得十萬兩內外，甘省則並此無之。捐輸則兩省均難籌辦，軍興既久，公私交困，六也；

各省轉運，雖極繁重，然陸有車駄，水有舟楫，又有民夫，

足供催運。陝甘則山徑犖角，沙磧荒遠，所恃以轉餽者，惟馱與
夫。馱則駔馬難供，夫則催覓不出，且糧糗麩料，事事艱難，勞
費倍常，七也；

　　用兵之道，剿撫兼施，撫之為難，猶甚於剿。剿者，戰勝之
後，別無籌畫。撫則受降之後，更費綢繆。各省受降，惟籌給資
遣散，令其各歸原籍而已。陝甘則釁由內作，漢回皆是土著，散
遣無歸，非籌安插之地，給牲畜、籽種不可。其未及安插之先，
非酌籌口食之資不可，用費浩繁，難以數計，八也……。[283]

然此五年之期，在上者望治情殷，猶以為久，而在野者深知其事之
艱巨，猶以為驟。[284]

前已述之，宗棠在直東追剿西捻時期，留劉典在陝，主持剿土匪、
「剿回」。清廷又以金順為寧夏將軍，駐陝北邊外，協同防剿，故西捻
平而陝境變亂亦已稍戢。於是宗棠展覲既畢，即於八月出京，十一月抵
陝，準備完成其最初「平回」之使命。[285] 然對回之剿撫，意見頗有參
差。如署陝甘總督穆圖善，西寧辦事大臣玉通，均主撫不主剿，以為剿
益激變。宗棠則奏陳其先剿後撫之主張：

　　自來辦賊之法，剿撫兼施。然回性犬羊，知畏威而不懷德，
辦理次第，與他賊正有不同。……蓋回之所藉為亂端者，漢與回有
異視也。非宣佈朝廷德意，不分良匪，不分漢回，則賊有辭以脅
其黨眾，將剿不勝剿。然若一於主撫，賊必以撫愚我，陰集其黨
眾，蠶食漢民，又將撫不可撫。竊恐漸漬既久，勢不至如雲南撫
回，為回所制不止。臣前疏所言，攻心為上者，竊以為大局雖終
歸於撫，然非俟其畏剿之極，誠心乞撫，則未可漫然允之。[286]

按宗棠先嘗有諭回告示，聲明西征目的，不分漢回，只分良匪，期
與西土百姓相見以誠，並將應撫良民，應剿匪回，分別列舉，俾自
別白：[287]

應撫良回：

回匪倡亂之時，有深明大義，潔身遠避，並曉示族黨，俾知安分守法，不與同亂者，此良回之尤良也。非但妥為安輯，並請旌獎，以示優異。

其衣冠世族，富饒之家，及素安本分，有聲望者，被匪徒以同教迫脅，令其充當頭目，迨久負惡名，自恐難邀寬宥，不能不隱忍偷生，此輩罪雖可誅，情亦可憫，准其自拔來歸，免其治罪，更能縛獻著名匪回，並酌給獎賞。

其平日實係良善，與漢民素無嫌隙者，准取漢民保結，免其治罪。其久懷反正，無以自明者，或縛獻匪回，或臨陣作為內應，均免治罪。

其能導引官軍剿捕首逆者，免其治罪，並酌給獎賞。盡繳馬械投誠者，免其治罪。

以上良回及悔罪自新回民，來歸後，各給予良民牌票，拊循安集，俾其得所，不准漢民欺凌。如漢民仍敢仇殺，即將漢民照故殺律抵罪，該回民仍當告官論理，不得尋仇鬥殺，再啟釁端。

應剿匪回：

攻毀城邑、村莊者。

糾眾抗拒官軍者。

勾通匪盜，肆行焚殺者。

搶奪官軍糧械者。

暗佈謠言，煽惑回民者。

糾眾焚殺，藉稱報舊仇者。

藏匿匪回，潛出焚殺者。

自知罪大惡極，先殺其家小者。

詐降者。

就撫之後，仍供應匪回糧草、馬械，暗與匪通者。

以上所犯情節，形同叛逆，怙惡不悛，應即剿辦。

至是更有諭漢回民示：

大軍西征，由秦趨隴，殺賊安民，良善無恐。匪盜縱橫，害吾赤子，剿絕其命，良非得已。多殺非仁，輕恕傷勇，誅止元惡，鉏必非種。凡厥平民，被賊裹脅，歸誠免死，禁止剽劫。漢回仇殺，事起細微，漢既慘矣，回亦無歸。帝曰漢回，皆吾民也。匪人必誅，宥其良者，使者用兵，仁義節制，用剿用撫，何威何惠。告諭吾民，俾曉吾意，勿比匪人，以死為戲。大軍所至，如雷如霆，近掃郊甸，遠征不庭。

蓋謂回民入居中土，由來已久，欲舉其種而滅之，無此理，亦無此事。相傳此示發佈後，「帝曰漢回，皆吾民也」兩句，回民讀之，亦為感泣。[288] 至宗棠當時西征方略，可引事前後之奏報說明之。同治六年（1867）正月，宗棠由福州省城，馳抵漢口，報告籌辦情形有曰：

方今所患者，捻匪、回逆耳。以地形論，中原為重，關隴為輕。以平賊論，剿捻宜急，剿回宜緩。以用兵次第論，欲靖西陲，必先清腹地。……是故進兵陝西，必先清關外之賊。進兵甘肅，必先清陝西之賊。駐兵蘭州，必先清各路之賊，然後餉道常通，師行無梗，得以一意進剿，可免牽制之虞。……[289]

故其後宗棠督軍入陝，即一路截擊流竄之捻。及西捻渡河，又不惜回師長征，必俟捻股撲滅，山西、河南肅清，然後專事「剿回」。宗棠逐步進取，不務近功，雖為陝甘總督，不急急於范任。蓋懲於楊岳斌往事，不先將東路打通，貿然直入蘭州省城，以致餉糧常虞不繼，一籌莫展也。[290] 迨關隴底定，宗棠又報告經過情形有曰：

七年（1868）十月，師旋，調各軍，一由河南取道山西，渡河入陝，穿綏德、榆林各屬境，便道先掃北山土匪。事定，徑擣甘肅寧夏、靈州回巢。一剿陝西北山回逆，一由固原北進，搜剿甘肅北山回逆，剪除巨逆羽翼，會靈夏之師，夾攻金積諸堅堡，陝

境肅清。

　　臣率師度隴，由涇州進平涼，駐中路。一調南路各軍，由秦州、鞏昌，進剿扼河州、狄道之賊。一調臣部馬步各軍，渡洮，進河州，與南路之師會剿。一調北路之軍，由涼（州）、甘（州）搗肅州。一調中路之軍，由平番、碾伯橫掃西寧踞逆。而中路、北路、南路，各留防軍，擇要分駐鎮壓，關隴全境，次第肅清。……[291]

五年後之事功，蓋正與五年前之計劃相符。綜其戰績之犖犖大者，一為平定鎮靖堡，一為平定董志原，一為平定金積堡，一為平定河州，一為平定西寧，一為平定肅州，餘可略而不論。

23　平定鎮靖堡

　　陝西土匪，大部集中北山，蓋取其林谷深邃，易於竄擾，亦取其交通梗阻，易於避免官軍之剿襲也。土匪之構成，約有數端。自「回亂」發生，官軍不能制，民間堡寨，有被回攻破，無家可歸者，因流而為匪，一也。官軍對於地方，誅求無厭，人民無所控訴，因激而為匪，二也。民間自相團結，以禦回侮，然組織無力，官廳又不知善為運用，勢不敵回，敗喪之餘，因逃而為匪，三也。及阻兵多年，官軍未遑征討，浸假而饑民與失業無賴之徒附之，浸假而饑軍潰卒附之。所最奇妙不可思議者，彼等之為匪，原為受回之迫害，乃既已為匪，轉與回聯為一氣。逮捻入陝而更與捻結合，於是交織成一片敵氛。顧陝北之土匪，並非完全產自本土，實多數來自隴東。按甘肅之慶陽、環縣，與陝西之延安、榆林一帶接近，故輒相率東竄，以北山為巢窟。土匪之股數亦甚多，舉其大者，為董福祥，為張福滿，為扈彰，尚有高姓與鄭姓等等。[292]

　　張福滿盤踞於安塞之橋扶峪、新莊口、方家河、下寺灣、陳家紙坊、王家坪、張河灣、石門子等處，自稱大元帥，自刻「順受天歸」篆印一顆。以李雄安為副元帥，仿照官軍，編立哨隊，為鄜州、延安一帶巨患。嘗攻陷安塞、甘泉二縣城。同治六年（1867）七月，張福滿又預定進攻延安府城。先將家屬輜重寄匿於距橋扶峪三十里之馬家莊，以悍黨數千守之。事為延榆綏鎮總兵劉厚基所偵知，督師往剿。一路擒斬迎戰之匪數萬名，直入橋扶峪。張福滿攜家眷二十餘口投河死。又擒斬約九百名，餘匪欲撲河汹竄，溺斃者約數千人。其由寨後逃出者，又生擒一千餘名，包括李雄安等首領在內，張福滿一股，遂告撲滅。是為左宗

棠入關剿匪之第一次勝利。生擒匪黨中有作官軍裝束者一百八十餘，乃總兵胡世英所部英禮營訪拿未獲之叛勇，為饑軍、潰卒與土匪糾結之一例。[293]

自張總愚率群捻渡河而東，北山土匪少一勾結，勢力亦少減。宗棠既躬往追捻，所有收拾土匪之責任，移之劉典，舉其著者，剿有鄭姓一起，撫有扈彰一起。

高姓者，亦為一股大頭目。高姓為回所殺斃，由鄭姓繼領其眾，約三千人，自稱元帥，紮踞清澗之惠家園為巢穴，距縣城六十里。同治七年（1868）七月，劉厚基攻破其巢，將鄭姓當場格斃，搜斬二千餘人，生擒一百二十三人，救出難民千餘人，為饑民與土匪糾結之一例。當將巢中輜重牲畜，分給難民，遣之各回本地。此股土匪撲滅，餘股震恐。[294]

扈彰為甘肅之環縣人，因被回擾亂，無家可歸，糾集夥黨男婦共約數萬人，竄居陝西之保安、安定地境，四出搶掠，攻劫堡寨。同治七年（1868）三月，曾在延安府遞詞投誠。劉厚基亦曾勸導歸順，因黨羽心志不一，躊躇未決。至上述鄭姓一股撲滅，投誠之心始又堅定，偕其黨類七人，向厚基陳情。至九月初，扈彰自率六千餘人，移駐安定之蟠龍寨，徐尚泰等率一萬五千餘人，移駐安塞之上川。按其名冊，籍隸安塞、清澗，大荔、朝邑等縣者五千餘人，籍隸寧夏者一千餘人，均尚有家可歸，分別給資，令其回籍。別有一萬五千餘人，皆籍隸環縣、鎮原一帶，尚有回民滋擾，當暫分起安插於膚施、甘泉、延長、宜川、鄜州、洛川、中部等處。按日按口配撥糧食，籌備耕牛、籽種，令其開墾荒地，俟原籍安定，再令各歸其家。由是扈彰一股，完全撫定，惟其中陳海鵬一小股，心懷疑忌，去而併入董福祥一股。此次收撫降眾，多至二萬餘人，耗費數萬，而使人各得其所，辦理最為完密。以後收撫其他土匪、回眾，即以此為法。[295]

於是當宗棠返陝時，大股土匪，僅餘董福祥一起，董亦甘肅環縣人。先是，回陷慶陽，環境無官軍，董乃起而團眾自衛，久而乏食，遂以劫掠為生。先踞花馬池，嗣竄入陝北，常出沒於合水之東華池，安塞

之橋扶峪等處。董之老巢,則在瀕長城之靖邊縣之鎮靖堡。而其家屬則匿居靖邊,其下又有李雙良、高萬全等股。扈彰未投誠餘黨,即附入高萬全股,故聲勢尤壯。[296]

宗棠既抵西安省城,仍依其先肅清陝西,再入甘肅之方針,與劉典商定,將各軍重行佈置。大致分為三部份,一部份分駐陝西西南境,作入甘之準備,其目標在制回,尤為董志原之陝回。一部份分駐陝西北部,作清陝之準備,其目標在土匪。一部份分駐鄜州、甘泉一帶,以扼東西關鍵。壁壘一新,旌旗煥然改色。宗棠又依其不任亂事蔓延至陝甘以外之主張,而懲於往者西捻東渡之失,故益嚴黃河與長城之防。其用兵方向,將由東北而趨向西南,清廷亦着重此點,不容寇東竄或北竄,以免再度驚擾畿輔。換言之,將先解決陝北之土匪,然後解決在隴東之陝回。於是宗棠以山西之境之河防,仍責之陳湜,而以宋慶之毅軍駐歸綏一帶協助之。陝西北境之邊防,責之金順,而以張曜之嵩武軍駐古城一帶協助之。成定康以知州駐綏德,劉厚基仍以延榆綏鎮總兵駐榆林,郭運昌統卓勝軍駐宜川,劉松山之老湘軍先暫屯河西,徐圖過河,將視為今後用兵之主力。[297]

正值此時,董福祥亦嗾其黨羽,或糾合諸回,肆擾綏德、榆林、延安、米脂、葭州一帶,東窺河干,北侵草地。蓋深知宗棠此來,挾有雷霆萬鈞之力,勢難終始抵抗,僥倖生存,惟有擴大其猖獗範圍,猶可希冀進得一出路,退亦稍緩須臾。金順、張曜、成定康、劉厚基等亦向西南壓迫,多有斬獲,惟此剿彼竄,歷久未得要領。榆延北境,橫抵寧夏,恰當河套迆南,古為用兵之地,今則復為一大戰場。[298]

十一月杪,劉松山一軍行抵山西之永寧,探悉河防邊防已固,因諸股匪賊不斷出入邊內外,故防務仍形吃緊。遂於十二月初六日渡河,直抵綏德,晤定康,知高萬全等賊巢多在榆林西南懷遠縣屬小理川之南,大理川之北,縱橫二十餘里。當商定會同直搗諸巢,則邊內外諸股,匪勢必急於回顧,而榆綏、歸綏可以解嚴。初九日,齊向州西出發,松山由北而南,定康由南而北,大破綏德、懷遠賊壘百數十處,斃賊五六千名,生擒三千餘名,解散脅從二萬有奇,奪獲騾、馬、驢三千餘匹。初

十日，派隊搜山，又有擒斬。十一日至十三日，轉戰而西，殺賊萬餘，生擒三千有奇，包括大小頭目四五十名，奪獲戰馬、騾、驢四千五六百匹，器械無算，拔出難民以數萬計。於時米脂報股匪撲寨，定康乃東返，松山則因行糧告罄，暫屯安定就食。十五、十六兩日，松山益向西北轉戰，斃賊一千五六百名，解散脅從數千名，奪獲騾、驢二千餘匹，軍械七八千件，餘眾多竄鎮靖堡。[299]

定康在東旋途次，得悉董福祥已由府谷、神谷，竄入葭州、米脂，逼近黃河，亟派隊攔截，未獲東渡。而張曜自河曲渡河而西，一路見賊迎擊。金順與厚基亦出關而北，一路見賊追擊，賊眾均潰散。於是河西及準噶爾貝子境內，綏德及榆林境內，一律肅清。[300]

松山於十八日直搗鎮靖堡。董福祥父董世有，弟董福祿跪乞投誠。當命將鎮靖堡及靖邊縣城所有降眾，造冊呈核。董福祥先嘗向厚基與金順請求歸順，此時隨帶三四千人，未知竄向何處。由董世有保證專人喚回。其扈彰餘黨前來就撫者，同詣鎮靖堡造冊乞撫。惟董福祥餘黨李雙良等，以前雖亦曾乞撫，此時尚屯踞離堡一百三十餘里之洛珠川一帶。經松山分兵往剿，旋亦歸順。其甘回之竄入定邊之高家灣者，距堡西一百三十餘里，顯圖解救堡中厄運，亦由松山撥軍擊敗。於是北山大股土匪，全部敉平。[301]

然降眾逾十萬，難民逾二十萬，善後大費經營。最困難者，此輩均嗷嗷待哺，而地方歷經兵燹，田畝久荒，無糧可採，即兵士亦時虞不飽。且軍中帑盡，即有糧，亦無資可購。於是由清廷特轉撥帑銀十萬兩，宗棠又命在關外廣事採購，多方運輸，方免饑荒而弭意外。所有三十萬降眾、難民，宗棠以三種方法安頓之。董福祥、李雙良、張俊，編成勇營，隨松山征剿，此即後之所謂董字三營者也。其家屬安頓於北山之瓦窯堡、老君殿、周家崄等處。一部份壯丁僱為運夫，轉搬糧食，自綏德州至鄜州，每四五十里設一局，每局設運夫五百人，每人日給粟米斤半，算錢六十文，又給鹽菜錢三十文。其餘壯丁，因係環縣、慶陽、平涼、固原之民，適慶陽一帶已經將回逐去，遂分別遣回各本鄉，配給牛種，令其耕墾荒地，日給粟半斤，老弱婦女亦然。[302]

　　是役也，實成於松山直搗老巢之計。其剽忽之勢，有如疾風之掃落葉，故能旬日而悉定。然其事甚危險，蓋其由永寧渡河而西至綏德，由綏德而西北至懷遠，由懷遠折而南至安定，復西至靖邊之鎮靖堡，定邊之高家灣，所歷皆在北山之中，為程五百餘里，沿途彌望，荒墟廢井，人煙斷絕，深入賊窟，餉饋時虞不繼，不得不就永寧之軍渡採糧，輾轉西運。勇夫散佈各處，絡繹載途，監察難周。至同治八年 (1869) 二月十三日，乃有綏德之變。先是松山既降董福祥，率四營駐鎮靖堡，安插降眾。其分駐綏德之十營，忽被游勇之為「哥老會匪」者所誘，叛踞州城。松山聞變，馳還清澗，遣部將曹義勝詗之。初，各營不知統領所在，頗惶惑，及知松山至，皆大喜，乘諸匪臥，刺死百餘人。其被脅弁勇皆反正，縛其首逆謝永青等五人解清澗，松山駢誅之，並案問叛卒一百二十七人，哨官四人，皆置於法。於是一場風波，亦旬日而定。然事起倉皇，勢成騎虎，非松山恩信素孚，正恐禍變遽難收拾也。[303]

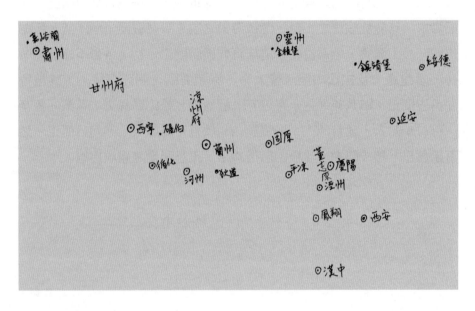

陝甘作戰地點示意

24　平定董志原

　　承平時，陝西回民散居各州縣者，不下數十萬。而在西安府屬之長安、渭南、臨潼、高陵、咸陽，同州府屬之大荔、華州，漢中府屬之南鄭等州縣，聚堡而居，戶口更為稠密。西安省城內亦有數千家，二三萬人。回莊最巨者，在大荔曰王閣村，曰羌白鎮，曰橋店。在渭南曰禹家莊，曰倉頭渡，曰邸家莊。歧於華、荔、渭交界者，曰乜家灘，其他環列村堡，以數萬計。同治元年（1862）王閣村漢回肇釁，西安省城而外，全陝回民，一致響應，經多隆阿等迭次痛剿，誅夷者奚啻數萬。陝境既不能存身，盡族而入甘肅東境，北至安化之驛馬關，南至寧州之邱家寨，西至鎮原之蕭金鎮，東至合水之西華池，星羅棋佈，延袤三四百里，而以董志原為主要巢穴。董志原隸寧州，瀕馬蓮河，縱一百五十里，橫二百八十里，居秦隴要膂，本唐之涇原，宋之環慶故地。昔時設立重鎮，以精兵宿將駐之，藉以控制邊荒，撫綏雜虜，形勢之要，自古已然。陝回竊踞以後，遠近城邑漢民堡寨，慘遭殺掠，靡有孑遺。平涼、慶陽、涇州、固原間，千里荒蕪，彌望白骨黃茅，炊煙斷絕，被禍之酷，實天下所無也。[304]

　　陝回盤踞董志原者，號稱十八營。其渠曰馬正和、白彥虎（綽號虎元帥）、余彥祿、崔偉（一作崔巍，亦稱崔三）、陳林、禹得彥、馮君福（一作馮居幅）、馬長順、楊文治（一作楊文智）、馬生彥、馬正剛、畢大才等。所謂十八營者，即每一二回目，管領若干村堡之回眾。如禹得彥、孫義寶，管禹家莊十一村回眾。孫義寶被官軍擊斃後，禹得彥獨領其眾。又如馬正和，管長沱灣回眾，各營並不集中於董志原，亦散處周圍各要點。如馮君福、張泗明、馬正和紮蕭金鎮，崔偉、禹彥祿紮

西峰鎮，彼等亦與甘回、土匪、「哥老會匪」（一作「戈匪」）、潰勇勾結，故常有眾數十萬。[305]

陝回之入甘，係為武力所迫，自不能久安於董志原，乃不斷竄陝，其故有二。田房產業，祖宗丘墓，均在陝西，蓄志東歸，光復故物，此其一。隴東頻遭兵燹，民逃田荒，董志原雖為產糧之區，亦苦鮮收穫，故不能不入陝劫糧圖飽，此其二。而官軍之所以不能應付裕如者，其故亦有二。寇眾太多，部隊太少，區域太廣，路徑太雜，常苦剿不勝剿，防不勝防，此其一。陝回本願受撫，官軍本可允撫，所苦無處可以安插，陝回原有產業，早經官廳處分，漢民又堅決拒絕其回陝，故亦撫不能撫，此其二。於是寇氛東南達寶雞、鳳翔，東北達鄜州、延安，官軍迎擊追剿殆無虛日。[306]

當同治六年（1867）六月，左宗棠之初入關也，陝回即在上述竄擾情形之下。如七月初，馬長順、禹彥祿兩股，由慶陽而竄洛川、澄城、韓城，擾及郃陽、朝邑。八月初，馮正綱、余阿渾，由寧州而竄鄜州，陷宜君，擾及中部。同時，陝北尚有西捻與土匪之猖獗，而捻固強於回，捻平則回當益震。且捻意在竄豫，將成中原之患，故宗棠主先肅清西捻與土匪，再解決陝回。顧陝回亦非坐待能解決者，益勾結西捻與土匪，肆其侵掠。如十月初，馮君福竄三水，即為欲入陝助捻，而其另股突陷寶雞縣城，出入邠州、汧陽、隴州間。及縣城甫復，而他股一自汧陽徑撲鳳翔府城，一自洛川竄鄜州，犯韓城、郃陽，亦無非欲牽制官軍。此際事實上陝省確已無軍可派，宗棠因親率五營，由臨潼西行，就近節制。乃十一月初，崔偉喉同河州、狄道之悍回東下，欲往西安，會捻共攻省城，勢更狼狽。內而岐山、扶風，外而鳳翔、隴州，同時告急。及此股擊敗，軍威始振。然宜君一帶回股仍紛雜，幫辦陝甘軍務劉典籌痛創之。當酌調部隊，先後將禹阿渾管轄下陝回馬壯元所帶四千餘人，蘇萬元所帶八千餘人，郭阿渾、馬三保、高三碼所帶五千餘人，予以致命之打擊，由是回勢稍戢，而西捻尋亦渡河而東，宗棠等隨往追剿。[307]

西捻既大部東竄，陝境寇勢稍衰，然宗棠等隨往追剿，調去若干部隊，故陝軍實力亦略減。同治七年（1868）正月，劉典奉命代宗棠主持

軍務，移駐三原，調整部隊，分置於鄜州、中部、洛川、宜君、三水、邠州、麟遊、隴州、汧陽、寶雞，均瀕近甘肅東境，以防剿陝回為主。其駐中部、洛川者，則更負責防剿北山之餘捻與土匪。在今後九個月中，即在宗棠回陝以前，劉典於餘捻，已破袁大魁老巢，於土匪，已降扈彰，惟董志原陝回仍竄擾不已。劉典之言曰：

> 陝回盤踞寧州、鎮原一帶，竄陝之意固專，入陝之路尤熟。北山路徑分歧，該逆千百成群，往來莫定，若非節節佈置，則我軍前進，賊卻，繞出後路，斷我糧道，擾我初定之地，擄我甫集之民。……

又曰：

> 回逆專注陝境，時時竄擾，此擊彼入，彼擊此入，全以抄截糧道為計。……[308]

其應付之難，可以概見。就陝回竄擾之方向言，三月初，鄒阿渾、馬阿渾、王阿渾、馬五什、馬正和、馬元二、封一頭、張泗明諸酋共率悍黨五萬餘，竄宜君，留二萬人，踞馬欄鎮，分一萬人，擾三水，挑二萬餘騎，由耀州竄淳化、三原，此為向東部腹地之一次，亦為規模最大之一次。四月初，陝回四五千，由靈台竄麟遊，竄岐山，竄郿縣，竄鳳翔，又竄寶雞之虢鎮，渡渭河，越南山，迫漢中，此為向東南之一次。四月中，陝回分數大股，竄入北山，每股一二萬人不等。其一股直至延安三十里鋪，威脅郡城，此為向東北之一次。[309] 就其竄擾之目的言，仍如前此所述。一為意圖獲得一根據地，遂其回陝之願望。則如長武，如耀州，如韓城，均嘗為所矚目，而所力爭者，尤在三水之職田鎮，進攻不止一次。其最猖狂之一次，在八月中，由馬生彥、楊文治、白彥虎等湊集三萬金，購僱潰勇、戈匪八千人，包破營壘，由正寧直搗職田。是鎮有城，周三里許，在唐嘗一度為三水縣治所在，[310] 固陝甘間之要鎮。一為搶糧割麥，以救饑荒。一次在踞長武十里之染店，發現割麥之

回，多至二三千人，在河川割麥者，更多至五六千人。然每次竄擾，均被官軍擊退。[311] 人命之喪亡愈多，飢餓之苦痛愈切，於是陝回不能不有意於求撫，顧為所糾合之戈匪、潰勇所阻遏，不能自主。[312]

當同治七年（1868）十月，左宗棠之再入關也，陝回仍在上述竄擾情形之下，惟氣焰已少餒。而北山土匪，猶餘董福祥一股。宗棠決先從事撲滅董福祥，同時準備攻取董志原。中北路以魏光燾一軍，由宜君、中部、鄜州而西，以漸達慶陽。劉端冕一軍屯鄜州，迤北至甘泉間，以扼其衝。西南路以黃鼎一軍，屯邠州，張岳齡、喻步蓮二軍，屯隴州、汧陽間，李輝武一軍，屯寶雞。又以吳士邁一軍，屯鳳翔、邠州、隴州間，相映綴。時董志原十八營回目馮君福、楊文治、馬生彥，已遁入金積堡。金積堡為隴東甘回馬化隆之老巢，素支持陝回，以與官軍抗。陝回所有軍火、戰馬，均為馬化隆所接濟。馮等所有夥黨，均歸併白彥虎、馬長順等。其禹得彥、崔偉、馬正和、陳林等，在諸回首中，頗稱桀黠。因屢次出巢掠食，均經官軍痛剿，饑蹙日甚，遂遞稟乞撫，此為十二月中事。宗棠以為乞撫而以糧盡為詞，猶非心服也，益籌轉運芻粟，移營進逼。[313]

同治八年（1869）正月，董福祥降服，於是董志原陝回愈震恐，決更糾集十八營，傾巢東犯。馬化隆自金積堡用駱駝一千五百餘隻，駄運糧食，接濟董志原，亦嗾其出動。以陳林、馮君福居前，崔偉、余彥祿、馬正和、藍明泰等繼之。其餘回目，隨後策應，共合悍黨三四萬，各裹十餘日糧，於二月初六日分道竄出，屯踞正寧南北兩原，及永樂堡、白吉原、宮河源一帶，勢將徑犯邠州、三水，並力以擾秦川。黃鼎在邠州，約同固原提督雷正綰，自長武分道迎擊，共斃賊二千三四百名，陣斬首逆數十名，生擒回目三十餘名，奪獲驍馬一千四百餘匹，旗幟軍械無算。敗回遂於十三日由崇信一路，折竄回巢。宗棠時已移節乾州，克期大舉。諸回洶懼益甚，始下令挈眷先徙金積堡，以悍賊殿後拒官軍。繼復議暫勿移巢，而諸回自逸者紛紛，不能禁遏。嗣集議蕭金鎮，決併十八營為四大營，以其半護家口輜重先行，留崔偉、馬正和等屯三不通拒險。又以悍黨萬餘伏董志原後，猶時出遊騎，分擾涇河兩

岸，以牽綴官軍。二月二十二日，黃鼎、正縉諸軍，分路齊趨三不通，而以別隊從間道取蕭金鎮，陝回盡潰。二十三日，遂下董志原，附近各堡悉破平之。分軍追截老弱輜重，及之三汊河，擊散其半，又先後收復鎮原縣城、慶陽府城。是役殺斃、饑斃之賊，及墜崖而死者，實不止二三萬人。騾馬之倒斃、饑斃，及被各軍奪獲者，約二萬餘匹，拔出難民萬餘，拾獲軍械無數，慶、涇一律肅清。[314]

抑有不幸者，方當籌攻董志原，而二月二十日，高連升之果營有一驚人之叛變。先是連升駐揚店，察知各營收留外來遊勇甚多，中有「哥老會匪」藏匿，當飭嚴禁懲辦，勒令首悔。而前營親兵丁玉龍畏罪倡亂，嗾各營之曾經入會者，勾約諸回入犯。適連升捕丁甚急，遂於是夜藉索餉為詞，徑赴連升營，戕連升及部將黃毓馥、賀茂林等十人，並圍同官。守將桂錫楨及金鎮關守將楊銘濬馳援，皆受創。周紹濂聞變，要擊於古泉，大敗之，殛三百餘人，收降五百餘人。劉典遣丁賢發扼耀州，又收降四百餘人，其餘百餘人為正縉悉數擒獲，轉解宗棠大營駢誅之。連升殘部，宗棠命歸光燾、輝武、賢發分統之。此變與劉松山老湘軍之叛同時，幸五日而悉定。其間叛勇之圖竄董志原，與陝回合勢，及陝回之圖窺山河鎮，迎結叛勇者，均被官軍截獲。由是叛勇無可勾之陝回，陝回無可勾之叛勇，而董志原之戰，亦將迅速結束。然當松山、連升兩軍連續叛變之時，中外震駭，御史宋邦儁奏言，南軍不可復用，當遣散，就地召募。宋晉、毛昶熙亦疊疏陳論，欲盡摒湘軍，而移用淮軍，苟非早日敉平，其變化正未可逆料也。[315]

董志原收復後，所有陝回，一部份竄入金積堡、靈州、寧夏一帶；一部份竄入鹽茶廳、固原一帶。其後在鹽固者，又一部份乞撫，一部份竄由狄道而河州，而抵西寧。在寧靈者，亦一部份乞撫，一部份竄由肅州而抵西寧。西寧克復，大部份陝回均乞撫。而所謂十八營頭目者，禹彥祿等在戰時被擊斃，崔偉、陳林等降服，惟白彥虎始終狡猾不屈，攜其餘陝回竄河西，竄新疆。新疆既克，又竄帝俄。於是從前數十萬陝回，或死於戰爭，或死於流亡，或死於飢餓，所餘僅數萬，即一部份安居西安省城，始終未參加叛亂，尚有一部份則為甘肅之民矣。[316]

25　平定金積堡

　　同治二年（1863）十月，甘肅、寧夏漢回互鬥，兵備道侯登雲團練漢民備之，將軍慶瑞惑撫議，奏劾登雲，勒團繳械。於是回夜襲府城，陷之，登雲遇害，漢民屠戮無遺，靈州回繼起陷州城，並掠寧夏滿城。[317]

　　先是隴東回目有穆大阿渾者，居靈州之金積堡，傳習新教，教中推為大善人。臨死，以其常服之白帽紅衣，傳於其同教至友馬二之子馬化隆，令其眾歸馬化隆管束。馬化隆乃雄視一方，自稱總大阿渾，至是兼據寧、靈兩城。同治四年（1865）五月，曹克忠、雷正綰會同進攻金積堡，均以糧運不繼，相率潰退。剿既無成，穆圖善乃壹主於撫。馬化隆亦輸金米歸誠，穆圖善深信之，且畀以招撫各地諸回之任，為改名馬朝清，先後奏准賞加副將銜、提督銜，此同治五年至七年間（1866—1868）事也。[318]

　　馬化隆益修築堡寨，購馬，造軍械，與河州、西寧、肅州諸回，息息相通，尤與董志原陝回相勾結。陝回戰敗，資以馬械，陝回饑荒，濟以糧食。左宗棠既下董志原，陝回遁金積堡，馬化隆收容之。於是穆圖善認馬化隆之受撫為可信，而宗棠即指陳上述諸點，以為居心叵測。宗棠認定欲肅清甘肅，非先消滅馬化隆與金積堡不可。然馬化隆以新教惑眾斂錢，侵佔漢民產業、婦女，寧靈數百里間，搜括一空。又據靈州膏腴，物產豐盈，擅有鹽茶之利，在西北各省及蒙古諸部，開設店鋪，獲利頗巨，且分佈夥友，交結當地回民、洋商，藉以探聽衙門消息。如宗棠自直隸返旆，以及老湘軍等自河南入山西，各處回商皆先馳報馬化隆。而金積堡當秦、漢兩渠間，扼黃河之要，地形絕險。堡城周九里有

奇,高近四丈,身厚約三丈,堡中有堡,號為王城,其高厚亦如之,中間牆壁縱橫,仿大城包小城式為之,渠水環復,尺寸皆堅。而東自吳忠堡至靈州,尚共有堡寨四百五十餘所,西自洪樂老馬家堡至峽口張恩堡,亦尚有堡寨關卡一百二十餘所。其為人之陰狠、富厚與神通而難制既如彼,其為地之險阻與堅強而難克又如此,故殊非可以一蹴而傾覆之也。[319]

同治八年(1869)五月,宗棠開始策畫進攻金積堡,規復寧靈。以劉松山一軍,由陝西清澗,向西進定邊花馬池;金順、張曜兩軍由陝西邊外,向西進磴口,更向南進寧夏;雷正綰、黃鼎兩軍,由涇州向西北進平涼、固原。馬化隆亦嗾陝回分三道竄擾,向東竄花馬池、定邊等處,向北向東竄阿拉善、烏拉特、鄂爾多斯各蒙旗,向南竄預望城、黑城子等處,隱為抵制。宗棠又以李耀南、吳士邁兩軍,由汧陽、隴州,分出清水、寶雞,共指秦州,以達鞏昌,固官軍之後路,作規復河湟之先驅。以魏光燾、周紹濂、張福齊、丁賢發、周蘭亭等軍,分屯慶陽、合水、寧州、正寧、蕭金鎮一帶,策應東西。馬德順、簡敬臨等軍,暫駐靈台,策應南北。八月,宗棠自率親兵進駐涇州瓦雲驛,涇州,郭子儀單騎見回紇處也。十一月,又進駐平涼,始接受穆圖善移交陝甘總督關防。平涼、慶陽、涇州、固原四府州之地勢,北通寧靈,南達秦鞏,居陝甘之中,實兩省孔道。自唐以來,久稱重鎮,關隴用兵,未有不從此著手者也。今宗棠亦在涇平兩地,指揮軍事,為平定甘肅之初步。而如上述之佈置,就向西規復河湟言,則劉松山等為北路,李耀南等為南路,宗棠為中路。就北向規復寧靈言,則松山等為東路,金順等為西路,宗棠亦為中路。更就規復河湟言,則寧靈為後路。就規復河湟言,則秦鞏為後路。故欲規復寧靈,必顧及秦鞏,而欲規復河湟,必先清寧靈,此尤宗棠所持之方略也。[320]

陝甘之變,回民作亂,漢民為匪。隴東之匪,有流竄陝西北山者,如董福祥,如扈彰,前已言之。有盤踞平涼一帶者,則為孫百萬,為張貴。孫百萬,鎮原人,與其弟孫百智,聚眾數千,作惡慘甚於回。張貴,鹽茶廳人,號剛八,其黨侯應德,共踞靜寧之水洛城、莊浪之威戎

堡，與孫百萬兄弟，遙相勾結。先已就撫於穆圖善，已而復叛，擾害會寧、通渭、秦安，眾至二十有八營，攻陷民堡百餘所，此皆為進兵寧靈之障礙。宗棠用兵，首保後路安全，故往者攻董志原，先平董壘，今者攻金積堡，亦先平孫、張，授命黃鼎等，以計擒斬孫百萬兄弟，以兵克威戎堡、水洛城。張貴、侯應德走會寧，卒降之。自餘零星土匪，亦逐步誅夷淨盡。[321]

　　宗棠進攻金積堡之師，雖有數路，而以松山之老湘軍為主力。並由東路首先發動，宗棠指示松山，自綏德西北，向定邊、花馬池移動，名為剿除從董志原逸出盤踞彼處之陝回，實注意於馬化隆之行動，及其與陝回離合之蹤跡。蓋此時之馬化隆，名義上已受撫，為良回，苟無反叛行動，自未可輕率剿辦也。於是松山抵定邊後，先辦定軍糧，至花馬池後，更小作停頓。已而偵知陝回確已竄入金積諸堡，與甘回雜處。遂於七月杪，由花馬池整隊西行，抵磁窯。馬化隆為掩飾其收容陝回之跡，轉訟言陝回侵佔甘回莊宅。松山亦姑不指斥其收容陝回之罪，僅諭以此來專剿有罪之陝回，其已受撫之甘回，應各照常安居，無自驚動。並令甘回各自左肩至右脅，斜繫草繩，以便識別。於是復歷甜水河、郭家橋、下橋、永寧洞，而達吳忠堡。每抵一處，馬化隆陽引陝回為拒，而陰以甘回為助。馬化隆始猶輕視官軍，至郭家橋之役，一日間，被擊破回莊二十餘所。又見所恃為險阻之永寧洞，為官軍所扼，乃稍恐怖。永寧洞者，秦、漢兩渠流入黃河之水口也。顧仍不甘遽戢野心，竟決秦渠水，阻金積堡自固，嗾靈州甘回踞州城，奪官軍餉銀，復出精兵，資陝回，拒吳忠堡，反狀益露。同時，寧夏降回復行叛變，顯然亦受馬化隆之指使。幸經張曜、金順分投嚴剿，旋即敉平。松山當以馬化隆行動，具言於宗棠，益節節進剿，隨收復靈州城。馬化隆亦益築壘浚壕，為戰守之備。一面近呼寧安堡、四百戶、黑城子、半角城等處陝回，遠召河州、狄道、西寧等處甘回，四出牽綴官軍。一面決秦渠、山水溝、馬蓮諸水，灌進攻官軍。每一計不得逞，則代陝回乞撫，而始終不肯呈繳馬械，或姑以瘦馬朽械塞責，或謂必俟官軍先撤退，然後呈繳。十月，宗棠所遣雷正綰、黃鼎、周蘭亭、簡敬臨諸軍，在平固一帶，一面剿擊響

應馬化隆之諸回,一面乘勝北上,直抵金積堡之南。十一月,宗棠所調金運昌之卓勝軍,亦由綏榆一面護持軍運,一面向西推進,到達靈州之南。至張曜、金順兩軍,則先已在河西佈防完妥,官軍漸形成包圍之局面,此為進攻金積堡之第一時期。[322]

金積堡環境既日蹙,軍實亦日匱,於是自同治八年(1869)十二月以後,諸回於拒戰而外,益以分起出竄求生路。或搶鹽,或搶糧,或搶軍火,或搗亂官軍後方,截阻官軍轉運,浸至侵入陝西,擴大其滋擾之面積。則有由惠安堡、慶陽一帶入陝者,竄及西安、同州、鳳翔各屬。惠安堡為隴東食鹽之集散地。有由花馬池一帶,或蒙古草地入陝者,陷定邊、安定,撲寧條梁、安邊堡、鎮靖堡,竄及延安、榆林、綏德各屬。寧條梁、安邊堡、鎮靖堡,為老湘軍、卓勝軍存放糧食軍火最多之地。在隴南方面,河州、狄道之回竄鞏昌、秦州各屬,亦入陝以及於西安、鳳翔各屬。其結果雖皆退敗甘境,顧甘陝之間,已大為震動,且影響山西之河防與邊防。此一紛亂之局勢,綿延至同治九年(1870)四五月間。而官軍在正月中又疊遭兩大不幸事件。一為老湘軍進擊馬王寨,寨堅,不遽克,松山親臨寨前督戰,寨中飛炮中松山胸部,受傷墮馬,旋卒於軍。一為雷、黃諸軍築堡青銅峽口未成,竟為馬化隆所奪,失一天險。雷、黃諸軍一退鳴沙洲,再退固原,消息傳至河西、寧夏,回又逞逞動。是為進攻金積堡之第二時期,官軍頗失利。[323]

松山陣亡之耗,報至宗棠,宗棠命松山侄錦棠接統老湘軍,並指示必不得已時退守機宜。錦棠與所部共挾報仇雪恥之心,作戰彌烈,所向披靡,連拔杜家、王洪連、郭家、馬家諸堅寨。老湘軍、卓勝軍糧路樞紐,東在通榆林之花馬池,西在通寧夏之葉升堡,馬化隆屢以悍回斷之,皆為官軍報以致命之打擊。馬化隆又決渠水灌官軍,官軍亦決渠水灌之。於是東路之師復振。中路由固原進金積堡,本以馬家河灣為總要,韋州堡為間道,而兩處回目馬忠海、蘇兆明,表面已受撫,實際仍與馬化隆勾結,允為官軍心腹之患。至是,搗彼巢穴,誅厥渠魁,足保運道而扼奔衝。於是至七月而雷、黃諸軍奪回峽口,中路之師重與東路之師相會,構成包圍之形勢,是為進攻金積堡之第三時期。[324]

　　已而所有環金積堡各寨壘，均被摧毀，惟金積堡及附近三數寨，堅不可拔。乃環堡浚壕二道，一禦堡內竄出之回，一禦堡外來援之回。壕闊三丈，深一丈，更於壕邊壘土為堤，高亦一丈，勻撥各營防守正隅，分佈鎖圍，堡內外飛走絕跡。其河中馬家灘諸堡寨，同時渡水攻拔。馬化隆雖仍號召河州等處甘陝回赴援，固緣沿路被官軍擊散，無由到達，即到達，亦無由入金積堡。久之，堡中甘回饑困不堪，馬化隆悉驅陝回堡外。宗棠度其勢已離，遣已降陝回招之，先後來投者數百名。十一月初，董志原回目陳林等率老弱回民八千人，跪壕外求撫，宗棠均命受之。馬化隆見大勢已去，更因陳林求撫，宗棠勒令先呈繳馬械，平毀堡寨。事已，馬化隆隻身自詣軍前請罪。其時，河西王家疃各堡未下，宗棠料非力攻所可驟得，姑留馬化隆令招降之。及王家疃等諸回歸誠，乃以同治十年（1871）正月磔馬化隆及他渠魁以徇。由是寧靈悉定。清廷論功行賞，宗棠得加一騎都尉世職。[325]

　　馬化隆先於乞降時，繳納騾馬九百五十九匹，槍矛一百五十件，槍械一千七十件。最後降時，令其子繳納車輪大銅炮四尊，九節藜炮四尊，威遠炮二十八尊，劈山炮二十尊，鳥槍一千三十杆，抬槍二百九十三桿，刀矛二千四百十八件，洋槍一百八十杆，火藥五簍，鉛子七百斤，硝磺二百九十斤，金銀銅錢合銀十九萬兩有奇。嗣又於堡內掘得洋槍一千二百有奇，[326] 其武力與財力，可見一斑。故此次戰事，確非等閒，至今覆按當日經過情形，當為宗棠畢生所最感艱難與痛苦。

　　其一，為與穆圖善等意見參差，形成衝突。馬化隆為穆圖善所撫，穆圖善始終信其不貳。宗棠既下董志原，馬化隆代陝回乞撫，宗棠本窺見馬化隆之陰狡，然猶在試其真誠與否，以定或剿或撫。而穆圖善邃奏遣河州鎮總兵胡昌會率同馬化隆安撫，清廷竟許之。及馬化隆嗾靈州甘回據城叛，逆跡原已昭著，而綏遠城將軍定安遽上急奏，謂松山輕進，濫殺激變。清廷大疑，事下穆圖善查覆。而穆圖善仍堅稱馬化隆實已撫良回，松山激成事端。宗棠雖剴切陳明馬化隆之決不可恃，松山之決可信，而終無以間執人口。及破馬家寨，搜獲馬化隆給所謂參領

馬三、吳天德、楊長春令糾黨抗拒官軍札一件，竟署銜統領寧郡兩河等
處地方軍機事務大總戎，鈐以印信。蓋馬化隆從前名雖就撫，實仍以其
新教部勒甘回，自成一類。久之，老教亦被其脅服，均尊之為主，自稱
為吾倆目，即回語謂奴才也。其私授偽官，有參領，協領等名。其自稱
為大總戎，稱官軍為敵人，至是皆得鐵證。宗棠執此奏聞，清廷方信
馬化隆狂悖之情，而認其求撫為殊難憑信，嚴令迅圖掃蕩，不得輕率
收撫。[327]

其二，為軍事中途之挫折，招致反對者之口實。南人西征，本一般
人所認為非宜，更有一部份人，重淮軍而輕楚軍，認為宗棠不能完成西
征使命。正當諸「回亂」竄陝西之時，又值松山陣亡，峽口失守，於是
朝野議論益紛紜。會李鴻章調湖廣總督，督淮軍援貴州剿匪，乃有人直
請以鴻章代宗棠，而調宗棠入黔。清廷雖仍以西事責成宗棠，而亦調鴻
章以督辦陝西軍務名義，移淮軍入關綏靖。及鴻章抵潼關，而陝境已安
定。會天津教案發生，鴻章奉命折回，又以劉銘傳繼任督辦陝西軍務。
銘傳駐乾州有年，軍報於宗棠，不無微詞，坐是構成嫌隙。[328]

其三，清廷以師久無功，對於宗棠頗有無情之責備。進攻金積堡，
開始於同治八年（1869）七月，初以為短期內可望結束，不意遷延年
餘，收復無期。九年（1870）九月，清廷乃有下列之嚴旨：

> 陝甘回匪滋事以來，朝廷軫念西陲，大伸撻伐，特命左宗
> 棠為欽差大臣，督兵剿賊。厚集兵力，寬予期限，計每歲撥用餉
> 銀，不下八百餘萬兩，該大臣於行軍籌餉事宜，有所陳奏，無不
> 立見施行，倚畀不為不重。乃自抵甘以後，雖據疊報勝仗，總未
> 能痛掃賊氛，致金積堡一隅之地，至今日久未下，逆首稽誅，軍
> 務安有了期？竭東南數省脂膏，以供西征軍實，似此年復一年，
> 費此巨幣，豈能日久支持？該大臣捫心自問，其何以對朝廷？即
> 著左宗棠振刷精神，嚴檄各軍，實力剿辦。該大臣前奏金積堡賊
> 勢已蹙，似不日即可攻克，北路畫清後，河狄一帶賊蹤，亦宜以
> 次殲除，務當克期蕆事，毋得再事遷延，致干咎戾。……

至十一月，復有詔詰責，略謂：「金積堡賊勢已蹙，何以日久未見成功，糜餉勞師，該大臣難辭其咎。若再不振刷精神，迅圖攻拔，致以一隅之地，牽掣兵力，耗費餉需，大局何堪設想？」[329] 故金積堡既下，宗棠家書與其子云：

> 金積堡鎖圍久合，馬化隆隻身就擒，若論敷衍了事，亦可結局。然此賊謀逆日久，蓄機甚深，此時若稍鬆手，將來仍是西北隱患。且戎狄之患，最難收拾，惟本朝都燕，以九邊為肩背，尤不宜少留根荄，重為異日之憂。不比陝回由積釁私鬥起事，尚可網開一面也。度隴以來，先注意於此，雖同事之牽掣，異己之阻擾，及朝廷之訓飭，皆所不敢屈，幸如此了結，寸心乃安。若論其事之難，則趙元昊始終為宋患，河套為明患。我聖祖之征準部，撫定蒙古而眾建之，一時名臣名將所綢繆，其計劃亦無以逾此。姑為兒等言之，俾知事業未可幸成，未出任事以前，當苦心讀書，既任事以後，當置身家性命於度外，乃可望有成就，吁！豈易言哉！[330]

雖為訓子之言，亦自道其實也。嗣又奏陳清廷云：

> 逆回馬化隆，踞金積奧區，倡行新教，煽惑愚民，久懷不軌之心。世濟其惡，以逆案言之，則乾隆四十五年（1780）、四十九年（1784）以後第三案。以輿地考之，則唐之靈武，宋之西夏，明之河套，皆其故土也。然從前馬明心、蘇四十三、田五等逆案發覺，當國家全盛之時，逆節初萌，即行撲滅。此則蓄異謀者三世，根柢盤深，蔓延各邊塞，勢焰彌廣，於斯而言誅夷遷徙，事體較難。宋於元昊，經營將及百年，未能得其要領。明於河套，被擾數十年，禍結兵連，雖屢僇將帥，而患仍未熄，其地之險可知。唐時安祿山之變，肅宗即位靈武，郭子儀、李光弼用靈武之眾，掃除長安宮闕，其地戶之強可想。此次由晉渡河，歷綏、延

屬境,徑抵吳忠堡,正當河套全境,亦西夏故墟。先平土匪十數萬,繼堅堡五百餘,而為時僅止一年有餘。南軍用之於北,與漢李陵提荊湖步卒五千,北擊匈奴,均古今不常見之事。昔唐中葉,用靈武之軍,平朔方之賊,此更捲南方之甲,平西北之戎,尤為變局。北路、中路諸軍於時艱餉絀時,愈戰愈奮,雖死傷山積,屢失大將,人心震駭,堅定不搖,卒能拔除隱患,建此殊功。……

更為能道其實,非虛誇也。[331]

26 平定河州

　　河州居甘肅回族最多，而尤以大東鄉為中心。其族嗜利輕生，性喜剽掠，無事時，即常騎馬遠出，搶劫擾亂。同治元年（1862），陝回肇釁，甘回隨之。十月，河州大東鄉回逆東渡洮河，陷狄道州城。河州回教主馬榮家狄道北莊，繼起響應。時甘肅布政使恩麟護理陝甘總督，畏回勢張，屈意撫之。二年（1863）正月，河州回再叛，恩麟再撫之。乃至五月而復叛，至十二月而西北鄉回馬占鼇等陷河州城，由是河州回與狄道回聯絡一氣，蹂躪四方。三年（1864）八月，陷通渭縣城。九月，陷金縣城。蘭州省城東、南、西三面均與河州接壤，對外交通常被遮斷，時處戒嚴狀態中。五年（1866）三月，督標兵變，河狄回乘機直撲省城。時總督為楊岳斌，始議對河狄大用兵，而河狄回於八月又一度襲踞鞏昌府城。已而岳斌去職，繼任左宗棠未至，穆圖善以寧夏將軍兼署總督，對回主撫，已撫寧夏回，又准河狄回至省城投誠。穆圖善勒兵出郊受降，倉卒被賺，幾遭生擒，陣亡提鎮參遊數人，弁勇多名。幸甘肅按察使蔣凝學早覺其詐，飭所部安字營嚴密戒備，回圍省城五日，大掠關廂而去。此為六年（1867）八月間事。於是穆圖善又易撫為剿，其始尚能獲勝，嗣屢致挫衄。八年（1869）正月，各軍節節潰退，復被回截斷糧道，徑退至鞏昌、秦州。自是隴南寇氛益熾，僅秦州一隅，差為完善，勉維與蘭州省城一線交通。[332]

　　二月，宗棠已克董志原，進攻金積堡，同時，籌畫隴南防剿事宜，其言曰：

　　　　甘肅全境回土各匪，蜂屯蟻聚，撮其大要，北則寧夏、靈

州，南則河州、狄道，西則西寧，而固原、平涼居東路之中，為
進兵衝要。以機局論，固宜注意中權，而以時勢言之，必先疏通
南路。蓋用兵以顧餉源為先，佈陣以防後路為急，理固不易。甘
肅餉源，現恃秦州一線轉輸，而此次河州逆回專以斷官軍餉道為
主。秦州西通河、狄，東連鳳、寶，北倚平、涇，南枕階、文，
為度隴間道，如不早圖，則蘭州既成孤注，難以圖存，而河狄之
回與陝回勾結為奸，兇焰又將復熾。……

　　隴南駐軍，本有傅先宗、梅開泰、敖天印、范銘等所部。宗棠更以
李耀南、吳士邁兩軍，進秦州一帶，立西進河狄之根據。先宗移徽縣一
帶，維省東運輸之路線。馬德順一軍駐隴州，李輝武一軍駐寶雞、鳳
翔，保陝甘間之安全。旋又以楊世俊、徐占彪各軍，屯安定一帶，固
蘭州外衛。顧隴南各軍統領，勢位相埒，互不相下，難以合作。久之，
始命周開錫總統諸軍，以一事權。開錫抵秦州，令湯聘珍督同梅開泰扼
漳縣而營，傅先宗駐寧遠，分枝由徽縣、成縣出西和，節節掃蕩，作為
游擊之師。敖天印各營分駐渭源、安定、隴西之間，保護前敵糧道，軍
事大有起色。開錫更將地方釐稅、錢糧諸務，加意整理，開屯田，勸耕
墾，減陋規，定津貼，政事亦煥然改觀。[333]

　　河狄回之竄擾，東北及於通渭、靜寧，東南及於徽縣、兩當，東及
於秦安、秦州。溯自同治七年（1868）攻破秦安之康坪堡，據為巢穴，
東西呼應，進退益自如。而蹤跡所至，大致均在鞏秦階道區域。此區域
西自安定，迤南逾漳縣，以達洮州、岷州，袤延數百里，山徑紛歧，固
為河狄回出沒衝要，防不勝防，要亦以過去甘軍紀律廢弛，力量脆弱，
非回之敵。及宗棠入甘，嚴加整頓，始見輝武破回兩當、清水，士邁破
回秦安，收復康坪堡，聘珍破回禮縣、西和，耀南破回通渭，先宗破回
寧遠，開泰破回漳縣、秦州，官軍漸強，回勢漸衰。[334]

　　河狄回與陝回勾結甚深。早在同治六年（1867）十月，有河回米
賈、張非兩股，受陝回崔偉嗾使，大舉入陝，圖合西捻，進攻西安省
城。七年（1868），董志原陝回巢穴既為宗棠所攻破，諸回散處寧靈、

平固之間，復經官軍不斷剿辦，崔偉、禹得彥、馬生彥、白彥虎等，遂於八年（1869）冬，竄至狄河，更與河狄回相互利用，並不斷竄擾。九年（1870）一月至四月間，勢益張，由河回米阿渾等統領，經隴南分股入陝，近竄隴州、汧陽、寶雞與鳳翔，遠竄宜君、中部、白水、蒲城。經陝甘官軍逐步攔截，殲滅甚眾，殘部卒由隴東遁回河州。未幾，河回又糾合鞏昌回、鹽關回，圖由鞏昌、寧遠、禮縣，走徽縣、成縣，擾甘南腹地，崔偉亦如約接踵而往。顧所至仍為官軍所擊散，於是伏羌、寧遠、禮縣一帶肅清，益利官軍之西進。五月中，先復渭源縣城，復乘勝奪一杆棋，其地距渭源十五里，距狄道百里，形勢險要，為西南一大關鍵。六月初，又復狄道州城，更乘勝下牟佛諦。其地在州城東西三里，樓堞高聳，崇墉屹立，即馬榮之北莊，傾覆其教主之老巢，足褫眾回之魄。同時，洮州、岷州等地，毗連河狄，亦派重兵防剿，迭有斬獲。自是河回局處洮河以西，其偷渡東岸者，輒被官軍擊破，無所發展。[335]

河狄回亦與寧靈回呼吸相通，其竄隴南，竄陝西，無論單獨行動，或與陝回合作，如上所述，用意即在牽綴官軍，遙為金積堡聲援。金積堡圍攻緊急時，河回亦嘗以步騎數千竄西安州，圖繞東山，向預望城、韋州堡而北，又嘗竄平番、鎮番，圖由中衛渡河而東，以實力援金積堡，抗拒官軍。當狄道克復，河回被迫退處河西後，更嘗會聚馬步二千數百，在康家巖偷渡，圖擾秦州、伏羌糧道，進乞金積堡之援。然均為官軍所阻截，無法接近金積堡。馬占鰲先嘗在寧夏大言，當以股眾助陝回，在金積堡與官軍作戰，及官軍屢捷，目睹軍威，其後亦不敢復逞。[336]

河狄與寧靈諸回之聯絡斷，有助於金積堡之克，然金積堡克而不幸突有黑頭勇之變。先是，宗棠深知隴南原有甘軍多不可恃，顧欲從新佈置，既苦欠餉過久，撤遣無資，且甘軍分子，土客混雜，皆有室家之累，縱籌撤遣之費，必到手化銷，慮其仍羈異鄉，貽地方他日之患。故於周開錫之南行也，令點驗各軍，汰虛額成營，按營給餉，切實整理。開泰首先遵辦，併十營成五營。天印繼之，併十營為三營有半。惟范銘所部，歷稱黑頭勇，其人皆河州、狄道、洮州、岷州土著，始因召募

而集，繼而各處叛卒、潰勇入焉。一人當勇，合家隨營，於是名為十二營，而實有一萬數千人之眾。人數既多，桀驁日甚，以往當局，利其尚能出仗，曲意附循。浸至果於摽掠，怯於戰鬥，自歸開錫統制，挑選裁汰，稍加鈐束，好亂之徒，頓萌異志。於同治九年（1870）十一月，襲踞岷州城中，范銘不能制，懼而逃，其眾益亂。經開錫派兵圍剿，歷一月始受其降，誅為首者尤政芝、安桐貞，編其眾，分配各軍。其裹脅難民萬餘人，安置岷州，留軍鎮撫之。在黑頭勇叛變時期中，河州回頗乘機渡河，有所覬覦。然官軍仍有餘力剿擊，終無所成。[337]

當狄道州城下後，清廷促即進取河州，然而宗棠以為未也：

> 以局勢論之，宜長驅並進，規復河州。惟自秦州迤西而鞏昌，而狄道四百餘里中，渭源屬境二百餘里，彌望黃茅，人煙斷絕，大軍前進，後路須節節設防，以護運道。防兵多，則進剿之兵少，察看河州賊勢，未可虛弦下之，非俟北路寧靈肅清，由蘭州出兵，難期得手。論兵勢，須防後路，通餉道。論賊情，須斷勾結，取遠勢，未可重剿輕防，致有疏失也。……

隨以劉明燈馬步八營，進馬營監，以向安定。徐文秀撥四營，由靜寧延紮會寧。一面修治蘭州大道，以利挽運，一面轉運軍糧、子藥，儲存靜寧州城，以便取攜。[338]

及金積堡平定後，清廷又促進取河州，然而宗棠仍以為未也：

> 現時遞運三個月糧料、草束，尚未竣事，若急於前進，則隨運隨耗，後無可繼之糧。河州夏收，約在六月底，秋收約在七八月，若急於前進，則未及成熟，前無可因之糧，非穩著也。洮河深淺廣狹，隨處不同，而溜勢湍急，與黃河無異。由狄道、安定、隴西進兵，每路皆須造船架橋，所需器具，亂後人物凋殘，勢難咄嗟立辦。而鹽固東西兩山餘匪，甘南一帶遊氛，均應趁此閒暇，逐加料理，以免後顧之憂。……

随令黄鼎、雷正綰、魏光燾、左日升等各營,自中衛至平涼,扼要分駐,務將東西兩山周千餘里間,伏莽盡除,俾運道無虞梗滯。其徽縣、兩當一帶,加派股華廷馬隊護運,搜緝遊匪。一面慎選地方官,會同各防營,嚴密掩捕,以淨根株而重後路。同時,將渡船浮橋,充分準備,供斷洮濟師之用。更在歸化城,採買戰馬二千五百匹,馬鞍五百盤,供補充馬隊之用。[339]

同治十年(1871)七月中,宗棠移節靜寧。八月初,又進駐安定,查知進規河州之準備工作,均已完成,遂發動攻勢。令文秀等出安定,為右路;張松春等出峽城,為左路;先宗等出狄道,為中路;是為進攻之師。又置兵洮州、岷州,防剿河回東竄;置兵會寧、安定,防剿河回北竄;置兵靖遠,防剿附近遊匪,兼顧蘭州省城。而河州之西,曰康家巖,東曰三甲集,中隔洮河,皆據形勝。且河回之出巢剽掠,必由洮河西岸三甲集,渡過東岸康家巖,是必先得此兩地,方可制河州。當由文秀直趨康家巖,不數戰而下之。先宗遂先架橋渡河,文秀與楊世俊、王德榜等隨之搶渡,會師三甲集,攻克之。而三甲集之內,尚有兩重門戶,西曰太子寺,北即大東鄉,尤為山高地險。太子寺為河州總要關隘,向設河州州判駐紮。大東鄉為諸回眷屬死黨所聚,周百餘里,山巒層疊,路徑崎嶇。在太子寺與大東鄉之間,更有董家山橫阻焉,綿亙數千里,山巖高削,大小堡壘林立,諸軍乘間突佔之,築壘其上。自此大東鄉及太子寺路徑疏通,可以直搗太子寺巨巢矣。而回環太子寺掘長壕,深約三丈餘,闊倍之,築壘如林,力圖久抗。並結循化撒拉、八工米拉、碾伯各回,分股繞截官軍運道。會諸將稍有不洽,宗棠更遣陳湜赴前敵調度。顧進攻經月,太子寺未能深入,而時屆深冬,洮河結冰,有利於河回之奔衝。於是宗棠增調留駐金積堡之老湘軍等九營,開至安定,充實防剿之力。[340]

同治十一年(1872)正月,先宗復督同世俊進攻,先宗振臂大呼,自執大旗而前,突為飛炮所中,由右額貫顱,立僕陣前,猶手執長矛坐地,怒目映映。陳湜聞耗,遣文秀馳援,世俊以主將戰沒,軍心不固,力主解圍退紮。時文秀已轉戰而進,見諸軍已退紮,慮大東鄉回梗其歸

路，分所部回攻董家山，仍自率親兵前駐助守。回再三黄夜來撲，有兩營營哨同時棄壘而逃，文秀憤極，傍壘列陣，鏖戰時許，身受三矛，力竭陣亡。傅、徐所部均退三十里，然損折將弁，不過二百餘名。報至宗棠，宗棠亟命德榜接統傅軍，沈玉遂接統徐軍，誅將弁之先潰者六人，退紮各軍仍滾營前進，餘亦嚴扼董家山、三甲集、康家巖各處要隘。馬占鰲方主持河回作戰，見諸軍退而復進，諸隘仍在官軍手中，後方護運之軍，日有增加，新調征軍，絡繹奔赴，亦知官軍之不可力抗也。又聞西寧諸回求撫將成，退無後路，遂請就撫。宗棠以河回於窮蹙之後，忽稍得逞，得逞之後忽又投誠，恐其中或有別故，姑許其速繳馬械，暫緩進兵。陳湜先遣撫定回目往覘其真偽，至是回報河回各頭目頂經立誓，永無反覆。遂遵命搜繳馬匹四千有奇，槍矛一萬四千有奇，撫局告成。宗棠命玉遂為河州鎮總兵，偕同河州知州潘效蘇各到本任。蓋此地官民不見天日者，已十餘年矣。[341]

　　河州善後料理蕆事，宗棠乃於十月中由安定進駐蘭州省城。自同治五年（1866）奉調陝甘總督，至八年（1869）而始接總督關防，十年（1871）而始抵總督任所。於此亦見宗棠之老練穩健。楊岳斌被命陝甘總督，直赴蘭州省城，籌軍籌餉，諸不應手。而河狄之賊擾於南，平固之賊擾於東，寧靈之賊擾於北，涼肅之賊擾於西，終於陷入四面楚歌之境界。宗棠一反其道，先肅清陝西，乃入甘境，待肅清隴東、隴南，再入省城。兩人在西事上之成敗，亦兩人在佈置上之疏密有以致之。[342]

　　河州撫局之速成，係於馬占鰲等覺悟之早。彼深知官軍之不可力抗，故決心早日求撫，不更作無用之頑強抵抗。而在宗棠則以彼既傾心歸誠，遵令悉繳馬械，自無須更作進一步之剿洗。或以此訾為宗棠武功之瑕疵，殆非的論。惟此時帝俄強佔伊犁，清廷速河西諸軍出關。而肅州降回又叛，則乘機速了後方戰事，以免影響前敵，當亦為軍事上所必要。不幸同治十三年（1874）十一月，更有河回閔殿臣之變。閔殿臣居河州城南三十里鋪，夙與馬占鰲不合。因馬占鰲主就撫，而閔殿臣則持反對也。宗棠既復河州，命馬占鰲召募土著，備補制兵。閔殿臣之子閔

福一,投馬占鼇充哨長,已而因不守營規被革,於是舊恨新仇,務求一泄為快,向各處回民逼脅附叛。宗棠亟遣劉錦棠等移師痛剿,旬日而定,殲回四千有奇,官軍亦傷亡千餘人,蓋劇戰也。閔殿臣竄逸,馬占鼇擒致之,與其子,其弟,共四人,同凌遲處死。其餘徒黨誅戮者,又約千餘。宗棠於「陝甘回亂」,壹主先剿後撫,然亦認為剿須徹底,務使認識兵威,庶撫亦可徹底,期之久遠,乃為歎上年撫局之太苟焉。[343]

27　平定西寧

　　西寧，唐鄯州地，東北大峽、小峽，群山對峙，亙八十里，湟水出焉，漢所稱湟中者也。威遠堡在其北，即晚唐所稱沙陀，其南為巴燕戎格、循化，以達河州，地險民悍。明以前，僅羈縻而已，清設青海辦事大臣於此，控制蒙古、回、藏。嘉慶、道光中，藏回漸作不靖，林則徐、琦善、沈兆霖等先後任陝甘總督，時有用兵之事，均未得手。至同治二年（1863）五月，而西寧回馬尕三復擁眾叛。青海辦事大臣玉通不能制，陝甘總督熙齡，布政使護督恩齡，以寧夏、平涼、河州等處，均有「回亂」，正苦窮於應付，於西寧之變，自更感鞭長莫及。[344]

　　四年（1865）四月，楊岳斌至陝甘總督任，對於西寧，仍以力未能討，先派知府鍾璞查辦安撫，一面派總兵高得效等團練漢民，以備後圖。回計緩兵，遽向玉通乞撫，玉通令漢民解散團練，回遂戕鍾璞，玉通置若罔聞。[345]

　　六年（1867）二月，西寧府屬貴德廳回叛，戕同知承順，玉通不敢問。而其地藏人不服，盡焚城外回莊，為承順復仇。馬尕三率眾馳援，亦將百餘漢莊及文武衙門、廟宇，燒成焦土以洩憤。又西寧府屬北川營，為通甘州、涼州要路，護都司韓廷連守禦三載，回不得逞。是年四月，玉通忽將韓廷連撤職，回乃踞有北川營，盡威望堡百餘漢莊，付之一炬，並竄擾涼州。[346]

　　其間岳斌嘗遣梅開泰、鄧全忠進剿，由碾伯直抵巴燕戎格，頗獲利，而玉通以為激變。未幾，兩軍亦忽潰退，損失至巨。及岳斌去任，穆圖善署陝甘總督，與玉通同主撫議，止准投誠，不准剿辦。[347]

　　馬桂源者，本循化廳回，充西寧花寺阿渾，捐納候選同知。玉通先

以權循化廳，旋以署西寧府。其兄本源，玉通亦先令權循化營游擊，旋令兼護西寧鎮總兵。馬尕三則玉通以為回目，玉通思藉此三人，通漢回，解鬥爭，而馬尕三性尤陰險，知玉通駕下，亦僅倚撫議以愚官，復挾官以鈐制漢民，凌虐殘殺，無所不至，漢民訴之玉通，玉通無如何也。[348]

以上為同治六年（1867）左宗棠入關以前情形。其後宗棠得西寧鎮總兵黃武賢致陝西巡撫喬松年書，敘及其在西寧所身受與目擊之慘狀：

> 本年正月內，弟奉文飭赴任，以專責成等因，遵即束裝起程。三月初三日，接印任事。無如地方擾害年久，萬民塗炭。至今營伍絕餉多年，有兵即似無兵。弟自去年至今，到任以來，地方苦不可言，刻下衣食難堪，世間未有見過餓死總兵也。所有在城文武官員，被匪挾制多年，任其使喚，非朝廷之官也。至城鄉內外漢莊，任從匪類日夜搶奪姦淫，如似己物，民不敢阻，官不敢辦，任從匪意，慘不勝言。弟亦不得已，暫且然之，如似籠中鳥無異。……自數年以來，漢民不准入城，若再一年，西寧漢人絕矣。弟現在坐井觀天，舍佺被殺，無法可施，只有除死方休而已。……

於是錄以具奏，認為西寧撫局，勢難敷衍，而興西寧名存實亡之歎。[349]

同治九年（1870），宗棠先後復渭源、狄道，又下金積堡，並將進規河州。其陝回之自董志原逸出，竄入狄道、河州者，無復容身之地，遂又竄西寧，群居大南川、小南川一帶。其地與河州僅隔一黃河。此批陝回，即崔偉、禹得彥、白彥虎、畢大才等股，連眷屬凡三萬數千人。時馬尕三已前卒，馬本源、桂源之堂叔馬永福接充回目，玉通亦病故，由豫師繼任青海辦事大臣。[350]

十年（1871）八月，宗棠開始攻河州，屢得勝仗，陝回竄擾貴德、丹噶爾兩廳，亦被官軍擊敗於日月山。馬永福會同西寧府各廳縣回

目，再乞撫綏，由馬桂源以西寧知府名義，據以分呈宗棠、豫師。宗棠以為：

> 此次西寧及咪喇逆回所以急於就撫者，因大軍方剿河州，恐將移軍指湟，預為地步耳。犬羊之性，知畏威，不知懷德，此時稍涉遷就，轉瞬仍肇釁端，不如預定受撫款目，觀其能否遵照，再行酌奪。……

又以為：

> 此時言撫最易，然收撫先預將節目擬定，令該回目等心中明白輸服，然後可望其鈐束散眾，逐一遵守，永為良民。若始事時一有勉強遷就之見，各回目無所藉以鈐束散眾，比散眾犯案，各回目又不得不為遮飾隱瞞，官司殊難辦理。積久仍不免加以嚴辦，若輩又將謂此時官司收撫，並非真心，日後決裂，有所藉口。……

由是與豫師商定受撫款目十二條，其主要之第一條，為：

> 軍械、馬匹，勒令盡繳，如有繳少留多，繳壞留好等情，一經搜獲，即將藏匿之人處斬，首告者，酌賞，扶同隱飾者，抵罪，惟牛騾驢隻，准留耕種。

先是，宗棠將竄居金積堡之陝回陳林等股撫定後，命道員馮邦棟安頓於平涼之化平川一帶，頗為安居樂業。其竄居西寧之陝回崔偉等不無歂動。因託陳林通款於宗棠，宗棠察其意誠，仍派邦棟馳往查辦。至是，西寧土回即亦乞撫，宗棠當命邦棟並案辦理。[351]

時逾半載有餘，河州回已撫定，肅州回又叛。正在官軍圍剿中，而西寧土回及陝回之撫局，尚無成就。就陝回言，崔偉求撫甚切，禹得

彥、白彥虎自知稔惡有年，疑畏交併，有竄四川、竄雲南企圖。畢大才則大股赴援肅回。就土回言，馬永福頗明大義，而馬本源、桂源兄弟則心懷叵測。邦棟責繳馬械，察驗所收，多不適用，經再四催促悉數呈繳。陝回則藉故遲延，土回則以陝回擾害，不能不稍有存留，準備自衛。宗棠准土回暫緩呈繳，先將存留數目，造冊報明，俟陝回事定再繳。宗棠於撫局，原以肯否呈繳馬械及呈繳多少、良陋，斷定其乞撫之真偽。今見如此情形，知非有兵力盾其後不可。乃命何作霖所部先赴碾伯駐紮；劉錦棠、龍錫慶所部繼進，一面命新撫河回馬占鼇，即就河州邊境防守，杜西寧諸回竄路。同治十一年（1872）八月初，諸軍先後行抵碾伯，西寧諸回目乃來繳馬械，而馬疲械鈍，與前無異，又願具結限半個月內全繳，並允辦軍糧，惟求官軍緩進。錦棠逆知其詐，出示曉諭，土回安堵無恐，當為除陝回逼處之害。時肅州戰事劇烈，故宗棠欲先剿西寧陝回，迫陝回之在肅州者回援，亦可減少肅回力量也。錦棠則以西寧收穫約在九月初旬，官軍西來轉運艱難，當因糧本地。如被土回收穫，則恐彼飽無饑，辦理費手。又慮西寧地氣早寒，一經凝凍，則營壘均難修築，故認為撫如無成，剿宜及早。於是督師進紮平戎驛，此地地勢平闊，接近陝回所居大小南川，更分兵聯紮馬營灣、三十里鋪一帶。此地距西寧府城三十里，與小峽口毗連，錦棠沿途察看土回堡寨，僅留壯丁待收穫，餘皆潛逃，心知有異，飭所部毋犯秋毫，致有藉口。而馬桂源已糾土回、陝回俱變，馬本源自稱統領陝湟兵馬大元帥，盡率城中回兵回民以出，叛狀既著，剿辦不免矣。[352]

西寧城中殘餘漢民，既見回兵回民盡出，遂閉城拒使不能再入。時豫師駐平番，黃武賢駐威遠堡，則由西寧道郭襄之主城守。回目馬永福不直馬本源、桂源所為，而性懦不能制，則獨留城中，轉助官軍設防。於是土陝諸回，一面合力圍攻西寧府城，一面向錦棠大軍拒戰。錦棠自以西寧府城為目標，然欲進西寧，必由湟中，而自大峽口至小峽口，高峰危聳，中通一徑，寬廣才數尺，兵馬經其間，只能魚貫，而不能雁行。南北溝岔又紛出，諸回因險屯聚其間，絡繹不絕，進殊不易。錦棠依山設伏，築炮台，置開花車輪大炮以待，回匪不敢出。而錦棠察回勢

盛，更抽隊就平戎驛造橋渡湟，通威遠堡糧路。自是日與回戰湟南北，
互有傷亡。已而升大炮至山巔，測準回疊，發炮子六十餘，牆疊皆毀，
回跳匿溝內，錦棠麾軍搜之，破北山卡疊殆盡，遂徑薄西寧城下。時城
中存糧已盡，而城圍愈急，士民疲困，勢將不支，所謂「萬灶炊煙絕，
孤城落日昏，哭聲遍閭巷，殺氣逼乾坤」，正見城中危苦情況。幸官軍
趕至，城圍立解，襄之率子遺之男婦三萬餘人，望城羅拜，歡聲動天
地。馬永福旋率土回降，陝回崔偉、禹得彥、畢大才等亦爭繳馬械受
撫。惟馬本源、桂源南竄巴燕戎格，白彥虎西竄大通。是役也，錦棠以
馬步十八營，自碾伯至小峽口，分紮八十餘里，歷六十餘日，大小五十
餘戰，破回營寨一百餘座，而邊地苦寒，大小峽口一帶山谷盤互，日月
蔽虧，冰凌凝結最早，計五十餘戰中，半皆夜不收隊，露立凍天雪窖
中，擊柝之聲，與號寒之聲相應，勞烈得未曾有。[353]

　　西寧土回、陝回既矢志輸誠，人心漸定。惟大通地居邊徼，未睹軍
威。向陽堡回目馬進祿、下亂泉回目韓起壽，原屬馬本源、桂源心腹，
大通營都司馬壽，尤為狡黠。時錦棠派員赴大通督收回眾所繳賑糧，初
甚踴躍，乃馬桂源由巴燕戎格遣人暗勾馬壽等，糾黨戕害領賑難民數十
人。於是錦棠決更向大通用兵，崔偉等亦樂於隨征效力。旋以同治十二
年（1873）元旦，將向陽堡攻拔。姑釋馬壽弗誅，命飛告縣城各回，勒
限出城，並捆獻逆首，始免剿洗。惟錦棠查看一路堡寨林立，若節節攻
取，必滯戎機，而懸軍深入，又恐後路多梗，當留營擇要駐防，一面整
隊速進，並縛馬壽隨行。甫抵城邊，城上炮石紛下，錦棠命已撫諸回繞
城而呼，獻城迎降者免死，擒賊者重賞。城關回眾約二千餘，惟少數馬
壽等死黨猶思抗拒，餘皆畏懼兵威，並無固志，相率開西門奔出，跪乞
投誠。錦棠整隊入城，磔馬壽以徇。白彥虎聞大通蔵事，亦偽詞乞撫，
而責其呈繳馬械，仍遷延支展，觀望不前。錦棠麾軍擊之於水硤一帶，
兩戰皆捷。白彥虎遁永安南山草灘一帶，輾轉竄至肅州。[354]

　　馬本源、桂源竄踞巴燕戎格，錦棠命馬永福招之。馬永福遣其子馬
德源勸降。馬本源兄弟遽將馬德源殺害，坐是為族中所不容。其後復遍
向各軍求撫，顧仍巧持兩端，暗行勾結，意圖負隅。聞錦棠進剿大通，

亟糾股竄紮札巴什城，冀襲後路。宗棠以進剿巴燕戎格，當由河州出師為便。時河州局面已定，遂命陳湜督師馳往。同治十二年（1873）正月，陳湜與沈玉遂諸軍已抵大河家。由此赴戎，本有兩路：一由循化，一由米拉三溝，路稍平而程較遠。乃議取道藏地，翻山直抵戎城，攻其不備。連日大雪迷漫，各軍衝寒度險，至端莊，距巴城二十里。馬永福先已銜命到城招撫，即率眾迎降。而馬本源兄弟又西竄。陳湜分軍躡追，一面遣撫回深入隨逃諸回中，諭以脅從罔治之意，眾皆爭繳馬械。馬本源兄弟見人心已離，惶懼益甚，陰遣死黨，求救於馬占鼇。馬占鼇方從陳湜自效，則勸盡繳馬械，約期至城外東山乞撫。由沈玉遂密派馬步隊環伏東山要隘，比馬本源兄弟至，俯首就縛，解省磔於市。[355]

　　西寧府屬之循化廳，與巴燕戎格相連，即前史所稱吐谷渾地。藏回雜處，漢人絕少。回均為撒拉族，黃河以北有五工，以南有八工，每工約戶口數千，分居若干莊，好作亂。河州之役，嘗為河回所誘致，共抗官軍。河回降後，撒拉回亦輸誠，而西寧之役，又與土回合勢拒戰。同治十二年（1873）二月，河州、西寧撫局完成，於是陳湜與錦棠會師，共圖解決撒拉回。先辦河北五工——木胡隆工、卡勒岡工、大胡工、卡勒工、甘都工。木胡隆工馬械較多，各莊尚知畏懼呈繳。惟青科一莊，雖自稱限期呈繳，然暗中牽連藏匿，屢催罔應，蓋撒拉回中之尤兇狡者。官軍決計進剿，青科亦空莊出拒，守隘放槍。官軍突前擒斬數名，始翻山而逸。官軍進駐青科莊，傳告各工各莊，不准容留青科一人，青科田屋，當分給良回。青科逃回聞之懼，歸莊投誠。卡勒岡凡十三莊，中惟三莊馴順，當發給良民旗，令各植門首，禁止官軍擅入。尚有十莊，隱匿槍械不繳，各回目亦屢傳不到。官軍派員前往察看，竟鳴槍抗拒，官軍攻破其六莊，始降服，餘四莊亦哀懇安撫。大胡、卡勒兩工交界之東山內，亦多藏匿馬械，經官軍窮搜勒繳。甘都工自陳不敢助逆，官軍亦撫循弗問。次辦河南八工，通稱上四工——街子工、義家工、大弄工、蘇治工，與下四工——孟打工、章哈工、奈曼工、清水工。上四工素懷反側，與下四工仇隙至深。此時，上四工，除義家工外，均議糾眾滋擾，下四工則願助官軍進剿，遂平上四工中違抗之三

工，盡繳彼中所稱金花銀花裝飾珊瑚松綠極精利各槍。四月，收復循化
廳城，宗棠之言曰：

> 撒拉一種，生性獷野，兒時即操習叉子槍，技最精練。平時
> 較獵，能於百步之外取飛鳥，百不失一。所居依山瀕河，地勢險
> 惡。乾隆中，檄調隨征金川番族及石峰堡逆回，官兵倚為軍鋒，
> 猛鷙可想。嗣仍屢次擾邊，官軍迭次進剿，皆未能痛加創艾，率
> 於巴燕戎格、循化邊界，耀兵而還。諸回族自恃地險眾悍，時與
> 漢番構釁弄兵，益無畏忌。官軍至，則詭詞求撫，旋復殺掠如
> 故，為隴省邊患者近百年。茲乘河湟底定後，深入其阻，大加搜
> 薙，冀可潛銷隱匿，一靖邊陲……[356]

28　平定肅州

　　肅州「回亂」，在左宗棠進討以前，歷經若干滑稽之變化。

　　初，甘州提督索文，自以回民，欲盡用其種人，乃悉隸眾回於各標，其餘令充獵戶（即鄉兵），分置南山諸口，防藏人。同治三年（1864）八月，陝回妥得璘陷烏魯木齊，肅州回兵藍吉珍等謀響應，假禦敵名，潛造軍火。赤金獵目馬四為河州回民，善叉子槍，三百餘步外，發無不中。四年（1865）二月，請餉至肅，密約藍吉珍等同舉事，歸途乘游擊出城，據嘉峪關叛。安肅道恆齡，偵知肅回亦將作亂，欲先發制之。肅州鎮總兵成桂、知州陳墉持不可，墉且自請出城撫諭。墉頗能文，在轎中猶朗誦太史公書，回因俘之，奪其儀仗，明燭呵殿，賺入城中，城遂陷，恆齡戰死。自餘文武大小官員殉職者百餘人，成桂、陳墉獨免。馬四恐孤城被圍，又假投游擊，請征肅回自贖，成桂、陳墉亦信之，馬四乃得與肅回合。成桂更別出心裁，指馬四原名馬忠良為逆首，為易新名曰馬文祿。奏稱據關叛城，皆馬忠良所為，馬文祿隨同官軍剿辦，奮勇出力，復城關，誅馬忠良，皆文祿功，保為鎮標都司，領城守，冀藉以鈐制回眾。於是同一馬四，忽由國家叛逆，化身為朝廷命官。馬四招降納叛，以肅州為渭南、金積、河州、西寧群回逋逃藪，又私受妥得璘封，為肅州元帥，通關內外花門消息。[357]

　　其後，甘涼道黎獻繼任，肅州鎮總兵黃祖淦、涼州鎮總兵王仁和，屢次進剿，黎、王均敗績，祖淦陣亡。烏魯木齊提督成祿出關過肅州，清廷因命督辦甘肅西路軍務，便道督剿，亦師久無功。成祿為勝保部將，耽於淫樂，頗有勝保遺風。本憚於出關，用藉此督辦名義，盤踞高台，剝削民財，以供揮霍，蓄養戲班，廣置姬妾，以邊方為安樂窩。[358]

　　同治七年（1868）五月，甘州提督楊占鼇督十二營征肅回，意甚自矜。肅回與戰，佯退示弱，占鼇意肅回不足平，直抵城下。回出老民，頂香羅拜乞撫，請速入城。左右慮其詐，爭止之。占鼇曰：「彼實懼我而投我，何畏哉？」方過吊橋，伏回突起，赤身縛擁入城。馬四盛設供張，親釋其縛，與誓結為兄弟，媾和罷兵。占鼇以為奇功，而恐成祿揭其短，因推成祿為功首，以收復肅州，聯銜入告。占鼇又請馬四以回勇三百，充作提標親兵，馬四乃縱之歸。甫至甘，而三百回勇叛，占鼇歸咎漢民，誅數人慰之。已而成祿所部潰，亦因占鼇與馬四連和，自是官倚馬四為心腹，馬四玩官於股掌，鞭笞州縣，縱暴兵勇。升遣調委，悉楊、成二提督為主，穆圖善虛署陝甘總督，無如之何也。[359]

　　漢武帝為切斷匈奴右臂，先後設置河西四郡，此四郡之地，遂為中國通西域要道。所謂四郡者，試自東向西計之，曰武威，曰張掖，曰酒泉，曰敦煌。在清，武威為涼州治，張掖為甘州治，酒泉則為肅州治，與敦煌隔一嘉峪關。故關以內當以肅州為西端盡處，其東端盡處之武威，則已在黃河以西，故曰河西。甘肅各地，雨澤稀少，故農村貧乏。惟河西賴祁連山雪水以灌溉，穀產豐盈，且山林中茂草長林，宜於畜牧，故地方富庶，號「金張掖，銀武威」。其地勢則南限於祁連山，北限於沙漠，形成狹長之一條，故又有「河西走廊」之稱。其後方以蘭州省城為中樞，西寧為左翼，寧夏為右翼。西寧由平番通河西，寧夏由鎮番通河西，故欲鞏固河西走廊，須同時能控制西寧與寧夏。自寧夏、西寧為回所制，河西走廊即在兩翼威脅之下。自肅州為回所制，關內外交通，久受阻隔，即迤東至省城之交通，亦常虞遮斷，故宗棠西征，列規復肅州於最後。[360]

　　同治十年（1871）五月，帝俄藉口新疆「回亂」影響俄境安全，遽派兵佔領伊犁，而美其名曰代中國收復。旋又進窺烏魯木齊，已行至精河，為當地民團首領徐學功所擊敗，遂退回伊犁，仍揚言當代為收復烏魯木齊。此惡消息於七月傳至北京，清廷震恐，亟命逗留高台之烏魯木齊提督成祿迅速出關，會同駐紮巴里坤之烏魯木齊都統景廉，規復烏魯木齊。駐紮塔爾巴哈台之烏里雅蘇台參贊大臣兼署伊犁將軍榮全，規復

長城最西端的關城嘉峪關，1875 年

蘭州北面城牆邊立於黃河上的水車，1875 年

伊犂。防守陝西乾州之淮軍統領劉銘傳，就近移師西行，節節出關，規復新疆其餘各城。惟金積逸出陝回，其時正竄河西，撒拉回亦有潛結河西回作亂之說。故清廷更命宗棠抽調勁旅，前往扼剿，替出成祿，俾得早日成行。宗棠認為：

> 以隴省局勢言之，自宜先規河湟，杜其紛竄，然後壹意西指，分兵先扼玉關，斷其去路，乃策全功。此時興師遠舉，大非穩着，然當此強鄰覬覦，狡焉思逞之時，則未有可拘執者。……

遂指派原駐靖遠一帶之徐占彪，統所部馬步十二營，先赴蘭州防堵。同時，仍進規河州、綏靖、西寧。馬四在名義上已受撫，肅州已收復，聞宗棠派兵西行，公然復叛。[361]

占彪所部，於九月間陸續開拔，十月抵高台，與成祿晤商接防。同治十一年（1872）二月初，抵肅州，戰事隨之開始。占彪先佔領城東南三十里之紅水壩，遏肅回南竄之衝。城西南地勢較高，肅回於距城三十里之塔爾灣，堅築堡垣，環以壕卡，與肅城為犄角。復一路立壘，綿延直至黃草壩。占彪將此一帶堡壘百餘座，悉蕩平之。紮營沙子壩，離城僅三里。城東有朱家堡，城堅壕深，肅回所恃以為固。城南枯樹地方，有三堡大墩，亦負城設險。城北北岸頭，有廢堡，尚為肅回所踞，均為占彪陸續攻拔。蓋經過半年之戰鬥，而環城各據點，盡入官軍掌握。馬四等數度乞撫，占彪知其詐，概置不理，然此時成祿已拔隊出關，劉銘傳病歸，曹克忠接統其軍，正待整理，河州之役尚未完全結束，而西寧撫局不成，還須用兵。於是肅州之師，僅有占彪之十二營，而劉錦棠規西寧，亦僅十八營，均感實力不足，又無法相互調撥增援。緣肅州回與西寧回呼吸相通，官軍一有抽調，即慮其乘機出竄，以擾官軍後路。故宗棠只能以此兩軍同時分投作戰。占彪乃分馬步一營為二營，緣城聯紮，距城一里、半里不等，相間里許，終以城大兵少，僅由城西迤邐而南，又繞城東迄城北角，尚餘北門一面，不能合圍。[362] 自是占彪軍獨與肅回搏戰，雖仍屢勝，而城終莫下，成相持之局。清廷遣金順由寧夏

馳援，而不能及時至。宗棠調宋慶由神木馳援，而為山西巡撫所留，俾顧全河防。又穆圖善移駐涇州、邠州一帶，撤蘭州西北之防軍，由宗棠調楊世俊之奇捷營騎兵填紮。其一部份奇營不願西行，行至馬營監而潰，河西後路，一度更感紛擾。及西寧平定，宗棠始得抽撥陶生林所部馬步五營，赴肅州助剿。[363]

肅回屢敗之後，伏匿不出，惟分股於城西禮拜寺附近，添築堅壘為犄角。占彪分派各營，輪班攻撲，一面陰掘地道，引炸藥轟之，遂奪得禮拜寺。禮拜寺者，據肅回相傳，係伊先輩祖塋，初入中國時死者，即多藏魄於此，故敬護甚至。今為官軍所佔領，在肅回不但損失一戰略據點，精神上亦大受打擊。時金順等於同治十一年（1872）底，陶生林軍於十二年（1873）初，先後到達。金順軍紮北崖頭，城圍始合。占彪更於城西北添築六壘，扼肅回出入要路。而肅回亦於北門河灘單家屯廢壘，築成牆垣堅厚之大堡一座，壕溝二道，其外又加木城二道。占彪以此堡不破，則城北之圍，猶有罅漏，因復力戰克之。[364]

肅州回為抗拒官軍，亦號召兩種外援。一為關外之回，包括纏頭回一批，由魁頭老四帶領，凡馬步三千餘人。紅廟子土回一批，約四千人，屢次參戰，傷亡過半，彼此怨恨，急思棄城逃竄，奈不能突出重圍。一為陝回，計有大小數批。占彪初赴肅，即遇一批於清水，為崔偉、禹得彥、胡天喜等三四千人，經中途擊潰，此批原係赴援肅州，時則方回西寧就撫。又一批為畢大才、馬五九等二千人，由大通北出，圖赴肅州助戰，為甘涼駐兵所擊潰。西寧復後，更有一批，為白彥虎等，又附入西寧回馬莊，大通回馬正清等，合共三四千人，竄至塔爾灣，圖入肅城助守，馬四亦遣回出城接應。世俊、占彪合師敗之。白彥虎乘夜撲出長壕，占彪又徑襲塔爾灣，白彥虎知巢穴已傾覆，亟奔關外，由是馬四內外援絕，肅州益成為孤城。[365]

同治十二年（1873）五月，宋慶五營又到，肅州城圍益密。顧肅城高三丈六尺，厚三丈有奇，環城壕闊十四丈，深二丈有奇，肅回更築壩蓄水，以益壕深，故欲破此城，仍非易易。自來攻堅，本無善策，於是宗棠命儘量利用西洋大炮。占彪先已在南梢門等處，築有炮台，至是，

復在城西禮拜寺修築一座，高出城上，一日連放一百五十炮。次日，又連放一百五十炮，然僅轟坍城牆若干，肅回隨即堵塞，無隙可乘，官軍未能衝入。占彪視察東關附城土較薄，利於轟擊，當就關外叢塚中，逼築營堡，並修建炮台一座，一日放一百二十炮，旋將東關克復，斃其關外來援巨酋馬六元帥，即馬正國，而占彪亦被敵彈中傷左腿。嗣更於大南門外及城西苦水堡等處，各築炮台，準備多面轟攻。此時官軍所用炮，均為普魯斯後腔螺絲炮，所用彈，均為開花炮子。管放者，先為守備陳文英，生林同行，後又加派副將鄧增、賴長，兩人均精於炮術，而賴長尤諳製造。於是城中糧食，因接濟斷絕，益形匱乏，回眾不堪飢餓，間有潛出投誠者，然破城固猶有待也。[366]

八月，宗棠念肅州勞師久，統將受創，決計親往督師。既抵城東，躬閱防禦工事，馬四在城望見宗棠威儀，洶懼殊甚，遣人齎稟乞撫，願出關討賊自效。宗棠亦虞其詐，不加批答，第出示曉諭城中回民，老幼婦女免死，其誠心投誠者，准詣營自首，分別審辦。馬四奉到示諭，猶匿不張貼，時諸軍填土石城壕中以渡，掘地道入城，復以炮猛轟城垣，勢不可遏。城中老弱投出者相繼，馬四之處境益窮蹙。九月，錦棠率老湘軍五營應調至，惟錦棠以肅城垂克，不欲分諸將以往之功，未參加作戰，僅令其所撫回馬福壽等逐日馳馬城下，呼馬四及諸酋告曰，死期將至，好自為謀。又遣入城諭之曰，或戰，或守，或降，一言決之。馬四自知生路已絕，卒隻身詣宗棠大營，泥首請降。宗棠諭以罪在不赦，嚴令悉繳馬械，分籍客土回口以獻，馬四唯唯聽命，肅州遂平。馬四初與馬占鼇議款時，城中猶存漢民三萬餘人，陸續為諸回殘殺，至是男女存者僅一千一百餘人，想見荼毒之慘，而繳出叉子槍一千一百七十餘件，劈山炮、過山炮、鳥槍、狗頭炮、抬槍數百件，矛千餘桿，刀叉無數，又想見實力之雄厚。惟戰馬僅繳七十餘匹，據稱連日饑荒，已將餓瘦之馬，悉數宰食，所剩止此，更想見抵抗之頑強。於是磔馬四等罪首九人，誅悍黨一千五百七十三人，自餘土回五千四百餘名，除拔出老弱婦女九百餘口外，亦於官軍入城時焚殺淨盡。[367]

肅州淪陷逾七年，宗棠調兵圍攻，亦歷一年半，然陝甘全境，由是

敉平，猶未越宗棠預測五年之約。捷書聞，詔宗棠以陝甘總督協辦大學士，晉騎都尉世職為一等輕車都尉世職。清制之大學士，相當於前代之宰相，其資格雖未明文規定必為翰林出身，然在有清一代二百數十年中，漢人之以非翰林而為大學士者，實寥寥可數。宗棠由一舉人，遽獲大拜，不能謂非異數矣。[368]

　　肅州城前有祁連山，層峰屏峙，後有討來河，曲折縈繞，其西七十里，則為嘉峪關，自昔稱西陲重鎮，欲保障河西，固須守肅州，即控制新疆，亦須守肅州。而宗棠平肅州，多賴大炮之力，嘗耗彈一千數百枚，城既復，乃留三炮鎮此北門。然所喪將士亦甚眾，城東有五塔，列峙其下，白骨累累，即忠骸叢葬所也。[369]

29 陝甘善後

　　陝西、甘肅諸回之變，實導源於與漢民氣類不同，相互歧視。其間陝回與甘回，雖嘗結合，以仇漢民，究之，在平日亦有區別，而回之所以猖獗者，對於所崇奉之宗教，所居留之地域，更多重大關係。故左宗棠於平定陝甘之過程中，為求長治久安之效，頗有若干因人、因地、因時制宜之措施：

　　一曰安插受撫回民於指定地段。

　　宗棠以為辦回之道，與辦太平軍、辦捻不同。太平軍剃髮，捻拋棄馬械，即與平民無殊。故官軍戰勝收撫，給以免死牌票，資遣歸家，便易相安無事。回則不然，其與漢民積仇既深，婚姻不通，氣類互異，彼此相見，輒起殺機，斷難孚洽。又種族攸分，狀貌亦殊，雜一回民於稠眾中，令土人遍識，必能辨別，百不爽一。故回民之所以甘於從亂而不返者，其畏漢民之尋仇報復，要為一因。是則收撫之後，允宜指定住居地域，勿任與漢民雜處，俾獲安心從善。又以為陝回與甘回自有區別，當其作亂，而與漢民為仇時，固屬同心一致，及其一旦受撫，仍難沆瀣一氣，則亦不能不使彼此相隔，勿任雜處。[370] 基於此見解，每收撫一起回民，或拔出一批漢民，即予分別安插，其可考者：

　　（一）克復董志原後，收撫散處固原一帶及由金積堡逃出之陝回數千名，安插於平涼之大岔溝、邢家溝、北原等處。[371]

　　（二）平定金積堡後，收撫陝回九千四百餘名，安插於平涼、華亭交界之化平川。地在華亭縣西北一百七十餘里，東南距平涼縣一百里，南連崆峒，西北均阻高阜，巖壑環峙，兩水縈繞。一即化平川，一為聖女川，合流匯白面河，入清水縣界，川中橫寬五六里，長三十餘里，似

亦前代安置降人之地。當改聖女川曰聖諭川，為宣講之所。改白面河曰北面河，示拱極之義。又拔出被擄被脅之甘回三千餘名，安插於平涼。其金積堡原有回民，徙居於靈州，原有漢民老弱婦女一萬二千餘口，徙居於固原附城數十里地方。[372]

（三）平定寧夏後，收撫陝回六百餘名，安插於靈州。[373]

（四）平定河州後，收撫陝回五百四十四名，分別安插於平涼之諸家莊、姚家莊、張家莊與曹家莊。又五百三十七名，分別安插於會寧之姚五家、曲家口。又六百四十三名，分別安插於靜寧、隆德之王家下堡、劉戴家山。又六百三十七名，分別安插於安定之劉家溝、石家坪、好地掌。此外收撫甘回四十三名，安插於安定之劉家溝。拔出漢民九百八十三名，分別安插於安定之青嵐山、新套河、夏家灣坊。其陝回或漢民中有親屬已安置某地者，聽其自行前往完聚。[374]

（五）平定西寧後，收撫之陝回約二萬人，分三起安插於平涼、秦安、清水等縣。[375]

（六）平定肅州後，收撫之土回與客回二千數百名（客回中包括陝回、甘回、關外纏頭回及土回），先遞解蘭州省城留養，再擇地分起安插。由是肅州無復一回厠雜。其甘州、涼州各回，本已死亡殆盡，亦無遺種，關內外花門勾結，可以無虞。宗棠以為「自古徙戍，均係自內及外，無由邊遷腹之例，局外議論，非所敢知，然熟察情實，非此不能杜釁隙而靖邊徼」。[376]

宗棠於安插工作，尤有着意之數點，可以一述者。陝回本可遣歸陝西本省，然陝西漢民堅決不允接受，且陝回原有業產，均被陝西官廳沒收，實在亦已無家可歸，故宗棠決計即為安插於甘肅，免使陝甘間更生糾紛。[377] 甘回在金積堡者，均為新教教徒，悉數限期遷出，徹底消滅其根窩。在河州、西寧者，兩地戶口本幾悉為回民，可仍留本地。其餘因叛亂流竄他處者，與原來鄰居漢民，積仇已深，均由官另為安插，不准回歸故土，免使漢、回間更生糾紛。[378] 選取安插地段，持有兩個標準：漢民宜於近城驛，而原有漢民聚居之處；回民則城驛非所宜，近漢莊亦非所宜，須就川原相間，各成片段之地，俾獲渙其群而孤其勢。[379]

在遣送途中，由地方官負責迎護，大口每日給行糧八兩或一斤，小口每日給行糧五兩或半斤。此種行糧，須為麥麵、小米，或已去殼而便於煮食之扁豆等，隨帶騾馬，亦按日發給芻料。[380] 至安插以後之辦法，可以收撫西寧陝回時所發告示為例，原共十一條，捨第九條禁崇新教，詳見下段不贅外，餘移錄如下：

（一）初到遷插地方，應候地方官點名造冊，計戶按口，分地安插，爾等各以分地為業，盡力墾種，毋得出外遊蕩，滋生事端。

（二）到地安插後，地方官查明戶口，每戶發一良民門牌，填寫姓名、年歲、籍貫、男女丁口，分晰開載。每十戶，由官擇立一人，充十家長，給十家長門牌一張。每百戶，由官擇立一人，充百家長，給百家長門牌一張，均張掛門口。其限於地勢，不滿十戶、百戶或過十戶、百戶者，均隨多少約計，一律設立十家長、百家長，以資約束，而便稽察。

（三）安插定妥，由官劃給地畝，酌發種籽、農器，俾得及時耕種。並發賑糧，大口每日半斤，小口每日五兩，俾免飢餓，秋後停止。其力能自給之戶，應聽自行糴買，由地方官出示鄰近地方，招致商販，任其彼此交易。

（四）遷徙各戶內，有極貧、孤寡、老弱、殘廢，不能自食其力者，應由官查明人數，另編一冊，酌給賑糧，秋後亦不停止。

（五）遷徙各戶內，有從前被擄漢民丁男婦女，其有家可歸者，應令其歸家完聚，該回民不得阻留；其無家可歸者，應由該十家長、百家長報明地方官資遣，各歸原籍。倘各回民希圖收留漢民子女，作奴婢傭工，匿不呈報者，一經訪察得實，定將該回民照例治罪，決不寬饒。其婦女被擄已久，生有子女，不願回籍者，聽便。

（六）各回民既經收撫，即屬平民，從前過惡，概置不問。不但漢民不得以從前仇怨，藉口尋釁，即回民與回民，從前積有嫌隙，亦不准申理。惟收撫後犯事，應按照所犯情罪科斷，其情浮於罪者，照本律加等治罪。

（七）回民安插地方，由地方官指定，不得擅自出外閒遊，混入城市，致滋事端。如須赴城關市集，買物探親，應由各百家長詣州縣官衙門，預領本牌號簽，令其執持，以憑察驗照護。每百家准領板號簽三十枝，一枝以兩人為度，不得過三人。如有事遠赴各廳州縣境，由百家長報明地方官，請給路票，注明所往何處，所幹何事，限期繳銷。每張取路票紙朱錢四文，如無路票，定行查辦。縱途中遇有損失，亦不准究。至過省行走，必須由各州縣申明該管道衙門，發給護照，始憑盤驗，倘無護照，私行往來，查出一律嚴辦。

（八）士農工商，各有執業，現發新刻六經善本，分給漢回士子誦習。其回民業儒者，准附就近州縣考試，由府而院，即以安插地方為其籍貫。現在平涼取進文生，及補廩出貢者已多，爾等如肯立志讀書，豈患無進身之階？何至自甘廢棄？至士人以外，惟力農之民足重，以其有益於世，無損於人也。百工為世所必需，亦能自食其力，商賈轉移貨物，足通有無，亦於世有濟。惟為農者，不准栽種罌粟。為士者，不准干預外事，出入衙門。為商賈者，不准販運鴉片，致干禁令。

（十）民間畜養騾馬，私藏槍炮軍火，本干例禁，自此次搜繳之後，如有隱藏馬匹、槍炮、軍火者，一經訪察得實，或被告發，除將馬匹、槍炮入官外，仍行照律治罪。

（十一）各處外來親友到家，必須報知百家長，方准招留。違者察究，如容留匪人，滋生事端，即將容留之戶，照匪人治罪。[381]

又安插河州回民時，另有特殊之辦法，更摘錄兩條：

（一）無事不准過洮河，及來往西寧、洮州、岷州各處。洮河各處渡船，悉數呈官。康家巖、狄道州及通西寧過河渡口，除由官建浮橋或渡船，以通驛道外，其餘各處，概不得私設渡船。其貿易定於三甲集、太子寺及河州境內各處，均聽其便。

（四）河州、狄道回民，從前喜習拳技，及跑坡、馳馬諸事，

稍長，託言出外做生意，實則騎馬搶劫，此後如再有犯此者，本
州文武官員訪察訊明確實，詳請懲處。[382]

吾人今觀上列諸項辦法，尚可窺見宗棠思想之縝密，規畫之周到。
顧如取締自由出入居住區域，禁止收藏武器及練習武藝，不免含有統制
被征服民族色彩。惟發給六經供誦習，給田地，給種籽、農具，供稼
穡，屬於教養事業，較具積極性質。至隔絕漢回居處，本清代馭回一
貫政策，如新疆各大城，均分設漢城、回城，雙方不得任意往來，即
其一例。

二曰禁傳回民之新教。

宗棠以為乾隆年間，回民馬明心等及田五兩起事變，與夫此次馬化
隆之事變，皆由於假借新教，煽惑愚頑。因奏請嚴禁此項新教之傳佈，
原文敘述回教種種情形甚詳：

回民以西戎族類，雜居中土，自古已然，載籍詳矣。就回
民自數之典言之，祖曰阿丹，生於天方之野，產七十二胎，每胎
男一女一，自為夫婦，至爾撒而其教始興。又六百年，當隋開皇
中，有穆罕默德者，生而神靈，闡明清真之教，回眾翕然從之，
其教始盛。今回民稱天方教，自稱曰穆民，以尊穆罕默德故也，
又曰膜民，以阿丹初生之祖言也。其書有《天經》一部，回族稱
為穆罕默德所受之天者。又《天方性理》《天方經典》兩部，則明
代金陵回人劉智所撰，皆發揮天經遺意，以華人文字潤色之。其
教以識主為宗旨，似儒者所言明心見性，以敬事為功夫，似儒者
所言制外養中。其教規所謂天道者五：一曰唸，謂誦經；一曰禮，
謂報恩；一曰齋，謂絕物；一曰課，謂忘己；一曰朝，謂歸真。所
謂人事者，謂倫常之理，七日一禮拜，亦與泰西各國同。蓋其原
本出於天主、耶穌，而時雜以佛氏之說。稱華人為大教，自稱小
教。非如奇邪詭異之流，專以勾結為事，煽誘為能也。是故雜處
中國千數百年，婚姻未通，俗尚各別，傳習不同，而未嘗敢萌他

志。歷代任其翔泳區宇之內，譏禁無聞。我朝錄其人才，准其仕進，由文武科甲得官，擢至督撫提鎮者，亦不乏人，固未嘗以其進於中國而外之也。乾隆年間，兩江督撫臣奏，回教不宜留於中國，高宗純皇帝特加訓飭，聖謨洋洋，足為百世法。

以上敘述回教之來歷。

乾隆四十六年（1781），逆回馬明心、蘇四十三，由西域歸，詐稱得天方不傳之祕，創立新教，煽惑愚回，謀為不軌。四十九年（1784）田五繼之，大軍先後致討，罪人斯得，然其根株未能淨絕也。嘉慶年間，有穆阿渾者，與首逆馬化隆之父馬二，復以新教私相傳授。至馬化隆而其焰漸張，復託名經商，到處煽惑回民，行其邪教。近據各賊供，京師齊化門、直隸天津及黑龍江、吉林之寬城子、山西之包頭、湖北漢口等處，均有新教徒黨，在彼傳教。其傳教之人，曰海裏飛，如內地之稱經師，曰滿拉，如內地之稱蒙師，而品望皆在阿訇之次。馬化隆則自稱總大阿訇也。其教規大略與回回老教亦同，惟老教誦經則合掌向上，新教則兩掌向上而不合；老教端坐誦經，新教則夥誦，頭搖而肩聳；老教送葬不脫鞋，新教則脫鞋送葬。凡茲細節異同，固無關彼教輕重。然新教之所以必宜斷絕者，為其自託神靈，妄言禍福，行為詭僻，足以誘惑愚回，俾令甘心使役，同陷大逆而不知，加以顯戮而不悔，一如白蓮、清香、無為、圓頓諸邪教之足以釀亂階而禍天下也。

以上敘新教之來歷。

臣於金積各犯解訊時，細心推鞫，有供稱馬化隆能知未來事者，如遠客來訪，必預知同伴多寡之數。從前官軍攻剿寧（夏）靈（州），馬化隆父子兄弟悉眾抗拒，預言官軍將退，回民無事之類。有供稱馬化隆時露靈異，療病則愈，求嗣則得之類。有供稱

馬化隆於投入新教之人,向其自陳過犯,罰撻皮鞭,代為懺悔,即可免罪之類。回性多疑善詐,異於常人,然一經新教蠱誘,即如醉如癡,牢不可破。方金積長圍久合時,陝甘各回飢困殊常,至殺人以食,而馬化隆父子兄弟藏有餘粟,無敢竊議之者。迨局勢危迫至極,猶且互相寬慰,謂總大阿訇必有保全之法。馬化隆詣營求撫,意在一身塞咎,見好諸回。而諸回目踵營看視者,日凡數輩,見馬化隆,輒雙膝齊跪,不呼之起,不敢起,如非迷惑陷溺之深,豈能至此?茲幸誅夷遷徙,異患可冀永除。惟新教傳染已廣,回民聚集之處,率有傳習新教之人,不及時嚴加禁絕,仍慮歷時稍久,故智復萌,不逞之徒,時思竊發,又將重煩兵力也。除已獲海裏飛、阿訇諸逆穆四、穆五、馬承祺、牛占元、牛占寬等,業經訊明懲處,未獲之金師傅、馬篆鮮二犯,咨行各省,一律捕治外,一面出示曉諭所屬各府廳州縣回民,嚴禁傳習新教。其從前誤被新教迷惑之人,概准自首悔教,免其治罪,庶幾漸趨覺路,永拔迷津,新教絕而回族安,可保百年無事也。至各省傳習新教,為時尚淺,良回僉稱,新教傳染雖廣,各省回民亦頗知為彼教異端,多有不肯遽信者。如黑龍江回民,約二千餘,而傳習新教者,僅只百餘,即其明驗。若乘此時嚴加諭禁,無難預杜亂萌。合無仰懇聖慈敕下各將軍督撫大臣,嚴禁回回新教,出示轄境各回寺,嗣後遇有新教阿訇、海裏飛等到境,煽惑愚回,即由各回寺首董縛送所有官司,訊明懲處。其從前被誘誤入新教之人,仍准首悔免罪,則愚回有所懼,良回有所慕,不但地方可臻安謐,即回民亦長荷高厚保全之恩於無既矣。[383]

以上敘禁絕新教之必要與機會,然當時清廷之上諭,則曰:

前據左宗棠奏請禁絕回民新教一摺,所稱乾隆年間,回逆馬明心等創立新教,惑眾滋事,先後伏誅,根株未絕,至馬化隆之父馬二等,復以新教私相傳授,遂至釀成變亂,皆由新教行為

詭辯，足以誘惑愚回，迷而不悟，現在馬化隆雖已伏法，而新教傳染漸廣，必須嚴加禁絕，以杜亂萌等語，所奏自為思患豫防起見。惟回民散居各省，同隸編氓，各安生業，若因區別舊教、新教，設為厲禁，地方官稍不加察，書吏藉此搜求騷擾，必至回眾驚疑，轉生枝節。乾隆四十九年（1784）回逆田五等滋事以後，欽奉高宗純皇帝聖諭：查辦此事，只當分別從逆與否邪正之殊，不必論其教之新舊，欽此。嗣於乾隆五十四年（1789），經勒保奏稱，新教為回教之大害，擬令靜寧等處頭人訪察稟首。復奉聖諭，令其設法化導，不可區別新舊之名，仰見先進垂訓周詳，具有深意。此次馬化隆倡亂，及身既被刑誅，徒黨亦遭殲戮，正可藉此剴切曉諭，俾該回眾等及早改悔，不至誤入迷途，自陷罪戾。該督現既出示所屬州縣禁絕新教，並准自悔免罪，仍着嚴飭該地方官妥為開導，不可操之過蹙，致激事端，所請敕令各省一體禁絕之處，可從緩辦理也。將此諭令知之。[384]

　　良以高宗嘗不主分別新教舊教，故未採納宗棠之建議。平心論之，自以高宗之見解為勝。而清廷所慮書吏藉此搜求騷擾，亦為必不能免。清廷初接此奏，原批留中，殆以宗棠之勳望，故雖明知其非是，不欲遽加指駁，後或因究屬違反祖訓，且慮轉滋事端，不得不重有所指示，然於詞氣之間，仍力為斡旋也。

　　光緒三年（1877），宗棠根據聖祖所頒《聖諭十六條》中「黜異端以崇正學」一條，發佈示諭，首言：

　　　邊民生長遐荒，鮮明義理，易為邪教迷惑，一被匪徒煽誘，告以結會唸經，可求福銷罪，輒為其歆動，相率皈依。迨入教既久，陷溺既深，如醉如癡，末由覺悟，卒至身罹斬絞重罪，親黨被其株連，地方遭其攪擾，是求福而反以得禍，銷罪而反以造罪也。揆其習教初心，何嘗不以善男信女自居，豈料異端左道，為禍之烈，一至於此。……

其後引錄（一）夏炘所作此條之解說，（二）《大清律例》所規定信從邪教之刑名，（三）宣宗所作闡揚此條意義之四字韻語，在此諭中，宗棠並未指明禁止新教，顧其含意，自仍在新教也。[385]

三曰調整地方行政區域與機構。

宗棠嘗謂「甘肅自乾隆年間肇建行省，控制遐荒，規模闊遠。維時北路烽燧無驚，西疆開拓日廣，往代所視為邊荒者，久已等諸腹地，經畫之詳於關外而略於關內，固其宜也。關外增一缺，關內即裁一缺，而花門種族，雜處邊隅者，皆震於天威，罔敢自為風氣，浸假而新教蔓入中土，潛相勾煽，雖均旋就誅夷，而邪說流傳，餘風未殄，始猶晝伏夜動，未敢妄肆狡猖；繼則踞穴構兵，公為叛逆，揆厥由來，實緣邊地建置太疏，多留罅隙。民間堡寨團莊，距州縣治所，近者百數十里，遠或數百里，又且犬牙交錯，經界難明。漢與回，既氣類攸殊，回與回，亦良匪互異，治理乏員，鎮壓無具，奸宄萌孽，莫拔其芽，遂爾變亂滋生，浸淫彌廣」。[386] 故於掃蕩諸回之餘，認為亟宜申畫井疆，綢繆未雨，為拔本塞源之計，茲舉其犖犖大者：

（一）宗棠既闢地化平川，安插董志原降回，飭千總牟春陽，帶土勇二百四十名，分紮關山與三才鎮各口，調記名總兵喻勝榮，帶所部平江營，扼紮化平鎮，分司稽查。嗣奏准劃隆德、華亭兩縣地，置化平川直隸廳，設通判一員，掌民政，訓導一員，管教化，又設都司一員，以資鎮撫。[387]

（二）宗棠既剿滅平涼、固原一帶散回，鑒於此一地區，與寧夏府所屬靈州接界，中間廣袤八九百里，山谷復杳，素為逋逃淵藪。原設固原州、鹽茶廳，形勢遼闊，治理難期周密，且回俗向重阿訇，雖以傳教為名，實則暗侵官權，凡地方一切事務，均由阿訇把持，日久回族不復知有地方官吏。而鹽茶廳與固原州，因轄地太廣，漢回錯處，審理詞訟，則人證難於拘傳，徵收錢糧，則地丁無從按核，遂致諸務叢脞。馴至回強漢弱，異患潛滋。即如馬化隆舉事寧靈，而鹽、固各堡回目勾結響應十數起，節節抗拒，重煩兵力。於是奏准更易建置凡三，分錄原奏為說明：

（甲）就下馬關添設平遠縣。「固原城北二百四十里，地名下馬關，東接環縣，南通固原，北達靈州，西連鹽茶廳各境，地當衝途，形勢最為扼要。關城西倚羅山，西南甘泉出焉，流經城北，過韋州、惠安各堡，匯歸黃河。東南北三面，平原數十里，可耕可牧，向為沃壤，若設縣於此，足資控制。考之圖牒，距元設豫王城，今稱預望城，僅三十里而遙。同為要區，而土地饒沃，較預望為勝。磚城周五里，高三丈，因之設縣，經始諸費，亦可節省。其西一百一十里，為靈州之同心城，應設巡檢，分駐於此，歸新設知縣管轄，司緝捕，同城設訓導、典史各一員，營汛則無庸別議。」此擬於下馬關改設知縣之大略也。

（乙）升固原州為直隸州。「固原居平涼北，寧夏南，舊為重鎮，陝西提督駐此。該州隸平涼府，距府城一百七十里，北距寧夏府靈州界二百餘里，山谷盤互，聲息中隔，應將平涼府屬固原州，升為直隸州，仍隸平慶涇道管轄。其州城西南硝河城要隘，應設固原直隸州判，分駐於此，仿照隆德縣、莊浪縣丞之例，劃明界址，專城分治。所轄命盜詞訟，錢糧賦役，分由新設州判就近驗勘徵收，而由固原州總其成。東北路與新設下馬關知縣劃分，地址相連，仍隸固原直隸州統轄。是州判分治於西南，知縣分駐於東北，固原州升為直隸州，居中控馭，既於形勢攸宜，而遐僻地方，均有官司治理，庶幾教令易行，奸宄匿跡，良善亦可相庇以安。州屬學正吏目員缺照常，營汛亦無庸別議。」此擬升固原州為直隸州之大略也。

（丙）改鹽茶廳為海城縣。「平涼同知分駐海城，仍以鹽茶名其官。而所轄地方訟獄、錢糧，向均歸其經理。按鹽茶同知所駐之地，東距平涼府城三百九十里，而鹽茶轄境，西北一帶，地勢闊遠，距靖遠縣交界各處又百數十里，漢回雜處，平涼府既難兼轄，即鹽茶同知亦每有鞭長莫及之虞。且銜係鹽茶，而職司民社，名實殊不相副，應撤平涼府鹽茶同知一缺，改為知縣，撤所屬照磨一缺，改為典史，添設訓導一員，專司教化。而於鹽茶同知轄境迤西打拉池地方，添設縣丞一員，劃分界址，將所轄命盜、詞訟、錢糧、賦役，由縣丞勘驗徵收，統歸新升固原直隸州管轄，庶彈壓撫綏，均可就近經理。而政教宣達，戎索秩然，邊

方長治久安之方，無以逾此。」此擬改平涼同知為縣，分隸新設固原直隸州之大略也。

按下馬關距平遠驛不遠，故即以平遠為縣名。鹽茶同知治所，本海城故地，故即以海城為縣名。[388] 嗣以硝河城地處固原、靜寧、隆德、會寧、靖遠、海城等州縣之中，周圍相距或數十里，或百餘里、二百餘里不等，實為扼要之區。從前漢回雜處，安撫以後，漢少回多，當添設固原直隸州州判及千總各一員，俾便就近治理。千總應轄兵丁，由固原城守營分撥。又以海城原設有都司一員。西安州設有千總一員，西安州地處膏腴，四望平衍，數十里外，重溝復嶺，為靖遠、會寧、安定、中衛、寧靈各廳州縣要衝。海城既設知縣，政治力量已加強，遂將海城都司與西安州千總對調，俾西安州控制局勢更加周密。[389]

（三）宗棠既平定金積堡，以為靈州乃古靈武地，各回堡寨五百數十所，皆昔時水八堡故址。馬化隆所踞金積堡，在古靈州近處，尤屬險要。不知何時棄古靈州而徙於寧夏與橫城之間，以此險阻，反資盜賊。因奏准移寧夏府水利同知為寧靈廳撫民同知，而即以此地為治所。所有漢、回民人命盜案，及一切戶婚田產詞訟，均歸管理，而由寧夏府核轉申詳。同時，添設靈武營參將一員，附駐彈壓，而歸寧夏鎮總兵管轄。其寧夏水利，原為地方官應辦之事，即歸府縣經理。[390]

（四）宗棠之平定董志原也，考知此地係交通要區，亦為產糧要區，俗有「八百里秦川，比不上董志邊緣」之諺。惟分隸安化、寧州、鎮原三州縣，而距各該州縣治所，均八九十里、百餘里不等，地方寬曠。自漢及宋，本設有地方官，及元而廢之。彼時僅有經制外委一員，故錢糧、詞訟一切，經理乏人，民稱不便。且政教不行，奸宄易於藏匿，陝回之得盤踞於此者，實恃此有利之形勢。因奏准設董志原縣丞一員，會同經制外委，巡緝撫馭。轄境內錢糧，即歸縣丞管轄徵收，以專責成，並添設訓導一員，俾資化育。[391]

（五）宗棠之平定河州也，嘗就河州迤西與循化廳、洮州廳、岷州三屬接界之番屬（即史稱枹罕羌人），加以訓練，協同防禦。而循化廳為撒拉回族居之所。事定，循化廳屬買吾、奪麻那、都郎凹、直階羅

博那札依多哈爾八族，鑒於助剿時殺傷回眾頗多，積成仇隙，若仍隸循化，番民貢賦錢糧，均須照舊赴廳城完納，相距窵遠；沿途經過回地，虞其挾仇報復，致起釁端，爰請改隸就近地方。宗棠派員勘知買吾等八族地方，距循化廳城三百十五里，山谷叢錯，中間回民雜處，向來氣類各別；距狄道州，雖止二百餘里，而層巖疊巘，攀陟殊艱；惟距洮州廳治，僅一百六十里，向本番族所居，因奏准即改隸洮州廳。買吾等番族既改隸洮，拉卜愣事同一律，一併改隸洮州，俾地近情聯，相庇以安，預弭釁隙。[392]

綜括宗棠之變更建制，又有一原則，即儘可能不使增加政費。故設一寧靈廳同知，而廢一寧夏水利同知，分設平遠、海城兩縣，而廢一鹽茶廳同知，即其用心所在也。

30 盤旋曲折之新疆問題

　　新疆古稱西域，分為南北兩部。在北曰天山北路，或稱北疆。清初蒙古人居之，名準噶爾部。康熙、雍正、乾隆三朝先後用兵征服，統以伊犁將軍。在南曰天山南路，或稱南疆，所居為回族，故亦名回部，或回疆。乾隆朝用兵征服，設參贊大臣，駐喀什噶爾轄之，而受伊犁將軍節制。[393] 新疆雖自此完全歸我版圖，但因政治不良，官吏多貪暴，人心未能翕服。益以民族與宗教之歧異，感情甚為隔閡。歷嘉慶、道光、咸豐三朝，時有變亂及用兵之事。至同治朝，陝甘漢回啟釁，蔓延甚廣，新疆亦發生空前之變亂。

　　三年（1864）四月，馬隆在庫車叛，遂擁黃和卓踞南疆東四城。

　　六月，阿布都拉門在葉爾羌叛。馬福在奇台叛。

　　八月，金相印在喀什噶爾回城叛。馬福迪在和闐叛。

　　九月，妥明陷烏魯木齊城，遂並踞烏魯木齊東西各城（旋妥明稱清真王）。

　　十月，邁孜木雜特在伊犁叛。

　　四年（1865）正月，伊瑪木在塔爾巴哈台叛。

　　三月，安集延帕夏（將軍）阿古柏侵入英吉沙爾及喀什噶爾漢城。

　　六年（1867）阿古柏攻滅阿布都拉門、馬福迪、黃和卓等，遂盡有南疆地（旋阿古柏稱畢條勒特汗）。

　　九年（1870），妥明降於阿古柏，阿古柏遂併有北疆大部份地。

　　在上述七年期中，清廷雖數度命將出師，僅守住巴里坤，收回哈密，此外並無多大成就。[394] 左宗棠西征，其對象原僅限於陝甘。至帝俄佔領伊犁，而形勢益劇變，宗棠西征之使命，亦推及於新疆。

巴里坤附近的古科禪（音譯）驛站全景，山頂有堡壘。新疆，1875 年

巴里坤，滿城和漢城在城牆內並存，可見莊嚴的寺廟屋頂以及店鋪和民居的泥土石灰屋頂，新疆，1875 年

帝俄惡耗傳至北京，清廷即命駐在塔爾巴哈台鄰近之伊犁將軍榮全規復伊犁，駐在古城之烏魯木齊都統景廉，駐在甘肅高台之烏魯木齊提督成祿，規復烏魯木齊，駐在陝西乾州之幫辦陝西軍務淮軍統領劉銘傳進規新疆其他各城。而別命宗棠調撥部隊，接成祿之防。宗棠當派徐占彪蜀軍以應，不意肅州回目馬四重叛，又急於收拾關內（參閱二十八節）。陝回白彥虎竄出關外，又擾及北疆，已而成祿罷免，由金順接統其軍；劉銘傳病歸，由曹克忠接統其軍，然均仍未能出關。此同治十年（1871）七月至十一年（1872）十二月間事也。[395]

榮全奉命後，久不得要領，清廷趣金順出關，詔宗棠籌糧運。金順請率數營先行，宗棠以為時值青黃不接，糧無可籌，又當駱駝歇廠，運何能辦，金順之師，不如全部緩發。嗣巴里坤、哈密一帶復被擾，景廉告急，清廷更促金順出關，詔宗棠於玉門負責籌辦轉運糧台。宗棠以金軍久役疲勞，請以湖南提督張曜之嵩武軍及涼州副都統額爾慶額馬隊副金軍先行。至玉門糧台，請別簡戶部堂官並選派司員攜帑銀出關開辦。詔以籌辦糧運，地方大吏呼應較靈，仍責宗棠任其事。旋又以肅州克復，謂宜乘此聲威，分路西征，命金順軍克日馳赴古城，進規烏魯木齊，額爾慶額即着隨金順西進，張曜、宋慶所部馳赴哈密駐紮，相機防剿。又命駐涇州之穆圖善馬隊開赴安西、敦煌、玉門一帶駐紮，以為諸軍後繼，而仍命宗棠負責統籌各軍糧餉軍火。宗棠又陳明關內缺糧，關外缺駝，購運兩難，且新疆地方事務，雖鎮迪道例歸陝甘總督節制，然以久已就近稟承烏魯木齊都統，無從過問。故對於出關各軍之糧運，僅能籌供至哈密為止。哈密以上糧運，應由各軍自行籌劃。至宋慶所部為豫軍，河南欲其回駐潼關。穆圖善不願西行，不久內召，亦均不能出關。此同治十二年（1873）間事也。[396]

嗣清廷以景廉為欽差大臣，金順為幫辦大臣，趣會師古城。然其時僅金順前鋒各營與額爾慶額馬隊已到達古城，張曜軍已到達哈密，餘軍留安西、肅州者，均觀望未敢邃進。又詔宗棠督辦糧運，由關內解古城，派袁保恆以戶部侍郎幫辦，移西安之西征糧台至肅州。保恆不與宗棠商，徑籌辦移台事宜，且採辦大批車駄，擬供關外運轉。宗棠以為金

順等軍此時由哈密前進，已取道北路，糧台不宜設肅州，且關外行軍，從無遠由關內運糧之理，謂宜由烏里雅蘇台、科布多等處，就近採運。又以為關外運輸，因地多沙漠，少水草，只能用駝，不宜用車。保恆不謂然，宗棠剴切敷陳，請與保恆辯駁，以衷一是。然景廉與烏里雅蘇台及科布多大臣均詔彼處無糧可採，仍奏請飭宗棠在關內供給。此同治十三年（1874）間事也。[397]

爾時，距帝俄佔伊犁，逾三年矣。清廷日日言進攻，而部隊問題、糧食問題、運輸問題始終在盤旋曲折之中。且有一派主張放棄新疆，以為平定陝甘，已煞費財力，不能再有事新疆。於是清廷意游移。同時，日本藉口台灣生番戕殺琉球船戶，以兵侵據台灣。詔沿海各省籌辦海防，而無經費，李鴻章因奏言：

新疆各域，自乾隆年間始歸版圖，無事時，歲需兵費，尚二百餘萬，徒收數千里之廣地，而增千百年之漏卮，已為不值。且其地北接俄羅斯，西界土耳其、天方、波斯各回國，南近英屬印度，今昔異勢，即勉圖恢復，將來斷不能守。閱外國新聞紙，喀什噶爾回酋，新受土耳其之封，與俄英兩國，立約通商，是已與各大邦勾結一氣，不獨伊犁久踞已也。撥度情形，俄先蠶食，英必分其利，皆不願中國得志於西方。而中國目前力量，實不能兼顧西域，師老財匱，尤虞別生他變。曾國藩前有暫棄關外專清關內之議，殆老成謀國之見。今雖命將出師，兵力餉力，萬不能逮，可否密諭西路各統領，但嚴守現有邊界，不必急圖進取，一面招撫伊犁、烏魯木齊、喀什噶爾等回酋，准其自為部落，如滇、粵、蜀之苗、猺土司，越南、朝鮮之略奉正朔，足矣。俄英既各懷兼并，中國亦不致屢煩兵力，自為經久之道。況新疆不復，於肢體之元氣無傷；海疆不防，則腹心之大患愈棘，輕重必有能辨之者。此議果定，則已經出塞及尚未出塞各軍，可撤則撤，可停則停，其停撤之餉，即勻作海防之餉。……[398]

由是此規復新疆一事，根本動搖。幸清廷將全盤問題下宗棠議。宗棠反覆陳明，廟議始復確定，諭旨包括重要之數點：一、新疆應否規復，及應如何規復；二、將才與兵力是否適當，或應如何調整；三、糧運究應如何。

宗棠之覆奏，先揭穿西征部隊實無餉可移供建設海防，然後就新疆必須規復及剿撫必須兼施等項，逐加陳明：

竊維時事之宜籌，謀謀之宜定者，東則海防，西則塞防，二者並重。今之論海防者，以目前不遑專顧西域，且宜嚴守邊界，不必急圖進取，請以停撤之餉，勻濟海防。論塞防者，以俄人狡焉思逞，宜以全力注重西征，西北無虞，東南自固。此皆人臣謀國之忠，不以一己之私見自封者也。臣之愚昧，何能稍抒末議，上瀆宸聰？顧閩浙承乏，稍知海國情形，及調督陝甘，雖括據戎馬之間，迄少成績，而關塞征戍，局勢地形，亦嘗留意，既蒙垂詢及之，敢不畢獻其愚，以備聖明採擇？

竊維泰西諸國之協以謀我也，其志專在通商取利，非必別有奸謀。緣其國用取給於徵商，故所歷各國，壹以佔埠頭、爭海口為事，而不利其土地、人民。蓋自知得土地，則必增屯戍；得人民，則必設官司。將欲取贏，翻有所耗，商賈之智，固無取也。惟其志在徵商也，故設兵輪船，議保險以護之，遇有佔埠頭、爭海口之舉，必由公司召商集議，公任兵費，而後舉事。自通商定議，埠頭口岸已成，各國久以為利，知敗約必妨國用也。商賈計日求贏，知敗約必礙生計也，非甚不得已，何敢輕發難端？自輪船開辦，挾以傲我者，我亦能之，而我又摒心抑志，方廣求善事利器，益為之備。謂彼猶狡焉思啟，顧而之他，似亦非事理所有。

論者乃欲撤出塞之兵，以益海防之餉，臣且就海防應籌之餉言之。始事所需，如購造輪船、購造槍炮、購造守具、修建炮台是也。經常之費，如水陸標營練兵增餉，及養船之費是也。閩局造船，漸有頭緒，由此推廣精進，成船漸多，購船之費可省，

僱船之費，可改為養船之費。此始事所需，與經常所需，無待別籌者也。海防之應籌者，水陸練軍，最為急務。沿海各口風氣剛勁，商漁水手，取才非難。陸路則各省就精兵處募補，如粵之廣（州）、惠（州）、潮州、嘉應（州），閩之興（化）、泉（州）、永（春）、漳（州），浙之台（州）、處（州）、寧波，兩江之淮（安）、徐（州）、鳳（陽）、泗（州）、潁（州）、亳（州）諸處，皆可訓練成軍，較之召募勇丁，費節而可持久。現在浙江辦法，餉不外增，兵有實用。台防議起，浙之開銷獨少，似非一無可恃者比也。

海防應籌者止此，論者乃議停撤出關之餉，勻作海防。夫使海防之急，倍於今日之塞防，隴軍之餉，裕於今日之海防，猶可言也。謹案，臣軍二次凱旋入關，請撥的餉四百萬，分六十萬兩畀陝，餘以餉臣部各軍，凡軍需、軍糧、軍火、軍裝、轉運，振撫、津貼、召募，一切均挪移餉項，暫應急需，未嘗另立款目。嗣後戶部議撥各省關厘金，解濟臣軍。而後臣之軍餉，乃有八百餘萬之數。而撤遣冗兵、潰卒有費，撫輯土匪、安插回民有費，局勢日擴，用費日多，甘肅舊有各軍，均照臣軍每月發鹽菜，發糧食，發寒衣，發轉運費，發一月滿餉。合計入關度隴，每年牽算，所獲實餉，不滿五百萬兩，而應出之款，不下八百餘萬兩。協餉到營，一散即盡，陳欠相因，旋成巨款。故臣軍每年初發滿餉兩月，繼則發一月滿餉，尚虞不敷，每至冬盡臘初，輒繞帳彷徨，不知所措。隨時隨事，加意撙節。截止十二年（1873）臘底止，欠常年餉八百二十餘萬兩，挪空恤賞銀三十餘萬兩，而各省關積欠臣軍之餉，則已三千數百萬矣。上年春夏之交，仰蒙聖恩特給庫款一百萬兩，臣次第撤遣馬步四十營，續又撤馬步千名，省常餉二百餘萬兩，此即指八百二十餘萬兩之積欠餉數而言，非實銀也。肅州克復後，籌辦採糧轉運，新舊兩屆，共計已墊價腳實銀三百數十萬兩，可供到本年見新。運腳則由涼（州）運甘（州），由甘運肅（州），由肅運安西，由安西運哈密，尚短實銀數十萬兩。部章雖准作正開銷，而仍只取給於臣軍之餉，計又佔去

一年應得實銀之數。是欲求如常年通融敷衍,苟顧目前,而亦有所不能。況關外糧運,愈遠愈費,甘肅全局應圖漸復舊制,經費又將有增無減也。

　　溯查沿海五省,同治十一、十二兩年(1872—1873),每年解到協餉,約近三百萬兩。上年台防事起,福建奏停不解,廣東、江蘇解款稍減,而浙江則比十一年(1872)多解二十九萬兩,比十二年(1873)多解三十七萬兩,山東亦多解二萬五千兩。四省牽算,所解實銀,尚二百四十餘萬兩,非賴廣東、江蘇、浙江、山東疆臣公忠之誼,則出關糧運巨款,欲停不可,欲墊不能,又不知計將安出也。論者擬停撤出關兵餉,無論烏魯木齊未復,無撤兵之理,即烏魯木齊已復,定議劃地而守,以征兵作戍兵,為固圍計,而乘障防秋,星羅棋佈,地可縮而兵不能減,兵既增而餉不能缺,非合東南財富,通融挹注,何以重邊鎮而嚴內外之防,是塞防可因時制宜,而兵餉仍難遽言裁減也。

　　高宗先平準部,次平回部,拓地二萬里,北路之西,以伊犁為軍府。當時盈廷諸臣,頗以開邊未已,耗滋多為疑,而聖意閎深,不為所動。蓋立國有疆,制置方略,各有攸宜也。謹按,天山南北兩路,舊有富八城、窮八城之說。北自烏魯木齊迤西,南自阿克蘇迤西,土物泉甘,物產殷阜,舊為各部腴疆,所謂富八城者也。其自烏魯木齊迤東四城,地勢高寒,山谿多而平川少,哈密迤南而西,抵阿克蘇四城,地勢褊狹,中多戈壁,謂之窮八城。以南北兩路而言,北八城廣,而南八城狹,北可制南,南不可制北。故當準部強盛時,回部被其侵削,復為所併。高宗用兵準部,以救回部,準部既平,回部降臣阿逆又公行背叛,妄冀踞其舊有腴疆,自成戎索。天威所臨,兇豎授首,遂併回部有之。腴疆既得,乃分屯列戍,用其財賦,供移屯之軍,節省鎮迪以東征防繇費,實亦太少。今若劃地自守,不規復烏垣,則無總要可扼。即烏垣速復,駐守有地,而烏垣南之巴里坤、哈密,北之塔爾巴哈台,各路均應增置重兵,以張犄角,精選良將,興辦兵屯、民屯,招徠客土,以實邊塞,然後兵漸停撤,而餉可議節

矣。屆時，戶部按其實需經費，酌撥各省協餉，嚴立程限，一復道光年間舊制，則關內外或可相庇以安。若此時即擬停兵節餉，自撤藩籬，則我退寸而寇進尺，不獨隴右堪虞，即北路科布多、烏里雅蘇台等處，恐亦未能晏然。是停兵節餉，於海防未必有益，於邊塞則大有所妨，利害攸分，亟宜熟思審處者也。

論者又謂海疆之患，不能無因而至，視西陲之成敗，以為動靜。俄人攘我伊犁，勢將久假不歸，大軍出關，艱於轉運，深入為難。我師日遲，俄人日進，宜以全力注重西征，俄人不能逞志於西北，各國必不致構釁於東南。其於海防情勢，言之甚明，而於邊塞情勢，容有未審。俄人之竊踞伊犁也，乘我兵事紛繁，未遑遠略，因藉口代守，圖攫其財利以自肥。其肇事伊犁，亦豔其土沃泉甘，川原平衍，物產豐饒，夙號腴區，又距其國南界稍近，伸縮得以自如也。自肅回盡殲，安西州縣收復，官軍疊進哈密、巴里坤、濟木薩，關內外聲息漸通。中間僅烏魯木齊，紅廟子為逸賊白彥虎所踞，尚稽天討，黑子着面，何足重輕。俄羅斯北方名邦，非為尋常無教之國，謂將越烏垣、紅廟子，挾逆回與我為難，冒不韙而爭此不可必得之瘠壤，揆之情勢，殆不甚然。至土耳其、都魯機，國於五印度之西，距伊犁、喀什噶爾，萬數千里而遙。印度為古佛國，在唐稱身毒，痕度音轉而訛，不知何時奉天方回教，遂忘其舊。喀什噶爾回酋阿古柏之叛附土耳其，與俄英兩國通商，聞海口已刊入新聞紙，此間尚無見聞。果如新聞紙所言，喀什噶爾附其同教之土耳其，與俄英通商，我既兼顧不遑，無從問及，則將來恢復後，能否久守，原可姑置勿論。但就守局而言，亦須俟烏魯木齊克復後，察看情形，詳為籌畫，始能定議。若此時先將已經出塞及尚未出塞各軍，概議停撤，則實無此辦法也。諭旨：「中國不圖規復烏魯木齊，西北兩路，已屬堪虞。且關外一撤藩籬，難保回匪不復嘯聚肆擾近關一帶，關外賊氣既熾，雖欲閉關自守，勢有未能。」於邊塞實在情形，了如指掌，臣本毋庸再贅一詞，特以事關時務大局，不備細陳明，必貽後悔。身在事中，有不敢不言，言之不敢不盡者，耿耿此衷，良

非有他。

至規復烏魯木齊，非剿撫兼施不可，非糧運兼籌不可。按陝逆白彥虎，由西寧、大通竄遁關外時，除老弱婦女外，能戰之賊，至多不過數千而止，人所共見。即被裹出關各回，由安西、玉門、哈密逃歸就撫者，其說亦同。前敵所報，或多或寡，未足為憑。其言賊勢，或旺或衰，亦非確論。據實而言，白逆悍鷙不如陝回諸目，而狡詐過之。計該逆自陝至甘，未嘗佔踞城池，遇勁軍未嘗戀戰，有時見勁軍躡蹤而至，紿諸逆目斷後，自挈黨先逃。所犯之處，未嘗久留，專為覷便竄逸之計，觀其過肅城而不赴馬四之招，現踞紅廟子，不踞烏垣，亦可概見。賊智長於用伏，官軍計劃稍疏，輒為所陷。臣前接關外諸軍函牘，言賊可取狀，曾告以弗論賊勢強弱，且自問官軍真強與否。賊之以弱示形，須防其羸師誘我，此賊如敗，必乘機竄逸，如陣前殱斃，乃為了局，此為言剿者策也。南路闢展，吐魯番至阿克蘇，地狹民貧，土回暗弱，近為浩罕屬部安集延所制。安集延踞吐魯番之頭人帕夏阿古柏，能以詐力制伏回眾，與白逆通，善持兩端。此時踪伏未動，且貌為馴順，以示無他。如遽加以兵，則減後勁之軍，增前路之賊，非計之得也。漢趙充國之討羌，急先零而釋罕開，厥後先零平而罕開自服，效猶可睹。現之屯兵哈密，修水利，與屯田，一為鳩集哈回，以固藩衛，一為置子中央，杜賊勾結，而取芻糧，節輓輸，猶其小者。此為言撫者策也。

關於軍糧一點，宗棠仍主儘量就關外設法供應，以省勞費；並擬就歸化、包頭一帶，試辦採運，以廣來源，於哈密一帶，興辦屯墾，以期增產。

此外宗棠對於諭旨所詢人事各項，另有片密陳：

奉諭旨：關外現有統帥及現有兵力，能否剿滅此賊，抑或尚有未協之處，應如何調度，始能奏效，或必須有人遙制，俾關外諸軍，作為前敵，專任剿賊，方能有所稟承，着通盤籌畫，詳細

密陳。臣謹案：

關外統帥景廉，素稱正派，亦有學問，承平時，回翔台閣，足式群僚。惟泥古太過，無應變之本，所倚信之人，如裕厚等，阿諛取巧，少所匡助，而倚勢凌人，時所不免。額爾慶額初到時，因採辦糧食，與局弁商辦。局弁備舉以告。裕厚恐其漏泄，立將局弁棍責三百，額爾慶額銜之。又額爾慶額初見景廉，接待不甚款洽，自此晉見甚稀，不樂為用。額爾慶額雖性情粗莽，不甚曉事，然膽力尚優，如有以慰其心，未嘗不可得其力也。此金順在安西州時，曾與張曜言者。金順在肅時，曾誅黎獻叛卒頭目，而收其散卒百餘入營，復遣劉宏發帶五營赴古城，此散卒即雜附其內。到後，復為黎獻誘去，並勾引其同營勇丁與俱，金順嘗為張曜言之。桂錫楨於時稟來，亦言彼間近有勾致外營勇丁之事，大約指此，景廉不知也。兵農既分，不能復合，景廉泥古寓兵於農之說，誤擬屯丁為戰兵。上冬，曾委一金姓統領，率五營，駐濟木薩附近地方，甫築營壘，偶聞賊警，一夕潰退。臣初不信，後接其書牘稱，該軍頻年且戰且耕，近多疲乏，茲特委員入關，於肅、甘一帶，募勇丁，補缺額，屬轉飭各屬速為資給。是屯丁潰退之說，似非無因。並悟其前奏仿古徙民實邊，欲調取關內戶口，赴古城、濟木薩耕墾，為寓兵於農起見，不料其經歷有年，若不知農之不可為兵，遊勇之不足恃也。

巴古濟各處，糧非寬裕，臣前疊接額爾慶額、桂錫楨等稟報採糧地方及糧價數目，疑其不實。比函致金順，附開原單，囑其逐加察看。茲接金順正月二十四日巴里坤來函，具言巴城辦糧三千餘石，價漸增至十七八兩，且無買處。奇古濟一帶已分途廣採，僅得一萬石，除劉宏發五營食用外，只剩數千石。南山口一帶，聞可採者，不過數百石。紅木阪灘一帶，並稻米可採二三千石，又經錫大臣綸採辦甚多，所示採糧原單，數目相符。惟景大臣亦在各處採買，故僅得此數。是人言景大臣已為金都統順訂買二萬數千石，實非無因。如果巴、古糧絀，景廉肯於北路設法採買，不勒定本境市價，人情趨利若鶩，境內價高，商販聞風而

至，糧價自當平減，何至各軍到境，百貨價值，尚均如常，糧價獨騰貴數倍乎？現在關外議論，均謂景軍有糧無兵，金兵有兵無糧，按其增募部勇，力止金軍，足知其計之拙也。

金順為人，心性和平，失之寬緩，雖有時覷便乘利，而究知服善愛好，無忌嫉之心，故亦為眾情所附。平時粥粥無能，帶隊臨陣，尚能奮勉。臣前在肅州，目擊而知，觀其在軍營數載，過無可指，功有可言，其人之大概可想。

臣於景廉而知古所稱殷浩、房琯，終不失為清流也。臣於金順而知古所稱宮之奇、董安於，終不失為智士也。以僚友私誼而言，奚必求全責備？惟既蒙聖明垂詢及之，固有不敢不盡者。以現在通籌全局而言，金順既居前敵，任戰事，似宜以戰事責之。關外統馭之權，在烏魯木齊都統，若以景廉之任，改畀金順，令得節制各城領隊大臣，而以金順所任京秩，改畀景廉，似於前敵事宜，呼應靈通，較易措手。關外兵力，本不為薄，惟勝兵少而冗食多，以致曠日稽時，難觀成效。於此而欲從新佈置，非嚴加汰遣不可。臣前在肅州，與金順定議，先將舊部挑汰資遣，足成十二營，外挑留明春所帶成祿舊部，並成三營，合為十五營。金順又請調臣部馮桂增馬隊一營，炮隊一起。以勇丁五百，夫二百為一營計算，已近萬人。嗣明春奉旨授哈密幫辦大臣，不歸金順統領，金順又廣收投效將弁勇丁，遂至營數漸增，多至二十營有奇。如果一律精實，則此二十營已足敷攻剿之用，不須更調。

現在賊勢無增，而官軍漸增漸多，不符原議之數。若就現有兵力而言，豈復尚虞不足？至用兵之道，規摹局勢，先後緩急，尚可預為商酌；至臨敵審幾致決，瞬息不同，兵情因賊勢而生，勝負正爭呼吸，斷無遙制之理。臣自忝預軍事至今，閱時頗久，竊維用兵一事，在先察險夷地勢，審彼己情形，而以平時所知將士長短應之，乃能稍有把握。其中有算至十分，而用七八分已效者，有算只七八分，而效過十分者，亦有算至十分，而效不及三四分者，更有我算多，而賊不應，並有賊算出於我算之外者，始歎古云「多算勝少算」，及「每一發兵，鬚髮為白」，非虛語

也。平時用兵，親臨前敵，於地勢賊情軍情，審之又審，盡力圖之，可免貽誤。有時不必親履行陣，但畫定大局，料定賊情，用其相信之將領，並所部之人才，亦可集事。惟過則歸己，功則歸人，以策後效，以勵將來，可常勝而不敗。蓋於所部將士，知之有素，所部餉需，計之已深，故隨事隨時泛應，而可期其曲當也。若以此驟加之別部，行之異地，譬如盲人道黑白，又若縶人手足，令其搏鬥求勝，不能盡人之長，適成己之短，其害將不止人己兩負，此可見遙制之難也。

關外之事，自嘉峪至哈密，臣漸有佈置，並擬辦理巴里坤事宜。惟該管鎮迪道，照例雖應歸督臣統轄，而烏魯木齊都統久視為專屬，不樂其別有稟承。致關外事體，不相聞問，甚至到任履歷，並不呈遞，尋常寒暄啟候，亦不之及，現任之鎮迪道，即係如此。臣非於部文中見其名，尚不知其誰何，況望其稟商公事乎？應請敕下烏魯木齊都統，仍歸舊制，凡鎮迪道所有公事，隨時稟報督臣備檔，以憑考核。督臣得以藉悉一切，遇事盡心贊畫，或可稍資裨助。否則閫閾之內，畛域攸分，督臣無從過問，何能借箸代籌？至遙制之說，尤非疆臣分所當然，易生嫌隙，不特事非舊制，難議更張，且一人智慮才力，責以數千里外擘劃經營，勢固不逮，徒滋諉謝之端，更啟觀望之漸，無益於事，而又害之，實非宜也。

諭旨：「肅州克復後，令將所部裁併遣撤，以備出關餉需，並着一併奏聞。」臣謹按：

各路楚軍，並甘肅向存各營，改照楚軍發餉者，除絡續撤遣四十餘營外，現存馬步一百四十一營，每年共應發滿餉四百八十萬兩。各路就地召募土勇，預擬改為額兵者四千餘名，每年應發實銀十八萬餘兩。西寧、甘、涼、肅各提鎮標營，每年共需實銀約三十餘萬兩，合計軍餉項下，共需實銀五百數十萬兩。此外軍需項下，如軍裝、軍火、採買置辦之費，每年需實銀三十餘萬兩，並棉衣、單衣及各防軍糧價津貼，約共需實銀四十餘萬兩，加入水陸轉運腳費，台局薪糧津貼各項下，每年約共需實銀三十

餘萬兩。總餉需實數計之，共銀六百數十萬兩。自辦理西路出關採運以來，每年出款，又增實銀二百餘萬兩。合餉需實數計之，一歲入款，近五百萬兩，出款需八百餘萬兩，以入抵出，不敷實銀三百餘萬兩。同治十二年（1873），辦理奏銷，截算是年臘底止，積欠餉數八百二十餘萬兩，恤養項下實銀三十餘萬兩，以撤遣四十餘營銷抵積欠餉數二百餘萬兩，尚欠六百數十萬兩，加入十三年（1874）欠數又七百餘萬兩。當此時艱同值，各省協解之款，難於議增。就常年餉數言之，以入抵出，不敷之數，已百餘萬兩。而頻年積欠之款，除裁撤四十餘營外，尚懸欠七百餘萬兩。現辦關內外採運，新舊已墊未墊，出款又增至四百餘萬兩。晝夜焦思，無從設措，擬俟奏借洋款三百萬兩到後，再設法裁併遣撤，以濟出關之需。現存之一百四十一營，除西路、北路邊防，及安插新撫諸回各處，不可輕議外，其東路、南路防營，專司緝私、護運。現在地方漸安，遊匪斂跡，有可裁併者，可減汰者。內如穆圖善馬步各營，實可全撤。雷正綰各營，可漸改制兵，均當次第奏請施行。此外軍裝、軍需、軍火等件，暫可減辦。可緩辦者，津貼轉運等費。可減省者，均當分別酌減。匯案奏聞。關內省一分，關外即多一分勻濟。臣惟竭誠殫慮，不惜心力，黽勉圖之而已。

諭旨：西路用兵，不能不以肅州一帶為後路糧台，朝廷不另簡派戶部堂官辦理。疊諭左宗棠駐紮肅州，專司其事，亦以糧運事宜，經本省大吏督辦，呼應較靈。又恐該大臣公務紛繁，不遑兼顧，並以袁保恆前辦西征糧台，數年以來，尚無與左宗棠不能和衷痕跡，故特授袁保恆以戶部侍郎，作為幫辦，以為該大臣指臂之助。乃近來彼此齟齬，殊失協和之道，袁保恆既不能與左宗棠平心商榷，深恐貽誤事機，且遇事各存意見，則兩人同辦，不如一人獨辦。關外糧餉轉運事宜，應如何辦理，自必籌之至熟。而鎮西、迪化各廳州，皆該督所轄，尤應獨任其難。左宗棠前有不駐肅州，亦可隨時料量之奏，如該大臣可以兼顧，抑或一人不能兼顧，而袁保恆實不能勝幫辦之任，該大臣意中另有得力之員，

可以分任其事，亦不妨據實直陳，均着妥籌密奏。臣謹按：

從前西路用兵，肅州、哈密，均曾設立糧台，而運糧逾天山，濟西路之北者，實止岳鍾琪一人。旋以車馱煩費，自議停止。後此查郎阿議開山修道，以通糧運，而迄未舉行，此外則無可考。當豐亨豫大之時，不慮無財辦運，不慮無駝騾應調，承辦諸員不乏敏幹之員。而顧未主此策者，非因此道勞費太甚，盡存畏難之心，實緣所運不敵所耗，糧之可到前敵，供軍食者少也。現於肅州、安西、哈密，修建倉廠，各以存倉斗二萬石為率，以待輾轆轉運。撥袁保恆現成車輛，分置肅州、安西州，以濟駝運之窮。於北路糧駝，試辦採運，以補肅州、安西、哈密之乏。竊維事之可為者止此。

至袁保恆於同治七年（1868）欽奉諭旨，派赴臣軍差遣委用，臣念學士清班，非如僚屬之可加以督責，正以難於位置為疑。聞其為人，姿性警敏，素尚圓通，而豪侈驕矜，習慣成性，在所不免。因奏請其辦理西征糧台，專司開單奏催協餉，及咨函分致各省關之事。餉到，即交駐陝總理軍需局通員沈應奎，由其一手經理，而軍裝局亦附焉。西征糧台只管餉之入款，不預餉之出款，台中薪糧、幕俸、勇餉，按月支給，均有定章。遇有需用，均由臣批飭總理軍需局照發。意在用其所長，避其所短也。於體制優以儀文，於酬答隆其情意，至於稽核一切，則未嘗有所假借。如是者五年，袁保恆遇事啟告，曲致衷忱，亦無過失可指。乃自奉幫辦出關轉運事宜恩命而後，一變其從前所為，不特遇事不相關白，即奏報亦不令臣預聞。所請巨款，動稱某款需用若干，初年若干，常年若干，渾言應需，而不條舉所需數目，其空言無實，已可概見。臣因意議不合，曾具摺直陳，並將歷次咨駁之稿，抄送軍機處、戶、兵兩部，亦謂所言公，則公之，何嘗有逞辦爭勝之意。袁保恆立意牴牾，意圖牽帥，仍以臣所言為錯誤，而不顧此心所安。又藉購備軍械，覓買物件，任性妄為，並無顧忌，視糧台協款為私計，恣其揮霍，各局靡所適從，臣亦無憑稽核。同役而不同心，事多牽掣，誠如諭旨「兩人同辦，不如一人獨辦之為

愈」矣。至臣前奏，不駐肅州，亦可隨時料量，原以西路所設各局委員，均經審擇，隨時察看，弊混難容。而局旬報不逾旬外三日，月報不逾月外十日，由此達彼，節節皆然，如有奸弊，容易覺察，輕則撤委，重則劾辦。董之以安西、甘涼兩道，而臣總其成。各委員弁毋敢遺慢，良以官輕秩卑，驅策較易，局密期促，舞弊為難。亦猶泰西互市，官少而事舉也。

歷考從前兵事，多設糧台，而糧員之以寅緣進，以貪墨終者，比比若是，厥有明徵。臣自忝預戎事以來，有鑒於此，每設局而不設台，惟由東南而西北，曾於湖北奏設後路糧台，兼司餉需出入。如道員王加敏，相知廿餘年，相從於湘、鄂、江西、皖、越、八閩，辦理台局要務，不特臣軍依賴最深，亦為各省大吏所共信。彼此推誠相待，終始弗渝，實為一時罕見。雖假以糧台之名，而庶務躬親，與尋常局務委員無異。此外如道員沈應奎，總理軍需局，名為局員，而所辦皆糧台之事，亦一時之選。惟兩員現辦臣軍餉需要務，正資臂助，未可調令他往。肅州事定後，奉旨在玉門地方，安設轉運糧台。臣曾附奏，請於戶部堂官內，簡任賢能，總司其事，並令選派廉幹司員，攜帶帑銀出關。原冀有賢能分任，資以歷練，可儲異日邊才。未蒙俞允，臣亦未敢再瀆。

區區愚衷，竊以關外時勢而論，應請緩設糧台，仍仿照現行章程，於哈密、巴里坤各處，設立糧局為宜。哈密一局，現委署通判張季方經理，咨張曜照料，專司收糧轉運。巴里坤一局，委現署總兵王鳳鳴經理，臣遴選員弁幫辦，專司收發。臣雖遠距省城，尚可以時鉤稽，加以督責，務歸實際，以裕軍儲。而護台之軍可省，糧台陋習可除，一切經費可節矣。如有必須親臨察核之時，自當力疾前往，斷不敢顧惜微軀，致滋貽誤。……

奏上旬日，即復有詔：

左宗棠奏海防、塞防實在情形，並遵旨密陳各摺片，覽奏均悉。

　　所稱關外應先規復烏魯木齊，而南之巴、哈兩城，北之塔城均應增置重兵，以張犄角，若此時即擬停兵撤餉，於海防未必有益，於邊塞大有所妨，所見甚是。至海防之餉，據稱始事所需，與經常所需，無待別籌。綜計各省設防，事屬經始，需款較巨，若僅將購船僱船之費備用，短缺尚多，此則宵旰焦思，而尚待與各省疆臣共相經畫者也。

　　關外軍事餉事，總須得人，方克膚功迭奏。本日已明降諭旨，授金順為烏魯木齊都統，並將景廉調補正白旗漢軍都統，與袁保恆一併諭令來京供職矣。至臨敵審機致決，誠難遙制。而規摹局勢，先後緩急，左宗棠亦謂尚可預為商酌。且西征將領，分位均屬相埒，若非有重臣為之統率，不但諸軍無所稟承，且恐各不相下，貽誤戎行。左宗棠着以欽差大臣，督辦關外剿匪事宜，金順着幫辦關外剿匪事宜。惟甘省善後事宜，該大臣次第興辦，正在吃緊之際，而糧餉轉運各事，亦應由關內預為經營。左宗棠或駐紮肅州，或隨時出關，料理糧運，以期內外兼顧之事，着酌度情形，妥為具奏。金順當督率關外各軍，作為前敵，隨時與左宗棠會商，專任剿賊之事，掃蕩逆氛。關外之兵，尚多冗食，應如何嚴加汰遣，進兵之際，既須別簡勁軍，現在未撤各營，尚有何軍可以應調，並着通盤籌畫，詳細奏聞。

　　關外時勢，可以緩設糧台，即照該大臣現行章程，於哈密、巴里坤等處，各立糧局，妥為經理。如有必須親臨酌核之時，當前往察看，以昭鄭重。北路另有捷徑，由歸化城、包頭而西，可達巴里坤，此路既能籌辦糧運，自可從此佈置。總之，無論長運短運，及如何辦糧，如何取道，但能於事有濟，悉由左宗棠酌度辦理。該大臣素顧大局，當不致有負委任也。……

　　綜括此詔，有兩要點，一即決定規復新疆，二即以規復事宜責成宗棠主持辦理也。其鎮迪道一切公事，並令隨時稟報總督，以備查核，[399]此光緒元年(1875)二三月間事也。

三輪木車與中國龍火炮（龍身炮），蘭州，1875 年

三輪木車與中國火炮

便裝讀者的左宗棠，蘭州，
1875 年

頭戴頂戴花翎的陝甘總督
左宗棠，蘭州，1875 年

舉旗列隊的士兵和四門大炮，甘肅，1875 年

惟規復新疆，當時雖已定為國策，及宗棠大舉出關，而各方仍多懷疑新疆規復之非易，以為不如屯兵要隘，分置頭目，以示羈縻。竭東南巨餉，懸軍深入，殊屬非計。宗棠獨毅然非之，表示於致兩江總督沈葆楨一書：

> 烏魯木齊未復，無要可扼，玉關以外，豈能以玉斧斷之？即令烏城復，瑪納斯克，俄將伊犁歸我，回部全復，而我分置回目，分新疆與之，亦度各回勢能自存，長為不侵不叛之臣，捍我西圉否也。回勢分力弱，必仍折入俄邊。而我斷送腴疆，自守瘠土，久成防秋，歲無寧日。挽輸絡繹，勞費而無所終極。不一二年，形見勢絀，而西北之患亟，將求如目前局勢，且不可得矣。科布多、烏里雅蘇台、庫倫、張家口諸處，何能安枕？然則撤西防以裕東餉，不能實無底之壑，而先壞萬里之長城，不其慎矣。……[400]

又表示於致王加敏一書：

> 以西事論，俄踞伊犁，安集延踞喀什噶爾，均是腴疆。乾隆朝，先平準部，繼平回部，而歷代防秋更戍之費，至是始免，百數十年享其利，數典忘之。此時關隴既平，餘威猶震，不及時規還舊域，其勢必折入強鄰，以後日蹙百里，何以為國？……[401]

至宗棠平定天山北路及吐魯番，又有庫倫大臣上言：「西事今昔不同，慮其陽不與我爭而陰助之。宜於天山南北，安置兵勇，招徠農商，為深根固本之計。然後與兩大臣從長計議，孰為兩大屬地，孰為中國版圖，當為區分，畫定疆界，庶不致與接為構，進退維谷。」廷臣議者，亦皆謂西征耗費過多，烏城、吐魯番既得，有屯軍之處，當眾建以為藩籬，藉省兵力。宗棠仍不以為然，表示於致陝西巡撫譚鍾麟書：

> 時論以西事耗費至多，意欲中止。不知甘肅、新疆餉額五百餘萬，歷恃協濟。今縱停軍不進，此五百餘萬之餉，又豈能少？

伊犁南八城膏腴之地，棄而不收，但扼烏魯木齊以東寒苦瘠薄之
區，事何可久？高宗昔新疆，原為拓邊防，省兵餉而起。當豐享
裕大時，尚宜如此，況海上多故，餉竭力殫之日乎？達阪、托克
遜、吐魯番諸城既下，逆夷震懾異常，逆酋帕夏仰藥而斃，逆豎
海古拉載其遺屍西竄，白逆暫踞開都河，已無可恃，秋涼前進，
機有可乘。乃為畫地縮守之策，何以固邊疆而示強鄰？異時追咎
貽誤之人，老臣不能任也。……[402]

會總理各國事務衙門以庫倫大臣書咨宗棠，宗棠復剴切言之，乃奉
明詔：

關外軍情順利，吐魯番收復後，南八城門戶洞開，自當乘勝
底定回疆，殲除醜類，以竟全功。惟計必出於萬全，事必要諸可
久。吐魯番固為南路要隘，此外各城，如阿克蘇等處，尚有可據
之形勢否？回酋報知帕夏縛送白彥虎，繳回南八城之說，是否可
恃？喀什噶爾逆首依附彼族，尤易枝節橫生。伊犁變亂多年，前
此未遑兼顧，此次如能通盤籌畫，一氣呵成，於大局方為有裨。
該大臣親總師干，自以滅此朝食為念。而如何進取，如何佈置，
諒早胸有成竹。為朝廷紓西顧之憂，其即統籌全局，直抒所見，
密速奏聞，以慰廑念。……

宗棠即奏陳統籌全局一摺：

竊維立國有疆，古今通義，規模存乎建置，而建置因乎形
勢，必合時與地通籌之，乃能權其輕重，而建置始得其宜。伊古
以來，中國邊患，西北恆劇於東南。蓋東南以大海為界，形格勢
禁，尚易為功。西北則廣漠無垠，專恃兵力為強弱，兵少固啟戎
心，兵多又耗國用。以言防，無天險可限戎馬之足；以言戰，無
舟楫可省轉饋之煩，非若東南之險阻可憑，集事較易也。周秦至
今，惟漢唐為得中策，及其衰也，舉邊要而捐之，國勢遂以不

振，往代陳跡，可覆按矣。顧祖禹於地學最稱淹貫，其論方輿形勢，視歷朝建都之地為重輕。

我朝定鼎燕都，蒙部環衛北方，百數十年無烽燧之警，不特前代所謂九邊，皆成腹地，即由科布多、烏里雅蘇台，以達張家口，亦皆分屯列戍，斥堠遙通，而後畿甸晏然，蓋祖宗朝削平準部，兼定回部，開新疆，立軍府之所貽也。是故重新疆者，所以保蒙古，保蒙古者，所以衛京師，西北臂指相聯，形勢完整，自無隙可乘。若新疆不固，則蒙部不安，非特陝、甘、山西各邊，時虞侵軼，防不勝防，即直北關山，亦將無晏眠之日。而況今之與昔，事勢攸殊，俄人拓境日廣，由西而東萬餘里，與我北境相連，僅中段有蒙部為之遮閡，徙薪宜遠，曲突宜先，尤不可不預為綢繆者也。高宗平定新疆，拓地周二萬里，一時帷幄諸臣，不能無耗中事西之疑，聖意堅定不搖者，推舊戍之瘠土，置新定之腴區，邊軍仍舊，餉不外加，疆宇益增鞏固，可為長久計耳。方今北路已復烏魯木齊全境，只伊犁尚未收回，南路已復吐魯番全境，只白彥虎率其餘黨，偷息開都河西岸，喀什噶爾尚有叛弁逃軍，終煩兵力，此外各城，則方如去虎口而投慈母之懷，自無更抗顏行者。新秋採運足供，餘糧棲畝，鼓行而西，宣佈朝廷威德，且剿且撫，無難挈舊有之疆宇，還隸職方。此外如安集延、布魯特諸部落，則等諸丘索之外，聽其翔泳故區可矣。英人為安集延說者，慮俄之蠶食其地，於英有所不利，俄方爭土耳其，與英相持，我收復舊疆，兵以義動，彼將何以難之？設有意外爭辯，枝節橫生，在我仗義執言，亦決無所撓屈。

至新疆全境，向稱水草豐饒，牲畜充牣者。北路除伊犁外，奇台、古城、濟木薩，至烏魯木齊、昌吉、綏來等處，「回亂」以來，漢回死喪流亡，地皆荒蕪。近惟奇台、古城、濟木薩商民、散勇、土著民人，聚集開墾，收穫甚饒。官軍高價收取，足省運腳。餘如經理得宜，地方始有復元之望。南路各處，以吐魯番為腴區，八城除喀喇沙爾所屬地多磽瘠，餘雖廣衍不及北路，而饒沃或過之。官軍已復烏魯木齊、吐魯番，雖有駐軍之所，而所得

腴地，尚不及三分之一。若全境收復，經畫得人，軍食可就地採運，餉需可就近取資，不至如前之拮据憂煩，張皇靡措也。區區愚忱，實因地不可棄，兵不可停，而餉事匱絕，計非速復腴疆，無從着手，局勢所迫，未敢玩愒相將。至省費節勞，為新疆畫久安長治之策，紓朝廷西顧之憂，則設行省，改郡縣，事有不容已者。合無仰懇天恩，敕戶、兵兩部，速將咸豐初年陝甘新疆報銷卷冊各全分，及新疆額徵俸薪餉需兵制各卷宗，由驛發交肅州，俾臣得稽考舊章，按時勢斟酌損益，以便從長計議，奏請定奪。……

嗣奉詔有曰：

左宗棠所陳統籌新疆全局，自為一勞永逸之計。南路地多饒沃，將來全境肅清，經理得宜，軍食自可就地取資。惟目前軍餉支絀，近雖借用洋款五百萬兩，亦是萬不得已之舉，可一而不可再。若南路一日不平，則曠日持久，餉匱兵饑，亦殊可慮。該大臣所稱地不可棄，兵不可停，非速復腴疆，無從着手等語，不為無見。着即督飭將士，戮力同心，克期進剿，並揆時度勢，將如何省費節勞，為新疆計久遠之處，與擬改行省郡縣，一併通盤籌畫，妥議具奏。所請敕部將咸豐初年陝甘新疆報銷卷冊全分，及新疆額徵俸薪餉需兵制各卷宗，由驛發交等語，着戶部、兵部查照辦理，將此由五百里諭令知之。……[403]

所謂新疆問題，至是徹底解決。由收復烏魯木齊及吐魯番，繼續進取天山南路八城，不致半途而廢。設置行省，亦啟其端倪。宗棠嘗謂「天下無不辦之事，所難者，中外一心耳」。新疆至今日，猶得隸我版圖，正全賴當中外一心之一點。[404]

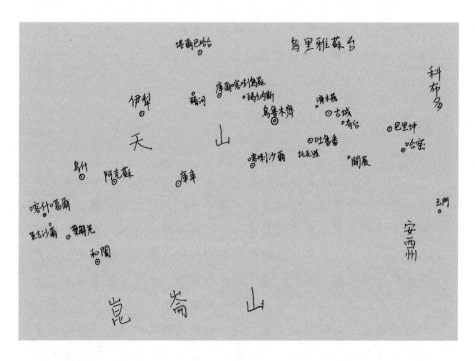

新疆作戰地點示意

31 平定天山北路

　　北疆之變亂，肇於奇台，而擴大於烏魯木齊。同治三年（1864），烏魯木齊都統平瑞，以勘亂南疆為理由，公佈加徵民糧。州役馬全等，皆回民也，藉勢苛索，漢民恨之，團結與抗。馬全等煽動回民，謂漢民將殄滅回眾，諸回始欲動。奇台縣故有一種陋規，凡知縣到任，派照糧；去任，派幫糧。知縣恆初視事，即欲預收幫糧，眾大嘩。縣役馬福等，亦皆回民也，加意壓迫，漢民不能平，劫木壘河營庫軍械，與回民戰，回民敗。而恆翼回民，回民勢滋橫，大肆焚掠，並北屠古城，又潛入烏魯木齊，肆勾引。先是，有陝回妥明，即妥得璘者，以卜筮星相之術，往來甘肅之寧夏、靈州、河州、西寧間。同治元年（1862），陝西華州、渭源「回亂」作，到處煽誘。妥明潛挾三婦人，西出嘉峪關，至烏魯木齊，客參將索煥章處。煥章久蓄異志，與妥明同惡相濟，則奉以為師，介其術於群回，信從日眾，提督業布沖額亦為所蠱惑，二人乃密謀為亂，業布沖額不為備。至是，奇台與烏魯木齊回集南關禮拜寺，明炬議事，戈矛森然。或以密告業布沖額，則命煥章偵之，煥章報無其事，且斬告者以徇。越旬餘，妥、索兩人遂嗾南關回叛，先後陷漢滿兩城。煥章推妥明為清真王，自為大元帥。妥明以馬升功偉，命為總元帥，並以馬仲、馬泰、馬官等為元帥，並封馬四為肅州元帥，馬朵三為西寧元帥，馬彥龍為河州元帥，馬化隆為寧夏元帥，通關內為一氣。妥明別建王城自居之。於是東則阜康、濟木薩、古城、奇台，西則昌吉、呼圖壁、瑪納斯，皆為妥明所有。明年，妥明又勾結伊犁回，先後陷其九城。又明年，西北最後一個據點塔爾巴哈台亦為回所陷，於是北疆諸城盡失，惟巴里坤巍然獨存。[405]

索煥章之父索文，嘗為甘肅提督，故煥章之叛，不直於其母。母嘗謂煥章：「爾父官一品，爾官三品，何忍為此滅門之舉？」數促煥章反正，事為妥明所覺，貶煥章為散頭目，徙之吐魯番，煥章旋病死。妥明又惡馬升專權，嗾人殺之，妥明之勢，由是驟衰。[406]

同治八年（1869），安集延帕夏阿古柏盡有南疆，妥明畏其逼，遂於次年遣馬仲、馬泰攻阿古柏。兩馬之師俱敗，馬仲降，馬泰被執，阿古柏直搗烏魯木齊，妥明不敵，亦請降。阿古柏削其王號，毀其王印，即命馬仲為烏魯木齊阿奇木伯克。馬仲死，其子馬人得繼。妥明憾馬仲叛己，與馬人得不和，馬人得重引阿古柏兵攻妥明王城，妥明復大敗，遁死瑪納斯南城。阿古柏更掠妥明遺資，搜括回漢人民金帛，轉輸南路，實其窟穴，而驅壯丁踞守烏魯木齊各城，以為屏蔽。一面下令境內人民，剃髮易服，光頂圓領，如安集延俗。並開徵賦稅，北疆竟繼南疆而為安集延人之天下，其勢浸及伊犂。又次年，適有帝俄盜馬賊逃匿伊犂，俄官索之不得，伊犂回人且以兵攻俄官，帝俄遂藉口新疆「回亂」威脅俄境安全，以武力取伊犂，而以代為收復告清廷，其實亦阻阿古柏之侵襲伊犂也。[407]

西寧既平，陝回均就撫，惟白彥虎一股數千人，竄由嘉峪關入新疆。白彥虎削髮易服，附於阿古柏。蓋自知力不敵，藉為聲援以自固。凡阿古柏所欲，白彥虎不敢違也。阿古柏命守烏魯木齊漢城，白彥虎遂出沒附近各地，頗肆滋擾，此在官軍為一種威脅，而在阿古柏為平添若干勢力。[408]

北疆之變亂，清廷將吏既無力敉平，各地漢民爭起團練以自衛。則有烏魯木齊之徐學功，濟木薩之孔才，昌吉之沈廷秀，瑪納斯之趙興偉，奇台之鄧生玉等，而以學功為著。學功嘗合阿古柏，擊敗妥明，旋又轉攻阿古柏，生擒馬仲。阿古柏與學功合作，原思事成以烏魯木齊歸學功，而藉學功力，通款清廷，以南八城獻，請封阿古柏為哈密王。旋知學功勇而無謀，在清廷又無力量，靳烏魯木齊不與。學功銜之，遂又仇阿古柏，然以勢絀，終無所成就。帝俄既據伊犂，以駝馬數千，載洋貨及俄鈔二萬餘，約諸回赴瑪納斯貿易，為襲取瑪納斯與烏魯木齊計。

行抵距瑪納斯八十里之石河，學功出馬隊逆擊之，殺斃數十人，盡得其
駝馬貨物。自是俄人不敢東窺。自餘奇台、古城、濟木薩等城，亦陸續
為民團所光復，最後榮全乃得收取塔爾巴哈台。[409]

在北疆之變亂中，惟巴里坤以游擊何琯之力，得始終保全弗失。當
各地回民起事時，巴里坤少數回民亦躍躍欲動，何琯分兵四營，扼紮城
外，斷其勾結，逮其魁馬天保與部眾千餘人，悉殺之。於是益嚴城防，
練民勇，屹然為東邊重鎮，妥明三度來犯，均被擊退。巴里坤南隔天山
為哈密，妥明兩度攻陷，亦兩度為何琯所收復。而哈密回王之不參加變
亂，且矢誠效忠，亦有功焉。[410]

北疆城邑，由巴里坤而西，為奇台、古城、濟木薩、阜康、古牧
地、烏魯木齊、昌吉、呼圖壁、瑪納斯、庫爾克喇烏蘇、精河、伊犁，
由烏蘇而北，為塔爾巴哈台。當左宗棠承命督辦新疆軍務時，伊犁在帝
俄手，烏魯木齊、昌吉、呼圖壁、瑪納斯在阿古柏手，清廷僅保持巴里
坤至奇台、古城子、濟木薩之一線，又烏蘇至精河，至塔爾巴哈台之二
線。由中國本部用兵新疆，本有兩路，一為取道蒙古，由北而南；一為
取道嘉峪關，由東而西。後者以哈密為樞紐，由哈密而西，尤以巴里坤
為樞紐。今南疆全陷，北疆亦大部淪喪，而猶得留此兩城為光復故物之
基地，不可謂非厚幸也。[411]

光緒二年（1876）正月，宗棠遣劉錦棠率老湘軍由涼州向肅州出
發，並總理宗棠行營營務處。老湘軍，宗棠以為規復新疆之主力者也。
二月，劉典至蘭州省城，以三品京堂幫辦陝甘軍務。劉典，宗棠所以留
鎮後方者也。於是宗棠復指陳新疆當前大勢，披瀝其見解：

> 烏魯木齊踞逆，本地土回居多，逆首白彥虎所帶陝回及甘肅
> 從逆之回，踞紅廟子、古牧地、瑪納斯等處，而皆與南路踞逆回
> 酋安集延帕夏阿古柏通。……帕夏能以詐力制其眾，又從印度多
> 購西洋槍炮，勢益猖獗。陝甘竄踞之逆及本地土回，均倚之為
> 重。……俄人頗言其狡悍，異於諸賊。……官軍出塞，自宜先剿北
> 路烏魯木齊各處之賊，而後加兵南路。當北路進兵時，安集延或

悉其醜類，與陝甘竄逆及土回合勢，死抗官軍，當有數大惡仗。如天之福，事機順利，白逆殲除，安集延之悍賊亦多就戮，由此而下兵南路，其勢較易，是致力於北，而收功於南也。若北路軍咸未至，而賊先圖自固，不敢互相援應，但作守局，以老我師，則曠日持久，亦在意中。外間議論，頗謂軍臨前敵，陝甘竄回，必有倒戈之事，臣不敢信其誠。然白逆必遁入南路，安集延未經重創，其狡焉思逞之志不忘，如其並力穩抗，自可獎率師徒，為一了百了之計。倘詭詞乞撫，仍思踞我腴疆，或兵至則逃，妄擬乘間竊逞，為死灰復燃之計，則新疆隱患方殷，豈可不預為之所。議者但以陝甘竄回及新疆各城為慮，不復知有安集延竄踞南路之事。或以為易，或以為難，或以為事可緩圖，或以為功可速就，或主撤兵節餉之議，或並為難得易失之談，辯說紛紜，橫議歧出。……臣本一介書生，辱蒙兩朝殊恩，高位顯爵，出自逾格鴻慈，久為生平夢想所不到，豈思立功邊城，覬望恩施？況臣年已六十有五，正苦日暮途長，乃不自忖量，妄引邊荒艱巨為己任，雖至愚極陋，亦不出此。而事顧有萬不容已者。烏魯木齊各城不克，無總要之處，可以安兵；烏魯木齊縱克，重兵巨餉，費將安出？康熙、雍正兩朝，為之盱食者，準部也。乾隆中，準部既克，續平回部，始於各城分設軍府，然後九邊靖謐者，百數十年，是則拓邊境腴疆，以養兵之成效也。今雖時易世殊，不必盡遵舊制，而伊犁為俄人所踞、喀什噶爾各城為安集延所踞，事平後，應如何佈置，尚費綢繆。若此時即便置之不問，似後患環生，不免日蹙百里之慮。區區愚忱，竊有不敢不盡者。……

蓋其忠義磅礡之情，洋溢乎胸次，故慷慨激昂之氣，不覺灌注乎筆端也。三月，宗棠攜帶關防，親涖肅州督師，其祭旗文有曰：「朝烹雄狐，夕醢封狼。」益預必可以速藏厥功也。又曰：「劃為郡縣，墾土字甿。」蓋事定建省，又胸有成竹也。大營紮於城西南，面對祁連山。宗棠每遇用兵在外，向不自居公廨，僅止幕中，亦與士卒同甘苦。由是直至光緒六年（1880）閏二月出關，在此度其營帳生活者，凡歷四年

之久。[412]

老湘軍抵肅州後，即陸續出關，譚上連為前鋒，直赴古城子，譚拔萃繼之，次哈密，與張曜軍合。時金順軍已收復瑪納斯北城，屯濟木薩，與古城子相距九十里。旋宗棠復遣徐占彪之蜀軍，出屯巴里坤。於是官軍在新疆者，除原有雜軍不計外，凡為錦棠軍馬步二十五營，金順軍馬步四十營，張曜軍馬步十四營，占彪軍五營。[413]

宗棠之策，先攻取烏魯木齊，扼住全疆關鍵，然後進規其他城邑，故不惜傾全力圖之。惟當時情勢，回目馬明拒守古牧地，迤西而南數十里，乃至烏魯木齊，是欲取烏魯木齊，必先收古牧地，撤烏魯木齊之藩籬。而自濟木薩至古牧地，相距尚三百餘里，不能遽扼烏魯木齊之吭。惟濟木薩西二百四十里，為阜康城，再西七十里，為黑溝驛，又數十里，至古牧地，而阜康當其衝。阜康在彼時，敵我均未設防，於是決定先行佔領此城。一面以哈密至巴里坤，至古城之軍，防敵由吐魯番軼出；一面自安西至敦煌、惠回堡、青頭山等處，各駐一軍，防敵由南路抄掠；又一面就阜康以西沙山與馬橋一帶，駐一軍，並請塔爾巴哈台、科布多、烏里雅蘇台各領兵大臣，防守漠北，俾於官軍進攻阜康、古牧地、烏魯木齊等地時，遏敵向西北竄越。佈置既定，錦棠於六月初自古城出發，會金順於濟木薩。洞悉馬人得糾白彥虎、阿古柏遣其部眾，均力拒古牧地，其防務已更加強。旋後比肩西進，抵紫泥泉，積潦縱橫，飛橋以渡，入阜康城。失陷十餘年，榛莽叢雜，除道以通炮車。在此錦棠又察看前往古牧地路徑，則知二十里過西樹兒頭子，其間深林蔽目，野潦滯足；五十里過黑溝驛，為一片戈壁，僅有一二井泉，可資汲飲。又從土人探知黑樹溝上為黃田，水盈溝澮，上流即古牧地。然敵已在黃田築卡樹柵，嚴密守護，意固在斷絕官軍汲道，迫使取徑戈壁，以疲其力。於是錦棠故令兵士沿途掘井覓水，佯示敵以將走戈壁，以懈其黃田之防，而與金順潛師夜起，疊破黃田堅寨，徑拔古牧地堅城。在城中，獲火藥、硝磺數千斤，足徵敵軍實尚雄厚。又拾得馬人得復城中守軍求援書，略謂：「烏魯木齊精壯，已悉數遣來，現在三城防守乏人，南疆之兵，不能速至，爾等可守則守，不可守則撤回烏魯木齊，並力固守，

亦可。」錦棠因料烏魯木齊空虛，乘勝疾進，並收三城。三城者，烏魯木齊滿城、迪化州漢城，及妥明所築王城也。迪化城北有一山，居高臨下，至為險要，錦棠爭先佔領，架大炮，以**轟擊**城中，城敵力不能支，則皆宵遁，此地乃名「一炮成功」云。同時，昌吉、呼圖壁諸敵聞訊，皆棄城走，惟瑪納斯南城未下。阿古柏所遣援師五千餘騎，行至達阪城，距烏魯木齊尚有二百里。知三城均已棄守，未免心驚膽落，不敢更進。此為宗棠進規新疆之第一聲，竟不逾旬日而奏績。[414]

宗棠之策，又為先殲滅白彥虎，以除阿古柏羽翼。乃白彥虎於官軍進古牧地時，即已偕馬人得南竄。錦棠命諸將分追三十里，至鹽池，阻戈壁而返。已而白彥虎竄踞南山小東溝，遣黨四出刈禾，備乾糧，圖繞官軍後。錦棠親趨小東溝，白彥虎先一日走金口峽。次日，錦棠急行九十里，及之金口峽。老弱婦女數萬，踉蹌驚走，白彥虎卒遁托克遜，依安集延人以居。阿古柏見白彥虎勢日蹙，待之甚倨，勒其眾一律剃髮易服。[415]

瑪納斯南城回首韓刑膿，恃其城小而堅，擁眾拒守。金順、錫綸、榮全攻之，掘地道，**轟**城垣，旋陷旋被堵禦，雙方傷亡甚眾。錦棠遣羅長佑等十一營赴援，會官軍炮擊斃韓刑膿，寇一擁出城降。官軍知其詐，又並起奮擊殲之，卒告克復，掘妥明屍而戮之。[416]

於是天山北路悉定，惟伊犁仍為帝俄所據，有待交涉收回。

32 平定吐魯番

　　左宗棠規復新疆，預定第一步為平定天山北路，第二步為平定天山
南路。而其間又有一過渡工作，則為平定吐魯番。吐魯番在天山之南，
與山北古城對峙，為進入南路門戶，而別成一部。包括六城，曰吐魯
番，曰闢展，曰魯克沁，曰七克騰木，曰托克遜，曰哈拉和卓。當克
復烏魯木齊後，原應即接攻吐魯番，惟因瑪納斯南城之役，耽延至兩個
月之久，最後收復，已在光緒二年（1876）十月。值大雪封山，冰凌凝
結，不便行軍，故其師期預定於三年（1877）三月，積雪春融之時。在
此五六個月中，敵我雙方，各有一番佈置。[417]

　　吐魯番於新疆之變亂中，先為東四城之黃和軍所佔，嗣為妥明所
併。及妥明為阿古柏所收，轉為阿古柏所有，阿古柏命其次子所謂小
帕夏者海古拉守之。吐魯番有滿漢兩城。海古拉居滿城，日役萬夫，興
建王府，雄闊堅固，足資踞守。初，阿古柏聞烏魯木齊等城俱失，急遣
騎收各部眾，入踞達阪城。而自至托克遜，添築兩堅城為犄角，守以悍
黨，俾拒烏魯木齊官軍。別遣馬人得至吐魯番助守，以拒哈密官軍。及
見官軍不遽進，移達阪新城兩山間，高厚堅整，迴殊常度，遣其大通哈
愛伊德爾呼里，率重兵拒守。大通哈者，安集延語，意即大總管也。召
回海古拉，使守托克遜，更遣白彥虎助馬人得守吐魯番。而阿古柏自擁
大眾，居喀喇沙爾策應。達阪城扼天山之口，在烏魯木齊南二百里，形
勢險要，有黑虎城之稱，是為阿古柏對烏魯木齊之第一道防線。托克遜
亦為由烏魯木齊進南路總要隘口，形勢最勝，南距喀喇沙爾八百四十
里，則為第二道防線。吐魯番成為阿古柏對哈密之防線，而於吐魯番後
闢展，七克騰木等城，同時加築防禦工事。[418]

宗棠進規吐魯番之兵，定為三路：西路為劉錦棠之老湘軍，由烏魯木齊而東；東路為張曜之嵩武軍，由哈密而西；北路為徐占彪之蜀軍，由巴里坤與古城間而南。張曜先經瞭墩，占彪先經穆家溝，兩軍會師鹽池，然後再同向七克騰木、闢展進。錦棠先經柴窩，向達阪城、托克遜進，然後三軍會師吐魯番。錦棠之後路，自古城以西，經濟木薩、三台、滋泥泉、阜康而達古牧地，相距五百里，以錫綸馬步五營扼之。徐占彪所遺巴里坤防所，以楚軍三營，甘軍一營填之。張曜所遺哈密防務，即由哈密辦事大臣所部就近料理。張曜過七克騰木後，移豫軍八百駐七克騰木，護運道。[419] 烏魯木齊克復後，分竄山中之餘寇，先已由宗棠傳令各軍嚴密搜捕。搜過，縱火燒山，杜寇零星伏匿。為增厚實力計，宗棠於錦棠加撥馬隊三營，張曜、占彪各一營，又各加撥大小後膛炮若干。[420] 而為確保迅速獲致勝利，宗棠更指陳未來之軍事大勢：

> 南路自乾隆二十四年（1759）平定後，建城凡八，曰喀什噶爾，曰英吉沙爾，曰葉爾羌，曰和闐，曰阿克蘇，曰烏什，曰庫車，曰喀喇沙爾，世呼為南八城。……由吐魯番而西，歷喀喇沙爾、庫車、阿克蘇、葉爾羌、英吉沙爾，以抵喀什噶爾，計四十九台，為程四千一百餘里，較之烏魯木齊至伊犁一千三百餘里，程途遠逾三倍，茲擬以劉錦棠……張曜、徐占彪……規南路，馬步合共四十餘營，兵力不為不厚。然大軍前進，不特後路根本之地，兵力宜增，即餉糧軍火，均宜層疊設局，以便取用，是監護不可無軍也。前敵攻克城堡，必須留營駐守，以資撫輯，是留後不可無軍也。師行日遠，留防之兵日增，進戰之兵日減，勢有固然。況轉戰數千里，士卒之傷亡病疾，又在所不免，額數日缺，則士氣易墮。歷觀軍興以來始，稱精軍者，末路或難復振，半由乎此。

又查南路地勢，東南長而西北狹。由吐魯番、達阪城，西至阿克蘇，尚可一路隨行，無取分道並進。一至阿克蘇，則局勢寬闊，中路

一千四百里抵葉爾羌，又三百六十里抵英吉沙爾，又二百里抵喀什噶爾。而阿克蘇之北，切近伊犁，葉爾羌之東南，又遙與和闐相接，均須分派大支部隊，扼其總要，然後直搗中堅，可以迅圖藏役。

> 道光年間，張格爾之變，僅踞南路西四城，故長齡、楊遇春兵由烏魯木齊、托克遜以進。其時長清先扼阿克蘇憑河擊退逆眾，扼守阿克蘇，然後東西路無敢蠢動。而長齡、楊遇春乃得據無賊之地以擊賊，餉豐運速，卒成底定之功。

此次兵由烏魯木齊，局勢依然。而吐魯番、達阪城、托克遜，皆為賊踞，前途二千餘里，皆為賊守，其致力難易，固已判然。而餉之絀，兵之少，又不如當時遠甚。與其徘徊中道，始請濟師，正恐曠日需時，事有不可測者，臣因此躊躇再四，實不得不預擬增兵。……

於是宗棠請調駐防包頭之金運昌所部卓勝軍馬步五千有奇，迅速開拔西來，歸錦棠調遣，庶中路之軍，得此後勁，可以壹意馳驅，而將來克復各城，有移駐之軍，更番疊進，前敵兵力常足，免滯戎機，遇有必須分支防剿之時，亦可不虞竭蹶。[421]

同時，清廷對於新疆將帥，亦略有更調，伊犁將軍榮全內召，以烏魯木齊都統金順補授伊犁將軍，其烏魯木齊都統，以前兩廣總督英翰補授。[422]

光緒三年（1877）三月，進攻吐魯番之戰發動。因由巴里坤往吐魯番，為程七百餘里，由哈密往，一千餘里，由烏魯木齊往，四百餘里，故師期由宗棠授權錦棠，自與張徐兩軍約定，庶彼此進止合度，不致先後參差，協力並規，得期周密。於是：

錦棠一軍於初一日出發，初七日收復達阪城，十二日分軍赴吐魯番，十三日收復托克遜城。

張曜、占彪二軍於初一日出發（張曜軍一部份，先已開屯鹽池），初七日收復七克騰木，初九日收復闢展，十二日收復連木沁台、勝金台、魯克沁、哈拉和卓。

錦棠、張曜、占彪三軍於十三日收復吐魯番城。

竟能戎機迅順，毫無脫節。[423]

達阪之役，守寇以官軍久屯烏魯木齊，毫無動靜，懈不戒備，僅引近城一帶草湖水衞城，泥深及馬腹。官軍黃夜掠過深淖，畢集城下。群回方高臥，無一人知者。乃列圓陣相聯綴。天明霧收，寇於城上瞥見官軍，始發槍炮射擊，自卯至午不絕，顧終未出城搏戰。於是官軍一面築壕壘斷其外援，一面建炮台備轟。會城中纏回有潛出投降者相告，敵以待援不至，正謀他竄，遂舉開花大炮，猛擊城中炮台，城垣相繼塌壞。一炮適中火藥房，轟然一聲，血肉橫飛。敵爭出東門奔，官軍四面麾之，使不得出，命能縛異服獻者賞，於是愛伊德爾呼里以下悉就逮，共擊斃一千數百人，生擒一千二百九十餘人，又收精利炮械約一千件，馬約八百匹。愛伊德爾呼里等代阿古柏乞款，願縛白彥虎，並獻南八城贖罪，錦棠姑聽其招書致之。[424]

托克遜之役，錦棠軍行抵小草湖。據纏回報，阿古柏聞達阪已失，大小頭目無一倖免，驚懼不已，急圖逃竄。白彥虎則囑其死黨四出，搶掠人畜，焚燒村堡，裹脅纏回，隨同奔竄。泣求大軍速援。並謂大軍所遣免死回目馳歸宣佈官軍威德，回眾無復疑懼，俱延頸以待官軍。錦棠立飭將士速進，抵近城十餘里間，了見前面火光四起，隱隱聞槍炮聲，知賊正圍攻莊堡也，更急進。忽馬步賊隊從路旁空莊衝出，將官軍包圍，勢殊猖獗。於是角戰開始，官軍縱橫衝殺，轉戰至城邊，號鼓齊鳴，殺聲震天。賊眾驚潰，舉火自焚存糧、火藥，棄城而逃。官軍緊追，槍炮止，刀矛接，追三十餘里。據生擒賊供，海古拉、白彥虎已先一日各帶隨身賊騎，護其輜重，倉皇西竄，留悍賊二千餘，並本地及從各地裹來回眾綴官軍。

吐魯番之役，張曜、占彪兩軍先行，至西距城十餘里地方，守卡賊並東路敗竄之賊，列陣抗拒。兩軍分左右進，步隊大呼突陣，槍矛並舉，賊殊死鬥，乃麾馬隊分兩旁抄襲，賊陣始亂，紛紛潰竄。兩軍緊追至城邊，城賊傾巢出拒，東路敗賊，復回戈搏鬥。正酣戰間，錦棠所遣羅長佑等馬步六營，盡一日夜，奔馳二百餘里之急行軍，適自北路馳

至，賊益駭愕，不知所為。三軍合勢夾攻，斃敵無算，敗賊向西狂奔，各軍緊追數十里，始還收滿漢兩城。悉獲安延集人所儲軍糧數千石，火藥約三十餘萬斤。白彥虎早已竄走，馬人得率纏回萬餘人迎降，受之。[425]

宗棠綜括以上之戰績曰：

> 此次大軍約期三道並進，兩旬之間，攻拔各要隘，迭復各城池。將領士卒，持滿而發，奸夷逆賊，應弦而下，斬擒以萬計，受降以數萬計。……

洵為奇捷，亦為全捷，決非虛飾。[426]

自大軍之西，紀律嚴明，逃賊而來，及被賊裹脅者，錦棠等悉心撫恤，前後送歸烏魯木齊者，二千七八百口，送歸哈密者，二千五六百口，皆給牛籽，俾各安生業。並設吐魯番善後局，對於土回，專辦撫輯，加意拊循。[427] 人心益歸附。

阿古柏雖失烏魯木齊諸城，猶復堅據達阪、托克遜、吐魯番各城隘，遏大兵南下之鋒，為三窟深藏之計。乃官軍銳進，勢不可當，而達阪之克，使無一人一騎得還，阿古柏尤為膽落。比愛伊德爾呼里等勸其縛送白彥虎。獻回南八城自贖，而阿古柏聞敗震懼，不能制白彥虎。又平時恃其詐力，虐遇纏回，攫其資財，掠其男女，靡惡不為，纏回怨毒已深，群思報復。阿古柏日夜憂泣，南走庫爾勒，於四月間，飲藥自斃。其次子海古拉，舉資財軍實，悉畀白彥虎，使繼守庫爾勒，而將阿古柏屍，浸水三日，取出用香牛皮包裹，攜以西竄。行至中道，為阿古柏長子伯克胡里所戕。[428]

於是吐魯番全境悉定，南八城門戶洞開，俟新秋採運糧足，再鼓行而西。

33　平定天山南路

南疆之變亂，經過若干階段。

最初，庫車土回馬隆，結外匪田拉滿、蘇拉滿作亂，共推黃和卓為首領。既奪踞庫車城，復進陷阿克蘇城，旋更東取喀喇沙爾，西併烏什。伊犁援師至冰嶺，為回眾所扼，未由南下；烏魯木齊援師至烏沙塔拉戈壁，陷回眾所設伏，全軍覆沒，於是東四城均為黃和卓所據。[429]

繼之，為葉爾羌之叛。其首領為阿布都拉門，已而英吉沙爾、喀什噶爾漢回亦謀變。均以駐軍先發制人，一網打盡，未成事實。又已而喀什噶爾回目金相印，糾合布魯特頭目思的克同叛踞回城，馬福迪、哈比布拉等亦叛據和闐。金相印攻喀什噶爾漢城，不下，求援於浩罕。其阿來姆苦汗遣張格爾子布素魯克，偕帕夏阿古柏以應。阿古柏先後進攻英吉沙爾與喀什噶爾漢城，駐軍守戰均窮，於是西四城全部淪陷。[430]

最後，阿古柏既控制喀什噶爾、英吉沙爾，復先後攻滅阿布都拉門而併有葉爾羌，誘殺馬福迪、哈比布拉而併有和闐，戰敗黃和卓而併有東四城，於是南疆全歸阿古柏。阿古柏之來，本為布素魯克之輔，惟布素魯克溺於聲色，無所作為，而又惡阿古柏專權，兩人齟齬日甚。阿古柏乃迫布素魯克參謁天方，而自立為汗，稱畢條勒特汗。及降北疆之清真王妥明，而版圖益擴大。[431]

原來準部併有回部時，盡遷回教首領於伊犁，其中一人，為阿布都實特。康熙朝，戰敗準部，阿布都實特自拔來投，護歸故土。阿布都實特子瑪漢木特，苦準部壓迫，企圖獨立，復與其兩子稱大小和卓者，被羈伊犁。乾隆朝，平定準部，遣大和卓博羅尼都，回定南疆，留小和卓霍集占，使統率北疆回教徒。逾時，清廷欲服屬南疆，始撫大和卓，未

得要領。適小和卓自伊犁脫歸，遂共議定獨立。清軍擊之，敗竄入巴達克山，被殺。其子匿居浩罕，浩罕庇護之。嘉慶朝，大和卓孫張格爾，勾結受政治壓迫而流亡於浩罕之南疆回眾入寇，戰敗被擒，剝皮處死。清軍更令浩罕縛獻兩和卓後嗣，浩罕以格於回教經典拒之，清廷絕浩罕互市。道光朝，浩罕入寇，戰敗請和。未幾，小和卓孫邁買的明，勾結浩罕入寇，復為清軍所敗，仍竄匿浩罕。故同治朝浩罕之助張格爾入南疆，仍含有報復意味。浩罕本有四部，此時，其三部已為帝俄所吞併，惟安集延一部獨存，故阿古柏擁有之武力，亦為安集延人。[432]

中亞諸國，與新疆同奉回教，素嫉中國之統治，對於阿古柏之建國極表同情。布哈爾汗聞之，尊阿古柏為阿達里克式，義取聖道愛護者。土耳其亦封阿古柏為天山南路愛米兒，譯為摩訶末之後裔。而阿古柏更與英國及帝俄簽訂通商條約，兩國承認其為一國元首。[433]

然當左宗棠進規天山南路時，阿古柏在北路之勢力已消滅。阿古柏既自殺，次子海古拉又被戕，故即在南路，亦惟有其長子伯克胡里尚踞喀什噶爾。此外則曾附於阿古柏之白彥虎，尚踞開都勒。初，新疆回眾本認阿古柏為同類，故於其初至，一致歡迎。然浩罕如狼，回人如羊，阿古柏與安集延專視群回為魚肉，群回飽受蹂躪，對於阿古柏，久已失去同情，故宗棠預言：

> 回部內訌，已成瓦解之勢。計八城中，除喀什噶爾尚須重煩兵力外，此外師行所至，當無敢再抗顏行者。……[434]

乃命劉錦棠之老湘軍，先行分起西進，張曜之嵩武軍隨後繼發。其徐占彪之蜀軍調回巴里坤、古城子間防守，而別派易開俊帶楚軍數營駐吐魯番鎮撫。一面咨會烏魯木齊至精河一帶西北駐軍，嚴密注視白彥虎行蹤，阻遏其北入伊犁邊界，東出昌吉、瑪納斯。[435]

光緒三年（1877）八月，錦棠雄師南指，先至曲惠，然後分兵兩枝：余虎恩、黃萬鵬等一枝取道烏沙塔拉，傍博斯騰淖爾，西出庫爾勒之背，為奇兵；錦棠自率一枝，由大道向開都河，為正兵。時開都河

水，為白彥虎所壅阻，漫流百餘里，繞行一百二十里，始達東岸。至喀喇沙爾城，則白彥虎已掠纏回，合安集延人西走，故不戰而復之。城中水深數尺，廬舍蕩然。更進，知白彥虎又已由庫爾勒劫纏回而西，會傍博斯騰淖爾前進之奇兵從間道至，同入庫爾勒城，則城中空無一人。更向西追蹤，凡六日，行九百里，收庫車城，獲羊一萬二千頭，西瓜有重一百二十斤者，足證南疆之富。沿途拔出難民十萬計，宗棠遣員設善後局安撫之，籌籽種，招耕牧，治塗造船以通商賈，纏回附者益眾。其間敵兩度回抗，均不逞，第二度且死千餘人。白彥虎過拜城，更欲劫回目阿克奈西徙。阿克奈木不應，為白彥虎所戕，諸回遂皆攖城固守。白彥虎攻之不下，焚掠城外村莊而去。及官軍蹤至，而諸回皆開城出迎。復蓐食乘冰夜進，風烈霜凝，人馬凍蹩。行八十里，及敵於銅廠，方驅纏回約二萬人渡河，令見有騎者即殺。頃之，人馬僵，積水為不流，官軍隨亦亂流渡。敵分眾兩道前拒：左路為安集延人，右路為白彥虎陝回。官軍與戰，白彥虎本不欲鬥，見右路已敗，遽率死黨先走，眾益大潰，屍委屬數十里。追至察爾齊克台，斬首數千級，生擒百餘。遂渡沙漠一百四十里而抵阿克蘇城，城中回十萬開城出迎。爾時，敵分兩道續竄，安集延人西南趨葉爾羌，白彥虎西北趨烏什。官軍定計，捨安集延人，專追白彥虎，踏冰渡胡瑪納克河，斬寇數十人。白彥虎齎金寶自結於帝俄，而由布魯特邊遁喀什噶爾。又追九十里，彌望沙漠，始還，收烏什。由是自喀喇沙爾而庫車，而阿克蘇，而烏什，所謂天山南路東四城者，均先後收復。一月馳驅三千里，成功之迅速，殆無倫比。宗棠本在病中，得捷報，為之霍然，竟啖全羊。[436]

　　天山南路東四城收復後，宗棠將軍事重行佈置。自肅州至嘉峪關以抵吐魯番，自托克遜以抵庫車，均作為防軍。自庫車至阿克蘇、巴爾達克，為且防且戰之軍。自巴爾楚克、瑪納斯爾什以西，則為作戰之軍。常山率然勢成，首尾相應，數千里一氣捲舒，將士心目中皆有全局洞貫之象。[437]

　　當官軍之南下也，和闐伯克呢牙斯遼糾所部回眾，圖葉爾羌以應。阿古柏長子伯克胡里得訊，留阿里達什守喀什噶爾，而自率五千騎馳

援。既行，白彥虎至喀什噶爾，而阿里達什不納。叛弁何步雲，初以其女改名色哩瑪罕，妻阿古柏，故得任用。至是，乘隙以漢城反正，伯克胡里至葉爾羌，大敗呢牙斯，復取和闐，由英吉沙爾回喀什噶爾。途次，悉官軍已下庫車，何步雲又反正，則大怒，盡殺英吉沙爾漢民，令阿里達什納白彥虎，並力攻漢城。何步雲求救於官軍，官軍方回抵阿克蘇，依宗棠預計，本應先取葉爾羌，再規喀什噶爾、英吉沙爾。錦棠聞喀什噶爾漢城已反正，則分軍兩道，一向西南，經巴爾楚克瑪納巴什而進，一向西北，經烏什及布魯特邊界而進。十一月，先後行抵喀什噶爾滿城之北部，與東部相距九十里。時伯克胡里守城東北，白彥虎守城東，而所裹纏回聞官軍至，相率逃，殺之不能止，乃各謀先遁，留黨踞城，以綴官軍。白彥虎走西北，伯克胡里則向西走，其夜城中縱火，光如白晝。駐城東官軍先進，敵猶圖抗拒，則與駐城北官軍合而擊之，敵大敗。何步雲憑漢城助勢，敵益洶懼，開西門狂奔，官軍遂克喀什噶爾滿城。再分兩軍，一追白彥虎，至炭炭槽已及之，白彥虎撥眾後拒，亦悉殲之。復窮追至哈瑪納，為帝俄布魯特人所阻，白彥虎遂得至納林河。俄人收其兵械使渡。其後清廷雖迭與帝俄交涉引渡，而帝俄峻拒。又一軍追伯特胡里，及之明要路，惟伯特胡里本人已先一日竄過路峽而入帝俄境，僅獲其眷屬四百餘人。伯特胡里後居阿來。惟安集延南境故地，在喀什噶爾城西外卡倫，官軍引兵徇定之，先後搜獲阿古柏之妻並餘子四人，及前引阿古柏入境之金相印父子，連竄匿陝回一千一百六十六人。阿古柏眷屬解宗棠大營審辦，餘悉誅夷之。先是，官軍既撥援喀什噶爾，策敵已內訌，宜乘不備擊之。遂以別部進葉爾羌城。逮聞喀什噶爾復，又收和闐、英吉沙爾兩城，由是自喀什噶爾而英吉沙爾，而葉爾羌，而和闐，所謂天山南路西四城者，亦均先後收復。查獲敵銀七萬四千九百八十兩強，即以撥充辦理地方善後之用。[438]

於是天山南路悉定，宗棠晉封二等侯。[439]相傳宗棠在嘉應州，平定太平軍，班師福州省城，凱旋牌坊題「一品當朝」。宗棠見之，若夷然不屑也。或窺其意，為易「萬里封侯」，宗棠乃色然喜。充國未老，班超非稚，宗棠至此，可謂有志者事竟成矣。

　　是時，中國聲威遠儠，諸外僑在南八城者，皆翕然聽命。凡獲英吉利商官一人，隨從商賈九人，乳目洋操教習二人，商三人，阿剌伯三人，溫都斯坦三十餘人，鄂勒推帕二十餘人，克什米爾一千七百餘人，巴達克山三千餘人，巴爾替一千餘人，科拉普一百五十餘人，哈普隆二百五十餘人。錦棠以諸種人自稱商賈，殺之不武，悉宥弗誅。其英人與乳目人，給文返國。布魯特十四部落願隸中國者，納之。布魯特都十九部落，在西四城卡倫外，其中五部落，投附帝俄，餘十四部落，投附安集延。至是，見安集延失敗，復請歸中國。宗棠以喀什噶爾形勢介蔥嶺支幹之中，安集延與布魯特地居西偏，逾山而東，乃達喀什噶爾，本中外天然界劃，遂南自英吉沙爾，北至布魯特界，按照卡倫地址，改築邊牆，於衝要間以碉堡，並固形勢。[440]

34 緩進速戰

規復新疆之廟謨定後，曾國荃貽書左宗棠，於規復方略，有所建議，宗棠欣然覆以英雄所見略同。此兩雄所同之方略，則「緩進速戰」四字也。[441]

所謂緩進者，宗棠意，出兵須在一切準備佈置充分妥洽之後，在未充分妥洽之前，寧從容周密以圖之，不必急迫。所謂速戰者，宗棠意，進攻須鼓行而前，一氣呵成，不能耽延。此兩點，本可作為凡屬用兵之原則，但在新疆，由於天時與地利之特別情形，尤為必要。

（一）新疆東部糧產不豐，軍火在當地又無製造，須從遠地運致；而新疆地方又多沙漠，交通工具惟駱駝為最宜，然駝行較緩，且在夏季須歇廠（每年五月至八月），運輸既甚難迅速，供應自不易充裕。於是不能不有充分時期，期待積儲有充分數目，方可出兵。而作戰時期，仍須力求縮短，以免曠日持久，接濟不敷。

（二）供應與運輸既困難，出兵數目不能不受限制，而作戰之軍與防守之軍，常感不敷分配。戰兵多則防兵少，而後路時虞被敵截斷，敵如旁竄，亦不易阻遏。防兵多則戰兵少，急要時，恐補充援應不靈，有誤戎機。然戰爭愈推進，陣線愈延長，兵數總須增益，於是又不能不期望每次作戰迅速勝利，而於勝利後，暫告一段落，以利調整。

（三）新疆氣候早寒，且甚嚴厲，行軍艱苦，於是不能不按季候為出兵之標準。未至季候，自不便出兵，一至季候，即須趕求作戰勝利，以免過此季候，又動多障礙。

（四）外來軍糧，數量有限，且行軍路線愈遠，轉運愈難，費時費財亦愈多，於是不能不為就地取糧之計。然何地有糧，何時可收，均有

一定，於是又不能不在每一次出兵前，準備若干數量之糧，大概為坐糧三個月，行糧一個月。計算消費至何時，可於其時收復何地，即以當地之新糧接濟。於是在未準備足量以前，自未能出兵；而一至可以出兵，又須迅速制勝，否則易有斷糧之虞。

在天時與地利而外，宗棠針對敵人優勢與劣勢，並有切要之準備。

（一）新疆戰役中之主要敵人，為一外國之侵略勢力，即阿古柏與安集延人。阿古柏本人，為一有能力之將軍。安集延人善戰，且已能使用新兵器。此種新兵器，為英國所供給，英國且派專家，指導安集延人自行製造新兵器。土耳其人亦售與新兵器，並僱與製造新兵器之技工，其兵工廠設在喀什噶爾。宗棠在已往平定太平軍，平定西捻，平定陝甘回之戰爭中，已儘量使用新兵器，對於出關部隊，特別配備大量之槍炮、彈藥，並隨帶精練炮手，修理技工。其後烏魯木齊三城，瑪納斯南城，以及達阪、托克遜、吐魯番諸城之攻陷，即多賴炮轟之力。蓋阿古柏軍中之兵器，不及官軍所有之精，安集延人使用新兵器之技能，亦不及官軍之嫻熟，遂致每戰必敗，終於滅亡。然彼時宗棠軍中所用之新兵器，係購自德國，運至上海轉輸至前敵，迢迢數萬里，其如何能使充分供應，不至斷頓，實然費經營也。[442]

（二）阿古柏最初之得以穩據南疆，更進而侵入北疆，全恃當地回民之同情。而阿古柏報之以恣睢暴戾，故眾心旋復攜貳。宗棠即利用此一點，分散其結合之勢力。宗棠以為新疆回民非誠欲背叛中國，徒為安集延人詐力所驅迫。今在飽經喪亂之餘，倘官軍能示以寬大，則預計回民必如去虎口而歸慈母，爭先投誠，如恐不及。如此，進攻時，奏功既易，即規復時，亦易保守，可無後顧之虞。故當其派兵南下，鄭重通飭前敵各軍，申明紀律，嚴禁殺掠，纏回附賊反正者，悉與寬貸。一面分遣已收撫之回目，預赴前線各地，向其回眾宣傳官軍德惠，而其地一經收復，即有文官繼往，辦理善後。所謂「安集延虐使其眾，而官軍撫之以仁，安集延貪取於民，而官軍矯之以寬大」。於是官軍所至，諸回望風降附，頗有傳檄而定之概。[443]

宗棠自初次奉命籌供出關各軍糧運，以至最後奉命綜持關外全部軍

務，所苦心焦思者，即為如何圓滿達到此緩進速戰之目的。其在與朋僚函牘中所反覆說明者，亦無非此四字，而於緩進之說，持之尤堅，雖朝廷敦促，有所弗顧也。宗棠常言：「耽遲不耽錯。」惟此所謂耽遲，並非因循延宕，乃是周密謹慎。[444]

今以規復新疆前後經過時間，約略推算之，姑置清廷命榮全、成祿等用兵及責令宗棠籌辦糧運之最初一階段不計，第以清廷命宗棠督辦關外剿匪事宜起，則自明令發佈，以至宗棠主力軍隊由劉錦棠督同出發，其間總有一年之久。而自天山北路平定，相隔半年，方開始規取吐魯番。至吐魯番全境平定後，又約隔半年，方開始規取天山南路。所謂緩進，可謂緩矣。然平定天山北路，僅歷時約一百十日，平定吐魯番，僅約十三日，平定天山南路東四城，僅約四十二日，平定天山南路西四城，僅約五十日。所謂速戰，亦誠速矣。

宗棠之緩進速戰，彷彿今之閃電戰，其關鍵尤在各有關方面之圓滿配合。萬一其間稍有脫節，即將遭遇非常之危險。在規取天山北路之一百十日中，攻取瑪納斯南城，約歷兩個月，此出乎宗棠意料。當時頗感焦急，原由進攻此城者，並非宗棠本身之主力軍隊，合其他數部隊為之，統將意旨不一，致滯戎機。[445] 又在規取天山南路時，師行抵庫爾勒，所隨帶之糧，中途陷淖拋棄，城中又空無一人，軍士無以為食；幸懸賞覓掘敵窟，獲糧數十萬斤，始免陳蔡之厄。[446] 由後言之，宗棠雖力圖緩進，而猶有匱糧之時。由前言之，宗棠雖力圖速戰，而猶有滯師之時，於是益信宗棠之堅執緩進速戰之說，有先見也。

當宗棠肅清南疆之後，《西國近事匯編》載 1878 年（光緒四年五月）某西報云：

> 喀什噶爾為中國克復，則彼處確為中國之一隅，中國於亞洲即為有權。當初陝甘總督左欽帥募兵於關外屯田，外國人方竊笑其迂。乃今觀之，左欽帥急先軍食，謀定而往，老成持重之略，決非西人所能料。一千八百七十六年（光緒二年），兵克烏魯木齊，分略諸地，部署定，然後整軍進對強勁之虜。阿古柏帶領大

隊兵馬迎敵，離喀城二千七百里之遙，狐火宵鳴，鼓角曉震，有氣吞天南之概，乃中途隕命。後人爭位自亂，不復禦侮。漢兵自吐魯番、庫車進阿克蘇，勢如破竹，迎刃而解。其部伍嚴整，運籌不苟，如俄人攻棋法一般。……其兵亦耐勞苦，志堅力果，計二十日經過一千二百里荒野沙漠，而得三城一大捷。由是葉爾羌、和闐各城，先後克復。一千八百七十七年（光緒三年）兵在喀什噶爾過冬，中國至喀什噶爾，一律肅清，可謂神矣。其克喀喇沙爾也，兵以寡勝，其克喀什噶爾也，兵以合圍勝，使歐人當此，其軍律亦不過如此。平時歐人輕料中國，謂中國人不能用兵，今觀中國之恢復回部，足令吾歐人一清醒也。[447]

此節記載，正可引以描寫宗棠緩進速戰之奇跡。其後美人 Arthur Henderson Smith 在 *Chinese Characteristics* 一書中舉新疆戰役，證明中國人忍耐之特性云：

新疆僻處西陲，廣漠萬里，勞師遠行，當時誰都以為一件吃力不討好的事。左氏為軍需起見，曾向中外商人移借大量款項。當時在中國的西文報紙，因此嘗嘖有煩言。一面譏誚中國政府，一面也嘲笑左氏的好大喜功。但不到一年，左氏的軍隊，便在天山南北兩路，連續打上許多勝仗，不停的向前推進。到有供養不足的地方，便實行屯墾，到收復以後再走。這樣時而屯墾，時而進剿，五六年之內（按事實上僅有四年），把整個的回疆平定了。左氏這件功績，在近代各國的歷史裏，是最可以驚人的一例，而成功的祕訣，還是在能忍耐這一點上。……[448]

此節議論，亦正可引以闡揚宗棠緩進速戰之精神。又宗棠幕客施補華，彼時恰在肅州大營，嘗寓書於其友人陳豪云：

兄初入幕府，不免以書本之經濟為經濟。自去年四月後，見相國籌兵、籌餉、籌糧、籌運，擇將才，定師期，內斷於心，慮

周藻密，不惑人言，不泥己見，見事之機，忽然以赴，於此大有長進。見得兵是極精細事，妥穩之至，乃出神奇；從前所知，猶膚末也。……[449]

此節評斷，尤正可引以提示宗棠緩進速戰之真諦。

35 阿古柏稱汗南疆所引起之國際交涉

　　新疆之國際關係，北為帝俄，南為英國。英國之關係，則在所屬印度。然當康熙、乾隆兩朝，新疆初隸我版圖時，其北為外蒙古，其西北為哈薩克、布魯特，其西南為浩罕、布哈爾、巴達克山、乾竺特、阿富汗，均係我之藩屬。彼此並不接壤，故交涉尚少。至同治朝，帝俄先後劃去外蒙古、哈薩克、布魯特之一部份，又先後吞併浩罕（除安集延外）、布哈爾，同時，巴達克山為阿富汗所兼併，而阿富汗又淪為英國之保護國。於是新疆之西部，完全為帝俄所包圍。西南一隅，亦與英國為緣。不特此也，俄英兩國亦由此發生直接關係，爭欲在新疆擴張其勢力，以求爭衡制勝。顧英國之願望，只在保全其印度。[450]

　　帝俄之併浩罕也，英國獨昵安集延。阿古柏之在新疆建國也，英國獨加扶植，雙方遣使通問，於同治十二年（1873），簽訂通商條約十二條，其要點為：

　　（一）英國承認阿古柏為喀什噶爾及葉爾羌之愛迷兒；

　　（二）阿古柏承認英人在回疆有通商之權利；

　　（三）阿古柏承認英國在回疆有派遣使節、設置領事之權利；

　　（四）英貨入回疆，納值百抽二點五之稅，但經喜馬拉雅山運入之貨，則免稅；

　　（五）英人在回疆，享有領事裁判權。[451]

此項條約,自為蔑視吾國之主權。蓋乘吾有陝甘之「回亂」,無暇亦無力顧及新疆也。英國在新疆,既獲有此種重大之權利,自不欲吾之收復新疆。故當左宗棠奉命出兵關外時,英國發動若干之阻撓,適英國駐華公使館翻譯官馬嘉里由印度遊歷雲南,為騰越官兵所戕,公使威妥瑪揚言,將調印度兵由緬甸圖雲南,並結帝俄由伊犁進兵,使我腹背受敵。其用意固在威脅清廷,對馬嘉里案作有利於彼之解決,亦即在壓迫清廷放棄規復新疆之企圖也。[452] 計不得逞,在上海報紙散播謠言,如云:「喀什噶爾之酋長,已率兵入關,直抵平涼府,現有欲赴西安之意。」又云:「甘肅全省,盡為回人所踞。」又云:「喀君牙古巴之兵,已佔嘉峪關,故西北各府,業經阻隔。」又云:「陝甘左伯帥所部,有糧匱兵嘩之情形。」又云:「左營被喀兵隔截關外,未能回顧。」非虛張阿古柏之聲勢,即誣稱宗棠之挫衄。蓋利用吾當日西北交通之艱阻,造作不祥消息,希冀搖動清廷規復新疆之決定。[453] 此種謠言,既為宗棠勝利之事實所攻破,又藉口馬嘉里案未結,禁阻英商借款與宗棠,使缺乏軍費接濟,即不能繼續在新疆作戰。一面在上海報紙,評論吾借債用兵之非,而提供其處置新疆之主張。以為:「中國不如與歐洲各國,均不必踞有其地,於各回部中,擇定最為馴良,為回人所共服者,立之為君,以為亞歐兩洲樞紐之國,使為兩洲不侵不叛之臣。」[454] 及見凡此詭計均不售,而宗棠即將進兵天山南路,威妥瑪乃詣總理各國事務衙門,代阿古柏乞降,稱為喀什噶爾王,俾作屬國,免朝貢。且謂吾用兵日久,恐俄人乘機竄取,於印度有害,於中國邊界亦必不利。總理各國事務衙門答以阿古柏為竊踞新疆南路之賊,本非屬國,即言乞降,亦當縛送叛回,繳還南八城,與前敵主兵之人定議。一面遺書告宗棠,如安集延人至,戒勿加誅,宗棠覆曰:

安集延帕霞（即夏音轉）竊踞南八城及吐魯番,並助烏垣、紅廟陝甘各回為逆,中外共知。茲威妥瑪等代其請降,稱為喀王阿古柏,若不知吐魯番、南八城為我疆土,帕夏為我賊也。既代其請降,又稱非由其央託,既稱願降,又只請為屬國,免朝貢。於

歸我故土，縛獻逋寇，概不及之。其敢以此妄瀆尊嚴者，意阻官軍深入，與前此唆上海申報刊播謠言，禁止洋商息借洋款，同一機局。……前聞春間敎匪舊部糾黨潛襲塔什幹城，殺俄人之留守舊都者，為興復故國計。俄人旋舉兵奪回塔什幹城，並擄其二王子以歸，未知確否。近時俄英交惡，其釁端是否因此而起，無從查詢。要其懷利相接，其交久離，固可知也。威使所慮俄人從中侵佔此地一節，查安集延本境，東與喀什噶爾相連，故道光年間，張格爾之變，即由此而起。其部眾為軍鋒，張逆之踞西四城，多資其力。其東少北，近與俄新闢之境相連，頃張提軍曜鈔閱新來投誠之闢展人阿哈默特口供，具言帕夏現留兵在喀什噶爾西邊，防俄羅斯。緣其地與俄只隔一河，時有俄人過河搶鬧，是安集延畏俄之逼，在其東北緊連處所，非南八城之謂。特恐官軍進攻南八城，彼首尾受敵，無以自存也。安集延既竊踞南八城，阻我進兵克復，更欲我保護彼疆，不被俄人侵擾。設心當不若是，是英人代為請降，非為安集延，乃保其印度腴疆耳。俄英共爭印度，數十年矣。印度東南之地，為英所有，其北與西，為俄所有。若由東而漸及於南，英之腴疆，將折而入於俄。威使所云，與英之印度不利者，以此。至云與中國邊界不利，則有不然。俄之代復伊犁，自知處非所據，原有俟烏魯木齊、瑪納斯克復交還之約，其駐伊犁之兵，不過千人，曾於無意中詢之索斯諾福斯齊及烏史漫達迷勞伏，所言皆同，可知俄於伊犁，本無久假不歸之意。謂官軍進規南疆，彼將乘機而收漁人之利，似與其平時以大國自居，顧惜體面不符。英人謂與中國邊界不利，不過藉此聳動，忌中國與俄交密，思所以離之耳。……

又函告前方老湘軍統領劉錦棠曰：

帕夏竊踞數城十餘年，為我必討之賊。官兵進討叛回，又派兵助逆；白餘等敗竄南路，又復招納隱容，該逆等向其說合求降，英人自應置之不理。況據梅翻譯說，非阿古柏託人求威使說情，

威使尤可不必管。如慮喀賊遣人到營，我營認作叛逆，將其殺害，我且恪遵總署鈞諭，傳令所部總統、分統、營官：如喀什噶爾有人來營，投遞呈稟，若非帶兵前來，應准其見面；如所言尚近情理，准其護送到肅州大營，聽候吩咐；如無情理，即由該總總統等放回，不必殺他。至於戰陣之事，權在主兵之人，非他人所可參預。用兵喀地，久暫固難逆料，阿古柏能否久駐，我亦無從懸揣。英使所慮，用兵日久，俄人從中侵佔一層，似不足慮。俄人雖駐伊犁，然駐兵不過一千，近且減至八百，是原議交還一說，似非虛言。若謂更思侵佔南路，無論我不能允，且俄本大國，亦斷不肯自失體面，即使帕夏投誠獻土，俄國亦必不受。南八城自乾隆廿四年(1759)入中國版圖，至今與五印度無纖毫之損，豈賊踞此地，則於英有益，中國復此地，反於英有損乎？以此覆總署，總署即以此告威使，當不致別生枝節也。……[455]

其後安集延人竟未至，達阪城之復，獲阿古柏所派大通哈，遣使勸阿古柏投地請降，亦不報。

宗棠既定計進兵天山南路，安集延人又遣其黨賽爾德至英，乞英代為請降。英人仍欲護持安集延，擬令繳還毗連北路數城，而留餘地，俾其立國。因我國駐英公使郭嵩燾以聞，會聞阿古柏死，故嵩燾並奏言：「英人意指，尤懼俄羅斯侵有其地，謀為印度增一屏障，是以護持尤力。西路軍務情形，此間一無所聞。能乘俄古柏冥殂之時，席捲掃蕩，當不出此數月之內，或尚有阻滯，及時議撫，亦可省兵力，以為消弭邊患之計。」詔下詢宗棠，宗棠奏曰：

安集延本浩罕四部之一，浩罕為俄人所併，安集延侵我回部，詔附英人，英人陰庇之十餘年，明知為我國必討之賊，從無一語及之。上年，官軍克復北路，乃為居間請許其降，而於繳回各城，縛獻叛逆節目，一字不及，經總理衙門向其辯斥，乃止。茲德爾比、威妥瑪復以此絮聒於郭嵩燾，以護持安集延為詞，以

保護立國為義，其隱情則恐安集延之為俄人所有。臣維安集延係我喀什噶爾境外部落，英、俄均我與國，英人護安集延以拒俄，我不必預聞也。英人欲護安集延，而駐兵於安集延，我亦可不預聞。至保護立國，雖是西洋通法，然安集延非無立足之地，何待英人別為立國？即別為立國，則割英地與之，或即割印度與之，可也，何為索我腴地以市恩？茲雖奉中國以建置小國之權，實則侵佔中國為蠶食之計。且喀什噶爾即古之疏勒，漢代已隸中華，固我舊土也。喀什譯義為各色，噶爾譯義為磚房，因其地富庶多磚房，故名為喀什噶爾。南八城素以喀什噶爾、和闐、葉爾羌為最，此中外所共知者。英人以保護安集延為詞，圖侵我邊方名城，直以喀什噶爾為帕夏固有之地，其意何居？從前恃其船炮，橫行海上，猶謂只索埠頭，不取土地，今則並索及疆土矣。彼陰圖為印度增一屏障，公然向我商議，欲於回疆撤一屏障，此何可許？臣奉職邊方，才疏德薄，致啟遠人輕視之心，無所逃罪。惟以局勢言之，我愈示弱，彼愈逞強，勢將伊於胡底？帕夏於庫爾勒服毒自斃，英既有所聞，賽德爾意仍照郭嵩燾前議，德爾比意欲飭署公使傅磊斯赴總理衙門會議，荜賽斯亦擬來京調處，此皆無關緊要。彼向總理衙門陳說，總理衙門不患無詞。彼來臣營陳說，臣亦有以折之。現在南路之師，劉錦棠所部之三十二營，於八月中旬，分起西進，張曜於九月初旬繼進，臣前調徐占彪蜀軍，移駐巴、古之間，委前壽春鎮總兵易開俊率馬步數營，進駐吐魯番。與郭嵩燾片奏乘俄古柏冥殛之時，席捲掃蕩一語，尚無不合。惟迫於數月之內，轉戰三千餘里，竊恐勢有難能。臣前聞英有遣淑姓赴安集延之說，已馳告劉錦棠、張曜，善為看待。如論及回疆事，則答以奉令討賊，復我疆土，別事不敢干預。如欲議論別事，請赴肅州大營。臣於此次奉到諭旨，當加飭其體察情形，妥為經理，務期預為審量，以顧大局。……[456]

然宗棠南下之師，瞬息間直抵喀什噶爾，安集延勢力消滅無餘，即英國之領事與商人，亦被前敵將帥請其出境，此項交涉，不解決而自解決。

又帝俄之吞併浩罕也，阿古柏曾與帝俄惡戰，身中五槍，故阿古柏對俄銜恨至深。及阿古柏建國南疆，帝俄強令通商。阿古柏曰：「我在世不過五年，請待五年後，惟命是聽。」言外有「我在，不准通商」之意。故帝俄對阿古柏，亦嚙恨至深。已而阿古柏又戰敗妥明，其勢力侵入北疆，帝俄乃突以兵佔我伊犁，對南疆作包圍之形勢。一面又遣使告阿古柏曰：「通商則和，否則戰。」阿古柏不得已，許於同治十一年（1872）簽訂包含下列各點之條約：

（一）俄國承認阿古柏為回疆領袖；

（二）俄人在回疆任何地方，有通商及旅行之權利，回疆人民在俄境內，亦同；

（三）俄人在回疆各城市，有建造貨棧及設置商務員之權利，回疆人民在俄屬上耳其斯坦各埠，亦有同樣權利；

（四）俄貨運入回疆，及回貨運入俄國，皆納值百抽二點五之稅；

（五）俄商及其駝隊有通過回疆而至鄰國之權利，回疆商人亦有通過俄國之權利。[457]

此亦為帝俄犧牲我國主權而獲得之贓物，然阿古柏不欲履行此因脅迫而成立之契約，務用種種方法，阻撓俄商入境貿易；其後與英國訂約，又予英以較優惠之權利，故帝俄對阿古柏，嚙恨益深。然阿古柏始終畏俄，雖得烏魯木齊，而本人仍居南疆，亦不欲刺激帝俄太甚也。

當馬嘉里案發生，英俄夾攻中國之說甚盛。帝俄適有代表索斯諾福斯齊等一行前赴西北。於是清廷疑為欲覘我虛實，誡宗棠毋示之瑕。宗棠以為西征所以規復我舊疆，原與英俄無涉；至甘肅之禍亂，已十餘年，固無可掩飾，惟有坦懷待之。客索斯諾福斯齊等於陝甘總督署中，間日一會食。索斯諾福斯齊即嘗帶兵入伊犁者，宗棠知其諳武事，又邀其參觀所屬部隊，所辦兵工廠，詰以英俄相約之事。索斯諾福斯齊力辯其無，且言此行僅為商洽華茶徑運西北輸俄。宗棠以此事於我亦有利，允俟西征事定後徐議。索斯諾福斯齊知吾決定出關討叛，自請應調為助，又願供售槍炮彈藥，宗棠均婉詞謝之。又見關外糧運艱難，請代由俄境輸入麥百萬斤，宗棠允為承購。後伊犁俄商康密斯又售與金順軍營

麥一批，於牟利之中，亦含有協助中國早日撲滅阿古柏之意，與英國護持之旨正屬相反。[458]

阿古柏有子九人，長子伯克胡里，次子海古拉。阿古柏與海古拉均厚結英人，伯克胡里則諂附俄人，俄人曾慫伯克胡里逐華人出喀什噶爾。阿古柏自殺後，海古拉為伯克胡里所戕，顯為因國際間之鬥爭，引起家庭間之糾紛。於是官軍攻下喀什噶爾，而伯克胡里投入帝俄，帝俄居之阿來。五子引上胡里，十九歲；六子邁底胡里，十四歲；八子無名，七歲；九子亦無名，四歲；又伯克胡里一子，三歲；引上胡里一子，二歲；均為官軍所獲。[459]宗棠議依清律，處以閹割之刑，於是引起英人之非難，如上海《字林西報》云：

> 左帥請閹割阿古柏子孫一奏，實駭聽聞。查各國昔年皆有此事，今識見日辟，深知其非，豈中華猶未之悟耶？夫阿古柏本非叛亂之比。當中國關內未平時，喀什噶爾、安集延等處，「回亂」四起，阿古柏以他部之人，恃其才智，收拾殘棋。數年之間，諸亂皆定，遂自立為王。英俄各國遂以王禮待之。且追溯其得踞此地，並非戎首，且實未與中國為敵。即回人之亂，亦非阿古柏唆使，故英俄皆與之立通商條約。今中國恢復故業，亦固其所，特未能明阿古柏所以自立之故，而視如叛酋，且並欲閹割其子邁底胡里等，此泰西諸國所不解也，若據萬國公法，與中國相詰問，中國其何說之辭？

又有人書致《字林西報》，主張：「此事宜請駐京各國公使入朝皇太后而議之。」又有人以此絮聒於我國駐英使臣曾紀澤，紀澤譏為多事。其實無非為不獲護持阿古柏在南疆之勢力，致其牢騷也。[460]

36　伊犁事件中之備戰

帝俄取伊犁，清廷與交涉，帝俄表示，俄國並無久佔之意，只以中國「回亂」未靖，代為收復，權宜派兵駐守，俟關內外肅清，烏魯木齊、瑪納斯各城克復之後，即當歸還。清廷命伊犁將軍榮全，就俄官商收回。俄官邀往伊犁議，將劫之以為質，蓋籌劃佈置，早已視伊犁為己有。按伊犁當乾隆朝平定準噶爾部後，凡築九城，縱橫聯絡，東西八百五十餘里，南北一千一百五十餘里。伊犁本城曰惠遠，其餘八城，在惠遠城西北，一百二十里曰拱宸（地名霍爾果斯），八十里曰廣仁（地名烏克爾博羅素克，俗呼大蘆草溝），七十里曰瞻德（地名察罕烏蘇，俗呼清水河），三十里曰塔爾奇（原為山名），北三十里曰綏定（地名烏哈爾巴里克），東北十七里曰惠寧（地名巴彥台），東八十里曰熙春（亦巴彥台地，俗呼城盤子），東南九十里曰寧遠（地名固爾札，原為回城）。帝俄則將拱宸至綏定諸城，悉行毀棄，以居漢回、陝回，而以俄兵及商戶萃居惠寧、熙春、寧遠三城。同時，將毀棄各城材料，移至東南九十里金頂寺地方，別營市廛，延長幾及三十里。又劃伊犁政事，歸七河巡撫主管，圖爾斯坦總督兼轄。於是設官收稅，每年約可得數十萬兩，久置中國主權於不顧。[461] 不特此也，為鞏固地位計，設營卡於精河，為擴展勢力計，將「回亂」平毀之塔爾巴哈台原有貿易圈，不待中國同意，指定地基，擅蓋洋房七十餘所，縱橫約及數里。為侵佔地界計，將拜吉格特哈薩克之帳房牲畜，移入塔爾巴哈台山陽，黑宰哈薩克移居塔爾巴哈台南境之載利山、巴爾魯克山。[462] 跡其用心，且欲囊括新疆西北部，不僅以獲得伊犁為滿足。左宗棠西征，固以規復新疆為使命，然為尊重帝俄上述之諸言，屢卻各方

進取伊犁之議。如清廷在收復烏魯木齊、瑪納斯後,即議要求帝俄交還伊犁,宗棠則曰:

> (天山)北路,鮮當一面之才,即與旁緣舊說,要挾必多,而收回後,或別有意外之慮,反難兼顧。不如姑以委之,俾得一意進取天山南路。南路平而伊犁當可不索而還。……[463]

又如在帝俄攻土耳其時,分調邊兵赴前敵,留伊犁者,約僅一千人,幫辦新疆軍務金順請乘機襲取伊犁,宗棠則曰:

> 吾在天山北路,兵力未必足恃,即有把握,亦無用捨堂堂正正之旗,為乘間抵隙之計,縱目前因事就功,後必更難了結。……[464]

推宗棠之意,先盡其在我,將全疆收回,再議伊犁也。

陝回白彥虎,吾之叛逆也,竄踞烏魯木齊。吾軍進剿時,帝俄售與糧食,企圖延長其擾亂之局面。及吾軍克復喀什噶爾,白彥虎窮無復之,帝俄又容許其入境,先處之阿爾瑪圖。前敵統帥劉錦棠致書圖爾齊坦總督,欲提兵入境剿捕,宗棠以為「不可無此論,卻不必實有其事」。[465] 帝俄又徙之托呼瑪克,且揚言將逼精河安設卡倫。諸將皆憤,請用兵蒐索,宗棠則婉詞止之。以為:

> 俄人惟利是圖,又習見泰西各國及日本凡有要索,無不如其意以去,故亦懷利相接。此時,兵威已盛,欲戰即戰,何所顧忌?惟東北、西北均與接界,兵端一起,事無了期,不能不遜以出之,彼若以作勢為事,而用虛聲,我且作勢應之,而幹實事,且靜以待之,不可釁自我開,令彼得有藉口。……[466]

未幾,英喉布噶爾部人,奪踞俄邊達爾瓦斯與哈拉替艮兩城,帝俄調兵與戰。諸將復謂有機可乘,宗棠則力阻之,以為:

> 俄英之隙已深，俄恃其國大，英恃其兵強，各不相下。我且
> 綢繆牖戶，靜觀其疲。不以彼之強弱為意，而日夜思所以自強，
> 亦不以彼之言我強弱為意也。……[467]

　　蓋宗棠仍不欲用武力解決，猶冀帝俄能自動交還伊犁與白彥虎也。

　　詎知帝俄包藏禍心，明知吾軍已平定天山南北路，佔領伊犁，無復可以藉口，於是嗾使我之叛逆白彥虎，我之敵人安集延，竄擾新疆邊境，俾我不遑寧處，可將交還伊犁一事，無形延宕。此種竄擾事件，在北疆者，係縱白彥虎勾結土回，四出劫掠。伊犁各城，尤為匪藪。於是沙泉子、托多克台、沙窩、大河沿諸處，官餉商貨，被劫無虛日，戕官弁，殺行客，掠台馬，其徒或數十，或百餘。防軍時時追剿之，不能絕也。[468] 在南疆者，乃大規模之襲擊，前後凡四起：

　　（一）白彥虎黨金山、馬良等犯烏什，並侵入阿克蘇之柯爾品。[469]

　　（二）安集延酋阿里達什（原踞喀什噶爾）潛率其黨百餘，竄至英吉沙爾卡倫外奈曼地方，糾合布魯特之頭目阿布都勒哈瑪，煽惑回人，謀襲喀什噶爾，旋竟闖入烏帕爾。[470]

　　（三）阿布都勒哈瑪集眾萬人，糾集愛克木汗條勒，督安集延兵八百餘人，並脅驅布魯特部眾一千七百人，寇喀什噶爾。[471]

　　（四）愛克木汗與阿布都勒哈瑪糾眾竄葉爾羌。

　　幸前敵諸軍用兵神速，皆不久即將其撲滅。而在第四次之戰役中，吾忠勇之將士，越窮荒絕塞，登石壁、冰梯，歷四晝夜，馳八百里，槍殪阿布都勒哈瑪，擒斬安集延職官號大通哈者兩名，號胖色提以下者數十名，陣斃敵兵二千數百名，奪獲牛馬數千頭。於時海外誤為中俄開戰，俄軍大敗。吾軍從俘虜身間，搜得帝俄所發路票，又從俘虜口供，獲知寇邊係由帝俄所驅使，更從敗亡者逃入俄境，為俄官所容納，加以證實。愛克木汗者，張格爾弟玉普素之孫，其寇邊，帝俄實助之，而與之約曰：「如不能取回喀什噶爾，不許再入俄境。」愛克木汗既再戰再挫，帝俄果逐之出境，此尤足見帝俄蓄心縱吾敵以侵我邊也。[472] 惟經第四次之慘敗，入寇者皆為喪膽，不敢再窺邊，即在背後之帝俄，亦不

敢再嘗試。

　　帝俄拖宕交還伊犁之又一手段，為提出邊塞糾紛，要求滿意解決。言外之意，此項交涉，一日不了，即交還伊犁之說，一日不談。而此種糾紛，多係毛舉細故，如謂塔爾巴哈台試辦徵收俄商運貨出境稅，本無不合，且為時僅一個月，為數僅五十兩。[473] 又如謂封閉俄商房屋，掠取貨物銀錢，其實封閉房屋，已在俄商回國之後，而掠取錢物，純係謊言。[474] 又如謂瑪納斯官軍劫掠俄商麥麵，而時地均屬不符。[475] 且此項麥麵，事實上乃以濟我叛逆。即其情節稍重者，如謂塔爾巴哈台捕殺越境行劫之哈薩克，其實此種行為之發生，正恃帝俄之庇護。[476] 又如俄官至阿勒泰遊歷，不交出護照，並蔑視喇嘛教規，乘馬闖入承化寺大殿月台，以至發生口角，乃反謂飽受欺侮。其實俄人遊行蒙古地方，動輒驕橫生釁。一次，竟捆縛一札薩克頭等台，搶去其銅像二十五尊，復擒去一小喇嘛，不知生死下落。又一次，掠去銅佛像七十二尊。[477] 諸如此類，無非藉事生風。然宗棠奉命查處，無不委曲求全，或議酌任賠償，或議將負責官員，量加懲處，使其無所藉口。最後，宗棠乃宣佈在伊犁未交還前，暫禁阻俄商進入新疆，以免引起無謂之釁端。[478] 已而吾軍用和平手段，限令居留喀什噶爾之安集延人出境，帝俄又謂為驅逐俄僑，提出抗議。其實安集延之地，未歸帝俄版圖，則安集延之人，自不能謂帝俄國民。彼輩之入喀什噶爾，係隨阿古柏而來。於是宗棠詰以：「俄人既認寄居喀什噶爾之安集延為所屬之人，則安集延之舉動，應由其指使，何以安集延隨同阿古柏入寇，俄國並不加約束？」如此抗議，不值一哂。[479]

　　當宗棠進規新疆時，深知對俄交涉，必然繁重，故先為奏明，凡屬有關新疆之中俄交涉，統歸宗棠應付，預杜紛歧。[480] 交收伊犁交涉，亦由宗棠先令金順就近商之圖爾斯坦總督，請與交出白彥虎並議。圖爾斯坦總督答以其納白彥虎，乃認為難民，交收伊犁，應由兩國政府商議，均不得要領。[481] 久之，帝俄政府見宗棠在新疆之所為，已無可引為不還伊犁之口實，令其駐京公使向清廷申述，若中國果能保護俄國緣新疆邊境之安全，並中國果願賠償俄國耗於伊犁之損失，俄國可將伊犁

交還中國。於是清廷以崇厚為全權大臣，前往帝俄磋議，時為光緒四年（1878）十月。崇厚至聖彼得堡，受帝俄脅迫，不敢折衝。至次年八月，未得清廷核定，竟擅與帝俄代表締結條約十八款。所有中國收回伊犁之代價，於賠償帝俄五百萬盧布外，復有關於分界與通商各項，均屬帝俄逾分之要求。而於中國所要求交還竄在俄境叛逆一項，則隻字不提。而最重大之損失，尤在分界部份，其主要之點，乃將陳爾果斯河西及伊犁山南之帖克斯河，劃歸帝俄，並將同治三年（1864）議劃之界，重行改正。伊犁北部，本已屬俄境，今復將西部與南部境內移隸帝俄，自此與天山南路隔絕，[482] 於是朝野譁然。清廷又詔徵宗棠意見，並誡宗棠及時籌備邊防。宗棠慷慨陳詞：

> 道光中葉以後，泰西各國船炮，橫行海上，闖入長江，所爭者，通商口岸，非利吾土地也。亦謂重洋迢遞，彼以客軍深入，雖得其地，終無全理。戰則勢孤，守則費巨，合從之勢既成，獨據則誨爭，分肥則利薄也。中國削平髮捻，兵力漸強，製造炮船，已睹成效，彼如思逞，亦有戒心。而渝約稱兵，各國商賈先失貿易之利，苟且相安無事，其亦知難而息焉。若夫俄與中國，則陸地相連，僅天山北幹，為之間隔。哈薩克、安集延、布魯特大小部落，從前與準回雜處者，自俄踞伊犁，漸趨而附之，俄已視為己有。若此後蠶食不已，新疆全境，將有日蹙百里之勢。而秦隴燕晉邊防，且將因之益急。彼時徐議籌邊，正恐勞費不可殫言，大局已難覆按也。夫陸路相接，無界限可分，不特異日無以制憑陵，即目前亦苦無結束，不及時整理，坐視邊患日深，殊為非計。俄人佔踞伊犁之始，謂俟我克復烏魯木齊、瑪納斯，即當交還，比各軍連下各城，並克復南疆，而俄不踐言，穩踞如故。方且庇匿叛逆，縱其黨類，肆其窺邊。……官軍追賊，均未越俄界一步，我之守約如彼，彼之違約如此，尚何信義可言！……察俄人用心，殆欲踞伊犁為外府，為佔地自廣，藉以養兵之計，久假不歸，佈置已有成局。我索舊土，俄取兵費巨資，於俄無損而

有益，我得伊犁，只剩一片荒郊，北境一二百里，皆俄屬部，孤注萬里，何以圖存？……武事不競之秋，有割地求和者矣，茲一矢未聞加遺，乃遽議捐棄要地，屢其所欲，譬猶投犬以骨，骨盡而噬仍不止。目前之患既然，異日之憂何極？此可為歎息痛恨者矣！……臣維俄人自佔據伊犁以來，始以官軍勢弱，欲誑榮全入伊犁，陷之以為質，既見官軍勢強，難容久踞，乃藉詞各案以緩之。此次崇厚全權出使，嗾布策先以巽詞餂之，枝詞惑之，復多方迫促以要之。其意蓋以俄於中國，未嘗肇起釁端，可間執中國主戰者之口，妄忖中國近或厭兵，未便即與決裂，以開邊釁；而崇厚全權出使，便宜行事，又可牽制疆臣，免生異議。……當此時事紛紜，主憂臣辱之時，苟心知其危，而復依違其間，欺幽獨以負朝廷，耽安便而誤大局，臣具有天良，豈宜出此？就時勢次第而言，先之以議論，委婉而用機，次決之於戰陣，堅忍而求勝。臣雖衰庸無似，敢不勉旃！……[483]

一面預作三路進兵之佈置。東路嚴防精河一帶，僅取守勢，扼俄人自伊犁向東向北紛竄之途徑，此路以金順主之。金順已有馬步一萬餘，加撥馬步一千五百左右，以增實力。中路由阿克蘇冰嶺之東，沿特克斯河，徑取伊犁，並斷金頂寺俄人歸路，為程一千二百五十里，本商旅往來之道，此路以嵩武軍統領張曜主之。張曜駐阿克蘇，步隊四千五百有奇，馬隊五百餘騎，於增募皖北步隊一千名，挑選舊土爾扈馬隊數百騎外，加撥步隊四營、馬隊一營，統歸節制調遣。西路取道烏什，由冰嶺之西，徑布魯特遊牧地，徑指伊犁大城，斷俄圖援之道，計程一千二百五十里。原為南北換防兵往來捷徑，其時則早經禁閉，故更預定，萬一難於進兵，則屯兵喀什噶爾外，遙張深入俄境之勢，俾時有狼顧之憂，不敢為狖突之舉。此路以劉錦棠主之。錦棠在西四城，有馬步二十五營旗，計弁丁八千五百七十名，馬隊一千五百騎，於另撥二千名填補換防缺額外，加調五營，俾利調度。其伊犁東北塔爾巴哈台一帶，則調撥土勇一千一百餘名，增強防務。[484]

時主和主戰，議論不一。至光緒六年（1880）閏二月，清廷改派曾紀澤前往帝俄，要求覆議。四月中，宗棠由肅州輿櫬起行，親往新疆督師。宗棠方患風疹，痛癢難當，然滿懷熱情，不能遏止。昔人經營西域，惟恐不能生入玉門關，而宗棠則老當益壯，惟恐不能生出玉門關。五月初，行抵哈密，駐鳳凰台，三路進兵之佈置，已大體完成，又查得兩點：

其一，帝俄增兵分踞伊犁、阿來者，合計不過數千，安設開花後膛炮位，大小不過數十尊。似悉在固守伊犁與納林河門戶，尚未出往日所意料。惟近頗有越界放哨，及越界築壘之事，似意在挑釁。錦棠、金順但遣人詰問，未遽加以聲色，宗棠益誡以第各謹守防地，毋得輕動。

其二，帝俄就流亡在伊犁之陝回、土回八千人中，挑選精壯三千人為兵，令助俄軍防守，而徙其眷屬於俄境以為質。宗棠以為此輩皆吾之叛逆，無論為兵為民，須防其東竄，或由巴里坤逾天山而南，以抵哈密一帶，或由草地偷越安西州，以達河西，均有使完善地區重受蹂躪可能。因自科布多至古城子，加設哨探，自古城子至巴里坤，至哈密，至安西，至玉門總要路口，加撥防兵，以期隨時得訊，隨地截阻。

宗棠自帶親兵十一哨，仍在關內調撥馬步數營，勤加訓練，遇有警報，即可分途策應，迅赴戎機。[485] 帝俄一面接受紀澤覆議，一面揚言駛兵船往東，封鎖遼海。才越兩月，清廷特詔徵宗棠入京：

> 左宗棠現已行抵哈密，關外軍務，諒經佈置周詳。現在時事艱難，正須老於兵事之大臣，以備朝廷顧問。左宗棠着來京陛見。一面慎舉賢員，堪以督辦關外一切事宜者，奏明請旨，俾資接替。……

宗棠自收復南路八城，以錦棠幫辦軍務，管西四城，駐喀什噶爾，張曜管東四城，駐阿克蘇。至是，宗棠奏薦錦棠繼任督辦，張曜派為幫辦，並改以張曜管西四城，移駐喀什噶爾，錦棠管東四城，而駐哈密。宗棠隨即啟程回省，由省入京。[486] 時帝俄艦隊取道黑海、紅海東下，

宗棠因捐購水雷二百枚，魚雷二十枚，助固浙江、福建海防。又傳帝俄築城琿春，兵船至新開河，而烏理雅蘇台亦報俄兵近邊。於是宗棠先撥親兵十一哨，旌善馬隊五起，取道鎮番。又調王德榜、劉璈各帶所部一營會師中衞，共趨歸化城，屯張家口。宗棠自顧衰朽，然以為肩輿督戰尚非不可，且欲由山海關出奇兵，取襲琿春，恢復康熙朝失地。[487] 顧至次年正月，宗棠行抵北京，而紀澤在帝俄交涉已成約，伊犂全部歸還中國。惟伊犂分界，雖得取消崇厚草約，而賠償盧布則由五百萬增至九百萬，其餘分界，中國猶損失土地達九萬二千方里之多。白彥虎仍不肯引渡，僅允嚴加看管，不令侵入中國境界。[488] 然此次改約，尚獲成功，不致決裂，固賴紀澤折衝得法，亦賴宗棠在新疆佈置得宜，使帝俄不能不有所顧忌。先是，帝俄代表索斯諾福斯齊等訪宗棠於蘭州省城，聚談之頃，宗棠猝問索斯諾福斯齊曰：「設中俄兩國開戰者，子將以為孰勝？」索斯諾福斯齊曰：「此乃不可思議之事。」曰：「第直言之，不必有所拘忌。」曰：「俄將獲勝。」宗棠愕然，以問他俄人，亦以俄將獲勝對。[489] 此番談話，雖見宗棠之不諳外交禮貌，然自是而俄人卻已認識宗棠對俄之敵意，知伊犂交涉，如誠決裂，至少宗棠一人，必主張不惜一戰也。故在紀澤交涉進行中，俄方頗留意宗棠行動。如在第十二次（光緒六年〔1880〕十一月初十日）談話中：

> 格云：「我風聞左中堂現在進京，恐欲唆使構兵，不知確否。」
> 曾侯曰：「此係謠傳。」
> 格云：「中鄂兩國和好二百餘年，若為不值之事，遽而失和，殊屬無此情理。」
> 曾侯曰：「自然。」

格者，俄外務部尚書格爾斯也。又如在第三十一次（十二月十八日）談話中，紀澤報告，交涉條件已得清廷批准。於是：

> 格云：「前接北京來信言，左中堂將欲進京，似有請中國動兵

之意，特恐左宗棠到京後，無知之人藉勢作難，而中國東三省地方，仍然調動兵勇，本國深不放心。今日聞貴爵所告之事，我始放心矣。」

　　曾侯曰：「此係謠傳，不可輕信。外間因左中堂削平『回亂』，建立大功，遂以為左中堂專好用兵。其實左中堂年逾六旬，老成重望，豈有唆使構兵之理？我說一句老實話，中、鄂兩國和好，固無須調左中堂進京；假使中國有用兵之意，則西邊正關係緊要，更無調其進京之理也。」

　　布云：「然則左中堂未曾進京否？」

　　曾侯曰：「並未進京。總之，中國辦事機密，外間不知底細，不免造作言語也。」

布者，俄駐華使臣布策也。又如在第三十三次（十二月二十日）談話中：

　　格云：「皇帝謂，有傳聞左相奉召入京，務請及早定議，免生枝節。」

　　曾侯曰：「早定最好，惟左相並無進京之信。」

　　格云：「凱署使電奏，謂有傳聞。」

　　曾侯曰：「左相是中國大臣，老成重望，諸事明白，斷不肯挑生事端。……此次條約，既是兩國意見相合，左相亦必喜歡。且他最是明白大體之人，無論其有無進京之說，即使進京，見今日之約，和平商定，亦必喜歡也。」

　　格云：「前與貴爵亦曾提過，今日之言，係本國皇帝之話。」

　　曾侯曰：「我請格大臣轉奏貴國大皇帝，但請放心，左相必不進京，即使進京，亦斷不肯從中作難。我所受者，係本國皇帝電旨，皇帝令我應允，誰敢阻止？」

蓋俄亦甚畏決裂用兵，而對宗棠深懷疑懼，故希望早日定議也。至第四十八次談話（光緒七年〔1881〕正月十七日），紀澤宣佈：「從前

布大人以左中堂一事相問，比時我毫無所聞，故未明白答覆，現在接閱邸鈔，始知左宗棠係照例進京陛見，並聞其在陝西過年，西曆三月，可抵京師。」[490]

按宗棠內召，紀澤必早已知悉，為利用帝俄疑畏心理，故為隱祕，以速交涉之成。此時交涉已妥洽，紀澤乃將宗棠行蹤據實報告。宗棠以為：「……疆吏如能持正，使臣尚或有憑藉，多說幾句硬話。否則依違遷就，在所不免。……」是紀澤嘗勸宗棠勿主戰，然宗棠之主戰，確有助紀澤之交涉也。[491]

37　新疆建省

　　如何規復新疆，固為一大問題，而新疆規復後如何處理，尤為一大問題。頗有人擬就各部份設置回目，分散其勢力，以為如此便可獲得治安，而又省事省費。宗棠獨主張從根本作起，改設行省，開置郡縣。（參閱三十節）當時清廷即飭宗棠通盤籌劃，妥議具報。宗棠則以此事關係太重大，頗難獨負其責，故當天山南路平定，而奏請下廷臣及各省督撫會議：

　　　　新疆擬改設行省，置郡縣，雖久安長治之良圖，然事當創始，關係天下大局，非集內外臣工之遠猷深算，參考異同，則思慮未周，籌策容多疏誤。且甘肅荒瘠著名，所有兵餉，全資各省協濟，相沿已久。臣前奏請敕戶部將咸豐年間報銷冊籍全分，頒發到臣，以憑稽考，尚未見到。現復逐加詢訪，甘肅本省及鎮迪一道餉需經費，每年常額計三百二十餘萬兩內外。伊犁、塔爾巴哈台及吐魯番、南八城滿綠各營餉需經費，約尚需百數十萬兩，均係由各省撥解接濟。此時雖指西征台局及各省關專款分解濟用，將來應仍復舊額，以歸有著。合無仰懇皇上天恩，敕下軍機大臣、總理各國事務衙門、六部、九卿及各省督撫臣，將新疆應否改設行省，置郡縣，從長計議，具奏請旨。並將各省關從前應解甘餉及應解新疆額餉各實數，咨部核對行知，庶微臣斟酌損益，得有憑藉。……

奉詔，略謂：

新疆應否改設行省郡縣，事關重大，非熟習該地方情形，難以懸斷。此時遽令內外臣工議奏，亦未必確有定見。仍着左宗棠將何處應設省份，分設郡縣，及官缺、兵制、一切需用經費，妥議章程具奏，再敕廷臣悉心會議，候旨定奪。該督前請發交咸豐初年陝甘新疆報銷卷冊各全分，及新疆額徵俸薪餉需各卷冊，着戶部懍遵前旨，迅速辦理。並將各省關應解甘餉，及應解新疆額餉各數目，查明咨照該督核辦，毋稍遲緩。……[492]

嗣清廷派崇厚赴帝俄交涉收回伊犁，詔詢宗棠伊犁最近情勢，並謂：

郡縣之制。以民為本。現由嘉峪關而烏魯木齊，至庫爾喀喇烏蘇迤西，商戶、回戶各存若干，由吐魯番至南八城，纏頭回各存若干，除舊有各廳州縣外，其餘各城改設行省，究竟合算與否，何以遲未覆奏？倘置郡縣，有無可治之民？不設行省，以外有何良策？固不可因陳奏在先，礙難變計，而默爾以息。尤不可因時勢所值，不易措手，而隱忍以待，總宜於萬難措施之中，求一可進可退之計。該督素矢公忠，西陲形勢了如，想早胸有成算。至關內外滿綠制兵如何整頓，防勇征勇如何裁併，及改設營屯，節縮餉項之處，亟應通盤籌劃，次第妥辦。數年來，竭東南財力，以助西征，前復因善後緊要，特允籌借商款三百五十萬兩，俾應急需。每歲各省入款，止有此數，損彼益此，斷不能持久，商款又萬難再借，想亦該督所深悉也。此旨到後，着將垂詢各節，並佈置方略，即行密速奏聞。……

宗棠覆陳新疆應改行省有兩大理由，並說明調整兵制，及新疆利源可開情形：

臣謹按新疆之變，起於北路。迪化失守，所屬相繼淪陷，戶口傷亡最多，漢民被禍尤酷，以逆回仇視漢人故也。比大軍進

剿，連拔堅城，而昌吉、呼圖壁、綏來回民，又因畏剿，逃奔南路，煙戶頓減。克復以來，還定安集，招徠開墾，戶口漸增。迪化州各屬，尤成效可睹，舊額民戶共四千二百有奇，現報承墾者，已三千六百餘戶。昌吉縣民戶，舊共三千九百有奇，現報承墾者，僅四百數十戶。阜康縣民戶，舊有三千九十餘，現報承墾者，僅二百一十餘戶。綏來縣民戶，舊有三千七百餘，現報承墾者，八百五十餘戶。奇台縣舊有民戶，四千三百六十有奇，現報承墾者，五百七十餘戶。濟木薩縣丞所屬，舊有民戶，二千八百有奇，現報承墾者，三百五十餘戶。呼圖壁巡檢所屬，舊有民戶，一千七百三十有奇，現報承墾者，二百八十餘戶。庫爾喀喇烏蘇舊有民戶，僅八十有奇，現報承墾者，尚數十戶。精河舊有民戶，四十有奇，現報承墾者，一百餘戶。鎮西廳戶口無考，舊種地六萬畝，現報民墾三萬六千餘畝，兵墾四千餘畝，土客漸增。此北路民戶現存實數也。久罹兵燹，戶口凋耗，無怪其然，鎮迪一道所屬，雖子黎僅存，頻年散給耕牛種籽，酌發賑糧，廣示招徠。自木壘河抵精河，除戈壁外，又均是腴區。土客民人及遣散勇丁領地耕墾，逐漸增加。署鎮迪道周崇傅，勤慎廉幹，事必躬親，漸有明效。需之時日，百堵皆興；即以目前論之，亦非無可治之民也。吐魯番舊隸鎮迪道，荒地尚少，現委道員雷聲遠，署同知奎綏，妥為撫輯，糧石租稅，已逾舊額之半。南八城除英吉沙爾壤地褊小，烏什土性瘠薄，餘均較吐魯番為饒。而喀什噶爾、和闐、葉爾羌、阿克蘇，庶而兼富，物產豐盈，又較各城為盛。劉錦棠、張曜悉心經理，現委員開河引渠，清丈地畝，修築城堡塘站，鑄錢徵厘，百廢肇興，具有端緒，較之北路，尤易為功。是南北開設行省，天時人事，均有可乘之機，失今不圖，未免可惜。此新疆之應改省者，一也。

北路得之準部，南部得之回部，皆因俗設施，未能與內地一道同風，久已概為邊地。伊犁設將軍，又設參贊大臣一員，烏魯木齊設都統，塔爾巴哈台、葉爾羌均設辦事大臣。伊犁等處，設領隊大臣五員，塔爾巴哈台、烏魯木齊、庫爾喀喇烏蘇、古城、

巴里坤、吐魯番、烏什、英吉沙爾均設領隊大臣，哈密設辦事大臣一員、協辦大臣一員，葉爾羌設兼管和闐事務協辦大臣一員，烏什設幫辦大臣一員，喀什噶爾設換防總兵一員；是邊地腹地，皆一律視之，無甚區別，與經野馭邊之義不符。將軍、都統與參贊辦事大臣、協辦與領隊大臣，職分等夷，或皆出自禁闥，或久握兵符，民隱未能周知，吏事素少歷練，一旦持節臨邊，各不相下，稽察督責，有所難行。地周二萬里，治兵之官多，治民之官少，而望政教旁敷，遠民被澤，不亦難哉！北路糧員但管徵收，而承催則責之頭目，南路徵收，均由回目阿奇木伯克等交官，官民隔絕。民之畏官，不如其畏頭目。官之不肖者，狎玩其民，輒以犬羊視之。凡有徵索，頭目人等輒以官意傳取，倚勢作威，民知怨官，不知怨所管頭目也。內地徵收常制，地丁合而為一，按畝出賦；故無無賦之地，亦無無地之賦。新疆則按丁索賦，富戶丁少，賦役或輕，貧戶丁多，賦役反重，事理失平，莫甚於此。貨幣之制，子母不能相權，爭訟之事，曲直不能徑達。官與民語言不通，文字不曉，全恃通事居間傳述，顛倒混淆，時所不免。此非官與民親，漸通其情實，去其壅弊。廣置義塾，先教以漢文，俾其略識字義。徵收所用券票，其戶民數目，漢文居中，旁行兼注回字，令戶民易曉，遇有舛誤，即予隨時更正。責成各廳州縣，而道府察之，則綱目具而事易舉。頭目人等之權殺，官司之令行，民之情偽易知，政事之修廢易見，長治久安之效，實基於此。此新疆之應改設行省者，二也。

夫立國有疆，古今通義。傳曰：「天子有道，守在四夷。」周秦以前，姑弗具論。自漢以來，通道始於張騫，不能得月氏要領；求馬繼以廣利，不能下小國堅城。漢於西域，窮天下之力以務之，卒有輪台之悔。故班固以為得之無益，棄之不為損也。今主棄地之說者祖之。臣愚非不謂然，顧斷斷於兵不可停，地不可棄者，蓋以地形無今昔之殊，而建置則有因創之異。窮變通久，因時制宜，事固有不容已者。謹按，新疆開拓，肇自高宗時，移涼州、西安、熱河滿兵，延安、綏德、寧夏、興安、漢中、西

寧、固原、肅州、河州、安西綠營兵丁，駐守南北兩路。餉不外增，各城養廉經費，則以京口、杭州等處出旗漢軍俸餉、口糧、馬乾、及甘肅等處所減草料充之。計內地每歲節省之數，共一百二十九萬兩有奇，而劃抵新疆養廉經費一百零七萬八千四百餘兩外，尚餘銀二十一萬一千五百餘兩，不特無糜餉之虞，且有節餉之實。論者竊以耗中事西疑之，於聖意拓邊節餉，固無當也。臣自度隴以來，即留心稽考甘肅、新疆餉數，僉稱承平時，每歲約銀五百餘萬兩。自變亂以來，冊籍散佚，難以覆按，請部鈔示成案，亦無以應。近據藩司崇保詳稱：「查得道光二十七年（1847），甘肅口內外駐防滿洲、蒙古旗、綠營官兵應需俸餉，紅白賞恤等項銀四百一十五萬二千三百五十三兩三錢九分九厘四絲一忽，內先一年預撥銀一百四十萬兩外，銀二百七十五萬二千三百五十三兩三錢九分九厘四絲一忽，由部臣照依估撥預撥完數。」以此准之，甘肅、新疆實餉五百餘萬兩之數，雖無可考，而一歲之中，預撥正撥四百一十五萬有奇，則有數可稽也。臣竊度南北兩路，如行清丈之法，就畝徵賦，仿什一之制，而從寬定額，民收十數分，官徵其一，以給軍食，尚可有餘。修渠導流，以備旱潦；改鑄制錢，以便民用；設局徵厘，以裕課稅；創設義塾，教之識字；選調匠師，教之藝事。自季春至今，次第經理，甫有端緒，容俟各處函牘到齊，即日具奏。此外南北兩路物產，尚有藥材、皮張、吐魯番之棉花、和闐之玉、庫車之金、銅、鉛、鐵均應設籌及之，是新疆利源，非無可開也。甘肅地處邊陲，土曠人稀，瘠苦甲於天下。承平時，錢糧徵收，不及東南一大郡，此其明徵。亂後孑黎，皮骨僅存，氣息僅屬，雖頻年拊循休養，漸有起色，究之致力多而成功少者，時地實有以限之。通省舊設額兵太多，全恃各省協款接濟，自中原軍興，各省未能兼顧。於是回禍起，新疆淪陷，甘肅全省，名雖僅存，實則亡矣。幸值聖明在上，洞矚無遺，移東南之餘財，救西北之奇厄；親賢夾輔，內外一心，先關內而後關外，次第圖之，乃有今日，不可謂非幸也。此時所當亟籌者，善後之策。善後之策，當規久遠，利鈍所繫，非

僅一時。以甘肅與新疆並論,新疆利源可開,流亦可節,甘肅則開源為難,而節流尚有可議。從前額兵之多者,一則轄疆與蒙部回番雜處,兵少恐啟戎心;一則新疆需由內地撥兵換防,兵少難數調派也。若以現在局勢而言,蒙部回番,已就鈐束,防營可以漸減。前奏改行餉為坐餉,圖節勇餉,為復甘肅制兵之漸。新疆南北,如置行省,換防之制,可以永停,預撥估撥餉銀四百數十萬兩,俟伊犁收還,每歲約可節省百數十萬兩。後此利源日增,餉更可減。部臣可隨時察酌,而任甘肅、新疆之事者,可隨時陳奏,特恐非微臣所及見耳。此統籌甘肅節省餉需以規久遠之大略也。

諭旨:宜於萬難措施之中,求一可進可退之計。臣愚竊以為新疆歲需餉銀二百數十萬兩,甘肅歲需餉銀二百數十萬兩,本是承平時部臣預撥估撥常例。茲當全隴澄清,西域收復之時,照常指撥,於部章並無不合,承撥各省當亦無詞。況承平時應撥數目內,又可節省百餘萬兩。此後經理得宜,節省或當不止此數,實於國家經出之費,不無小補;當亦部臣與疆圻諸臣所樂聞也。臣於新疆擬辦各事,皆以利民裕國為主,行省之改與否,尚未奏奉明旨。而所籌者,無論改省與否,兩不相妨,可行則行,可止則止,進退尚屬綽然。過蒙聖明矜諒,示以轉圜之機,若不披瀝直陳,上紓慈念,更何以自處。至愚衷有未盡者,不得不及時陳明,仰祈垂察。……

清廷詔以:

事關創始,必須熟籌於事前,乃可收效於日後。刻下伊犁未經收還,一切建置事宜,尚難遽定。其餘南北各城,應如何經理之處,即著左宗棠悉心籌畫,次第興辦。總期先實後名,俟諸事辦有眉目,然後設官分職,改設郡縣,自可收一勞永逸之效。所有辦理情形,並著隨時詳細具奏。……[493]

事逾半年許,前自喀什噶爾逃竄帝俄境界之安集延各酋目,糾眾窺邊,喀什噶爾與葉爾羌一帶雜居之種人,頗為所煽動。宗棠於報告防剿摺中,又謂:「新疆地方因俗施治,政教未行,愚回信奉其汗比條勒,已成錮習。非革除舊俗,漸以華風,望其長治久安,事有難言。」詔謂:「新疆地方,愚回錮習未除,自應規畫久遠,移其風俗,俾就範圍。該大臣所擬改設郡縣,應如何辦理之處,並着妥籌具奏。」[494]

宗棠乃並案奏陳其意見:

　　竊惟新疆南北各城,頻年辦理善後事宜,均有端緒,所有詳細情形,業經會銜陳奏。臣與楊昌濬再四咨度,分設郡縣,與時務相宜。如蒙恩旨俞允,會同籌商辦理,從此邊地腹地,綱舉目張,城郭盧帳,群萃州處,彼此各仍其舊。治外則軍府立而安攘有藉,疆圉奠焉;治內則吏治修而政教相承,民行興焉。上無鄙夷其民之心,下有比戶可封之俗,長治久安之效,實基於此。臣兩次欽奉諭旨,恭錄咨行新疆在事諸臣,意見相合。竊計改設郡縣,經出經入費用,較之從前部撥常年實數,不但無增,且可漸減。誠及此時籌議興辦,開設行省,於國計邊防,不無裨補。

　　按新疆形勢所在,北路則烏魯木齊,南路則阿克蘇。以其能控制全疆,地居天山南北之脊,居高臨下,左右伸縮,足以有為也。謹擬烏魯木齊為新疆總督治所,阿克蘇為新疆巡撫治所,彼此聲勢聯絡,互相表裏,足稱其形勢。將軍率旗營,駐伊犁,塔爾巴哈台改設都統,並統旗綠各營。並擬增設伊犁兵備道一員,塔爾巴哈台擬增設同知一員,以固邊防。

　　北路鎮迪道,應仍其舊,擬改迪化州直隸知州為迪化府知府,擬增置迪化縣知縣一員,附郭。州屬原設縣四,一阜康,一昌吉,一綏來,一奇台,應仍其舊。擬升呼圖壁巡檢為圖壁縣知縣,升濟木薩縣丞為濟木縣知縣。鎮西廳同知治巴里坤,擬改為鎮西州直隸州,擬仍復原設宜禾縣知縣,附郭。哈密通判擬改為直隸廳同知。

　　吐魯番境一名廣安州，為入南疆衝要首站。擬增設廣安道一員，以資控扼。其吐魯番同知，擬改為廣安州直隸州。擬升闢展巡檢為闢展縣知縣。托克遜為烏魯木齊通南八城衝要，擬就地置托遜縣知縣一員，以資聯絡。

　　南路擬設阿克蘇巡道一員，喀什噶爾兵備道一員，擬設知府四員，一治阿克蘇，一治庫車，並隸阿克蘇巡道。按阿克蘇即古溫宿國，擬設溫宿府知府一員，溫宿縣知縣一員，附郭。擬設尹河縣知縣一員，治尹阿瓦提；擬設拜城縣知縣一員，治拜城，均隸溫宿府知府管轄。庫車即古龜茲國，擬設鳩茲府知府一員，鳩茲縣知縣一員，附郭。擬設沙雅爾知縣一員，治沙雅爾，歸鳩茲府知府管轄。喀什噶爾即古疏勒國，擬設疏勒府知府一員；疏勒縣知縣一員，治漢城，疏附縣知縣一員，治回城，並附郭，歸疏勒府知府管轄。葉爾羌即古莎車國，擬設莎車府知府一員；莎車縣知縣一員，治漢城，莎附縣知縣一員，治回城，並附郭，歸莎車府知府管轄。喀喇沙爾即古焉耆國，擬設焉耆直隸州知州一員，治喀喇沙爾。並設庫勒縣知縣，治庫爾勒，歸焉耆直隸州知州管轄。和闐即古于闐國，擬設于闐直隸州知州一員，治和闐；並設于闐縣知縣一員，附郭，歸于闐直隸州管轄。烏什即古尉頭國，擬設尉頭直隸同知一員，治烏什。英吉沙爾即古依耐國，擬設依耐直隸同知一員，治英吉沙爾。

　　凡茲所擬建置大略，雖經臣與新疆在事諸臣悉心商訂，具有規模，而地非親歷，究難信之於心。既擬置省份，設郡縣，則政務繁簡，地歙肥磽，物產盈虛，丁口多寡，差徭輕重，為缺分苦樂所關，非權其經出經入實數，為之斟酌損益，俾適於中，則官困而民必受其病。適奏調浙江候補知府陳寶善到營，臣留居幕中，令其熟閱新疆各局往來公牘，面為講求，預將興革諸務，貫徹胸中。飭三月下旬出關，遍歷新疆，察驗一切，一面就近稟商各總統，一面稟報，聽候核示。陳寶善久官牧令，廉幹耐勞，熟嫻吏事，茲令參商建置興革事宜，或有裨益。至義塾甫興，學政及各府廳州縣校官，應緩議設，其丞倅佐雜，應俟分設郡縣後，

再分別陳奏，請旨遵行。新疆各員應否按照邊俸遷調升轉，亦可緩議。至各城應安設台站驛遞，增設提、鎮、副、參、遊、都、守、千、把外額大小武職，及額兵俸廉餉乾本折，均應俟新設督撫會同議擬具奏。而藩臬大員均隨督撫駐紮，庶總匯之司，得所稟承，事無不舉。凡此皆應由新疆督撫奏明次第興辦者，非臣所得預議也。

如新疆置省，分設郡縣，仰蒙俞首允行，應懇天恩先行簡放新疆總督、新疆巡撫，重以事權，俾得隨時陳奏，徑達宸聽。其新疆軍務，臣有督辦之責，固不敢稍有諉謝也。……

宗棠此摺，係將新疆建省，分置郡縣，作成具體方案，然朝旨仍謂：

左宗棠奏覆陳新疆宜開設行省，請先簡督撫一摺，所擬建置事宜，頗為詳悉。惟現在伊犁尚未收復，佈置一切，不無窒礙。所有新疆善後諸務，仍着該督因地制宜，次第籌辦。原摺着暫留中，再候諭旨。……[495]

以上為光緒六年（1880）以前經過情形。是年秋，宗棠奉召解職入京備諮詢，故新疆建省一事，未獲在宗棠手中實現。惟次年伊犁收回，八年（1882）九月，宗棠在兩江總督任內，復奏請建設行省，歷舉理由凡五：

新疆周二萬里。……從前分設將軍、都統、參贊、辦事、領隊、幫辦大臣，換防總兵各員。……已有偏重之勢。……況他族逼處，故土新歸，治內治外，事同草創。……誠及此時，早定大計，其便有五：

取我固有之地而自治之，疆索秩然，行國居國，相庇以安，異類無從擾越，一也；

中外交涉事件，差以毫釐，謬以千里。有督撫近駐其地，撫臣治內，督臣治外，凡可以防患未然者，先事綢繆，絕其禍本，

不致潛滋暗長，難以收拾，二也；

防營未撤，將士用命，既可壯疆臣之聲威，即將來設立制兵，亦可就中挑選久經戰陣之才，錯落佈置其間，士氣既揚，軍威自壯，三也；

回民素性雖悍，新出水火，當為急謀安插，結以恩信，則感激易生，施之教化，則諸染漸滌，四也；

從前興作各事，藉資於勇力者居多，而不可無官以善其後，督撫睹聞親切，黜陟分明，樂事勸工，人知自奮，五也。

否則民方有須臾無死之心，而顧等諸羈縻弗絕之列，萬一強鄰窺伺，暗煽拼飛，後患方興，前功盡棄，與其搶攘於事後，曷若審慎於幾先，如是則雖一時覺勞費，亦有不得而惜者。……⁴⁹⁶

時譚鍾麟為陝甘總督，劉錦棠仍督辦新疆軍務，但兩人雖為宗棠所拔擢，主張卻與宗棠微有不同。宗棠議先設總督與巡撫，俾就地商定郡縣規模，合議事與任事者為一人，不致扞格。鍾麟則謂設省應從州縣起，然後進設督撫轄之。錦棠則以為新疆與甘肅，形同唇齒，前此宗棠以陝甘總督督辦新疆軍務，一切皆以關內為根本，自然應付裕如；以後彼繼充督辦，亦因後任總督能勉予支持，不致竭蹶。若稍分畛域，必不堪設想。今若將新疆自為一省，則以少數州縣，孤懸絕域，勢難自存，惟悉歸甘肅節制，亦覺鞭長莫及。因議仿江蘇蘇屬之建置，設甘肅巡撫一員，駐烏魯木齊；另設新疆布政使一員，隨巡撫駐紮；鎮迪道加按察使銜，兼管刑名驛傳。清廷折衷定議，由是錦棠與鍾麟於九年（1883）四月，始委員試署新疆道廳州縣，與宗棠原議，亦頗有出入。十年（1884）十月，錦棠被命為甘肅新疆巡撫，魏光燾為新疆布政使，行省規模，漸次備具。⁴⁹⁷

新疆建省，乃清代平定準部、回部之一個歸宿，亦為結束中國經營西域史之一頁。此事雖以宗棠之不斷推動，而終於在光緒朝實現，但在道光朝，早啟其端倪。時值回部數度變亂，宣宗亟圖徹底解決之辦法，朝臣中即有以繼北疆鎮迪道之政制，一體設置郡縣之說進者。因宣宗主

於節嗇，恐滋煩費，未被採納。然其後學者研究西北史地，如魏源、龔
自珍等，亦多主新疆建省，作成若干具體之建議。自珍且有「五十年中
言必驗」之預測。宗棠少壯時，亦好覽瀏西域記載，魏、龔兩氏外，嘗
與徐松締交。徐松親歷新疆，撰成《西域水道記》，並為松筠主編《新
疆識略》，稱一時名著。於是「建省尚煩他日策，興屯寧費度支錢」。
宗棠對於新疆之懷抱，亦形諸歌詠。厥後銜命西征，果有發抒此懷抱之
機會。先之以實行興屯政策，繼之以推進建省運動，雖其與女夫陶桄書
猶有「五十年間志願，到今尚行之不盡」之感，顧於新疆建省一事，仍
得垂老觀成，亦可無憾耳。[498]

38 西征中之採運

　　左宗棠用兵西北，其始僅在陝西、甘肅，其後推至新疆。在陝甘時，固未逆料尚須至新疆，然由陝西而甘肅，而新疆，固有一深切之認識，即「自古西北用兵，以糧與運為最急最難」。故常喟然歎：「籌餉難於籌兵，籌糧難於籌餉，籌轉運又難於籌糧。」其故則全由於西北生產之不足，轉運之不便。[499] 而宗棠在西北之成功，亦未始不由於此種深切之認識，與其基於此種認識而產生之適當之措施。而由於此措施，更可想見其思慮之周密。

　　因生產之不足，於是宗棠採取一種興屯政策：

> 自古邊塞用兵，非興屯不可。蓋人之糧糗，馬之草料，非儲峙豐盈，不敢趣戰。而西北地多斥鹵，物產非饒。一經兵燹，所有水草豐衍，可田可牧之地，多遭蹂躪。採購則荒涼滿目，和糴無從；轉輸則道路阻長，勞費滋甚，勢不得不擇地興屯，以資軍食。散地招集難民，衝要分駐丁壯，事前所需，雖極繁巨，然較之採買轉輸之費，通計猶為節省。屯政果興，軍無懸釜之憂，民有重蘇之望，以逸待勞，以飽制饑，其於邊事，尤為便利。漢趙充國之制先零，罕行前效可睹也。……[500]

同時，輔以一種精兵主義：

> 自古關塞用兵，在精不在多。方全盛時，籌甲兵，即先籌芻粟。如漢趙充國，古稱名將，其駐軍酒泉，即今之肅州治；敦煌，

即今之安西州治。所陳兵事，重屯田而罷騎兵，留步兵萬人，藉省大費。三奏力諍，行之卒效。至今言西北兵事者，莫能外也。乾隆間，兆惠苦守伊犁數月，維時北路兵阻不前，其深入者，僅精兵數百，卒能力解重圍，宣威絕域。約計當時北路丁馬，多亦不過數千。然則道遠運艱，不能用眾，即古昔承平無事，官私充足時，亦無以異可知也。……[501]

而因運輸之不便，宗棠又採取一種有計劃的採運方針：

> 西北用兵利鈍，在軍食之盈虛，軍食之盈虛，在採購之多寡，轉輸之遲速。而其要必先核實各軍支食之人馬，為採運之準數，然後支食之月日久暫，可得而稽，轉運之車馱道里，採運之遠近多寡，可得而計也。……若按照營數，支發糧料，不獨虛糜可惜，且彼此相形之下，多者與少者，一例支銷，必致爭論紛紜，無以服其心而杜其口。……[502]

> 至糧料價值，轉運腳費，按道里遠近牽算。計每人所食，月須淨糧四十五斤，馬隊一騎，日須料五斤、草十二斤，兵勇長夫兩名食糧，月須九十斤，均不可少。照步軍攤算，馬隊一營二百五十騎，抵步隊一營五百人長夫二百名之數。……[503]

是則其意尤在掃除軍營吃空之弊竇，而維持兵馬適當之生活。

惟西北生產之不足，不僅為糧食，即如製火藥之硝磺，製帳棚之布匹、繩索、竹木架，製軍服之衣料，乃至辦公所需之紙張等，均非當地所產；即產亦為量有限，未能自給自足，不得不購自外省。至於槍炮、子彈之必須購自外洋，來自東南，自無論矣。楊岳斌初蒞陝甘總督任，據軍需局報告，僅存火藥六兩，其物資之匱乏，亦可想見。又有一點值得注意者，當日通貨，係用銀錠，西征經費，乃由各省關協濟，亦由上海向洋商借貸。而現代匯劃事業，未達西北，雖有山西票號，以戰亂未肯承允。故為此重笨之硬通貨，亦須舟車迢遞運轉而來，其勞費可以想

見。[504] 故宗棠當日所籌之採運，亦不限於糧食。欲述採運，更宜先明宗棠所處一時代中西北之若干運道。

陝西對於東南各省取道漢水，此線經過老河口後，分為三路：

（一）仍由漢水直至陝西之漢中上陸，約行一百二十里。經褒城至斜谷，由鄠縣入渭河。此路為漢時所開，即所謂褒斜道；

（二）上陸赴陝西之潼關；

（三）折入丹江、淅川，至河南之荊子關上陸，向西走陝西之龍駒寨。此線即古由武關入秦之道，亦即雍正中運楚米入秦賑饑之道。或更折入甲河，至陝西山陽縣之漫川關上陸至西安。

此三路中，第一路，在宗棠西征時，似未十分利用，僅用第二、第三兩路。所運為兩湖之糧食，及由上海、漢口轉來之餉銀軍火，而尤以後者為主要。[505]

陝西對於西南各省，取道嘉陵江，經廣元，入白水江，至陝西之略陽上陸，約行四百里，經甘肅之徽、鳳兩縣，至陝西之寶雞，入渭河。此路唐時所開，清初用兵巴蜀，軍糈從此轉運，亦即蜀商所由載鹽貨入隴貿易。在宗棠西征時，仍以運四川糧食為主，但似未十分利用。

陝西與甘肅間，可分水陸兩路：

（一）水道由渭河，即鞏昌、秦州、寶雞、西安省城間。

（二）陸道由車行驛路，即西安省城、長武、會寧、蘭州省城間，馱行則取徑秦州為間道，兩者皆以安定為縮轂。

在宗棠西征時，水道似未十分利用。[506]

陝北對東北之運道凡二：

（一）由山西永寧州之軍渡，渡黃河，在陝西之吳堡上陸，再由吳堡至綏德州，由綏德州至各地。

（二）由歸化城西南之托克托，經黃河南下，在吳堡或吳堡以北之葭州上陸，再由吳堡或葭州（過吳堡）至綏德州，由綏德州至各地。

此兩路均係分別運輸山西、歸化之糧食，在宗棠用兵陝北、甘北時用之。[507]

甘北對東北之運道，亦凡二：

（一）由上海海運至天津上陸，再由天津經歸綏，向西經蒙古草地至寧夏。

（二）由和林格爾、歸化、薩拉齊，經蒙古草地至寧夏。

此兩路，前者係運餉銀、軍火，後者係運糧食，在宗棠用兵甘北而陝北運道梗阻時用之。[508]

至新疆對東方之運道凡二：

（一）河西。由涼州、甘州、肅州、安西州，以達哈密，再由哈密北至巴里坤，南至吐魯番。

（二）口北。由歸化、包頭、寧夏，經過蒙古草地，至巴里坤。（寧夏之糧，先由黃河水運至包頭，再一併陸運。）

此二路均係運糧食，而由東南來之餉銀、軍火，亦均由河西出關。[509]

宗棠嘗言：「用兵先顧餉道，轉運必取多途，一路有阻，全軍俱困。」又言：「用兵西北，必多籌運道，以備不虞。」[510] 故宗棠自銜命西征，即多方注意於選擇運道，疏通運道。如上所記，既已得一輪廓，再綜括一述其運輸之所以不便。

就水運言，漢水在夏秋常泛濫，丹江、淅川在冬季常枯涸。嘉陵江、白水江，礁多水淺，入冬更水落石出。且諸水對於由南而北之航行，均係逆流上溯，行舟必須推挽。故既非終年可通航，而行程又極紆緩。又漢水而外，只能用淺小之船，故運量甚微。至黃河上游，下水只能行羊皮筏。而當日之軍運，均係上水，不能利用，且羊皮筏運量亦較小，渭河亦因上水而不能利用。[511]

就陸運言，在關內所經，多峻岅崎嶇，夏有水潦，冬有水凝，無論用人力或獸力，均運量不大，且不能迅速。又當頻年戰亂之餘，人夫車駄，極度減少，而騾非陝甘所產，來自河南，均屬購僱兩難。至出關經沙漠，過蒙古，歷草地，自以用駝為上計。但駝在夏季，須歇廠四個月（每年五月至八月），且戰時或逃或亡，不能多得，故利用之程度，亦受限制。又沙漠草地，人煙稀少，於行旅尤感困難。[512]

西北運輸，既如是不便，於是運費隨之擴大，往往高出物價數倍，此又用兵西北所最感之痛苦。

宗棠西征時，辦理採運，設有相當機構：

在上海設採辦轉運局，大部份餉銀與全部軍火，均由此集中
啟運。

在漢口設後路糧台，接轉上海運來之軍品，亦自採運軍糧，
並接待過境之新兵與退伍兵。

在襄陽設水陸轉運總局，上海、漢口運來之軍品，均在此按
種類重量，及前途運道通塞情形，分別水陸轉運。

在潼關與荊紫關各設陸運分局，接轉襄陽運道來之軍品，以
達西安。

在西安設西征糧台，專任向各省關催解協餉，並為協餉得專
摺奏事。

在西安設駐陝軍需局，所有西征軍品，均在此集中分配發運。

此外在平涼、秦州、蘭州等處，各設軍裝局，在產糧各地，
設採運局。安定等處設督催局，則為接收存儲及運轉駐陝軍需局
所發之軍品。[513]

及大軍出關，又在關內設立：

肅州軍裝局，綜持出關部隊軍品之儲存分配（由駐陝軍需局運
來）。

甘肅州營屯局（駐甘、肅州），分別綜持甘、涼、安、肅道境
內之採購糧料事宜。

官車騾局（駐肅州），綜持出關部隊之轉運事宜。[514]

在關外設立：

哈密督催糧運總局；

哈密軍裝製辦總局；

古城屯採總局；

採運局十二所（安西、玉門、敦煌、巴里坤、奇台、吉布庫、
濟木薩、吐魯番、喀喇沙爾、庫爾勒、布吉爾、庫車）；

柴草局二十五所（安西、小宛、布隆吉、四家灘、白墩子、紅柳園、大泉驛、馬蓮井、庫車、托和鼐、阿克蘇、渾巴什、薩依里克齊蘭台、瑪納巴什、卡納克沁、屈爾蓋察巴克、圖木舒克、雅哈庫圖克、英吉沙爾、雅滿雅爾、牌索巴特、英阿瓦特、龍口橋、玉代里克、黑孜堡）；

柴草站四十七所（玉門屬五、哈密屬十六、巴里坤屬五、吐魯番屬七、喀庫屬九、察爾齊禮木台、玉爾滾、拜城、賽里木河、色爾等處各一）。

在口北購糧時，又曾在歸化設北路採運總局，包頭、寧夏設分局。[515]

用兵設立糧台，本屬常事，宗棠則視之極鄭重。實因糧台規模大，開支多，不得其人，每易成為弊藪。故宗棠主張，多設局而少設台。但如西安之西征糧台，其權責亦只為向各省關催解協餉，所有解到餉銀，係歸駐陝軍需局收支。即使如此，而當袁保恆交卸督辦時，猶虧短二千餘兩，幾成巨累。至宗棠對於各局，限令按期報告，旬報不逾旬外三日，月報不逾月外十日，俾如有奸弊，容易覺察。[516] 抑宗棠於台局人員，雖督責甚嚴，然獎勵亦優。宗棠持有一卓特之見解，認為西北用兵，在後方辦理採運之人員，其功績無殊於在前敵作戰之將領。苟非後方採運人員能將軍品源源供應，則前敵將領亦無法殺敵致果。故每遇某一戰役完成，必奏請將台局人員優敘。清廷狃於軍功限歸殺賊克城之將領之說，宗棠必為力爭。[517]

宗棠所部楚軍、湘軍，本有長夫，然師行西北，不能不兼資車駄，則以官運民運、商運相輔而行。官運之條規：

大車二十輛為一起，或三十、四十輛不等。

駝騾六十隻為一起，或八十、一百隻不等。

經管委員每員給夫二名，每車一輛，用車夫一名，每駝六隻，用牽夫一名，每騾馬二匹，用牽夫一名。

駝每隻日支料四斤，草二十斤，又月支油鹽銀二錢。騾馬每
隻日支料六斤，草十五斤，又月支飲水、歇店、燈油銀四錢。車
每輛月支膏油等三錢。

騾馬每百，扣足一年，准報十分倒三。不足十分之三，按實
計算，超過十分之三，照數賠補。

管解餉裝，每批二員，護勇十名。

民運通常為每一百斤，歷一百里，給車腳銀四錢，駝騾腳銀
三錢。[518] 亦有特別詳細規定者，例如由潼關向西運轉之軍品：

挑抬夫每名挑抬六十斤，來往每里給二八錢四文。

二套牛車每輛裝一千斤，來往每里給二八錢九文。

二套騾車每輛裝六百斤，來往每里給二八錢七文。

馱驢每頭馱二百四十斤，來往每里給二八錢六文。

此項腳價，宗棠以為係準情酌理，照民間自僱，斤重減少，價值加
多計算，由各州縣預行公佈，毋得任差役浮開，亦毋得任差役刻減。[519]
倘遇天雨路途泥濘，准由該州縣酌減斤重配僱，如在草料昂貴之處，亦
准酌加價值。同治軍興，陝西各州縣分設里民局，攤徵經費，承辦兵
差。甘肅亦以車馬局任其事，按糧攤車，按畝出費。久之，不肖官吏以
招待文武官員過境等所謂流差，亦委之里民局，民間苦累不堪。後經宗
棠廉悉其情，明令規定，民間承辦兵差，只須供給車馱，其腳價由官發
給，所攤徵經費，僅供彌補不足之用。上述規定腳價，即其一端。流差
統歸各縣署承應，亦一律憑驗傳單、委札或車票供給。上站不得擅發溜
單，下站不得擅撥車馱。[520]

商運乃利用商幫車馱，使其承辦軍運，例如秦州與蘭州省城間，曾
規定章程四條：

一、現時商騾起卸貨物，以蘭州、秦州兩處為總匯。嗣後各
騾戶，無論大幫、小幫，凡自秦州至省，運貨二次，由省車局令
赴本爵大臣行營，聽候指運軍裝、軍糧一次。所運軍需，每百里

百斤,加成腳價銀五錢,坐空包併在內。

一、各幫騾戶自示之後,均須即赴省局掛名登冊,報明所管騾隻若干,以備稽查。每次出省,均照省車之例,赴局領取本爵大臣護票,填明幫頭姓名,騾隻數目,卸貨地方,並載明係運第幾次客貨字樣。所過州縣軍營,但係查有護票,不獨不准拉扣,遇有零匪出沒地方,並即派隊護送,如有疏失,着各防營照賠。

一、查各幫騾從前赴省,因恐拉扣支差,每於城外裝卸貨物,其在秦州亦然。商民因避釐稅,亦樂於從事,並於所過之處,相率繞避大道,來往潛行。不獨幫騾散漫,難於稽查,且於釐稅大有妨礙。應令此後省城、秦州差務,均不得強扣幫騾。凡幫騾在省城裝卸貨物者,該各行店須帶同幫頭,先至省車局報明,由局寫給發票。在秦州裝卸貨物者,該各行店亦須帶同幫頭,先至秦州衙門報明,由秦州知州寫給發票。均以此票知會城門委員,方准貨物出入。其往返路徑安定,該幫頭須持所領護票,赴安定督催局呈驗,蓋用局印。到秦州時,亦須赴秦州衙門呈驗,蓋用州印。如有出省,不領護票,及還省換繳護票時,並無秦州、安定印驗,均將幫騾商貨一併充公。

一、幫騾領票、驗票及出入省城,如司事、書役人等,故意羈延,稍有需索,由幫頭喊稟印委各員立時痛懲。如各員徇庇,即稟本爵大臣一併嚴究。[521]

為欲充分利用商幫車馱,宗棠又嚴禁各州縣、各軍營任意截留商車貨駝應差,嚴禁向車馱勒派公費。[522] 宗棠對於官運、民運、商運三者,自傾向於商運;以商幫不敷,不得不兼用民運,更以民運有限,不得不輔以官運。宗棠承認官運對於交通工具,不知愛護,較民運為浪費,故寧協助民運。如袁保恆督辦西征糧台時,曾購一批車輛,準備在肅州自營官運。後由宗棠廉價售與民間,再供糧台調用。如三套車每輛原價一百六十四兩,只售一百三十兩。雙套車每輛原價一百十八兩,只售九十二兩。[523]

同時，宗棠對於運道設備，亦有若干措注。當宗棠初入關，即命將自潼關至西安省城之道路，大加平治。華州知州漫不經心，一次因道路泥濘，致誤軍火之運達，受宗棠之申斥。[524] 由是隨大軍西進，逐步修築，直至於喀什噶爾（參閱六十四節）。沿路因伏莽未盡，酌駐防軍，維護軍運。此為一龐大之組織，如進攻金積堡時，在平涼、靈州，長九百餘里之運道上，曾支配三十營之勇丁。[525] 亦為一兩難之問題，蓋兵多則轉餽愈艱，兵少則抄掠愈急。水道方面，宗棠嘗命修治嘉陵江、白水江險灘。浚深丹江、淅川涸淺泥沙，顧為自然所限制，總無以敵東南舟楫之利。[526] 至關外本屬絕塞，戰後荒涼彌甚。故先大軍出關，從事芟除榛莽，安置塘站。為供給飲水，更沿途覓泉鑿井。為供給柴草，更沿途設局設站。為供給膳宿、醫藥、修換鞍屜、繩索、蹄鐵，更沿途設官店。官店除管解餉鞘軍裝外，其餘經過官商，均按車馬人數多寡，酌收房資，以為歲修之費。民非水火不生，井泉柴草（柴草當然亦供牲口飼料）之供應，其義易明。其官店對於夫駄之供應，則可引宗棠之言論，顯示其作用：

> 民夫口食，牲畜餵養，及應用什物各項，一有缺乏，立形滯礙，停待一日，所費更多。故必須設立官局，隨時給領，酌扣價銀，始為省便。雖比民間買價，津貼已多，而費實不容惜。……[527]

顧途中匱乏之物資，既有補充之機會，則運輸必可從速。所損甚微，所得實多，足徵宗棠能見其大。然凡此費用，自應計入腳價，方為合理。於是就糧而言，在關內則「轉運所費，幾於費一石而致一石」，在關外則「及一鍾而費十鍾，每糧一石，運致軍前，積價至數十金」，其勞費如此。故宗棠力主就近取給，力避遠道採運。本地無所產，或產不足，以屯田救濟之（參閱三十九節）。即軍裝、軍火等件，無不運價倍於採價，故以後如製造帳棚、號衣、修理槍炮等，均逐漸就地籌辦，以省運費（參閱五十六節）。[528]

宗棠對於西北軍運，曾採用若干方式，試舉其例：

如荊子關至龍駒寨，夫運以五十里為一站，馱運以六十里為一站。一夫日負七十斤，一馱日負二百四十斤。第一日，由甲站夫馱載運至乙站為止。第二日，由乙站夫馱接運至丙站為止。第三日，由丙站夫馱接運至丁站為止。如此一日一站，以迄於終點。又如陝北運糧，利用難民。宗棠指示曰：「運糧之法，長運不如短運。自綏德州起，每四五十里為一局，得壯夫萬人，可設二十局。由綏德州起至鄜州，不過五百里，每局五百人，每人日給粟米斤半，算錢六十，又鹽菜錢三十文，計每人日需錢九十文，萬人一日需錢九百串。」[529]

又如寧夏用兵，自歸綏運糧時，行經數省，宗棠商在台梁設山西總局，纏金設陝西總局，磴口設甘肅總局。所有軍糧，均交綏遠城將軍，由和林格爾、歸化、薩拉齊三廳，運至台梁，交由山西總局接運至纏金，交由陝西總局接運至磴口，交由甘肅總局接運至寧夏前敵。

又如宗棠為出關部隊在河西採運糧食時，規定：「糧集肅州，儲於哈密、玉門、安西，節節轉運。」當在以上四處，各建倉廠收儲，每處存糧二萬石。肅州、安西間，安西、玉門間，玉門、哈密間，各作短距離之轉運。蓋以「為長運疲牲畜之力，又為日太久，稽核不能迅速，故改短運為宜」。[530]

又如大軍出關時，各部隊隨帶行糧，宗棠與各將領議定：「先將甘涼採買糧料，運存肅州，又由肅州出關，運至玉門。然後頭起開拔至玉門，又用其私駝，轉搬玉門存糧，以赴安西，騰出官馱官車，轉運第二起軍糧。而後第二起繼進，餘均仿照辦理。比抵安西州，作一停頓，又裹糧進哈密。如此層遞銜接，人畜之力方稍舒展，而士氣常新，則免意外之慮。」[531]

凡此或曰層遞接運，或曰分起搬運，或曰節節搬運，或曰蟬聯接運。要有若干共同之意義：路程短，人力畜力不致疲乏，繼續可用，一也。日期短，如有損失，或其他事變，易於查核，二也。計日計量，計程計日，運轉較有把握，供求易於適應，三也。至於回空之損失，自不能免，此則限於當地物資匱乏，形成有來無去之現象，非人力所能補救也。

至宗棠西征時之採糧,亦可一述,蓋因地因時,採用若干方式:

(一)由各軍自行就地採購,按時價發給。[532]

(二)由大營委託或協同鄰省地方政府價購,由經過部隊繳款領用,或自行接運。[533]

(三)由大營命令軍隊經過各州縣預為購存,隨時供支。所需價款,准其動用地丁正款。發糧後,各軍如有現銀可領,即照民價領取歸款,隨即買補。如無現銀發給者,即取該軍印收齎呈布政使核扣,不使該州縣絲毫賠累。[534]

(四)由大營視地方糧產收穫數量,留出民食及籽種所需,專員定量定價徵購。此可以大軍出關時專員在河西採糧為例。同治十二年(1873),在涼州、甘州、肅州三郡,訂買市斗十六萬三千餘石,每石重三百餘斤,給價銀四兩。而市價驟漲至六七兩,蓋有地方棍徒從中煽誘,當杖斃二人以徇。十三年(1874),又在涼州、甘州、肅州、安西州四郡,訂買十九萬石,價值略為提高。但有糧者尚不肯脫手,期待更優之給價,而無糧者已買食維艱,當青黃不接時,不得不需要官方之煮賑療饑。故宗棠嘗言:「價愈增,則富者之欲未饜,而貧者之苦愈甚。」主張欲籌軍食,必須兼顧民食。[535]

用兵關外時之採運,在當日頗成嚴重之問題。按新疆、甘肅間之交通,在甘肅當以肅州為中心點,其西即為嘉峪關。新疆以哈密為中心點,其間又以安西為一段落。肅州以東至蘭州省城,凡一千四百二十里。肅州、安西間,約五百六十里。安西、哈密間,約一千里。至更由哈密而西,則分兩路:

> 北路　至巴里坤、古城、烏魯木齊、伊犁。
> 南路　至闢展、吐魯番、庫車、阿克蘇、喀什噶爾。

但當時之形勢,僅能至古城一帶為止,其餘均已不在清廷勢力範圍之內。故出兵方向,以北路為先,而由安西出嘉峪關,至哈密,須環繞沙漠。由哈密至巴里坤、古城,又須逾越天山,不但路程遙遠,抑且跋

涉困難。於是採運問題，宗棠與關係方面發生三種爭議：

（一）宗棠之意，哈密軍糧，可在涼州、肅州、敦煌一帶採運；巴里坤、古城軍糧，應在烏里雅蘇台、科布多一帶採運。但都統景廉等以所轄部隊原駐巴古，如此將有妨其本身軍食，藉詞烏、科之糧運至古城，每石需銀十餘兩，勞費太甚，要求仍從關內採運。清廷亦以是責宗棠。宗棠則以為：「關內採糧，由涼州起，歷甘州、肅州，以至安西，計程一千五百六十里，合糧料價值，車馱駝隻運腳，及各項費用計算，每糧料百斤，實須銀十一兩七錢有奇。……由烏科採運至巴古，需銀十餘兩之多，僅與由涼州採運至安西所費腳價相等。而由烏科採運至古城，一石計重三百餘斤，較由涼州運安西，計重百斤之腳價，已少三分之二。況由安西逾哈密，轉運巴古，計二十六站，一千九百八十七里，每百斤又須加運腳過倍。」「現在巴古糧價雖長至每石四兩二錢，然以一石三百三十斤計算，只一兩餘可得一百斤，較由關內採運至巴古，又何如也。萬無捨賤食貴，捨近求遠，捨易就難之理。」[536]

（二）宗棠之意，糧台必緊設前敵之後。出關之兵若赴南路，自以就肅州設糧台為宜；當時係趨北路，則宜設巴里坤、古城。而保恆遽欲設糧台於肅州。宗棠乃以為如此「則偏於南路，北距古城二千九百六十里，台司支應，何由察諸軍之糧食贏縮，而各協其宜。東北距科布多四千三百餘里，距烏里雅蘇台近六千里，台辦採運，何由察腳價之低昂遲速，而盡得其實。無論軍行北路，糧台設於南站，為從前未有之事」。[537]

（三）宗棠之意：「西北轉運，以駝隻為宜。為其食少運重，又能過險也。駝行口內，食糧不過三斤，晝牧夜行，可省草束。且一夫管牽五駝，日需口食又省。若行口外，則食草不食料。如遇勞乏，但餵料一升，加鹽少許，仍即復故。」而保恆遽在肅州採購車騾三千頭，欲將出關運輸，創為以車易駝。宗棠痛駁之，以為：「天山嶺脊，石徑犖确，向無轍跡。重載糧車，聯幫銜接，較之單車空車，尚可參用人力。從容過險者，艱難特甚，事必不行。即使艱阻所不辭，勞費所不惜，而肅運之糧，亦必無顆粒到巴城。按肅州、安西，越哈密二十四站，計程雖止二千二百餘里，而道路綿長，又多戈壁，車馱駝隻，均須就水草柴薪之

便，憩息牧飲，不能按站而行，中間人畜疲乏，又須停住養息。即催趲迫促，斷非三十餘日，不能到巴。計每騾一頭，須啖料八斤，一車一夫口食，日須兩斤。蘭州以西，料豆缺產，餵養用青稞、大麥、粟穀等充之，畜食之料，即人食之料也。車行三十餘日，計一車運載之糧，至多不過六百斤，兩騾餵養，即耗去五百數十斤，車夫口食，亦須六七十斤，而車糧已罄，安有餘糧達巴里坤乎？即達巴里坤，而車騾之餵養，車夫之口食，又將安出？」[538]

但此次爭議，終於因清廷以宗棠督辦新疆軍務，將兵事餉事統歸一人主持，而告解決。當開始進攻天山北路時，其儲存之糧，計有肅州運抵安西、哈密者一千萬斤，由哈密運抵古城者四百餘萬斤，由在山諾爾運抵古城者四百餘萬斤，由歸化、包頭運抵巴里坤者五百餘萬斤，由寧夏察罕廟運抵巴里坤者一百餘萬斤。而由歸、包越五千里以運抵巴里坤之糧，每石平均僅合銀八兩內外，由在山諾爾運抵古城之糧，每石平均僅合銀七兩五錢，宗棠頗引為意外之滿意。其後進攻南路，復地愈廣，當地糧產足供軍食，停止遠道餽運。[539] 宗棠之言曰：

> 西路用兵，必先將糧料轉運，料理妥協，節節貫注，乃免他虞。至臨陣決勝，制敵出奇，則猶其後焉者也。……

又曰：

> 糧運兩事，為西北用兵要着，事之利鈍遲速，機括全繫乎此。千鈞之弩，必中其機會而後發，否則失之疾，與失之徐亦無異也。……[540]

「聖人論政，以足食為先。如不得已，則以去兵為急。事理昭然，今豈必異於古？」西北為自然環境所限，既不能足食，自不能足兵。故宗棠西征，力避用眾，更不求速效，陳之廟堂，告之友朋，措辭不嫌切直。此蓋為宗棠在西北用兵一貫之方針，始終信守弗渝者。[541]

39 西征中之屯墾

　　左宗棠在西北興辦屯政，有兩語曰：「散地招集難民，衝要分駐丁壯。」（參閱三十八節）顧就宗棠當日之思想及以後之措施觀之，此兩語包括三種之屯：

　　（一）初時用兵，就地墾植。事定，將地入官者，為兵屯。

　　（二）指定荒絕地畝，收容難民，或降人，或解散之兵勇，從事墾植。事定，地歸本人升科納賦者，為民屯。

　　（三）地方被兵，戶口逃亡，官軍於師行所至，且耕且戰，隨時招徠難民復業，雜居耕種。事定，地已成熟，仍還之民者，為兵民合屯。[542]

　　宗棠興屯，原為便於兵隊就地自給，節省從遠處採運糧食之勞費。惟此猶不足盡其意念，至少更有下列數端：

　　（一）兵隊在缺糧地方，一時間採糧過多，將使市上糧價高漲，平民感受痛苦。而如果儘量搜括一空，在士馬固可騰飽，在人民必致槁餓，殺民以養兵，非仁政所許，且必引起暴動，妨礙治安，謂宜同時增加生產，以期調劑。

　　（二）田畝墾熟，可使地方富庶，以後升科徵賦，足益國庫收入。

　　（三）以無告之貧民，待食之冗兵，課以耕作，俾人人得以自食其力，足以減輕國家負擔，構成社會安寧。

　　（四）課防守之兵以農事，可免於因懶散而發生之罪行。[543]

　　因宗棠懷抱此種種意念，故每遇下列機會，便着手興屯：

　　（一）防守某一地區時。如在進攻金積堡之際，所有防守安化、合水、寧州、正寧、蕭金鎮一帶之兵隊，均令就地耕作。南路各駐兵地區，亦指田興屯。鞏昌營有弁兵一百六十三員名，僅種地二百七十餘

畝，宗棠頗疑其中多煙癖疲弱遊手好閒之輩，當嚴誡認真挑汰，無任虛縻，撥定地畝。又如在規復河州之際，先在蘭州、秦王川、涼州一帶興辦屯政，並作指示云：「由康家巖對河至三甲集，須飭各營屯種，作為兵屯。不但形勢宜佔，且可安降撫民，各營宜飭種粟麋雜糧，將來由官給價收糧，均為有益。」[544]

（二）收復某一地區時。如慶陽、涇州各屬平定後，選吏士能作苦者官其地，撫輯流亡，督丁壯及時耕種。給以籽種、農器，因地所宜，播種粟麋、蕎麥諸種，耕牛不能多得，則示以區田、代田之法。又如渭源、狄道一帶平定後，亦繼以墾植，地方利賴。又如寧夏平定後，撥銀二萬兩，交地方官招民開屯，田賦自開屯日起，初年免徵，次年徵半，三年全徵。[545]

（三）收撫降人時。如平定陝西土匪後，鄜州、膚施、甘泉、延長各縣，安插扈彰股降眾，安定、保定、靖邊各縣，安插董福祥股降眾。平定甘肅「回亂」後，平涼、華亭、靜寧、會寧、安定各縣，安插投降之陝回，均指定荒絕地畝，發給籽種、農具、耕牛，俾自耕自活（參閱二十九節）。[546]

（四）整編部隊時。如甘肅亂後，制兵久荒，當汰弱留強。擇其荒絕之地，撥為兵屯，慎選將領，督令耕種，即以所獲，作為名糧，其餘照時價估作餉項。又如新疆亂後，所招土兵冗雜，當去其老弱不任戰者，散之為農，按照戶口，指餘荒地畝，令其承墾。由官酌給籽種、農具、耕牛，收穫後，繳本歸倉外，不取息，其所獲糧石，亦由官照時價收買。[547]

總之，宗棠之興辦屯墾，但求適合時宜，不拘一定方式。且隨軍事而前進，兵力到達一處，屯墾推行一處。由陝而甘、而新，在陝由北山之內，以及山之外，在甘由東而南北、而河西，在新由哈密而天山北路以及南路。以下為有文字可稽之績效：

陝西巡撫劉典奏報曰：

查陝省渭河以南屬境，荒地無多，渭北則蓬蒿遍野。除督飭

難民分墾外，設法招墾，並命駐防營勇，分段耕種，漸有規模。通計北山內之地未墾者，約十分之六，山外未墾之地，則不過一分。……[548]

督辦西征糧台袁保恆奏報曰：

臣於同治八年（1869）二月間，准督臣左宗棠暨署陝撫臣劉典咨請籌辦農田水利。曾於涇陽、三原、高陵各縣境荒地，陸續墾辦屯田四萬畝。業已收糧濟軍，著有成效。……[549]

是為陝西之屯墾。

彝軍統領黃鼎於同治八年（1869）三月，在隴東開辦屯田。五月，涇州得民屯十三萬畝有奇，營屯五千畝有奇，鎮原得三萬畝有奇，平涼、崇信亦有差。[550] 定西等營統領王德榜於同治十二、三年（1873—1874）間，在安定、狄道一帶，屯田一百餘萬畝。[551] 屯墾既興，經過五六年後，殘破地方，逐漸復興，糧價依次平減。如涇州、平涼、鞏昌、秦州、蘭州、涼州、寧夏各屬，淨麵由每斤貴至一錢內外者，減至一分上下（或制錢十文），雜糧市價亦遞減，與承平時相似。[552] 於是宗棠綜括奏陳其事：

臣之度隴也，首以屯田為務。師行所至，相度形勢，於總要之處，安營設卡，附近營卡各處，戰事餘間，即釋刀仗，事鋤犁，技藝五穀，餘種蔬菜。農功餘間，則廣開溝洫，興水利，以為永利。築堡寨，以業遺民，給耕具種籽，以賙貧苦。官道兩旁，種榆柳垂楊，以蔭行旅。自臣以下至營哨各官，於駐營之地，日巡行省視，以勞來而勸勉之。時逾八九年，流亡漸復，客作漸集，所有兵屯之地，盡付之民，緩催科而急儲峙。自涇州以抵嘉峪，大道兩旁各廳州縣附近地方，居然井灶相望，而鄉野則尚未能遽復舊觀。蓋隴上本土曠人稀，邊塞又多沙石不毛之地

也。所以多費時日，稍著薄效者，由微臣家世寒素，耕讀相承，少小從事隴畝，於北農南農諸書，性喜研求，躬驗而有得。所部楚軍，向用農家，不收遊手，其將領又多由傭耕作苦而來，故以其所習，課其所能，不煩教督而自勸。……[553]

是為甘肅之屯墾。

新疆之屯墾，一部份行於用兵之前，一部份行於用兵之後。所謂用兵之前者，遣張曜督嵩武軍出駐哈密辦屯，此可認為最合於趙充國原旨之屯。宗棠嘗撥給屯銀三萬兩，並指示方略甚詳：

哈密既苦於兵差，又被賊擾，駐軍其間，自非力行屯田不可。然非麾下深明治體，亦不能辦理妥洽。從前諸軍亦何嘗不說屯，然究何嘗得屯田之利，亦何嘗知屯田辦法？一意籌辦軍食，何從顧及百姓？不知要籌軍食，必先籌民食，乃為不竭之源。否則兵欲興屯，民已他徙，徒靠兵力興屯，一年不能敷衍一年，如何得濟？

聞哈密地方沃衍，五穀皆宜，節候與內地不異，惟纏頭被白逆裹去者多，有地無人耕種。舉行之初，須察纏頭現存若干，其力可耕墾，無籽種、牛力者，酌其能耕地若干，分別發給，令其安心耕獲。收有餘糧，官照時價給買，以充軍食。其必須給賑糧者，亦酌量發給粗糧，俾免飢餓。壯丁能耕，每人每日食糧一斤，老者、弱者，每名每日五兩，聊以度命而已。其種籽必須臨時發給，庶免作賑糧食去，又不下種也。雖云纏頭多被裹去，然必有不願去者，以及未曾裹去者，亦必有被裹逃回者。若民屯辦理得法，則墾地較多，所收之糧，除留籽種及食用外，餘糧可給價收買，何愁軍食無出？官軍能就近採買，省轉運之費不少。此時由官給賑糧食、種籽、牛力，秋後照價買糧，在纏頭既得延殘喘，且有利可圖，何事不辦？惟需用廉幹耐勞苦之人，分地督察，勿任兵勇絲毫擾累，勿於銀糧出納，稍有沾染，則聞風至者多，而事易舉，此民屯要策也。

營中兵勇辦屯田，要好營官、哨長，多方激勵勸督，乃可圖功。每日出隊耕墾，均插旗幟，分別勤惰。每哨僱本地民人一二名當夫，給以夫價，以便詢訪土宜物性，籽種須就近採買。或用糧斛換牛力，如不能多得，騾驢亦可用。如騾驢不可得，即以人力代之。三人一犁，每犁日可數畝。最要是照糧給價，令勇丁均分，庶勇丁有利可圖，自然盡力耕種。營哨官出力者，存記功，次優獎，否則記過。如此則各營勇丁吃官糧，種私糧，於正餉外，又得糧價，利一；官省轉運費，利二；將來百姓歸業，可免開荒之勞，利三；又軍人習慣勞苦，打仗更力，且免久閒，致生事端，容易生病，利四。此兵屯要策也。……[554]

時關外本在辦屯，而保恆又欲設局辦屯，宗棠批評前者曰：

近日關外諸軍之以屯田為言者，其志不在恤民，不在濟軍，惟勒派取盈，以顧目前而已。預借籽粒，秋後數倍取償，民不能堪。棄耕避匿，則繫累其家屬，追呼迫索，至不可堪，故立開屯之名而地畝轉荒也。……

又批評後者曰：

屯事須由漸而入，隨時隨地，得實心之人辦理，自有成效。若徒騖開屯之名，設局興辦，正恐復業之民少，而局員丁役之費，翻多於散賑給糧之費。……[555]

指陳弊竇，入情入理。可知宗棠於屯政，確別有真知灼見者在，並非人云亦云也。張曜既經營哈密屯事，逾年，墾熟地二萬畝，歲可獲糧數千石。[556] 宗棠見哈密辦有成效，推之巴里坤，收召當地饑兵一千三百餘名，令就原有已廢之天時、地利、人和等廠屯墾。又推之巴里坤西北七站地方，與古城迤西以至瑪納斯一帶。[557] 於是而巴里坤、

奇台、南山等處民屯，除民食，可採糧二萬三四千石。古城、濟木薩、烏魯木齊等處兵屯，除兵食，可採糧一萬六七千石。[558] 此皆用兵以前所辦者也。

至用兵以後所辦屯政，係由鎮迪道屬發其端。宗棠特撥銀十萬兩作經費，責由統兵之金順，於阜康、古牧地、烏魯木齊一帶，選派願意耕作弁勇，酌發種籽、耕牛，撥地墾植。一面責由鎮迪道飭令迪化各州縣，籌辦牛籽，招民耕墾，亦為兵民合屯性質。均規定，收穫後，除繳還牛籽外，餘糧由官給價收買，以備軍需，地畝暫緩升科，俾耕作之人咸知樂利。按鎮迪各地土壤肥沃，農作收益頗可觀，故當時關內人民多樂於前往，每日過肅州出關者，常數十百人。各兵勇見屯墾收入較口糧為豐，更多願釋甲而操耒，如提督金運昌所部，紛紛求往，禁之不可止。[559] 其他地方，往後陸續依此辦法興屯。惟以天山北路為多。天山南路所受兵事摧殘較淺，宗棠當即以屯墾之事，責由阿克蘇、喀什噶爾、喀喇沙爾、庫車、烏什、英吉沙爾、葉爾羌、和闐各善後局分別兼辦。[560] 亦嘗奏報其大概：

> 鎮西廳屬兵民報墾五萬數千餘畝，奇台報墾民戶九百有餘，軍營新墾六千六百餘畝，迪化舊報承墾三千餘戶。核多浮冒，茲按冊報，連新增民戶，實只六千有奇。軍屯尚未據報畝數，昌吉新舊墾戶一千三百有奇，綏來共九百餘戶。吐魯番及南疆八城，除沙磧外，荒地漸少，新增屯墾，均在新開渠工兩岸，未據冊報畝數，其熟地適當清丈之際。劉錦棠、張曜現飭各局員冊報，俟清丈竣事，始可匯齊送核也。……

至光緒十三年（1887），綜計新疆全省已墾熟地，徵本色糧二十萬三千石有奇，本色草一千三百九十五萬八千二百斤有奇，折色糧草及地課銀五萬七千九百五十二兩有奇。[561]

宗棠在西北所辦屯墾，初未訂有成法，其要點則已大致如上述。楊毓秀著《平回志》概括記敘，較有系統，為移錄之：

屯田之制，戶受地六十畝，假予籽種三石，農器銀六兩，蓋屋銀八兩，牛二頭，合值銀二十四兩。每二人為一戶，月給鹽菜銀一兩八錢，口食麵九十斤。春耕起，訖秋收，按八月計算，每月假予成本銀七十三兩一錢。定限初年償半，次年全償，遇歉酌展，償本後，按畝升科。徵額糧，自第三年始，始徵其半，次年全徵。仿營田制，十戶一屯長，五十戶一屯正，五屯正，一委員管之。凡領成本，督農功，一切事宜，地方官責之委員，委員責之屯正，屯正責之屯長。十戶聯環保結，互相糾察。屯正、屯長，亦如戶民例，領地畝，假予成本。惟屯正月另給銀四兩，屯長月給二兩，以示獎勵，不責償。……[562]

為招徠並鼓勵墾民起見，宗棠又奏准兩事：

（一）豁免積欠錢糧。「……甘肅自逆回煽亂以來十餘年，戎馬縱橫，小民轉側干戈之中，慘難言狀，其被災情形，實有甚於各省者。……茲值關內肅清，流亡漸集，亟應歸農耕墾，期復先疇。所有同治十三年（1874）以前舊欠錢糧，地畝久荒，糧何由出？小民元氣久虧，膏脂罄竭，當此清理地畝，廣事招徠之時，正如痒羽初蘇，難堪驚擾。若復追索逋賦，徒啟胥吏詐索之端。小民觀望徘徊，情所難免，其於招墾事宜，尤有關礙。……」當奉旨將同治十三年（1874）以前實欠在民地方正耗等項錢糧草束，以及番糧番草，並向隨地丁額徵課程等項雜賦，概予蠲免，以紓民力。[563]

（二）放寬入籍年限。各廳州縣招墾新戶，就所領之地計算，承糧在一石以上者，即以領照之日，作為入籍之年。按照冊內注明之本戶及兄弟子侄，准其一體應試。領地承糧在四五斗以上者，按照冊內注明之本戶及子侄，即於下次科試，准其報考。領地承糧在二三斗者，按照冊內注明之本戶及其子孫，俟下次歲試，准其報考。蓋清代規定，人民住居一地方滿三年，方為取得入籍資格，方有參加歲科試權利。宗棠此一辦法，即利用人民熱戀功名之心理，放寬其入籍應試資格，以期推廣屯墾之收穫也。[564]

宗棠經營西北屯墾，其在人事上之盡力，可云已無微不至，然自然條件之限制，亦使屯墾發生不少困難。試一言之。

西北缺少人力，喪亂之餘，更到處一片白骨黃茅，千里無人煙。雖為設種種優待條件，廣事號召，仍有有地乏人之感。故宗棠於興屯之先，第一步尤必定民生。如安西、玉門一帶，戰後孑遺之民，力能自耕者，不過十之一二，敦煌人民存者，不過十之三四，地畝荒廢泰半。於是宗棠特先後發給賑銀三萬二千兩，寒衣一萬套，俾勿再流亡，然後撥款開墾。[565]

西北缺少木材，建築房屋，原非易事。戰時或焚毀，或坍圮，房荒益甚。招徠墾民，如何使之住宿得所，尤感為難。故宗棠安插難民降人，俾回歸農事，特別注意須有窯洞足以利用。[566]

西北缺少耕牛，經過十餘年兵燹，往日耕牛，老死而外，或被宰食，或被拉差。在如是極端匱乏情形下，興屯工作，亦大受妨礙。故宗棠指示，無牛用馬，無馬用騾驢，必不得已，亦令駱駝下田。一面將降人繳獻之馬，以及牧廠孳生之馬，均酌量撥歸屯田，輪流合用。如竟無獸力可使，即以三人合管一犁。[567]

西北缺少鐵，更缺少鐵匠。而大規模經營屯墾，即需要大批農具，輒感無由供應。如烏魯木齊興屯，特由官招工鑄造，歷一個月，僅製成犁鏵各數十具。故宗棠又不得不同時發動開礦冶鐵。[568]

西北缺少雨澤，農田灌溉，不得不有賴於河水、山間雪水，或地下水。顧峻岸高原，引水亦復非易，或更根本不可能。故宗棠於開渠、鑿井兩者，亦嘗費不少之財力與精力（詳見六十二節）。[569]

抑西北地方所居，本為匈奴、蒙古等民族，逐水草為生。自漢民、回民移居，樂於穀食，乃有麥作、稻作，農事興焉。然以牧場化為農田，是否順乎自然，合乎經濟，尚有問題。惟宗棠之興屯，雖為增加糧產，充實軍食，不能不鼓勵種麥、種稻，然亦並未將畜牧一概抹煞。其指示鎮迪道曰：

> 邊塞以畜牧之利為大，先擇水草便宜處所，查明戶口，酌量

成本數目。……將來散發羊種,應照散發牛籽之例,責成各該鄉保聯環結保。所領成本,分作三年攤還,不取息耗,凡此皆以利民為主。究竟地方既裕,民物蕃盛,則亦國之利也。……[570]

又指示喀庫善後局曰:

> 新疆戶民本務,以畜牧為重,耕稼次之。亦由土曠人稀,耕者用力勤而所獲少,牧者需人少而所獲多也。經理之始,即當為異日設想,擇其水泉饒沃者為田疇,擇其水草豐衍者為牧地,庶將來可耕可牧,丁戶滋生日繁,亦不患無可安插。正不必概行耕墾,始盡地利也。……[571]

> 羅布淖爾,古稱泑澤,伏流南出,即黃河上源。環數百里,可漁可牧,不必墾田種粟,亦可足民。西北之利,畜牧為大,而牧利又以羊為長,其毛可織,其皮可裘,其肉可為糧,小民日用所必需也,何必耕桑,然後致富。長民者因其所利而利之,則講求牧務,多發羊種,宜矣。所請開墾一節,姑後緩議。……[572]

而宗棠在關內,知河西土民本以畜羊為業,認為牧事亦宜急講,並嘗於安西等處,貸給種羊,以興牧業,固不限於耕稼也。[573]

至宗棠在西北十四年間所用屯墾經費,包括採辦耕牛、籽種價值,及漢、回安插賑濟等項,僅共銀二百六十四萬餘兩。則信乎其能極加撙節,力務實際者矣。[574]

40 西征經費之檢討

　　左宗棠西征經費，就所辦報銷計算，尚可得一總數。然欲分別計算
為用於西捻者幾何，用於陝甘者幾何，用於新疆者又幾何，則不可能。
緣當時用兵，本係連續，未有確然之段落可以劃斷也。核宗棠所辦報
銷，凡分四期：

　　第一期，起同治五年（1866）十月，訖十二年（1873）十二月，即自
奉命調任陝甘總督，由福州省城啟程西上，至克復肅州為止。[575]

　　第二期，同治十三年（1874）份，即至關隴肅清止。（事實上，同
時已在開始籌辦進規新疆。）[576]

　　第三期，起光緒元年（1875）正月，訖三年（1877）十二月，即至新
疆肅清為止。[577]

　　第四期，起光緒四年（1878）正月，訖六年（1880）十二月。原擬截
至六年（1880）九月奉命入京，交卸陝甘總督為止，後為劃清年限，延
至十二月為止。[578]（事實上，宗棠入京時，帶有西征部隊，各處台局尚
未完全結束，自仍有一部份開支，須劃入西征經費以內。）

　　清代軍事用款，開支本有一定則例，報銷本有一定方式。太平軍之
役，前後歷十餘年，賬目鉤稽，難以盡合手續，故清廷特准統兵之兩江
總督曾國藩開單報銷。其後平定貴州「教匪」用款，亦特准照辦。上述
西征經費第一期，宗棠以下述緣由，奏准援例開單報銷。

　　　關隴肅清，亟應辦理奏銷，以重款項。謹擬自閩啟行入關，
　　赴燕齊，旋復入關度隴，分兵剿賊，截至肅州克復，全局底定
　　止，匯為一案。仰懇天恩，准其援照兩江、貴州成案，開單報

銷，俾得核實辦理，庶事歸簡易，得免欺飾之愆，此臣所日夜冀幸者也。綜計微臣師行八省，以至關隴全境，無論經過何地，所需軍食、軍用、夫馬一切，均自行備辦覓僱，概照民價發給，未嘗以絲毫供支，累及地方，亦不准各省地方官藉口支應兵差，為開銷張本。所歷關隴各地方，禍亂之餘，公私困敝。關中戶口凋耗，尚覺略有生機，隴則遍地傷殘，白骨黃茅，炊煙斷絕。不但民力無可藉資，且須急籌賑撫，俾延喘息，以廣招徠。他如兵勇斷餉，文武停止廉俸，已閱十年，均須隨宜分潤，暫顧目前。主客各軍，遇有缺乏，均宜隨時接濟，以維大局。近因道路疏通，來往要差、例差，出其途者漸多，州縣無力供支，均宜籌款代辦，以免貽誤。而驛站之急宜安設，城堡之急宜修復，固不待言也。至撫輯遺黎，安插良回，遷徙難回，督令耕墾，多設義學，尤當務之急。略舉之，僅止一端，備陳之，莫能殫述。舉百廢於戎馬倉皇之時，艱難拮据，不問可知。若一一專案疏請經費，雖皇上仁覆天下，不難特沛恩施；而部臣責有專司，不得不概援各省成案以為准駁。即幸指撥有款，各省能否照解，又未可知。展轉停待，事之寢閣必多，民之凋殘日甚。若各設局經理，則局費多糜，實濟翻少。反覆熟思，從長計議，皆於現在時勢，多所窒礙，不能仿照各省成案辦理。萬不獲已，於協餉中通融挪注，聊資彌補。圖之數年，而微效可睹者，尚不過十之三四。其地方被禍最烈，且有不逮此數者。微臣力瘁神疲，不遑自惜，即局外議論，亦只聽之，耿耿此心，天人共鑒。顧通融移撥，多非准銷款項。據實瀆陳，既不合通行之例；挪掩湊合，更蹈欺罔之尤。又歷年既久，經手各員半已星散，遣撤各營無可訪詢。以事勢論之，亦實非開單報銷不可。……[579]

此第一期開單報銷，經戶部議准。第令自同治十三年（1874）正月以後軍需用款，應照例章，按半年奏報一次。復經宗棠陳明，收款牽前搭後，支發款目又極繁巨，半年奏報一次，實多窒礙，請將同治十三年（1874）以後軍需報銷，不拘成例，改作一年開單，奏報一次，當奉清

廷批准。[580] 然其後並未實行；至光緒四年 (1878) 四月，重請為第二期
與第三期之報銷，略謂：

> 自同治十三年 (1874) 至今，又已四年之久。關塞用兵，所
> 有餉需、軍械、軍裝、軍火，均由各省轉運採製，而軍糧巨款，
> 亦須由產糧處所採購，款目既繁，程途絕遠。凡有調度，非豫於
> 一年半之先，函牘頻催，不能應手。每前局起解文報，久已到
> 營，比經各台局層遞接解，轉運前來，已在一年半年之後。行查
> 銷算，難以克期清結，勢有固然。即如前歲借用華商巨款，至去
> 冬洋款借到，始能分起還清。又歸化城、包頭鎮設立採運局，由
> 北路草地，用駝轉運巴里坤，往返萬餘里。自光緒元年 (1875) 開
> 辦，二年 (1876) 秋攻克烏魯木齊等城，就近古城一帶官民屯墾，
> 可以採運供支，即撤包歸之局；三年 (1877) 夏間，始據包歸局員
> 造齎總報到營，即其明證。所以不能按年劃清開銷者，用兵於荒
> 遠阻絕之區，轉運設於水陸萬里數千里之外，所有款目，均牽前
> 搭後，界劃難以限年截清。各台局造報請銷，展轉行查，亦需時
> 日，較之各處軍營辦理情形，迥不相同。……伏懇天恩俯准，不拘
> 年份，作為兩案，仍照前次開單報銷，以重公款，而昭核實。……

宗棠此請，亦奉清廷批准。[581] 而戶、工二部未以為然，奏請將此
次軍需報銷各款，凡屬例章應准報銷者，仍令轉飭各台局經手人員逐款
造具清冊，送部核銷；其有不合例章及為成案所無者，既屬事所必需，
應令逐款詳晰聲明，開單奏報。宗棠復將為難情形，據實覆陳：

> 竊維關外著名荒遠瘠苦之區，用兵與內地迥異。軍需則例，
> 定自乾隆年間，一切支銷款目，多按徵調各營官兵釐定。此次軍
> 務，全資勇力，兵餉與勇餉，既不相同，遂致應支各款，多屬定
> 例所無。如臣所部馬步各營弁勇，自同治五年 (1866) 十月，由閩
> 起行入關之始，酌定楚軍營制章程，每步勇連管帶五百零五人為
> 一營，外有長夫一百九十二名，月支餉銀二千九百餘兩。每馬隊

二百五十人為一營，連長夫、馬夫三百名，月支餉銀三千一百餘兩。其時陝甘糧價奇昂，每勇照章月支口糧銀四兩二錢，僅勉敷食用。長夫每名月支口糧銀三兩，則尚不敷食用。是以同治五年（1866）二月初一日，曾奉恩旨垂詢，從前南省勇丁，以甘肅地方瘠苦，多不願往；此時若將調赴甘省勇丁酌增餉銀若干，當可樂於從事。欽奉之下，臣以為弁勇月餉，一議加增，即為定制，如遇糧價平減，轉滋多費。隨經酌量變通，當將各營應需糧料，由官採運，儲存各處。軍營領糧百斤，無論糧價、運價如何昂貴，只扣價銀三兩，其不敷之數，由官津貼，作正開銷，業經奏明在案。自後由陝度隴，以至出關督辦新疆軍務，均照此章辦理。嗣因餉項奇絀，各營月餉，未能按月支給，積久致成巨款。臣於前次開報截至同治十二年（1873）年底止報銷各款單內，弁勇口糧，共已欠發銀八百數十萬兩，即其明證。今臣辦理新疆軍務支銷各款內，弁勇口糧，本為大宗。是以部議令其照章造具清冊送部，部中即可照楚軍章程核辦。設使臣軍餉項充裕，各營均能按月清給，此時報銷，照章按月核算，開造細冊，有何為難？無如臣軍餉項，歷年支絀異常；各營月餉，只能因地因時，通挪酌給。凡在前敵打仗者，均應照章給餉，先行從寬酌發，俾得士馬飽騰。其在後路駐防者，亦照章程算給，仍先按月酌發火食銀兩，俾資糊口。俟有裁汰告假，再行照章算清，如數找發。迨至光緒元、二（1875—1876）等年，復經臣與幫辦軍務臣劉典，將關內後路防營，改照坐糧及土勇章程支餉，以期撙節。至裁改歸併各營，除照章找清欠餉外，仍按省份遠近，酌給川資，俾得安靜回籍。是弁勇月餉一項，雖云照依楚軍章程支發，然其中有發給現餉者，有補發舊欠者，有先給月需鹽菜火食，嗣後再行核算找發者，情形不一。此時若造清冊，安能按名一律開造，求合例章。他如採運軍糧，各處市價不同，各營支領糧料，多寡不同，關外轉運，經行戈壁，不能如口內程途里數可考。需用一切軍裝、軍火、器械等件，有由內地製辦者，有由上海派員前赴外洋採購，運甘轉解前敵者，有由陝甘設局仿造洋槍、洋炮子藥彈者，更難按例計

算工料。臣深知餉項艱難，凡有一切支發，在前敵者，皆由臣行營核明撥發，在後路者，皆由幫辦軍務臣劉典核明撥發。有時移緩就急，不容坐失事機；有時把彼注茲，惟期有裨實用。若必求合例章，一一遷就挪移造冊，誠如同治三年（1864）六月部臣摺內所云，實數不准銷，准銷非實數，不特無以仰對朝廷，且無以符部臣核實之奏。非臣別有意見，故違定章也。

此次覆奏，自得清廷同情，維持開單報銷原案。[582] 然同治十三年（1874）銷案，戶部又咨駁四點：（一）支發採買軍糧、草料、米麵價值一款，上屆報銷案內，每年約支銀三十六萬兩，此案共支銀九十一萬四千餘兩，較上屆多銀五十五萬餘兩。（二）又支發採買駄騾、雜物、餵養等銀一款，上屆報銷案內，每年約支銀十一萬餘兩，此案共支銀十八萬八千餘兩，較上屆多銀七萬餘兩。（三）又支發各州縣津貼，酌補各官薪廉等銀一款，上屆報銷案內，每年約支銀三萬四千餘兩，此案共支銀三十一萬八千餘兩，較上屆多銀二十八萬餘兩。（四）又補發各營弁勇口糧一百四十三萬三百六十二兩零，未聲明補支何年何營欠餉，均應分晰開單聲覆。宗棠又具奏曰：

> 同治十三年（1874），關隴肅清，大軍籌議出關，凡軍糧、料草、駄騾、什物等項，不能不寬為購備，俾免臨時缺乏。採辦之物件既多，需用之款目自巨，此採買糧料等項用過價值，較前加增之原委也。至酌補各官薪廉等項，較上屆報銷案內銀數增多一節。遵查同治十二年（1873）以前報銷案內，支發各州縣津貼辦公，並酌補各前任積欠薪廉等項一款，係專指酌發文職各官銀數而言，其綠營武職員弁，歷年積欠之項並未發給。關隴肅清之後，各營員弁紛紛具領，不得不量為酌發。前欠清單內開銀數，係將文武各官及營汛制兵支領之項，並計在內。此次支發銀數，均係隨時酌發，並無一定額數，此酌發文武各官積欠薪廉等項，與上屆報銷案內未能一律之原委也。又補發各營弁勇口糧銀一百四十三萬三百六十二兩零，亦未聲明補支何年何營欠餉，

飭查聲覆一節。遵查上屆報銷案內,曾經聲明,截至同治十二年(1873)年底,歷年積欠各營軍餉,共銀八百二十五萬九千八百二十兩二錢二厘三毫二絲六忽,此次補發銀內,即係欠發同治十二年(1873)以前截數開報欠餉八百二十五萬九千餘兩內之先行補發之項。前單業將補發銀數,在於欠發數內,詳細聲明扣除。且欠發各營軍餉,均係遞年滾算,亦無從按年分晰年份。……

臣維軍需支款,與常年經費不同,常年歲有定額,部臣逐年比較,按冊而稽,可以知其梗概,軍需用款則不然。如支發餉銀,則視收款之盈絀,定支發之多寡;採製各物,則視需用之緩急,道途之通塞,商販之多寡,價值之長落,隨時採辦。動用銀數,非惟今歲不能比於舊數,其需用緩急之間,更有今日不能比於昨日者,斷難擬之一律。臣前次開報請銷各款,不獨戶部行查各節,與上屆銀數間有不同,即部臣所謂上屆不甚懸殊之款,亦皆非上屆報銷之數,適相吻合。其實按年支發銀數,多寡本有異同,亦非按年均勻攤算,止有此數,臣前次奏請核實開報,不必牽合部章者,正為此也。……

於是此次報銷,復得核准,[583]然戶部仍謂此後接續報銷,務須核實辦理,以重餉項。故第四期報銷,宗棠仍以「……臣軍收支款項,未能拘定成案,按年劃清報銷者,用兵於荒遠阻絕之地,轉運設於水陸萬數千里之外,款目均牽前搭後,界畫難以限年截清;新疆闢地日廣,捍衛藉資器械,辦事需員;克復城池,隨時安插戶口,時事不同,勢難畫一。」等緣由,奏奉特准開單辦理。於是十四年之西征經費,始得清結。[584]蓋戶部為執行則例,常堅持造冊報銷,且造冊報銷,照例有一筆銷費收入,故實不願各軍營開單報銷。部中所持為手續,而統兵大員須顧及事實,形成對立,乃事實所必至。然欲依數十年前之則例,核數十年後之軍費,欲憑一成不變之計算方式,核各地錯綜紛紜之物價工價,欲在方寸之門戶以內,核千萬里外之實支,其必扞格不通,亦不問可知。

四期報銷所列開支項目,都十二款,茲各係以四期之總數如次。惟

原案計算單位至「微」為止，因太瑣屑，以「兩」為單位。

（一）支發楚軍馬步各營，並各起護軍土勇，暨寧夏將軍穆圖善、固原提督雷正綰所部各軍兵勇口糧，銀五千四百三十六萬九千七百八十四兩。再加撥交關內外各軍四百二十一萬八千三百零六兩（如寧夏將軍、西寧辦事大臣、伊犁將軍、烏魯木齊都統、哈密參贊大臣、嵩武軍、甘肅綠營等，即歸各該軍自行報銷），老湘軍四百三十二萬一千七百零八兩（同治七年〔1868〕十月，至光緒元年〔1875〕八月，由宗棠另案報銷），共計六千二百九十萬九千七百九十八兩。案當日宗棠用兵西北，尚有若干部隊，雖並歸指揮，而各有專餉，別自收撥，不在報銷案內。故上列之數，不能即謂為用兵西北之全部餉銀也。再彼時軍費異常支絀，各軍輒欠餉累累。如李鴻章之淮軍，浸至規定全年餉額，僅按九個月核發。宗棠所部在西北，亦每僅發米與鹽菜，勉維一飽，至年終始湊發滿餉一個月或二個月。故截至光緒六年（1880）十二月，計尚欠餉銀三百三十三萬四千四百八十四兩。而其間因裁撤歸併，遂將欠餉註銷之數，亦共有銀二百三十九萬九千二百七十五兩。

（二）支發由上海及湖北、陝西等處起解，並由行營撥解各軍餉銀、糧米、軍裝、軍火等項，需用船隻、車駝、夫騾腳價，並匯解餉銀支給匯費等項，銀一千六百五十萬七千三百九十四兩。案此款與以下第六款、第十款，均屬軍運範圍，共計一千八百十六萬五千二百四十一兩，佔總支出五分之一。西北用兵籌運之困難，於此得一證明。

（三）支發採買，製造軍裝、軍火、旗幟、號衣、帳棚，並洋槍洋炮、子藥、銅帽等項工價，銀五百十二萬一千三百十一兩。

（四）支發採買糧米、麵麩、柴草價值等銀，除轉發各營扣回價銀外，實共津貼糧價銀五百五十八萬四千五百五十五兩。案西北糧價，高出勇夫餉額，故每領米百斤，限扣三兩，餘由官貼補。至出關各部隊，則更不扣價，全部由官供應。西北用兵籌糧之難，於此得一證明。

（五）支發隨營辦事文武及各台局當差員弁薪水，書役、工匠、護勇、長夫口糧，紙張、油紅等項，銀二百零九萬五千三百六十五兩。

（六）支發採買戰馬、駱駝、馱騾，製辦騾車、鞍屜、什物、餵養

等項，銀一百三十四萬一千三百二十一兩。

（七）支發借用華洋商銀兩，議給利息，銀四百二十八萬一千八百四十四兩。減去第四期扣回八萬九千七百零一兩，實為四百十九萬二千一百四十三兩。案各省關協餉，常不能如期如數報解，不得不向華洋商借款濟急，由是在原已萬分竭蹶之軍費中，又須負擔一筆利息。西北用兵籌餉之難，亦於此得一證明。先後共借洋商一千五百九十五萬兩（詳見五十四節），華商一千零六十五萬三千七百三十兩，除陸續償還外，截至光緒六年（1880）十二月，尚共欠六百萬五千兩。

（八）支發招募各營弁勇經費，及沿途行走小口糧，銀二十九萬八千三百四十七兩。案此款僅第一期有之。

（九）支發各營陣亡，受傷弁勇恤賞、養傷等項，銀四十八萬二千五百三十七兩。案此款亦常有積欠，截至光緒六年（1880）十二月，尚欠銀二十五萬八千八百九十四兩。

（十）支發押運軍火員弁水陸川資，及採辦各項委員盤費等項，銀三十一萬六千五百二十六兩。案此款亦僅第一期有之。

（十一）支發各處屯墾經費，採辦耕牛、籽種價值，並漢回安插賑濟等項，銀九十八萬零二百三十二兩。再加撥交陝西北山賑款一百六十六萬三千二百五十六兩（歸陝西省自行報銷），共計二百六十四萬三千四百八十八兩。案此款與以下第十二款中之各州縣津貼辦公，本不在軍事範圍，惟當日宗棠尚有陝甘總督名義，不能不過問，而陝甘政費，又本支絀，亦不能不在軍費內動支也。

（十二）支發各州縣津貼辦公，及添設腰站、軍台，購買驛馬等項，銀一百十三萬八千八百三十三兩。

以上十二款，合計銀一億零二百六十三萬一千六百二十一兩。[585]

至欲考知宗棠西征經費之來源，則須先明了西北本為貧乏地方，戰時財政，尤為支絀。甘肅、新疆餉事，向恃外省協濟，每年四百數十萬兩。自太平軍興，各省自顧不暇，或常欠解，或竟停解，實收僅及半數。甘省田賦，原僅年徵四十餘萬兩，亂後更減至二十七萬兩上下。

故楊岳斌到陝甘總督任時，調查甘肅布政使庫存，只有一千兩。陝西餉事，向恃本省錢糧，自較甘肅為佳，然亂後亦銳減，而軍費則激增，雖辦厘金，每年僅十萬兩內外。故劉典署陝西巡撫時，報告有着落之餉項，不過一百六十萬兩。宗棠所部之餉，在福州省城出發時，固已商定由福建、浙江、廣東三省協撥，然入關以後，鄭重審計陝甘兩省整個軍費收支，陝西每年約缺一百四五六十萬兩，甘肅約缺二三百萬兩，不得不請由清廷籌撥，並力主「以東南之財富，贍西北之甲兵」。清廷重為指定各省及各海關經常協濟，而臨時由戶部撥補。宗棠亦自就捐輸與厘金二者，盡力籌劃。至出兵新疆時，雖征途益遠，用費益巨，仍指原有各省關協款為軍費，宗棠乃不得不同時以裁兵為節餉之道。蓋用兵西北，籌餉之難，亦於此可得一證明。[586] 茲將上述四期報銷案中之收款，概括為七項，分別於次：

（一）戶部撥　銀四百五十二萬零六百三十兩。

（二）各省撥　銀六千八百九十六萬四千一百三十一兩，再加江蘇撥老湘軍餉四百三十二萬一千七百零八兩，共計七千三百二十八萬五千八百三十九兩。案此款包括一般之甘肅、新疆協餉，及指定專協某軍之餉（如陝西專撥雷正綰軍餉等）。當日協撥之省，有山東、四川、福建、浙江、廣東、湖北、湖南、江蘇、安徽、江西、山西、河南十二省，有定額可稽者，浙江原協楚軍每年二百四十六萬兩，福建、廣東各四十八萬兩，清廷指定西征協餉，浙江每年六十萬兩，湖北、江西、福建各四十八萬兩，江蘇、廣東各三十六萬兩，安徽二十四萬兩。

（三）各海關撥　銀四百零五萬八千六百五十三兩。案當日撥款之海關，有江海關、江漢關、浙海關、閩海關、粵海關等五處，有定額可稽者，江海關每年五十萬兩，閩海關二十萬兩，江漢關十五萬兩，粵海關十萬兩，浙海關五萬兩。

（四）捐輸　銀八百八十一萬七千五百三十六兩。案此款包括甘肅自辦米捐，各省分撥米捐（詳見五十一節）。

（五）田賦　銀十八萬六千五百十七兩。案此款為甘肅一省之數，及新疆收復後所徵之數。

（六）厘金　銀一百六十七萬七千八百三十四兩。案此款亦為甘肅一省之數，及新疆收復後所徵之數。（詳見五十節）

（七）雜收　銀二百七十萬五千零一百四十七兩。

以上七款，共收銀九千零九十七萬五千四百四十八兩。[587] 自以各省關協款為大宗，然常有積欠。且自報解到解到，每須兩三月。當青黃不接之時，悉以華洋商借款彌補。有時遇採糧款項不給，則以三聯銀票，由甘肅布政使蓋印行用，期以兩個月發給現銀。[588]

言及軍費支銷，則宗棠用兵所感窘乏，自可想見，西征時固如此，東征時亦何莫不然。（參閱二十節）所可異者，此輩士兵既收入如是微薄，何以猶願以生命供犧牲？欲解釋此疑問，則如統帥之能共甘苦，能以恩義相維，並能以紀律相繩，為主要之答案。而於防守之部隊，課以農事，俾有作物收成，或供自用，或以出售，亦不無補濟。然每收復一地方，能多得意外之收益，當仍不失為一大原因。金積堡攻陷時，宗棠致書陳湜曰：

> 據供馬氏兄弟父子資財，實近兩百萬之多，未知實否。各營掘藏頗多，自不待言，馬逆眷屬住處，未經蒐索，想必不少。十四五以後，必鮮有存者，聞卓勝所獲尤豐，信否？……

其時官報搜得敵資，則僅有十九萬餘兩，宗棠猶以賞給在事各營，每營二千兩，七十一營共十四萬二千兩。是私獲而外，猶有官賞，此所以甘於執殳前驅乎！又如圍攻肅州城時，各軍預計爭發洋財，宗棠亦陰許之，以為「攻破城池，殲滅首要各逆，何愁洋財不能到手」。城既克，終以分贓不均，幾啟釁端。即此二役如是，推之他役，當無不如是。故浙江各城之克，報得敵銀米數十萬兩，以充善舉；新疆之役，報得敵資七萬餘兩，以辦地方善後。恐尚為歸公之極少數，將士所獲，必有十百倍於此者。王闓運作《湘軍志》，描寫彼時之將士，爭求從軍，每破寇，所鹵獲金幣珍貨，不可勝計，故其結論曰：「能戰之軍，未有待餉者也。」[589] 事實昭然，自不必曲為諱飾。

41　欲一唾四十年惡氣

　　清自同治而後，與外國交涉益繁。每遇一嚴重交涉發生，朝野必有主戰與主和兩派，左宗棠則恆偏於主戰一派。然而伊犁事件之和平解決，殊使宗棠無用武之地，徒歎「伊犁僅得一塊荒土，不料和議如此結局，言之腐心」。其時宗棠留居中樞，凡有使命三：一為在軍機大臣上行走；一為在總理各國事務衙門行走；一為以大學士管理兵部事務。此為宗棠在京朝服官之第一次。卜居東華門外北池子西偏，對紫禁城，中隔荷池，戶牖皆拱宸垣，於隙地構屋，拓新舊石鼓文張之壁，更自以楷書錄韓愈、蘇軾石鼓詩補其缺，名曰石鼓閣。顧為時甚暫，越八月，即光緒七年（1881）九月，被命為兩江總督，兼充辦理南洋通商事務大臣。陛辭日，文宗后那拉氏臨朝，諭以：「兩江公事，豈不數倍於此？以爾向來辦事認真，外國怕爾之聲威，或可省事，故以此累爾。」旋即束裝南下，先回湖南。一至長沙省城邸第，視其家屬，一至湘陰東鄉故里，展謁先塋。時仲兄宗植與其子渾夫婦，妻筠心夫人，長子孝威與其婦、二女孝琪、三女孝瑸與其婿，均已前卒。而宗棠自奉詔襄辦曾國藩軍務離家，亦已二十有二載矣。然烈士暮年，壯心未已，觀於涖兩江之所為而可知。[590]

　　辦理南洋通商事務大臣一職，原為履行鴉片戰爭後之江寧條約，開闢五口商埠——上海、廣州、福州、廈門、寧波——而設，例以兩江總督兼之。然其任務固不限於通商，其範圍亦不限於五口，凡如東南七省——安徽、江西、江蘇、浙江、福建、廣東、廣西——舉辦洋務，籌備防務等等，即所以應付通商各國之事項，無不歸其綜持。當鴉片戰爭時，宗棠尚以書生從事教讀生涯，憤慨萬端，乃越四十年，以相國

躬履此由鴉片戰爭而產生之官職，其感想將何如耶？又在已往之十四年中，宗棠始終在西北，所經營者為塞防，今移節東南，所經營者一變而為海防，其感想又將何如耶？而宗棠所注意，偏於海防，圖相機一雪四十年前國恥。於是在十二月中，由漢口乘輪東下，直抵江寧省城，一路即閱視長江形勢，及兩岸防務。宗棠自承於海防涉歷較淺，故屢商之於以水師起家奉命巡閱長江之彭玉麟。兩人均主張採取守勢，不取攻勢，即專防海口與江口，而不爭大洋。其實此本魏源《籌海》之說，所謂「守外洋不如守海口，守海口不如守內河」者也。[591] 茲將宗棠有關海防之措注，擇要記之：

（一）確定防守地帶。海防以吳淞口為要塞，自吳淞炮台迤西北海堤，至羅店，過黃浦江之東，經高行，沿海堤至龍王廟，均劃為戒備區域。吳淞炮台左右內外，抽撥兵船分守。羅店、高行各紮兩營，前者兼顧嘉定、太倉之後路，後者遮阻敵人登岸之路。江防以崇明、白效沙為第一重門戶，平日安置水炮台船，必要時，設置魚雷。水炮台船向上海耶松、祥生兩船廠訂造四具，每具銀三萬兩。先將小夾南岸之全涇口，挖深丈餘，長里許，寬五六丈，以備收泊水炮台船之用。江陰為第二重門戶，南北岸均設炮台。江陰與白效沙之間，圌山關、象山、都天廟、焦山、福山、狼山、江寧省城之下關烏龍山，均設炮台。時吳淞炮台有炮十八尊，江陰炮台有炮四十九尊，圌山關等炮台有炮約共百尊。宗棠命再擴充。各炮台工程，本尚堅實，惟地勢憑高，利於俯擊。若遇洋輪駛入，則船身貼水，列炮岡阜，與之相持，難於取準命中。宗棠因命更就地位不甚相宜者，傍岸修砌船塢，用木簰鋪成水炮台，移炮排列，有警次第施放，期易中的。又船上發炮，因平日演習，只求惜費，未能裝子，尚欠純熟，當由宗棠規定，以後開操，得領取子藥，每炮按六次為一輪，每輪以三次為度。關於魚雷之施放，另在江陰設局，聘英人專事教習勇丁。宗棠指示江南長江各提督、各總兵曰：「木簰安炮，平擊洋輪。」曰：「安設水雷、魚雷，暗擊洋輪。」又曰：「以製造小船，載短劈山炮，用合膛子，專擊洋輪煙筒。」[592]

（二）補充船舶。長江水師僅有木船，玉麟認為未足與外國兵輪抗

衡，曾議置備小兵輪十艘，以費絀無成。至是，宗棠自任籌款，期早實現。時南洋大臣所統兵輪，有馭遠五百匹馬力，澄慶一百八十匹，登瀛州、威靖各一百五十匹，測海一百二十五匹，靖遠八十匹；蚊子船有飛霆、策電各六十六匹，龍驤、虎威各六十匹；差輪有操江八十匹，福安六十六匹，江安、澄安各二十匹。宗棠亦以為不敷支配，決計另備大兵輪五艘，小兵輪十艘。議歸上海江南機器製造局承造，每艘造價銀十七八萬兩。大兵輪五艘，以三艘歸福建船政局承造，每艘造價銀三十萬兩，餘二艘向德國訂造，馬力二千八百匹，每艘造價銀二十七萬兩。一面向福建船政局附設學堂，調取學生十名，並招水手一百名，指派教習，在澄慶兵輪，教以西學，練習帆纜一切事宜，並遊歷各海口，俾衽席風濤，辨識海道。期以三年學成，分發新造各兵輪服務。在福建船政局所造大兵輪，先以新落成之開濟撥用，此船號稱二千四百匹馬力，原定每時可行一百海里，乃其後試行僅得九十海里，設備亦未盡完善。宗棠因奏請將負責人員交付懲戒。在德國所造大兵輪二艘，題名南琛、南瑞。當中法啟釁時，已在使用，頗為得力。宗棠因奏請將經辦人員優予獎勵。又長江水師在江南，有內河五營，太湖亦有巡防炮船，獨於江北尚少佈置。宗棠鑒於高郵、寶應、邵伯一帶，湖河相連，村舍零落，梟匪尤為充斥，欲攘外，必先安內，非得輕快炮船，不足以資鎮懾。因飭金陵船廠添造飛劃三十號，並挑撥舢板八艘，配齊炮械，駛往上述地點，加意巡緝。[593]

（三）創設漁團。沿海沿江居民，多以充當漁夫或水手為生活，均諳習水性，且熟識水道，顧氣質兇悍，常流為海盜，而於國家有事時，尤易為敵人利用。於是宗棠擬就沿海或沿江之川沙、太倉、鎮洋、寶山、崇明、華亭、金山、奉賢、南匯、常熟、昭文、上海、江陰、靖江、通州、海州、海門、東台、鹽城、贛榆、阜寧二十一廳州縣（原列二十二，後除去不瀕江海之嘉定，故為二十一），創設漁團，將此項漁夫、水手，加以組織、訓練。當時估計此二十一廳州縣內漁夫、水手，約有一萬數千人，每一百人中，挑壯健者三十人，約可練成團丁四五千名。光緒九年（1883）七月，實行開辦。其編制，每團丁十名為一牌，

牌有長；每五十名為一甲，甲亦有長。每甲配船五號，於是共得九十二甲，四千六百名，各統於團防局。局每廳州縣自為一所，崇明以人數較多，獨設二所。又於吳淞口設立總局，以蘇松太兵備道為總辦，蘇州城守營參將為會辦。每局遴選曉事正紳二人，分任團總、團佐，別挑技藝純熟者二人，為教習。編入漁團之船，均由局給領刀矛、軍械、金鼓、旗幟、號衣等件。甲長、牌長均賞給功牌，俾資鈐束團丁。各團丁均於每月初二、二十六兩日，駕船齊集團防局所在水面，操練一次。甲長每人月支銀四兩，牌長每人每操給口食銀三錢，團丁每人每操給口食錢三百文，船隻每號每操給船價銀九錢。操練之技藝，為伏水、泅水、超躍、猱升等，總辦、會辦、團總、團佐及以次職員，均另酌支薪水。[594]

（四）挑募水勇。創設漁團時，即預擬團丁中有操練純熟，能伏水、泅水、超躍、猱升，技藝超群者，挑為水勇，優給口糧，散入現有之艇船、八團舢板，及仿造之蚊子船，定造之兵輪，期以水上人材仍用之水上。於是在漁團成立一個月後，光緒九年（1883）八月，先挑得水勇二百二十名，分為左右兩哨。嗣宗棠親臨校閱，飭照楚軍營制，募補成營，於十月起支口糧。共計什長、水勇、夥勇四百九十六名，編成五哨，派委管帶一員，哨官四名，哨長四名，以資約束。仍參仿楚軍章程，在未經挑選成營以前，每勇日給小口糧錢一百文。成軍以後，營官月支薪水公費銀二百兩，哨官月支銀九兩，哨長月支銀六兩，什長月支銀四兩二錢，水勇月支銀三兩六錢，夥勇月支銀三兩。[595]

（五）擴充勇營。同時，宗棠對於陸師，亦頗着意。自太平軍興，各省綠營，多成虛設，專用勇營，江蘇亦以勇營駐防。清廷為節省餉糈，令各省淘汰綠營疲弱，精選勇丁遞補，其餘勇丁，除酌留為練勇，以創新軍外，均歸裁撤。宗棠以為：「時事多艱，隱憂方大，正宜乘此講求武事，以為自強之計。若竟將多年練成勁旅，裁補兵額，前功盡廢，後患方滋。外人觀聽最真，竊恐生其輕視。設一旦海上有警，將何以禦外侮而靖內奸？即使再有招募之謀，勞費豈可以道里計？而臨渴掘井，得力與否，亦正未敢知。」當會同江蘇巡撫衞榮光覆奏，主張

從緩。一面就投效之楚湘軍人，添立九營——毅營、威營、仁營、禮營、良營、銳營、先鋒營、炮隊正副營。嗣更陸續增募新湘、恪靖各營，連前共水陸二十一營，五哨。此固為宗棠對外綢繆之計，然亦非無安頓舊部之用心存焉。[596]

（六）儲備軍實。時曾國藩創設之江南、金陵兩機器製造局已有相當成就，宗棠益加整理，密飭先造機器，於崇寶沙、寶山、吳淞口、白茅沙各處，間段分設，以備不虞。宗棠又嘗親往江南局視察，適新鑄大炮中節出模，火光騰灼，宗棠本有目疾，坐是紅腫有加，流淚不止。宗棠於外洋槍炮，向欣賞德國出品，此時尤讚美溫者斯得一種，槍身全用螺絲，後膛進子，最為利器，實馬體呢所不及。當先在上海搜購三百杆，仍在德國訂購二千杆。又訂購魚雷二十具，並邀製造魚雷之洋匠來華傳習技能。一面亦命金陵局自製馬體呢、溫者斯得槍彈，以及神機炮彈、格林炮彈、水雷、銅卷子彈等。同時，在圖山關南北岸，添造火藥庫，以備儲藏。在南京下關，拓地儲煤，以供輪船之用，此地即今所謂煤炭港者也。[597]

宗棠甚重視海防與江防，故在兩江總督任三年，迭次出巡視察防務。如：

光緒八年（1882）二月，在清江浦，調閱江北營伍。

四月，調閱江南營伍，周歷鎮江、常州、蘇州，遂至上海，視察江南製造局，又出吳淞口，閱視兵輪。

九年（1883）正月，巡視長江，在吳淞口與玉麟會商防務。

九月，至崇明，閱視漁團，至上海，在江南製造局，閱視新造活炮台船。

十年（1884）正月，至揚州，閱視漁團，至象山炮台，演放大炮，至吳淞口，閱視漁團，至上海，視察江南製造局。

前後凡五次，而其即在江寧省城之下關，閱視演放魚雷等，尚不與焉。[598] 其勤勞蓋如此，而其興趣亦在此。如與玉麟聚議之一次，事後曾將經過情形，詳告其子。足見兩人期望恃此殺敵之情緒，老子婆娑，興復不淺：

　　自前月（正月）二十四日出省，定海防大局，均值天日清明，行程無阻，平順之至。所按各炮台，於水陸安設靶位，次第施放，均致遠有準。若洋輪駛入，船身較水靶寬大百倍，尤無虛發可知。沿海內外炮台，均已勘驗。李與吾、李質堂兩提戎，狼山、福山、蘇松及淮揚章作堂鎮軍，並同行員弁兵勇，均議於白茅沙設險，扼其入口總要。蓋此處正泓逼仄，兩邊沙線錯雜，又均是活沙，與裏樊石牌以上相似，洋輪誤入，必致不救。前年太古洋行曾在此埋過一輪船。外輪若敢前來，我但以船列炮，守定正泓，確有把握。除開炮擊其湯鍋、氣管、煙筒外，更挑選勇銳水勇，習熟縱跳，遇有機會，即躍上彼船，轟其機器，折其鋒牙，則彼船可奪也。值此時水師將領弁丁之氣可用，懸以重賞，示以嚴罰，一其心志，齊其氣力，所為必成。我與彭宮保乘坐舢板，督陣誓死，正古所謂並力一向，千里殺將之時也。在上海與諸將校定議甫畢，適彭雪琴由湖北查案回船至江陰，李與吾、章作堂請先赴江陰，與其晤敘。次日，彭宮保與吾晤於吳淞口，據稱此事已於數年前定見，因經費無措中止。今鹽票項下，既有餘資，可購齊船炮，尚有何疑畏，不能作連命會乎？因將應於中外趕辦船炮各事，逐一陳敘，彭亦歡愜，並稱如此佈置，但慮外人不來耳。諸將校亦云：我輩忝居一二品武職，各有應盡之分，兩老不臨前敵，我輩亦可拚命報國。答云，此在各人自盡其心，義在則然，何分彼此，但能破彼船堅炮利詭謀，老命固無足惜。或者四十餘年之惡氣，藉此一吐，自此兇威頓挫，不敢動輒挾制要求，乃所願也。宮保亦云：如此斷送老命，亦可值得。語畢彼此分手。[599]

　　至是年九月，復將與玉麟會商機宜，專摺報告。其時法國已在進攻越南，故末段尤多慷慨激昂之詞：

　　海上用兵以來，文如林則徐，忠而有謀，以之制初起之寇，本有餘力，不幸為忌者所間，事權不屬，不克竟其設施。武如陳

化成,力扼吳淞,苦戰不卻,不幸右路未戰先潰,致夷兵萃於左路,力竭不支,遂以身殉。是則議論不協,勇怯不齊,有任其咎者,遺憾至今,四十餘年,不知伊於胡底。而所謂識時務者,仍以因循粉飾,苟且目前之安。此志節之士所為抱抑塞磊落之懷,扼腕歎息者也。臣愚,竊謂和局可暫不可常,其不得已而出於戰,乃意中必有之事。茲幸地利、人和兼而有之,而察諸將領,又各思發憤為雄,自可及鋒而試。因飭一面挑選奮勇弁丁,一面嚴明賞罰,訂立規章,俾互相激勸,以齊心力。遇有外國兵輪闖入海口,不服查禁者,開炮測準轟擊,得力獲效者,照軍功例,從優給獎,其奪獲船隻者,副將以下至外額均加三級,請保提鎮,請給世職,勇丁按名賞銀十兩,仍錄功核保。所奪輪船,除軍械及應用器具,概應充公,不准藏匿外,其銀洋什物,均報驗充賞,不准官弁扣留,以昭激勸。其督隊不嚴,臨陣退縮,甘心失律,以致誤事者,提鎮請旨正法,副參遊以下至外額,屆時由臣察實,手刃以徇。提鎮氣力漸衰,身軀肥重,不能縱跳用力者,先期自陳,應核明具奏,免其嚴議。蓋職分既崇,所重者,督率嚴謹,不必強以力所不能也。至總督親履行間,所辦者,轄疆江海防務,責無旁貸,遇有寇警,應親臨前敵督戰,防所即其汛地,如敵人輪船衝過白茅沙總要隘口,則防所即是死所,當即捐軀以殉。此外巡閱長江水師大員,及長江提督,責在長江,未兼洋務,自當分別言之,未可概論。……[600]

想見削筆之際,感情異常衝動,故於副將以下禦敵失律軍官,至欲手刃以為快。並自以兩江總督身份,矢願戰以防所為汛地,敗以防所為死所。然於奉命巡閱長江水師,願與並死之老友彭玉麟,仍為留一餘地,以為不管洋務,可以不必同殉。特不知與宗棠抱殺敵勇氣之彭宮保,是否自甘落伍,此則可與家書參看,而可為發噱者也。

組織漁團,為宗棠得意之作,而未為輿論所許。光緒十年(1884)二月,曾國荃繼任兩江總督,清廷諭其停止,遂於是年四月完全結束。

惟水勇五百人，以精壯可用，仍加保留。綜計漁團成立，歷時十個月，支用銀七萬八千餘兩。宗棠致總理各國事務衙門《時務說帖》中，則頗自記其績：

> 辦理沿海二十餘州縣漁團保甲，為收羅漁戶豪俊之士，以杜教民、奸宄為外人引水、暗通消息起見，數月以來，成效已著。通州、海門一帶，素稱盜案層出者，上年冬防，皆已斂戢，並無報案。崇（明）、東（海）、通州、海（門）四州縣紳民，知漁團辦成，足以自衛身家。今春該州縣士紳候選同知施海元，貢生楊召棠，候選通判王道湟、蔡鳳岐，貢生張雲摶、顧思義等，帶領甲長數人，來省叩謁，稟留委員久辦，以收實效。足見時論指漁團無益有損，未為確論也。近日浙江、福建均仿辦漁丁保甲，似漁團之有益無損，所見僉同。自開辦至今，所用經費，不過三萬餘兩，尚屬無多。而海上新聞紙傳播，竟稱江南練得漁團二萬餘人，外人頗為震懾，若令一旦議撤，不惟見諸實效者為可惜，今並虛聲而無之，良可惜也。……[601]

張煥綸在《救時芻言》中批評此事云：「西人言兵者，謂沿海之地，須用漁人為探哨引導之助，近年江督奏設漁團，其法甚善，惟奉行者不能體會上意，或致擾民，其甚者又以塗飾了事，遂為繼任者撤去，甚可惜也。愚以為漁團是海防一好題目，如文不工，只宜改文，不必改題也。」[602] 是為較公允之議論。

42 出師未捷身先死

　　越南為古越裳、駱越、交趾之地。漢武帝平南越，嘗隸中國版圖，自後離合不常。降至滿清，始復於嘉慶九年（1804），封其主為王，列其國於藩屬，二年一貢，四年一朝。當時之越南，包括五部，瀕海者，南曰南圻，亦稱交趾支那，首府為西貢。中曰中圻，亦稱安南，首府為順化。北曰北圻，亦稱東京，首府為河內，其外海口，即海防。北圻之地，陸與雲南、廣西接壤，海與廣東相連，與中國關係最切。南圻之西，曰柬浦寨，北圻之西，曰老撾。其西南部有河，曰湄公，上游即為流經四川、雲南之瀾滄江。東北部有河，曰紅，上游即為流經雲南之富良江，是又為與中國在自然環境上之重要關係。至法國注意越南，亦遠在明之中葉。咸豐朝而後，乘中國內亂，益積極經營，而越人見法強華弱，亦頗樂依俯於法。[603] 當左宗棠方在西北規復新疆，不知西南之越南，在次述法國侵略之下，已漸脫離中國矣。

　　咸豐八年（1858），法合西班牙攻越南，問上年越人戕害西班牙教士之罪，戰事連續四年之久，中國方疲於太平軍之役，不遑為越南助。[604]

　　同治元年（1862），越南戰敗，被迫與法簽訂西貢條約，割邊和、定祥、嘉定三省，及康道爾島與法，並許法軍艦在湄公河自由航行。[605]

　　六年（1867），法藉口保護越南秩序，襲取永隆、安江、和仙三省，遂合前得三省，盡有南圻地，更覬覦中圻、北圻，要求紅河通航權，越南未允。[606]

　　十一年（1872），法又規取北圻，思渡紅河，以侵諒山，通中國。廣西巡撫劉長佑會越南，招用劉永福擊敗之。永福故參加太平軍，太平軍在廣西失敗後，永福率眾三百人出鎮南關，據有保勝，其地已接近雲

南之河口，所部皆張黑旗，故以黑旗兵名。[607]

十二年（1873），法攻河內、海陽、南定、寧平、興安諸鎮，越王亦招永福抗法，一戰而復河內，法改採懷柔政策，越人亦悅之，遂就和。永福為越臣所忌，仍退據保勝。[608]

十三年（1874），越南與法訂和親條約，法承認越南為獨立國，始獲得紅河通航權。[609]

光緒元年（1875），駐中國法使以法越和親條約，照會清廷，並要求兩事：一剿辦在邊界擾亂之華軍，意指消滅永福與黑旗兵也；一在雲南省獲得一泊船處所，意指通商也。清廷於駁斥兩事外，以越南為我屬國，覆照否認其獨立，法使不省。[610] 嗣又於五年（1879）命出使英法大臣曾紀澤，向法外務部聲明法越私立之約，中國不能承認，法外部亦不省。[611] 此事遂成懸案。而越南覺悟此約之不利，復陰結永福共圖法，阻其通商，並屢求於清廷，清廷亦以剿辦邊界土匪名義陰助之。[612]

八年（1882），法責越南背約，復舉兵攻陷河內，進迫順化，且窺雲南、廣西邊。清廷一面向法提抗議，一面命廣西、雲南軍出關，廣東戒海防。法使寶海向我直隸總督兼北洋大臣李鴻章要求中國退兵，通商保勝，驅逐盜賊（仍指永福與黑旗兵），劃紅河南北為界。清廷已允之，而復下各省督撫議，法亦尚不滿於此條件，轉藉詞中國不即接受，以增軍撤使相恫嚇。[613]

法越之交涉，既演變為中法之糾紛，至此又成忽和忽戰之局。時宗棠方以兩江總督兼南洋大臣，亦遂為今後中法和戰中之一要角。顧宗棠主戰，正與主和之北洋大臣李鴻章，遙遙對峙，相映成趣。

九年（1883），法攻陷南定，形勢益緊張。清廷命鴻章赴廣東督辦越南事宜，並節制廣東、廣西、雲南三省防軍。宗棠承旨派江蘇防軍隨行。鴻章擬指調淮軍十五營，湘軍三五營，宗棠隨增募楚軍九營，以備填防。已而永福大敗法兵於河內，法改遣德理古（脫利古）重申和議，鴻章遂不果行。[614] 德理古向鴻章強硬聲明，法不惜用武力保持其在越南已得之權利與名分。復向鴻章強硬詰問，中國是否明助越，或暗助越，要索不助越之證據。鴻章仍以中國有權在邊疆剿匪為詞，議不諧。[615] 會

越王歿，無子，嗣位再更，法復攻佔順化炮台，脅越為城下之盟，訂成《順化條約》十三條，揚言將侵廣東，斷中國海上援越之路。[616] 而德理古改提三款：一、法允保護在越之中國商民，意在反證中國已無權干預越事；二、剿辦北圻土匪，意在不允許中國資永福助越；三、另訂中法邊界，意在推翻寶海原議，議自仍不諧。[617] 雙方相持，成為僵局。依鴻章觀察，就越南一隅言，法有輪船，可以水陸相依，吾邊兵僅賴炮壘支持，法多槍炮，吾邊兵甚缺，且多不諳使用，僅恃肉搏挺擊；黑旗兵太無紀律，劉永福外強中幹，不足倚以進取；越朝野先本有意附法，至今猶有內奸，兵不足用；就中國全局言，海防脆弱，不堪法艦一擊，而琉球、朝鮮兩案未定，尤虞日法協以謀我。故鴻章之結論，對法戰事，不能不鄭重，可和則寧和。[618] 宗棠則向不主和，且以戰為合乎正義，因奏：

> 法越交兵一事……我愈俯則彼愈仰，我愈退則彼愈進。固由夷性靡常，毋亦議論紛紜：無異教猱升木，適階之屬也。現閱西報，法人逼攻愈急，越南王憂悸不堪，服毒自盡，外患未平，內亂復急，越終不足圖存。劉永福一木難支，未知所屬。越之淪亡，固不足較，惟法人得隴望蜀，滇、黔、廣西，邊患愈迫。中國旰食方勤，未敢置之不理。臣任重南洋，兼管七省海口，尤屬義無可辭。疊接各處函牘，均以膜視越事，於臣與李鴻章，多責備之詞。而臣內求之於心，終有未得，不敢藉口朝命未臨，預思諉謝也。……

復反覆陳明曰：

> 竊以越南難與圖存，劉永福未可深恃，夫人皆能言之。惟越若不存，剝牀以膚，將成西南巨患。劉永福一失，越南全境，無與支持，更貽滇、粵之患。事機紛乘，間不容發。及今為之，已苦其緩，若再置之不理，西南之禍，豈有窮期！如法人得逞，泰

西諸國群豔滇南五金礦利,勢必聯翩而來。且國威未揚,各省伏
莽,亦將狁焉思逞。……外侮內患,事每相因。幸而任事之人多
習戰陣,不至束手。數年十數年之後,人才日就凋謝,樞部諸臣
縱能奮發有為,需恐搶攘不遑,鞭策難加,而大局將有難於設想
者。古云:「一日縱敵,數世之患。」是綢繆之不可不預也。臣雖
衰庸無似,然每一思及,輒有難安寢饋者。……

宗棠舊部前福建布政使王德榜適假赴湖南永州,德榜本籍廣東東
莞,且嘗於太平軍之役,入廣東作戰。宗棠認為尚與兩廣情形及兩廣
人士相習,因囑其先赴廣西,探詢越南真相,如必需用兵,可即募勇前
往,相機而動。宗棠本人亦當率新募各營,向湖南繼進,以赴戎機,斷
不敢置身事外。[619] 法既迫訂《順化條約》,益增兵北進,清廷向法提抗
議,要求撤退東京法軍,為法所拒。清廷又告法使,如法軍侵入我軍駐
地,定必開仗,法亦不理。清廷於宗棠飭由德榜募勇之議,本未許可,
至是乃催速開募,趕往廣西關外,並命協濟廣西軍火。宗棠以其時雲
南、廣西兩路援軍,各有二十餘營,當命德榜募勇數千人,以楚人
七八成,粵人二三成為比例,編為十營,俾可獨當一路。以宗棠侯爵
之徽號,名其軍曰恪靖定邊軍,於籌撥募勇等費用銀六萬三千兩外,
復資以:

> 水雷二十四具。
> 棉花火藥一千磅。
> 棉花信子火藥一百磅。
> 洋火箭一百枚。
> 兩磅熟鐵後膛過火炮十尊,開花彈六百個。
> 銅管拉火一萬七千枚。
> 馬梯呢步槍二百杆,彈子二十萬顆。
> 溫者斯得十七響洋槍二百杆,彈子二十萬顆。
> 大銅火二百萬顆。

細洋槍藥三萬五千磅。

燕非來福洋槍五十杆，鉛子一萬斤。

六門手洋槍二百五十杆，彈子一萬九千一百七十六顆。

四門神機炮六尊，自來火子二萬顆。

七條電線包麻電線二英里。

銅絲包膠電線二英里。

　　另配發半數，供廣西軍應用。水雷二十具、火箭一百枚，供雲南軍應用。[620] 凡此在當日之中國，自已為極強烈而極豐富之軍火，即宗棠所儲備以殺敵者也。

　　十年（1884），宗棠七十三歲矣，諸恙疊發，目疾尤劇（視察上海機器製造局，值所鑄新炮中節出爐，火光灼眼，旋至吳淞，檢閱水師操練，又遇海風大起，遂致眼眶紅腫，兩眼角潰爛流汁），因奏請開缺。奉准給假四個月，以曾國荃繼署。而越南變亂未已，宗棠當請於交卸後，仍留江寧省城，萬一海上有事，即當投袂自效。因江蘇防軍已為廣東調去九營，台灣調去四營，宗棠於募補十餘營外，復建議由前湖南提督羅大春在浙江溫州募集洋槍隊三千人，以助防務。已聞北寧、興化相繼守失，永福軍潰退，法艦八艘分駛福建、江南、天津，則益憤激，假期未滿，遽請銷假，願與法周旋。因德榜僅募成八營，分駐鎮南關、諒山兩處，宗棠又建議由前浙江提督黃少春在湖南募集舊部弁丁五營，為德榜後盾。大春、少春亦皆宗棠舊部。但此二議為國荃所阻，以江蘇財力不勝負擔，又認大春為不可信賴也。清廷乃召宗棠入京。[621] 法派福祿諾重與鴻章議和，訂成五款，綜其要旨，一曰法有權在邊界剿匪；二曰華兵應即撤回邊界；三曰法不索賠款，華允法在邊界通商；四曰法允在越約中不用有損華威望體面之語句；其五則規定簽字三個月後，根據以上四款，再訂細款也。[622] 宗棠於和議向不謂然，則向總理各國事務衙門，提供其見解：

　　謹查天津電報，法使福祿諾在天津議簡明條約五條，內稱法

越息兵，中國撤回北圻各防營，中法永敦和好等語。究係如何立約，宗棠未見明文，本可無庸置喙。惟途間細思，中法議和，上關國家大計，有不能無疑者，應即條陳所見，聊效一得之愚。

查第三條內稱：「中國宜許以毗連越南北圻之邊界，所有法越與內地貨物，聽憑購銷，商約稅則，務期格外和衷，期於法國商務極為有益」等語。查越南南圻、西貢六省，淪為異域，該國精華已竭，局勢岌岌不支，猶幸有北圻堪以支格。而北圻尤滇粵屏蔽，與吾華接壤，五金之礦甚旺，法人垂涎已久，若置之不顧，法人之得隴望蜀，勢有固然。迨全越為法所據，將來生聚訓練，納稅徵糧，吾華何能高枕而臥？若各國從而生心，如俄人垂涎朝鮮，英人覬覦西藏，日本併琉球，葡萄牙據澳門，鷹眼四集，圍向吾華，勢將舐糠及米，何以待之？此固非決計議戰不可也。

論者謂兵凶戰危，一動而凶悔吝據其三，未容不慎。試觀北寧官軍之潰敗，興化官軍之退縮，其初何嘗不發揚蹈厲，自信為可用之軍？卒至一敗莫支，氣息奄奄不振，並其餉軍銀米，棄以資寇，悔已難追。前車之鑒猶在，可不慎諸？不知滇粵之喪師辱國，誤在視事過輕，並非勢力之真有不逮。夫團練之力，但可資其保衛地方，不能必其抵禦狡寇，夫人而知之矣。無論其技藝未能一律，營制未能諳悉，不若制兵，即以餉事言之，團練月餉，實銀不過二兩四錢，縱無刻扣，每日口分，不過八分。以之糊口，常虞不給，所需鹽、菜、柴薪一切日用之需，從何取給？餉糧兩乏，望其安靜，與民雜處，勢必不能。始而騷擾嘩囂，繼之淫掠劫殺，法令有所不行，團練變為盜賊，是驅越民從法，安望其以守為戰哉！宗棠今春有增灶之請，意在令黃少春糾集舊部，添造水師船隻，會同王德榜，札飭劉永福挑選熟習海戰弁丁，為其管帶駕駛，冀收桑榆之效。儻蒙俞允，宗棠親往視師。竊自揣衰庸無似，然督師有年，舊部健將，尚多可當醜虜。揆時度勢，尚有可為，冀收安南，仍列藩封而後已。不效則請重治其罪，以謝天下。此一勞永逸之策也。

或謂邊釁一開，兵連禍結，恐成難了之局，因其請和而姑

許其成，未為非策。然亦必劃疆分護，方合體制。法人保護南圻，吾華保護北圻，論通商，必指定南北圻交界之所，設立通商碼頭。紅河行船，必權操自我。而與歐洲各國公立條約，皆得通商，毋使法人專利，庶彼此鈐制，俾法人不另生希冀之心。如猶不從，則仍示以戰；照萬國公法，閉關絕約，撤回彼此公使、領事，照會有約各國，告以誓與決戰。法人雖強，當亦不敢違諸國公論，或可不戰，仍歸於好。且法人欺弱畏強，誇大喜功，實躁急而畏難。近時國內黨羽紛爭，政無專主，仇釁四結，實有不振之勢。吾華果示以力戰，必不相讓，持之期年，彼必自餒。況虛懸客寄之師，勞兵數萬里之外，炎地煙瘴異常，疫癘流行，死亡接踵，有此數忌，勢難持久，此議和之應從緩者也。[623]

宗棠既抵京，奉命仍在軍機大臣上行走，並管理神機營事務。此為宗棠服官京曹之第二次，時論對福祿諾之約，多不謂然，對鴻章攻擊尤烈，宗棠繼續主戰，清廷意亦游移。[624]

法按福祿諾之約第二款規定，要求中國入越軍隊，調歸邊界。清廷則誠各軍嚴守原地，法軍前往視察，遇於諒山，發生接觸，法軍敗而復進，清廷又命各軍迎擊。[625] 法政府大憤，限期明令撤兵，要求賠款二百五十兆法郎，遣軍艦游弋我東南海面，冀據福建或台灣一地以為質。清廷詔各軍回邊界，命國荃與法使巴德納談判。一面允宗棠堅請，令少春募勇為援，又起准軍將領劉銘傳督辦台灣事宜。國荃允給恤金五十萬兩，法人嗤之以鼻，談判無成。法艦奪據台灣炮台，巴德納自減賠款為八十兆法郎，清廷認為無理，談判仍無結果。銘傳旋復台灣炮台，而法艦又焚掠澎湖，兩國國交垂絕。[626] 已而法使下旗出京，法艦西向擊破福州海軍，東向封鎖台灣海峽，又欲北向攻天津，清廷明令宣戰。[627] 先是清廷改組軍機處，盡去舊人，引醇親王奕譞參預機務。奕譞與宗棠數度密商，均主戰，以為邇來內外臣工成風泄沓，若不及時振作，不知伊於胡底。此次無論法人所索，一時難於允從，即使取之裕如，亦不過如剜肉醫瘡，權濟一時之急。宗棠且謂勝固當戰，敗亦當

戰。及宣戰令既頒，宗棠又請親赴前敵。清廷以人事上之關係，未遽許之，僅以宗棠舊部楊昌濬由漕運總督調閩浙總督，命江蘇撥恪靖四營帶往。昌濬又自選親軍一營，在湖南募一營，向湖北調三營，江西調一營，意以代宗棠督師。而宗棠必欲自行。今觀奕譞致軍機處函，猶可想見宗棠如何慷慨請纓，而清廷又如何躊躇卻顧也：

> 左相向晦來談，仍是伏波據鞍之志，其志甚堅，其行甚急，已囑其少安勿躁。十八日代為請旨，始去。特此佈知，希與同事諸公述及，恐明日此老又欲陛辭也。……（七月十五日）

> 左相躍躍欲試，有不可遏之勢。若照前議，為楊後路，楚軍必為之一振，先聲奪人，於閩甚益。若按彼意南下，則沅圃必多掣肘，轉費調停，此節擬於後日請旨。……[628]

顧朝臣多惡宗棠怙功偏執，亦有有意出之者。卒以欽差大臣督辦福建軍務，昌濬與福州將軍穆圖善均為幫辦。宗棠奉命，劍及屨及，星夜水陸兼程南下，清廷又起前陝甘總督楊岳斌帶湘軍八營赴援，即作為幫辦宗棠軍務。宗棠奏由南洋撥艦五艘，北洋撥艦四五艘，楊岳斌督帶。宗棠自在江寧省城，調集留在江蘇之楚軍八營，與昌濬所帶各營，均名曰恪靖援台軍，攜以與俱，取道江西東行。就九江湖口設立糧台，以其三女夫江西道員黎福昌綜其事，此為宗棠引用私親之第一次。復就江西之河口，福建之崇安，各設轉運分局。十月下旬，行抵福州省城。自馬尾大挫，人心惶惶，宗棠親歷閩江港口，命將長門、金牌、連江、東岱、梅花山各要塞，趕修炮台，並安設障礙物，限令各國船隻離港。一面就福州、福寧、興化、泉州四府各海口，募練漁團，群情始定。宗棠之南下也，清廷命於浙江、福建交界地方，督兵駐紮，以備策應，無庸親赴前敵，固憐其衰，不欲老臣重蹈危險，亦知其戀，更防諸將相與牴牾。而宗棠直下福州省城，更欲前往台灣，王闓運聞之笑曰：「矍鑠哉是翁，將以魚皮裹屍耶？」不知宗棠確甘之逾於馬革也。卒經穆、楊切勸，地方人士挽留，始勉允坐鎮。其實法先已奪踞基隆，且截斷福建、

台灣間洋面，南北洋海軍固不克南下，即援台各軍亦無法東渡也。[629]
而宗棠與銘傳間，不幸先發生嚴重之衝突。蓋基隆之棄守，在銘傳認定
為一種戰略，因兵單、餉絀、械缺，逆料基隆炮台終不能抗法海軍之轟
擊，故寧以全力退扼滬尾，保全台北。宗棠則責銘傳坐失機宜，而歸咎
於守滬尾之銘軍營務處李彤恩虛詞搖惑，乞援移師，嚴劾彤恩革職，驅
逐回籍。銘傳力為剖白，仍堅留彤恩於台灣。而一面指責台灣道劉璈
蓄意掯發餉銀軍火，希圖掣壞台北。卒復嚴劾劉璈在台劣跡八款，革
職治罪。劉璈亦宗棠舊部，督楚軍經營台南有年，昌濬等亦右之。[630]
此種糾紛，實為楚淮兩軍平日積不相容之結果，顧自有悖於師克在和之
義矣。

　　宗棠所部東渡者，為王詩正、陳鳴志等，約五營之數。先開赴泉
州、蚶江一帶，然後喬裝漁戶，用漁船分批乘夜偷渡至澎湖，再由澎
湖偷渡至卑南一帶，畢登台陸已在十年（1884）歲序之將終。復歷一個
月，徒步一千三百餘里，始抵台北。正值十一年（1885）之元夕。先屯
五堵，加募土勇二千人作向導。越三日，即與法軍戰於月牙山，凡兩日
夜，雙方均有重大傷亡，我軍小勝，而法軍遽分眾出暖暖街，繞我軍後
路，援軍不繼，各隘土勇先潰，乃收軍還保五堵，是為恪靖援台軍與法
軍僅有一次之作戰。銘傳既決棄基隆，且卻清廷屢責收回之命於不顧。
宗棠則矢復基隆，冀一顯恪靖援台軍之身手，不幸一敗即氣餒。不久澎
湖又失守，援濟彌艱，不得不仍採銘傳穩守之策。[631] 在越南方面，法
軍先奪諒山，鎮南關繼失，龍州大震，隨攻宣光，黑旗兵又潰，欽廉
告急。德榜所帶之恪靖定邊軍，初屯關外，與督師潘鼎新失和，頗致
挫衄。蓋鼎新亦淮軍將，而德榜則屬楚軍也。已而德榜復隨前廣西提督
馮子材出擊，大敗法軍，是為諒山之捷，論功德榜最偉，差足為宗棠吐
氣。[632] 然法又願和，清廷亦受之，恐兵事如繼續，終不能致勝，是越
南固不得復，且更失台澎，不若乘此勝利，及早罷兵，則雖失越南，台
澎尚可保。乃和議才成，而始知永福亦有臨洮府之大捷。清廷宣佈，越
南宣光以東，三月初一日起停戰；以西，十一日起停戰；台澎亦三月一
日起停戰，法即開各處封口。和議條件，仍以福祿諾五款為根據，演成

十款。事實上,中國承認越南為法之保護國。宗棠病已深,左右初不敢以和議聞。及見和約,氣急而戰,不能成讀,猶不時連聲呼:「呵呵,出隊,出隊,我還要打,這個天下,他們久不要,我從南邊打到北邊,從北邊打到南邊,我要打,皇帝沒奈何。」又睡夢中常呼:「孤拔。」孤拔者,法海軍統帥,不知孤拔早已在鎮海口外陣亡。此役我艦南瑞、南琛,頗著勞績,兩船即宗棠在南洋大臣任內向德國訂購者也。[633]旋奉准銷差,擬回里休養,乃交代方畢,遽爾長逝。是為七月二十七日,年七十有四。志決身殲,古今有同感焉。卒之前一日,口授遺摺:

> 竊臣衰病日劇,籲開天恩,寬予假期,回籍調理。七月二十五日欽奉諭旨,當即具摺叩謝,隨將欽差大臣關防,及臣所部恪靖各營,移交督臣楊昌濬接收。本擬刻日就道,乃自本月中旬,加患腰痛,起坐維艱。近兩日中,手足瘲疭,熱痰上湧,屢瀕於危,自顧衰屙,知必不起。伏念臣以一介書生,蒙文宗顯皇帝特達之知,歷事三朝,累承重寄,內參樞密,外總師干,雖馬革裹屍,亦復何恨!惟此次越事和戰,實中國強弱之一大關鍵。臣督師南下,迄未大伸撻伐,張我國威,遺恨生平,不能瞑目!加以頻年以來,渥蒙皇太后、皇上恩禮之隆,叩辭闕廷,甫及一稔,竟無由再覲天顏,犬馬之報,猶待於來生,禽鳥之鳴,倍哀於將死。方今西域粗安,東洋思逞,歐洲各國,環視眈眈,若不並力補牢,先期求艾,再有釁隙,誠恐積弱愈甚,振奮愈難,求如今日而不可得。伏乞皇太后、皇上於諸臣海軍之議,速賜乾斷,期於必成。凡鐵路、礦務、船炮各政,及早舉行,以策富強之效。然君心為萬事之本,臣尤伏願皇上益勤典學,無忘萬幾,日近正人,廣納讜論,移不急之費,以充軍實,養有用之材,以濟時艱,上下一心,實事求是,則臣雖死之日,猶生之年。喘息涕淚,言語無擇,謹口授遺摺,上陳。……[634]

猶懍懍乎外侮之日亟,硜硜乎富強之是求,憂國與愛國之誠,並溢

乎言表，不能不謂為社稷臣矣。不幸與越南亡之同年，朝鮮半失於日，後越南亡之一年，緬甸全淪於英，中國四裔，漸滅殆盡。使宗棠而在，不知更將若何痛心也。

宗棠自鴉片戰爭而還，積憤已久，力排和議，殆常思得間以與外敵一戰為快。前次伊犁事件，可有一戰之機，卒因約成而未遂。此次越南事件，已開一戰之端，復以媾和而中止。時彭玉麟亦以七十歲之高年，在廣東督師，戮力殺敵，與宗棠夙有同情，嘗提供五可戰之說，力阻和議，所謂「幾回抗議動天顏，堅執硜硜一念頑」者即自明其立場。今遽止於此，兩老當共引為不勝遺憾。今且引兩種文件，以見當日和戰大勢：

南北洋大臣互商和議，國荃嘗有覆函致鴻章，略謂：「竊以自法事初起，蔓延至今，焦頭爛額之效，亦略可睹矣。曲突徙薪，執事固早策及之，早從公言，豈有今日之事？事棘矣，幸彼族復有求成之意，而一切均仍前約，可見再加十二萬年，不過仍是此一本盤古老帳。斡旋之任，非公而誰？內意雖尚游移，仍望公婉導而贊成之也。前者楊石帥（昌濬）來電，亦以事勢日緊，須早求收束為言，荃告以執事之心，早係菩薩捨身救人之心，蓋恪靖相國有轉圜之言，內意似可望動。石帥覆信，謂曾以此意餂太沖，太沖未之答也。」

聞總理衙門電致張制軍（之洞），謂法人現有議和之說，皇太后以兵連禍結，貽累民生，亦欲俯如所請。諭令疆吏大臣，主和、主戰，其各抒己見入告，以待朝廷採擇。前日督撫兩院，及彭雪琴欽憲、藩臬兩司，會同商議，各憲皆以議和為上策，惟彭欽憲默默無言，議尚未畢，即行引退。

按昌濬係幫辦宗棠軍務，且與宗棠為數十年至交，宜以宗棠之意旨為意旨。之洞與玉麟同主廣西軍務，而之洞平日對外，又素慷慨激昂，乃兩人卒皆背道而馳，附和和議。宗棠、玉麟，一以不答為答，一以無言為言，已有千里同心之妙。而宗棠之忽焉長逝，在玉麟尤當有吾道益孤之恨。林世燾挽宗棠詩云：「絕口不言和議事，千秋獨有左文襄。」允為蓋棺定論。若謂尚有第二人，則殆惟玉麟足當之矣。[635]

　　抑我國自有海軍，與外國作戰，先後僅二次。第一次即為中法戰役，第二次則為中日戰役。中法戰役中之海軍，乃宗棠所創辦福建船政之結果。（參閱五十五節）而初度作戰，便遭覆沒。中日戰役中之海軍，乃李鴻章所創辦，北洋艦隊之結果，亦初度作戰，便遭覆沒。兩公均以平定內亂起家，並均以對外作戰失敗，喪其英名，後先同揆，可為浩歎。中法戰役時，福建船政局所造船九艘，皆為法艦所擊毀，船政設施，亦多遭損失，九艘中之六艘，曰揚武，曰濟安，曰飛雲，曰福星，曰振威，曰伏波，皆在宗棠規定第一批所建十五艘之列。更有一艘名大雅者，則當同治十三年（1874）落成未久，即遇風沉台灣海峽。至是，十五艘中，僅存八艘。宗棠之始去福州省城，船政方始，宗棠之重至福州省城，船政已毀，可謂奇巧。[636]

43 遺恨在台灣

在七十年以前，台灣為東南海外孤島，猶新疆為西北塞外遐荒，均有天高皇帝遠之概。官斯土者，多擅作威作福，罔知治理。新疆以左宗棠之力征經營，猶得至今存在，台灣則已一度不為我有。然宗棠初度入福建，已深切認識台灣所處地位之重要，以為如我不自愛護，將有外人覬覦，徒以匆促奉調陝甘總督，未遑有所展佈。惟臨行猶以相知多年，夙所器重之吳大廷為台灣道，劉明燈為台灣鎮總兵。[637] 責以將台中廢弛已久之政事、軍事，分別積極整頓，並奏陳治台之大計：

> 臣忝督閩浙，於今三載有餘，初因浙寇未平，專意兩浙，嗣浙事勾當甫畢，巨逆李世賢、汪海洋由粵東分道犯閩，臣率諸軍，入閩討賊，閩疆肅清，臣遵旨入粵，迨粵事速蕆，臣始回閩治事。以次按治各郡縣土匪，治軍之日多，治事之日少，計自二月十八日回閩以後，甫七閱月，復奉恩命，移督陝甘。自維時日迫促，智慮短淺，上辜朝廷倚注之恩，下負十郡士民望治之意，俯仰愧怍，莫可言宣。其最抱歉者，莫如福寧、台灣兩府。初意擬俟各郡治匪事畢，再圖次第整理。福寧一郡，距省匪遙，尚易隨時料量。至台灣則遠隔大洋，聲氣間隔，該鎮道等遇事專制，略不稟承，細察所辦各事，無非欺飾彌縫，毫無善狀。現檄調補台灣鎮總兵劉明燈，台灣道吳大廷，於抵台後，逐加訪察，冀可銷患未萌。而吏事兵事，應早為籌畫者，不敢以去閩在即，稍事緘默，謹為我皇上一一陳之。
>
> 台灣設郡之始，議由內地各標營調兵，更番戍守，三載為

期，用意至為深遠，計額兵一萬四千餘，可謂多矣。咸豐初年，因內地兵事孔亟，班戍之制不行，現今存者，不及三分之一。名冊有兵，行伍無兵，一有蠢動，即須募勇。所募者，本處遊手無籍之徒，聚則為兵，散仍為匪，勒索騷擾，不問可知。從前台灣道設有道標，以備調遣，近自道標裁撤，遇有剿捕之事，文員不得不藉重武營，一切任其虛冒侵欺，莫敢究詰。武營縱兵為奸，營兵以通賊為利，全台之患，實由此起。道光四年（1824）奉旨，鎮兵歸台灣道察看，久未奉行，群已習焉忘之。今欲復兵制，則宜遵班兵舊章，三年更戍，欲重道員事權，則宜復設道標，俾有憑藉，申明鎮兵歸道察看之例，以杜欺罔，而重操防，庶幾互相維制，而軍政可舉也。

台灣水師，向設戰船九十六號，今無一存者。戰船既無，而大修、小修之費，仍不肯減，船無可修，而修船之費，仍不能無，武營虛冒侵欺，藉口定例，非文員所能禁革。而歷任總兵從未有舉而釐正之者，將弁煬蔽於下，鎮臣囘惑於上，積習相因，由來已久。如欲剔除痼弊，移此款項，製船巡洋，募練水兵，以求實效，必須鎮道得人，同心共濟，而部中不復以舊制相繩，庶幾實事求是，而船政可舉也。

台灣物產素饒，官斯土者，惟務收取陋規，以飽私囊，廳縣有收至兩萬餘兩者。台灣道除收受節壽禮外，洋藥、樟腦、規費，概籠入己，知府於節壽外，專據鹽利，武營以虧挪為固然，恬不為怪。交代延不結算，自副將至守備，多者十二任，少者八九任，四五任，並無結報。侵吞款項，不知若干，非廉明鎮道徹底清釐，何從窮其底蘊。現據吳大廷稟，擬將道署陋規、樟腦、洋藥等項，悉數歸公，永革節壽陋規，以昭清白。劉明燈亦毅然以裁陋規、革節壽為請，是皆正本清源之策。所不容已者，惟陋規既已裁革，則必別籌津貼，以資辦公，庶廉吏可為，乃收正己率屬之效也。

閩省文武錮習，以辦案索兵費為取盈之計，近時內地嚴加懲戒，此風稍正。台郡則遠隔大洋，肆無忌憚，民俗挾仇械鬥，勝

者輒佔敗者室家田產，謂之禁厝。地方官不為按治，先勒索勇糧夫價，及其臨鄉，則置正兇於不問，或捕捉案外一兩人，聊以塞責。民忿官之貪庸也，乃相率結會私鬥，浸成巨案。諺曰：「十年一大反，五年一小反」，大概由此。必賴廉正明幹之道員，時以洗冤澤物為心，嚴操守，勤訪治，孜孜奉公，不敢暇逸，庶幾惠澤下究，人心固結，乃收長治久安之效也。

台灣生番，性雖蠻野，卻極馴順，地方官如能清愨自持，以簡佚之道處之，最易見德。從前生番獻水沙連六社之地，請得剃髮，比於內地民人，疆臣以聞，而部議格之。生番鞅鞅失望，卒致遊民句番私墾，徒長械鬥之風，浸且藏垢納污，終為逋逃之藪，至今台人言之，猶有餘憾。夫馭邊氓之道，與內地殊，此輩山獸河魚，但能順其性而撫之，勿有擾害，積漸自然，自可無事。無論生番輸款內附，供糧當差，於國家有益無損，即令稍有所費，亦當羈縻弗絕，以示恩信。何有擯絕不受，坐視客民強佔虐使，留為肇釁之端？況近自洋人入駐要口以來，遊歷內山，習知形勢，設我棄而人取之，尤於事體非宜。現當生齒繁盛，遊民輻輳之時，似宜弛墾荒之令，並聽生番剃髮，齒於編氓，所有番社情事，願內附者，聽之，但勿強為招致，於事理似無不可。

至台郡雖屬產米之區，近因番舶搬運頗多，地方官紳士民時有蓋藏空虛之慮，禁止勢有不能，則當立社倉，廣謀儲積，似不可緩。

凡此均應由該鎮道察看情形，隨時籌辦者。臣原擬於諸務就緒後，東渡一行，今去閩有日，無暇及此。幸劉明燈、吳大廷皆實心任事，相信有素，必能綢繆未雨，為東南奠此巖疆。

以上所陳，可否仰懇皇上天恩，敕下該鎮道察看地方情形，隨時會銜陳奏，責成妥為辦理，不勝感幸之至。……

奉旨：「所陳各條，均屬因時制宜之策，總兵劉明燈、道員吳大廷，既經該督遴選派辦，必須實力籌辦，以挽頹風，不得以該督遠行，玩忽於繼，並着吳棠（按吳棠為繼任之閩浙總督）、徐宗幹（按宗幹為當時

之福建巡撫）隨時督飭該鎮道等認真釐剔，所有一切情形，或詳由該督撫奏聞，或逕由該鎮道會銜陳奏，均着斟酌事之輕重緩急辦理。生番既以不得內附為恨，自宜相機駕馭，羈縻弗絕，其社倉積儲等事，亦應綢繆未雨，及早興辦。吳棠未到任之先，英桂（按英桂係當時之福州將軍，暫兼閩浙總督）、徐宗幹責無旁貸，必當善成該督之志也。」[638] 足徵當日清廷亦認整理台灣為必要。惜繼宗棠後者，一反宗棠在福建所為，不能不使人興人亡政息之感。

按宗棠在福建年餘，頗實施今日所謂強力政治。舉其犖犖大者：於吏治，曰禁革各衙門陋規，僅鹽商循例認繳者，每年裁去不下銀七八萬兩。然於攤捐，為請准豁免，於正當開支，仍明給津貼，不令賠墊。[639] 於軍制，曰裁兵加餉，汰去不可練之兵四成有餘，挑留可練之兵五成有餘。即以四成有餘之餉，加給五成有餘之兵，並停止武職捐輸，以清其源。[640] 於地方治安，曰剿辦土匪，誅夷者不下三千人，又捕殺洋盜百餘人。[641] 於鹽務，曰廢引改票，未改制前，如同治元年（1862）報收銀二十一萬兩，二年（1863）報收銀六萬兩，改制後一年內，報收銀六十萬三千四百餘兩。[642] 於稅釐，曰剔除中飽，認真稽徵，整理後一年餘，較前一年長收一百二十一萬七千九百餘兩。[643] 此皆效驗之彰著者。其下手處，乃在調整人事，先以弟子周開錫及大廷會辦福建軍需稅釐局，嗣即以大廷任福建鹽法道，而追革才識庸暗之前任潘駿章。又奏革老朽貪鄙之福建布政使張銓慶、督糧道周揆源，而以開錫署布政使。及大廷與明燈分別調補台灣兵備道與台灣鎮總兵，更復以獻綸補鹽法道，獻綸亦宗棠幕中親信也。[644] 而宗棠之作為，如上所述，自為一般不肖官吏、地方紳士，以及無賴之徒所嫉首痛心，不啻斷絕其生路。方幸宗棠之調督陝甘，而宗棠既奏請責成繼任之大廷、明燈，照常整頓台灣事務，復奏請令開錫久於其布政使署任，臨行猶不肯放鬆一步。開錫為政，精勤強固，大廷、明燈在台，亦裁陋規（明燈裁陋規每年約銀五萬兩），辦土匪，察吏肅軍，其嚴正一如宗棠。此種態勢，當然為反對者所側目。於是宗棠去職不久，即有人指摘宗棠及其左右之言行，編成竹枝詞，而尤集矢於引用湖南人，排斥他省人。事聞於清廷，命英桂按治。宗棠亦

奏請察核查辦，結果自非事實，而誹謗者之來源與用心，固已昭然若揭。已而吳棠蒞任，一反宗棠所為，宗棠改革各項，本奏准有案，然其時文宗后那拉氏當政，吳棠固有寵於那拉氏，亦遂敢全部推翻，無所顧忌。開錫先被擠而去，大廷、明燈亦知幾引退。雖宗棠指示勉留，並擬爭之於朝，終不可得，一腔熱血，盡付東流，可勝慨哉。[645]

不出宗棠所料，同治十三年（1874），日本藉口台灣生番殺死琉球水手，以為即殺其僑民，遽以兵一萬五千人抵台，分三路深入，踞牡丹社，轉以糖果餌生番，其意叵測。清廷派沈葆楨馳往巡視，總理各國事務衙門以宗棠嘗總督閩浙，向問應付方略，宗棠自憾未嘗親至台灣，遜辭以謝，僅就所聞日本大舉之內幕以聞：

> 此事起於六年（1867），合眾國商船遇礁撞破，船主羅妹及其眾上岸逃生，生番殺之，並掠其餘資。該國領事李讓禮，愬台灣鎮道，求辦生番，以儆將來，意在收斂殘屍，救回活夷，求中國收其地，設兵管守，永杜番害，未嘗別有要挾也。台灣鎮劉明燈、台灣道吳大廷鑒其無他，即與定議，又令生番曉事頭人卓杞篤，與李讓禮商議善後諸事。李讓禮遂與生番連和，自具申陳，由鎮遞閩省督撫，鎮道並備公牘，請示辦理，督撫允行，事遂寢。厥後吳大廷堅求內渡，劉明燈因閩撫有意吹求，謗議上騰，遂被奏撤，而前議擱置，不復過問。李讓禮心懷不平，以其事告知本國，求發兵剿番，為護商計，該國責其生端肇釁，不許，並奪其駐廈領事職。李讓禮不得逞，乃以台郡地圖示倭，唆其剿番，資以利器，倭窺台郡後山地險而沃，冀據為外府，此違約稱兵所由來也。……[646]

此節故事，足備外交祕史之一頁，要不得不追課其責任於歷任福建督撫之未能如宗棠之重視台灣。抑本案雖不久幸獲和平解決，然當事之急，沿海七省戒嚴，而宗棠方督師新疆，於是先海防而緩塞防之議興，幾使宗棠在天山南北路之策畫，功敗垂成，其影響亦非小矣（參

閱三十節）。

又不出宗棠所料，光緒十一年（1885），法國為越南事件，以兵佔台灣之基隆及澎湖。宗棠奉命以欽差大臣督辦福建軍務，重蒞福建省城。逆料宗棠此時心境，必甚思利用此機會，重創法人，所謂一吐四十年惡氣，然後以治理新疆之方法與精神，將台灣大加整頓。乃事與願違，宗棠之恪靖援台軍濟師後，方一接戰，清廷遽復媾和。而法兵則依據台澎弗撤。宗棠憤慨之餘，奏曰：

> 法夷犯順以來，屢以忽戰忽和，誤我大局。上年四月十三日之約，口血未乾，即來挑釁。甚且逞其無賴，以為觀音橋之戰，自我先開，福祿諾之據，係我捏造，要求恫嚇，無所不為。朝廷方遣使議和，而彼已一面踞我基隆，一面駛入馬尾，乘瑕蹈隙，馴至潰壞而難於收拾。此次復請議和，意似悔禍，然何以宣光有退兵之語，而台灣止有停戰之文？言停戰，則基隆一隅，果否交還，尚似未定；言退兵，則北圻全境，拱手而去，不問可知。臣遠隔海濱，固不敢妄測當局羈縻之苦心，轉圜之至計，而前車宜鑒，大局攸關，津約五條，已置越南於度外，佔踞之基隆，與新失之澎湖，豈可再涉含糊耶？自去秋至今，沿海沿邊各省，慘淡經營，稍為周密，今忽隱忍出此，日後辦理洋務，必有承其敝者。如果基澎不遽退還，則當道豺狼，必將乘機起噬，全台南北，不獨守無可守，抑且防不勝防，此要地之不得不爭，所宜慎之於先者也。
>
> 法人利在緩戰，而不在言和，其忽然請和者，大抵越南夏令將交，瘟疫流行，軍無鬥志。尼格里喪師於外，斐禮避位於內，新舊更替，議論紛歧，增餉增兵，動需時日，故陽餂我以請和之名，陰實便其一舉兩得之計。我若概從所請，則失地未還，防兵先撤，萬一該夷狡焉思逞，而時機已失，言戰則要害已為所乘，言和則口舌未能有濟，悔無及矣。臣竊謂沿海重兵，不可因目前請和，遽議裁撤，蓋曾經戰陣之兵，緩急可恃，即和約已定，而

糜三數月餉項，可以防叵測而備折衝，較之臨事周章，當有間矣。此邊軍之不可遽散，所宜防之於後者也。……[647]

奏上，留中。已而和約成，法兵撤離台澎，宗棠復以台防緊要，奏請移駐巡撫鎮懾，略言：

目今之事勢，以海防為要圖，而閩省之籌防，以台灣為重地。該處雖設有鎮道，而一切政事，皆必稟承於督撫，重洋遠隔，文報往來，平時且不免耽遲，有事則更虞梗塞。如前次法夷之變，海道不通，諸多阻隔，其已事也。臣查同光之交，辦理台防沈葆楨，躬歷全台，深惟利害，曾有移駐巡撫十二便之疏，比經吏部議准在案。嗣與督臣李鶴年、撫臣王凱泰會籌，仍以巡撫兼顧兩地覆奏。光緒二年（1876），侍郎袁保恆請將福建巡撫改為台灣巡撫，其福建全省事宜，專歸總督辦理。部議以沈葆楨原議奏稱，別建一省，若干器局未成，閩省尚須台木，台餉向由閩解，彼此相依，不能離而為二。又有餉源人才，必須在省豫籌，臨時呼應各等語，恐其欲避責成，轉多貽誤，未克奉旨允行。厥後撫臣丁日昌以冬春駐台，夏秋駐省，往來不便，於台防仍見有名無實，重洋遠隔，兼顧為難，因有專派重臣督辦數年之請。臣合觀前後奏稿，各督撫大臣謀慮雖同，未免各存意見。蓋王凱泰因該地瘴癘時行，心懷畏卻，故沈循其意，遂改為分駐之議。而丁日昌所議重臣督辦，均非久遠之圖，皆不若袁保恆局外旁觀，識議較為切當。但台灣雖係島嶼，綿互亦一千餘里，舊制設官之處，只濱海三分之一，每年收榷關稅，較之廣西、貴州等省，有盈無絀。倘撫番之政，果能切實推行，自然之利，不為因循放棄，居然海外一大都會也。且以形勢言，孤注大洋，為七省門戶，關係全局，甚非淺鮮。其中若講求軍實，整頓吏治，培養風氣，疏浚利源，在在均關緊要，非有重臣以專駐之，則辦理必有棘手之處。據臣愚見，惟有如袁保恆所請，將福建巡撫改為台灣巡撫，所有台灣一切應辦事宜，概歸該撫一手經理，庶事有專

責，於台防善後，大有裨益。至該地產米甚富，內地本屬相需，若謂分省則接濟難通，究不足慮。臣查台地未經開闢以前，如福州、興化、漳泉各屬，暨由廣東、浙江兩省客商，源源運濟。我朝天下一家，凡各行省向無遏糴之舉，以台灣與內地只隔一水，便於販運，安得有此疆彼界之見？因分省而遂阻撓，此固事之必無者也。協濟餉項，內地各省，向通有無，以台灣之要區，唇齒相依，亦萬無不為籌解之理。擬請奉准分省之後，敕下部臣劃定協餉數目，限期解濟，由台撫臣督理支用，自行造報，不必與內地照商，致多牽掣。委用官員，請用江蘇向例，於各官到閩後，量缺多少，簽分發往，學政事宜，並歸巡撫兼管申轉，命案則歸台灣道就近辦理。其餘一切建置，分隸各部之政，從前已有成議，毋庸變更，俟諭旨定案，即飭次第施行。……[648]

於是次年台灣專設巡撫，竟繼新疆而改行省。夫台灣與新疆之建省主張，固不自宗棠始，而皆以宗棠之力請，終於實現。一在西北，一在東南，相去萬里，而皆成於一老，不能不謂非奇跡。惜曾幾何時而甲午戰敗，台澎復為日本有矣。

嘗謂宗棠當日與法人在台灣作戰，自無制勝把握，然使早如宗棠之議，徹加整理，則局勢當復異是，是誠宗棠當引為畢生之遺恨者歟。

44 楚軍規模

太平天國時期，清廷主兵大員募練之勇營，其編制與名稱等等，最初係各自訂定，參差殊甚，其後曾國藩儼然為軍事之中心，故多以國藩之湘軍營制為標準。左宗棠之楚軍，李鴻章之淮軍，雖各有營制，要皆與清軍營制無甚出入。宗棠最早募練者，僅有步隊，計四營，四總哨，及親兵八隊，至所召集之王鑫舊部，則係襲用其原編制。

宗棠募勇時，規定辦法兩則：

（一）凡勇夫人等，務須一律精壯、樸實，毋得以吸食洋煙及酗酒、賭博、市井無賴之徒充數；

（二）選定後，取具的保甘結，繕具花名清冊，務將真實籍貫、住址、三代、年貌及十指箕斗，詳細注明，以杜頂替抽換之弊。

亦與國藩所訂《招募之規》，大同小異。[649]

步隊一營之首領，為營官。最初每營包括前後左右四哨。哨之首領，為哨官，每哨包括十棚。棚之首領，為什長。四哨以外，又有營官之親兵隊。每營人數，除營官一員、哨官四員不計，共五百名，是為勇丁。此外每營有長夫一百八十名。其後更定楚軍營制，步隊：

> 每營設營官一員，除親兵四排外，督帶四哨，別置巡查官一員，另有長夫五十六名。
>
> 親兵四排，每排親兵十二名，內什長一名，另各有長夫四名。
>
> 四哨，每哨以哨官一員，督帶九排，另各有侍勇四名，長夫四名，每排散勇十二名，內什長一名，另各有長夫三名。
>
> 巡查官一員，有侍勇四名，長夫四名。

於是步隊一營之編制，計營官一員，哨官四員，巡查官一員，共兵官六員，什長四十名，親兵四十四名，侍勇二十名，散勇三百九十六名，共五百名，長夫二百名。[650]

總哨每哨三百二十名，與王鑫之一旗相當，其制未詳，以後即取消。[651]

宗棠直轄親兵，原為二百名，分成八隊，其後逐漸擴充，改組為十二哨，包括正副中前後左右等十哨，炮隊一哨，守城一哨。每哨分為十棚，每棚十四五名不等，用什長一名，伍長一名，長夫三名，火勇一名。哨官各用火勇一名，長夫十四名，計每哨共用長夫四十四名，合親丁一百四五十名，約為二百名。此項親兵，係挑練勇敢爭先者，以之衝鋒陷陣，而所屬各部隊之統領、營哨官，大半由此遴拔而起。[652]

宗棠之楚軍，有大旗一種名目，蓋謂行軍以旗幟為標準。故宗棠向用帥旗百餘面，每於出隊之際，由大旗舉旗先登，親軍繼進，用是軍威克壯，所向有功。[653]

至於馬隊，當宗棠最初募練楚軍時，未有設置。及入皖、贛，始由國藩撥交一營，共馬百數十匹，其後迭有補充，仍不足兩營。故當赴浙督師時，曾請調口外強壯戰馬二百匹至浙，在楚軍中另挑勇丁，操習馬隊，以利攻剿。嗣又派員赴張家口、古北口等處，購買戰馬二百匹。以此推算，宗棠用兵浙、閩時，當有馬隊六七百匹，其編制則以二百三十名為一營，伙夫、長夫在外，約為每一百名佔四十名。其後在楚軍營制中，明定馬隊：

每營設營官一員，除侍兵外，督帶四哨，別置巡查官一員，另有長夫二十八名。

侍兵三十名，內什長五名，戰馬五十匹。

四哨，每哨以哨官一員，督帶五排，另各有長夫四名，每散勇十一名，內侍長一名，戰馬十四，四哨另有長夫二名。

巡查官一員，有長夫四名。

於是馬隊一營之編制，計營官一員，哨官四員，巡查官一員，共兵

官六員，什長二十五名，散勇二百名，共二百五十名，戰馬二百五十匹，長夫五十名。[654]

當宗棠西征時，所有馬隊，均留置福建，並未攜同出發。故剿捻所需馬匹，係另向古北口採購，而募吉林獵戶編成，宗棠為訂馬隊事宜八則：

（一）立營給馬，限以兩年為期。如係打仗傷斃者，由營官報明，發給補額。如餵養失宜，以致倒斃者，在半年以內，令該馬兵全賠；一年以內，賠十分之八；年半以內，賠十分之五；兩年以內，賠十分之三；及兩年者，免賠；過兩年者，酌賞。

（二）打仗時，車騎須相輔以為功，切不可彼此不顧。行路時，或將馬隊列步隊前後，均聽臨時號令。在前者，遇有警，即先排開陣勢，俟步隊排列，車營整齊隊伍之後，即從兩旁收入車陣內或陣後，使步隊接戰。戰酣，馬隊從兩旁出，左右抄擊，收隊時，仍從兩旁收入，不得向前倒入。

（三）行路時，如有五營同行，每營抽撥一隊，分路哨探，每名各執一旗，搖旗為號，中營居前面之中，前左右後各營，分四隅出探。探前途有賊，即折回稟知，不得張皇誤報，臨到陣前，即先勒馬，不准倒衝隊伍，如違重辦。

（四）每逢駐營，操練日久，忽傳令啟行，前三日內，除五方哨馬外，餘不准時常騎坐，行路時，遇路徑崎嶇坎險，必應下馬牽行，每日半騎半走，以養馬力。

（五）如果出隊，必須將馬豫先餵半飽，稍飲，牽出，加鞍後，牽行數十步，俟隊伍齊，眾人各將肚帶收緊，方可乘騎。十里後，再行收緊，以便馳驟。收隊離營三里，即須下馬牽行，以舒馬氣。回營後，如係冬日，下鞍宜緩，夏日宜速，不可卸嚼環。下鞍後，必須放臥打滾，打滾後，不可繫屋簷下，恐風襲腰胯致疾。

（六）凡行路時，馬上不許多馱物件，以惜馬力。

（七）鞍轡、肚帶、蹬皮等件，最要時時察看，略不牢固，即須更換，免致乘騎出隊，臨時誤事。

（八）餵養口馬，與蓄土馬不同，最宜留心學習。餵飲最關緊要，水草必須潔淨，草須鍘短。上槽，先餵乾草，再拌麩草。夏日宜濕，冬日宜乾。食麩草飽後，再餵乾草少許。食完，牽行數百步，方可飲水，免致水穀相併，易生結瀉等症。飲水後，方可餵料豆。黑豆必須蒸熟，豌豆則宜碾碎，水浸微軟，與乾草拌勻餵之。飲水之法，冬日二次，早宜少，夜宜飽，夏日三次，早宜飽，午宜少，晚宜飽。行路開差，當暑則不時可飲，不必太多，大要臨前敵之馬，每日夜須多餵飲幾次，無須過飽，以備不時乘騎。行路開差，則夜間必須餵飽，日中稍餵亦可，不餵亦可。

各營總幫辦、哨長、先鋒，每夜必須躬親閱視教導。有不如法者，初次訓飭，二次棍責，三次革糧。營總尤宜加意稽察，仍由大營派員專司巡察，察出各隊中有餵養不如法者，惟營總是問。每營有二成不如法者，營總記過，三成以上，記大過，五成以上，責革。哨官責成，與營總同，亦按成分別懲儆。領旗管十人，三成不如法者，記過，五成者，記大過，六成以上，責革。倘巡察之員徇隱不稟，並或有需索，察出分別重懲。

至宗棠平定金積堡、河州，復先後將降回精於騎術者，編成旌善營馬隊。

以上步隊與馬隊，為楚軍主體，其編制中之長夫，為國藩所創設。國藩治軍，以不擾民為第一義。而行軍最易擾民者，殆無逾於所謂拉夫。同時，行軍最感困難者，亦殆無逾於隊伍經過地方，民眾避匿一空，無人為搬運輜重，乃至食物亦無處可購。故國藩規定，軍中自備長夫，隨軍出發，專任搬運子藥及一切軍裝、糧食及一切炊具。宗棠募練楚軍，亦循其制，並嚴立戒條，自有長夫。而軍行所至，民間照常作業，可無被拉之痛苦。在勇營亦往來敏捷，可無乏人搬運輜重之顧慮。[655]

湖南勇營，從優給餉，蓋懲於綠營餉薄之失而力圖糾正。江忠源初起之楚軍，每勇每月支銀四兩五錢，多於綠營三四倍。國藩之湘軍，稍減為四兩二錢，宗棠之楚軍，亦從之。至營官薪水、公費，更特為豐

厚，欲其足敷所需而更有餘，無庸克扣軍餉，或敲索民財。茲將宗棠在
楚軍營制中規定之餉額，分別於次：

步隊

營官每月二百兩。哨官、總查，每月各十二兩。什長每日一
錢六分。親兵每日一錢五分。侍勇、散勇，每日各一錢四分。長
夫每日一錢。

凡統領自帶一營，本營之薪水、公費及夫價，已足敷用。此
外從優酌加，凡統至三千人以上者，每月加銀百兩，加夫十名。
統至五千人以上者，每月加銀二百兩，加夫二十名。統至萬人以
上者，每月加銀三百兩，加夫三十名。

馬隊

營官每月一百兩。哨官、巡查官，每月各十二兩。什長每日
一錢七分。散勇每日一錢六分。長夫每日一錢。什長、散勇，每
日另各給灰麵一斤半。

馬隊每營人數較少，故營官薪工，僅支步隊之半數。因須加
支馬乾，故什長、散勇又較步隊日多支銀一分。至新招勇夫，在
未正式成軍前，每名每日先支制錢一百文，名曰小口糧。餉以日
計者，均每月大建按三十日支，小建按二十九日支。[656]

以上所敘為陸師。宗棠入浙後，曾在衢州募練水師。西征時，亦曾
在黃河、渭河等設師船，其配撥炮位兵勇，別有章程：

（一）大號船配五百斤大炮二尊，頭尾各一，子母炮二尊，安置兩
旁，抬炮、百勝炮四杆。中號船配二百斤炮一尊，子母炮一尊，抬
炮、百勝炮二杆，鳥槍四杆。小號船配鳥槍二杆。共五百斤大炮二百
尊，二百斤炮一百尊，子母炮三百尊，抬炮、百勝炮六百杆，鳥槍
八百杆。

（二）大號船配五百斤大炮二尊，須配兵勇四人，子母炮二尊，須
配兵勇六人，抬炮四杆，配兵勇十二人，頭舵工四人，號令二人，水勇

二十四人，計大船共五十二人，總共五千二百人，中船共三十三人，總共三千三百人，小船共五人，總共一千人，共需兵勇九千五百人。

（三）頭舵工及蕩槳水手共四千七百人，宜募船戶水手諳練能識水性者點充，號令三百人，即於各營挑選點充，其餘皆以陸路兵挑派，如水手一時難如數挑派蕩槳，即以陸路代。

（四）每大船一隻，領中船一隻，小船二隻，為一隊，委一員弁領之。二十隊為一軍，委一官督領。五十隊委一大員總領，教練戰陣，賞罰號令，皆責成督領之員。每一船之長，即於頭舵水勇內，擇才具出眾者點充。一隊之員弁，於佐雜千把內揀選，必才具諳練，能耐勞苦，心地方正者，方能勝任。先令文武大員各舉所知，再行揀選，其不足者，於紳士中選充。

（五）大小船四百隻，分為五軍，以前後左右中編之，旗色即按方位，進退分合，節以金鼓旗幟，仿陸路行陣之法，略為變通。

至師船之制，宗棠以為要堅固便捷，故「購材宜審，定式宜精，監造貴在得人，工料不可太省」。按湘、楚軍建樹水師，允為平定太平軍要素，宗棠固嘗與國藩等力主其義。然宗棠西征，自平陝而入甘，無河流可通舟楫，故水師亦無所用之矣。[657]

宗棠剿捻，其要在「以車制騎，以騎制步」。故增募馬隊，已如上述，又創設車營，陳其說於清廷：

> 捻匪蹂躪江北、河北，萬騎縱橫，論者謂欲平捻逆，須益騎兵，固也。然騎兵非練習有素，則隊伍難以整齊，槍矛難期精熟，勝負之數，未可預知。蓋賊騎多於官馬，而賊技又熟於官軍也。因思古人塞上之戰，每用兵車，如衛青以武剛自衛，深入絕漠。馬隆用偏箱，復通西涼。明臣余子俊、曾銑、郭登、周尚文、楊博輩，皆以車戰顯。蓋制騎者，莫如車，為其行則載輜重，止則成壁壘，足禦衝突，而固軍心也。明中書趙士楨車銃議，用車載銃，車為守具，銃為攻具，亦有所見。今剿捻寇，既議減步兵而添馬隊，宜兼用車輛，以禦賊衝。……

於是始設車營，編為前中後十五營，規定：

> 所有各隊中派管戰車勇丁五名，應即設立車正一名，執旗管車，車勇四名，出隊時，分別推車、掌炮、挽車、縶火及裝子藥等事，行路時，四人輪流推車，該車正、車勇，均准於月支口糧外，每名每日加給銀一分。……

又訂成車隊事宜五則：

（一）每隊十人，以六人習洋槍，四人習刀矛，內立伍長一人，給旗一面，遇什長麾旗領隊出戰時，則責成伍長二人，守車裝炮藥，矗旗不動，以壯軍容；

（二）線槍隊兼習炮車，無庸改添刀矛；

（三）車本重贅之物，尤貴節制訓練，令疏密勻稱，進退轉旋，各不相礙，方能變重贅為輕便。訓練之際，非信賞必罰不可。自授車之日始，勤慎將事，不准稍涉怠玩。每棚領車一乘，整駕端正，排列棚外，即寓紮營之意。練成啟行，每日紮營，即排列炮車向外，作為圓陣，車間聯以梭繩二道，務期疏密均勻，以臻周妥；

（四）宜專責成，車炮不端正，子藥不全備，隊伍不整齊，聽號令、看旗幟不分明，均惟什長是問。上下山阪，逾越溝坑，過險行淖，須齊心合力，前後推挽，以期捷速。其山嶺險仄處所，必須眾力擎舉，伍長尤宜幫督勇丁，輪班替換，以均勞逸。戰時，伍長守車，毋許亂動，預裝炮藥以待，如所管勇丁不遵約束，或擁擠喧嘩，或偷閒躲懶，或擅離隊伍，准該什長隨時訓責，倘不服約束，即稟知哨官重辦；

（五）操練即與臨陣一般，最宜肅靜，耳聽金鼓，眼看旗幟，除吶喊外，不准別有聲息，最宜從容裝藥下子，看靶點火，手腳要快便，卻不准絲毫忙亂。肅靜者，整之謂也。從容者，暇之謂也。

又指示車營首領云：

> 捻賊伎倆，在衝突包抄，非多用槍炮，不足制之。槍炮多，

非用車不可。車與炮合，車粗重而炮靈便，可以擊遠。行則成
營，止則成陣，雖萬騎縱橫，不能撼我也。剿捻逆宜用陣法，不
比髮逆之可以野戰取勝。陣式宜整宜緊，時時如對敵，雖行路亦
然，庶免倉卒之患，此要訣也。所謂陣式，不過方、圓、偃月、
仰月四種。五營梅花，三營品字，隨地勢排列。前者前，左者
左，中者中，右者右，後者後，千變萬化，隨機立應，無他巧妙。
只要施放時從容不迫，一排分作兩次施放，連環相接，而以線槍、
洋槍彌縫其缺，遇賊至近，乃連環施放，賊眾當之，便成齏粉。凡
放槍炮，總要取平，稍有高低，便不能準，此當預先訓練者。

凡此皆宗棠所定車營職掌、保管、訓練，以至作戰與佈陣之辦
法也。[658]

明嘉靖間，戚繼光創立車營，每營二十八輛，車上安大佛郎機兩
架，每車派軍士二十人，分為奇正二隊，而馬銃、長刀、藤牌、火箭，
無不畢具。以之環衞車馬，一則可以為部伍，一則可以為營壁，一則可
以代甲冑，誠為有足之城，不秣之馬。故國藩之創練湘軍，固取法於繼
光之束伍練技。而宗棠之創立車營，亦因襲於繼光之遺制，宗棠對於此
事，大為得意，屢見於家書。其一曰：

　　此起捻逆之悍，由其中三盟裏龍江之人居多，習騎耐戰，
非湘淮軍之所能當。湘以剿長髮之技剿捻，淮以剿常捻之技剿此
捻，故均作敗局。我所以擬車炮一式者，實早慮此。將士不知此
賊伎倆，銳言亟擊為宜，而於車炮多嫌笨累，昨聞湘、淮屢挫，
始肯練車炮，習車營，或不至如湘淮之失算乎。……

又其一曰：

　　車炮之制，足制騎賊有餘，然縱擊窮追，非馬隊不可。昨見
岳忠武飛傳，其子與李成戰於襄陽，示王貴、牛皋以長槍步卒擊

其騎，以騎兵擊其步，正與現在所用陣意相近，我軍車隊既精，再得所調塞馬輔之，賊不足平也。……

然車營之戰績，第初見於隨州、襄陽間。謂捻睹炮車，即狂奔卻走。再見於岐山、扶風間，謂以炮車堅陣，破回騎二萬有奇，此外則尚無所聞。國藩剿捻時，淮軍統將潘鼎新嘗建議設立炮車。國藩批答曰：

車戰一事，殊非易言。昔人如房琯，行之不善而敗。李忠定（綱）請以車制頒京東西製造教閱，而南渡諸戰，未聞以車制勝者。戚南塘（繼光）《練兵實紀》，孫高陽（承宗）車戰八百，言之詳矣。而二公守邊，亦不聞車戰之益。即近時胡文忠公（林翼）欲募二千人為三營，每營創造小車二十架，每架置炮一尊，謂沿江征剿，大有奇境，亦卒無成。本部堂到徐後，擬裝車輛，購養牛馬，以利糧運，若以之臨敵，終患推挽不靈，未敢嘗試也。……

鮑超亦擬憑臆揣製造裝炮手車，而僅有其說。故宗棠所謂湘淮軍始肯練車炮、習車營云云，殊非事實。且恐即在宗棠，亦未嘗切實利用車營作戰，而終於將其裁撤，倘誠如國藩所謂推挽不靈乎。[659]

楚軍作戰，已能充分利用西洋大炮，固無待言。然初未有若何組織，至宗棠出征新疆，始議立炮營。其說見於與幫辦甘肅新疆軍務之劉典書中：

弟擬立炮營，須一好營頭，合陳文英所帶炮，成一大營，以便分佈。前函所指調之營，如不便抽撥，即請由剛毅軍內派撥一營速來可也。陳文英只帶八炮前來，尚有十炮並零星各件，請速飭解營。胡雪巖（光墉）續辦大十二號炮位八尊，除還清豫青海（師）二尊外，其六尊是否已到蘭州？弟意欲並取來練成一大營。……

是為以後開花炮隊之權輿。開花炮隊之編制：

每十七磅、十六磅、平字號各樣後膛開花大炮一座,設什長一名,炮勇十四名,火夫一名,車夫二名,車驟四頭。

每車輪後膛開花小炮,兩截田雞炮,月字號後膛車炮各一座,設什長一名,炮勇十一名,火夫一名,車夫一名,車驟二頭。

是項開花炮隊,先後在新疆成立者,凡三哨。[660]

湘軍最重紀律,消極方面,國藩定有戒律七條,一曰禁止洋煙;二曰禁止賭博;三曰禁止喧嘩;四曰禁止姦淫;五曰禁止謠言;六曰禁止結盟拜會;七曰禁止異服。宗棠始募楚軍,約為行軍五禁:一禁結黨營私;二禁賭博滋事;三禁鴉片飲酒;四禁妄取民間財物;五禁無故不得外出。而宗棠更重視以勞作維紀律,彼常主張:

防營無事,修築城堡,開墾荒地,差操之餘,種菜栽樹,以習勞練其筋力,以作苦範其心思,勝於坐食嬉遊多矣。

因此「……所部自成風氣,無敢擾累百姓者,較之各軍,功無可言,過則可寡」。[661]

45 楚軍與湘軍淮軍

王景亮《歸廬談往錄》云：「類聚群分，有莫之為而為者，在軍尤甚。江忠烈公（忠源）原募之勇曰楚軍，曾文正公（國藩）繼募之勇曰湘軍，同一省也，而不免畛域之分。」按忠源所募練新寧本縣人，係應烏蘭泰召，赴廣西剿太平軍，作戰於客省，故號曰楚軍，以別於廣西原有之軍隊。國藩所募練湘鄉本縣人，其始僅備防衛湖南本省，故國藩《湘鄉昭忠祠記》曰：「由是我邑團卒，號曰湘勇。」以別於他郡縣所募練之勇營，如所謂寶勇、辰勇、南勇、瀏勇等。蓋當日之湘軍，僅所以稱湘鄉一縣之勇營。嗣湖南他縣他人所募練之勇營，均歸國藩節制，且出省作戰，於是以後之湘軍，及史家所稱之湘軍，包括所有國藩指揮之部隊。換言之，即是湘省之勇營。故景亮以是訾國藩，殆非的論。且國藩湘鄉之湘勇，其後亦引用他郡縣之勇。如國藩與父母家書云：「男兼招寶慶、湘鄉及各州縣之勇。」而所謂湘省之湘軍，亦未嘗不稱楚軍。如國藩歿後，清廷諭旨，謂其「咸豐三年（1853）創立楚軍」。要其所謂「類聚群分，有莫之為而為者，在軍尤甚」云云，則可以著宗棠所募楚軍與國藩所屬湘軍之關係矣。[662]

湘鄉秀才王鑫者，受知縣朱孫詒命，就本縣人民，募練勇丁，剿境內「會匪」之通於太平軍者，凡得十數萬眾，地方為之帖然，此咸豐元年（1851）事也。次年，太平軍入湖南，本欲由寶慶北上，知湘鄉有備，遂折向郴州而北，直趨長沙省城。長沙既解嚴，巡撫張亮基用宗棠議，命孫詒以湘鄉勇丁千人入駐省城，備緩急。於是鑫率三百六十人先行，羅澤南率七百二十人繼發，軍容甚壯。會國藩奉命幫辦湖南本省團練，則就此千人，益用戚繼光束伍成法，編制而訓練之，設為三營，鑫

統其一。[663] 故就湘軍歷史言，鑫允為湘軍之開山祖師。然鑫與國藩頗不相能，其故約有三端，鑫自負奇氣，語天下事甚易，而國藩取人，須視其「少大言，有條理」，此兩人性度上根本不相容者也。國藩初次督師北上，次岳州城外，鑫時稟駱秉章命，自為一軍，獨奮勇猛進，抵羊樓司，猝與太平軍遇，敗而南奔，太平軍乘勝追擊，國藩不支，亦水陸並退。鑫自以違國藩節度，恥與俱，獨入空城死守。國藩頗憤懣，初不之顧，後用陳士傑言，以水師三版傍岸，舉炮為聲援，鑫得縱城出走，所部免者九百餘人，此兩人感情上由之發生重大之芥蒂者也。國藩既為主帥，定營制約束諸軍，鑫立異，且別撰《練勇芻言》自詡，於是國藩東征，不令鑫與俱。此兩人意氣上終於不能融洽者也。顧宗棠雅善鑫，則言於湖南巡撫駱秉章，令統所部，與太平軍及土寇轉戰於湘粵、湘桂、湘贛、湘鄂之交，所向有功，而不與國藩所部合。咸豐七年（1857），湖南以三路軍援江西，鑫始以游擊之師往，與國藩所部相呼應，所謂老湘營者也。旋鑫歿於樂安軍次，由張運蘭與王開化分統其軍。然國藩致郭崑燾書曰：

> 自閣下與人樹歸去，老湘等營便不甚通氣，即如凱章十一夜敗挫，而稟報二十二日始到。……

又曰：

> 惟望閣下與人樹及舍弟沅浦三人速來，則足以慰凱章之心，而通老湘營之氣……

可知當時老湘軍與國藩離而復合者，猶賴旁人居中斡旋，其隔閡固仍存在。及開化既病歸，所部遣散，運蘭既歿，則由易開俊、劉松山分統其軍。國藩既平太平軍，悉撤所有湘軍，獨留老湘營，遣以剿捻。[664]

宗棠初出山，接受國藩咨請，在長沙募勇五千人，其一部份即為鑫

舊部，故以鑫弟王開琳統之。其他部份則雖由羅近秋、張聲恆等所募。然羅、張固鑫舊部也。用是原因，宗棠當時所招主辦營務者，均為鑫之親友，如王開化，鑫之弟也；劉典，鑫之友也；楊昌濬，鑫之同學也（鑫與昌濬，均為澤南弟子），而皆曾加入老湘營者也。亦用是原因，宗棠當時所邀其他別募一軍之統領，如王文瑞（鑫之從叔），如蔣益灃，均嘗為鑫之舊部。其後劉松山與佽錦棠叔佽以老湘營剿捻回，雖為國藩所遣，而竟能與宗棠合作，當無非為鑫舊部關係，彼此原屬一家也。至宗棠之所以引用鑫舊部者，誠緣此軍確為節制之師，嘗著戰功，要亦以鑫不為國藩所重，而宗棠最好羅致國藩所屏除之人，以自鳴其善用人也。宗棠嘗解釋其命名楚軍之理由，誠以所部將士，多沅灃、資之產，不僅一郡一縣之人。然何必另訂營制？竊意宗棠對於所募部隊，必別稱楚軍，別立營制，自有其歷史上之原因，非如此，或竟不能羅致鑫舊部，殊未可知。況宗棠本人固一如鑫，在心理上欲獨樹一幟，不願依傍國藩者乎。[665]

　　湘軍之營制，由國藩創之，然鑫撰《練勇芻言》，多與國藩營制相類，宗棠之楚軍營制，亦與二者大同小異。而其後國藩修正湘軍營制，則又酌採《練勇芻言》與《楚軍營制》。所可異者，鑫所部似初未悉按《練勇芻言》實行，其最顯著之一點，一般湘軍均以營為單位，即《練勇芻言》中亦稱營，而老湘營則獨稱旗。一旗為三百六十人，此與國藩初定營制以三百六十人為一營，人數相同。（孫詒早歲在湘鄉令鑫所募練勇丁，亦以三百六十人為一營，惟旋增至八百人為一營。）後國藩改以五百人為一營，楚軍營制亦以五百人為一營，《練勇芻言》則以五百八人為一營，相差甚微。今鑫且捨自著《練勇芻言》中五百八人之營，而採三百六十人之旗，尤足見其有心與國藩立異。惟宗棠始招鑫舊部，亦仍用其三百六十人一旗之舊制，其後當改從楚軍營制。蓋劉松山之老湘營，亦改從楚軍營制也。宗棠嘗有致劉典書云：

　　　老湘存其旗名，實則與營無異，蓋既與楚軍同事，則發餉章
　　程，斷宜一律。……

此其一證也。宗棠奏老湘軍，收用江蘇餉項數目片，有云：

> 所有湘軍餉項，自光緒元年（1875）九月初一日起，改照楚軍
> 營制章程，統歸臣宗棠行營支應處按月支發。……

是又一證也。[666]

綜上所述，足見宗棠之楚軍，係以老湘營之將士為骨幹，營制以國藩之湘軍營制為藍本，所以別為湘軍與楚軍者，洵如景亮所云「類聚群分，有莫之為而為者」。宗棠既定兩浙，在西湖建楚湘忠義祠，以楚軍與湘軍分列，更見其間界劃。蓋以楚軍指其直轄部隊，湘軍指歸其指揮之益、澧等部隊。後世史家雖以湘軍概括楚軍，殆非宗棠意也。[667]

淮軍與楚軍，雖同按湘軍編制，初無淵源。宗棠東征，克復嘉興、湖州、漳州，淮軍實嘗與楚軍比肩作戰。然宗棠素藐視淮軍，及至進征西捻時而益甚，嘗斥其：「雜收驍悍，專顧目前。」又詈其：「冗雜殊甚，其驕佚習氣，實冠諸軍。」西捻既平，清廷擬令淮軍等隨宗棠西征，宗棠公然在覆奏中直揭淮軍之腐敗：

> 論者謂兩淮之人，強悍健鬥，用之秦隴，可以挫回逆之兇
> 鋒，銷淮皖之隱患，於計誠為兩得。臣竊以為不然。江淮之民，
> 尚氣任俠，古昔已然，非生而嗜亂也。巨逆如張洛刑、苗沛霖，
> 亦非果具梟雄之資，素蓄不軌之謀也。始奇其詐力而獎進之，繼
> 悟其愚弄而籠牢之，終恨其桀黠，遂圖舉其類而盡殄之。譬猶癰
> 疽初發，不用內託外消之方，其後乃為剜肉之計也。淮皖諸軍皆
> 新立功，其將領皆富貴矣，若擇其樸勇而稍明紀律者分統之，以
> 資鎮壓，又擇廉惠稍知方略之守令拊循而化誨之，不出數年，積
> 習當可一變。不此之務，乃思移淮皖之隱患於秦隴乎？隱患在畿
> 郊，驅而遠之，所謂移腹心之疾，置諸股肱，猶可也。隱患在淮
> 皖，如圖驅之秦隴，是移股肱之疾於心腹，不可也。

論者又謂淮皖以軍入秦隴，必仍由淮皖給餉，臣乃過為之慮，無乃太愚。不知淮軍之餉，千人每月約銀六千左右，雖與楚軍相等，然近時每年止發九個月之餉，計算每勇每月不過三兩有奇，此狙公賦芧之說也，士卒之驕逸而難制，其弊由此。皖軍則每勇每月不過二兩四錢，糧食由官給領，亦不過三兩有奇，豫軍亦然。若至秦隴，則糧價昂貴，較之各省，奚啻倍蓰？若不籌津貼，固無以齊其力而服其心。若竟籌津貼，此項餉銀，又將安出？臣於張曜、宋慶、程文炳歸總統時，曾請行首功之賞。計張曜、宋慶兩軍賞過銀一萬餘兩，程文炳一軍賞過銀三千餘兩，此暫時之計耳。若處糧價昂貴之地，歷窮年累月之久，勢何能支？迨日久無功，或生他變，而罪臣不善拊循，不善駕馭，臣固無辭，然將如秦隴何哉？臣不得不早為之計也。……

文中雖就淮皖軍並論，而意實在淮軍。平心論之，皖軍若單勝一軍，宗棠後嘗調同西征，非無勞績。至劉松山之老湘軍，自居西征之功，然其始固有張錫鑾之淮軍三營在內，淮皖軍豈盡不可用哉？[668]

宗棠既公開不滿淮軍，淮軍將領亦多不願受宗棠節制。鴻章深知其情，故當宗棠進攻金積堡受挫，而清廷屢促淮軍馳援陝西時，亦公然於覆奏中直陳宗棠之不欲與淮軍合作：

論者每謂楚軍宜於南而不宜於西北，曾國藩亦嘗為是言。然左宗棠每欲專用楚軍平回匪，近因事機屢變，稍參用雷正綰、黃鼎、金運昌、傅先宗等，而於他將仍鑿枘不入。現在圍攻金積，屢破堅寨，冀即得手。馬化隆一股若可殲除，甘事當漸起色。若甘軍稍振（按甘軍指宗棠在甘肅指揮各軍，包括楚軍在內），則陝事亦鬆，似無須別置一軍，致左宗棠或生疑忌。臣前赴陝，本擬待秋後即請撤歸者，正為此也。……

此奏可謂為鴻章對於宗棠前奏之反攻。甚矣，氣類不同，門戶之見，雖賢者有所不免乎！[669]

西捻平後，楚軍與淮軍又有一度對於各省協餉之爭，宗棠嘗奏陳其事：

> 各省協餉，厚於淮軍，薄於楚軍。……上年剿捻事畢，楚軍西行，所指為餉軍之資者，洋稅。淮軍東下，所指為撤軍之資者，厘金。然楚軍所得，不及淮軍三之一也。曾國藩奏借浙江厘金十萬兩，為撤軍之資。而浙江於一月內已解三十萬兩，其應解陝甘及臣軍之餉，月共七萬兩。嗣奉旨加協，又五萬兩。浙江乃先將舊協臣軍之二萬兩一項，停止不解。……江南除照舊應解劉松山六萬兩外，僅協臣二萬，劉典一萬，穆圖善一萬，共止十萬。而其協淮軍，則每月二十萬兩，多寡懸殊。……

由是宗棠益致憾於淮軍，且自承「楚淮兩軍之不相浹洽，天下共知共聞」。及宗棠總督兩江，對於江蘇境內之淮軍餉項，提出三種措施：

其一，江蘇額撥淮軍專餉，歲共銀二百數十萬兩，向係解交淮軍後路糧台自行發放。宗棠以便利稽核與免除轉折為理由，議將分駐江蘇境內淮軍餉項，改由江蘇省軍需局按照淮軍舊章，就近直接支放。並以後即列入金陵留防軍需案內一併報銷，不必再經淮軍後路糧台。奏上，奉批另有旨，惟以後似無下文，故恐未實行，時為光緒八年（1882）三月。

其二，淮軍前駐北方，米價係按北方時價計算，自調江南，江南米價較廉，自應改按江南米價計算，但並未照減。宗棠大概認為於公家吃虧太巨，當命一律改按江南時價扣發，以資撙節。原奏如何措詞，今無可考，惟曾奉批「知道了」，時為光緒八年（1882）十月。

其三，前項溢價，實非分給勇夫，而歸統領等自行支配。故宗棠於前案內，又曾聲明，當同時酌加各該淮軍統領辦公經費，其後按所統營數多寡估加，少者由每月銀一百三十兩，加至四百三十兩，多者由每月銀三百兩，加至八百兩。原奏略謂：「現在米價改照時值核扣，權其出入，原定薪費、夫價銀兩，實屬不敷貼補，是以分別加給。」則言外似有淮軍各統領對於米價原有沾潤，今因改按時值扣發，故酌予補償之

意。已奉批:「該部知道。」不意戶部忽又議駁,由宗棠重行陳請,以為業經兩次奏奉諭允,不宜失信於將領。始復奉批:「着照所請,該部知道。」時為光緒九年(1883)七月。

嗣乃有人就第二點,奏劾宗棠於淮軍有心裁抑,以致將士各懷疑慮,旨交彭玉麟查辦。玉麟覆陳,實無其事,並謂:「米價如果當減,豈能因是淮軍而不隨時加以變通?」蓋就表面觀之,宗棠處置,原屬公允,惟其本意是否藉此裁抑淮軍,則須視其心術。[670]

抑同治中興,固全賴湘、楚、淮諸軍鄉勇之力,其後且一化為防練軍,再化為巡防隊,三化為全新式之陸軍,然軍閥之構成,亦由於此。按綠營與勇營,有一根本不同之點,綠營先有兵丁,而後有將領。勇營先有將領,而後有勇丁。綠營之兵丁,均為土著,定居一地,不隨將領而調動,即遇出征,僅在各營抽調成軍,並不全部隊動員。勇營之勇丁,均為客籍,居無定處,常隨將領而調動,更至於隨將領之存亡而完散。當時以為綠營之不堪作戰,正為在此種制度下,將與卒不習,卒與卒不習,因以勝則相忌,敗則不救,於是用下列方式,徵募鄉勇,一矯其弊:

先擇將,而後募勇,有將領而後有營官,有營官而後有百長,有百長而後有什長,有什長而後有散勇,其長夫又由各散勇自募。而後營官點驗歸棚,蓋均取其相習有素,能知其性情、才力之短長,相距非遙,能知其住址,親屬之確實,故在營則恪守營規,臨陣則懔遵號令,較之隨營召募遊手無賴之徒,以充勇夫者,稍為可恃。……

故曰:

勇丁之所以稍稍可用者,原於未募之初,先擇管帶,令其就原籍選募,取具保結,而後成軍。成軍以後,嚴加訓練,層層節制,該勇丁均係土著生長之人,有家室妻子之戀,故在營則什

長、百長、營官、將領得而治之。散遣歸籍,則知縣、團長、戶
長得而察之,遇有私逃,則營官、將領稟知本省,得按籍捕之,
此明臣戚繼光所以有募勇必由知縣之說也。……[671]

　　以是原因,此種勇營,上下維繫,將卒親睦,指揮便利,訓練容
易,且於同袍之外,多一種同鄉情誼,更或彼此為戚族,故作戰時,
自能互相援助,一遇傷兇,益足激發其報仇雪恥之心,卒用此精神,殺
敵致果。惟以其就同一地方徵募為主,故其部隊係以地方名號。如上所
述,地方色彩甚濃,不免形成若干地方利害觀念。不特此也,惟其以將
領自行募勇為主,故其部隊常標以本人之名號,如鮑超號春霆,其勇即
曰霆軍,劉銘傳之勇即曰銘軍,宗棠之勇亦嘗以封爵徽號稱曰恪靖。更
有特定一名稱者,則如李元度之安越軍,張曜之嵩武軍等。個人色彩甚
濃,不免形成若干個人利害觀念。不特此也,勇營既以將領為主體,其
軍旗即綴將領之姓,如遇此將領亡故,則其營大都只能解散,否則僅有
彼之親屬可以為繼。如王鑫歿後,其舊部大都已散,宗棠召集時,仍以
其弟開琳統之,是為一例。又如劉松山死而所遺之老湘營,宗棠以其侄
錦棠帶領,又為一例。故綠營雖腐敗,尚不失為國家之軍隊,勇營雖剛
勁,則成為私人之軍隊。在宗棠、國藩、鴻章諸人,固無自私其軍隊之
心,然當時之勇丁,固已只知有將領,不知有國家。末流所趨,將領亦
只知以其部隊為私人之勢力,不知其應為國家之武力。益以在各軍之
上,又無一公而忘私,足以涵蓋一切,如宗棠與國藩、鴻章其人。於是
此軍與彼軍間,始則自成門戶,繼則各保地盤,終於互相火併,而軍閥
之禍,遂歷數十年而不已。此則當日創始諸人所不及料者也。

　　惟太平軍平定後,國藩幾盡撤湘軍,西征竣事,宗棠亦大量遣撤楚
軍。中法戰役結束後,續募之楚軍,又完全遣撤。故以後軍閥之養成,
湘楚兩軍尚少責任,獨淮軍則永恆存在,而鴻章亦不免為軍閥之首矣。

46　整練制兵

　　清代之軍制，以陸軍為主，其常備軍，所謂制兵或額兵者，最先僅有八旗。（鑲黃、正黃、正白為上三旗，鑲白、正紅、鑲紅、正藍、鑲藍為下五旗。）嗣以蒙古及漢軍之降附者，編配為蒙古八旗、漢軍八旗，總額約二十五萬，太半翊衞京師，少半駐防各地，而領以將軍、都統。此項旗兵，入關時，確為勁旅，不久以養尊處優，不復可用。其後有綠營，就明代之軍隊改編，有馬兵、步戰兵、守兵之別。因旗章尚綠，故曰綠營，總額名為六十四萬，實則缺額常有六七萬，分為七十一鎮，駐守各地關隘，隸於各省提督、總兵，而歸總督與巡撫節制。三藩之平全賴綠營之力，故乾隆時，補足其缺額。（嘉慶、道光時，又裁去一萬六千餘。）不久，亦以暮氣深沉，積弊嚴重，不復可用，故平川楚「白蓮教匪」者，實恃於別募之鄉勇，名曰防軍，前此亦嘗有之，臨時召僱，以補制兵之不足，事畢仍遣撤。

　　太平軍起廣西，折入湖南、湖北，順江而下，所過勢如破竹。原有制兵，望風披靡，不足與敵。於是湖南等省始復別募鄉勇，而湘軍（包括楚軍）與淮軍為尤著。不第太平軍卒藉以消弭，且恃以掃蕩中原之捻，平定西北之回。然全國七十餘萬之制兵，固猶在也。而其他各種鄉勇，尤不在少數。似此餉糈之浩繁，實為清代財政上之致命傷。故在當日軍事進行時，及終止後，清廷與各省主兵人員所注意與研究者，為一面隨時隨地遣撤無用及多餘之勇營，一面改善制兵，俾收餉節兵精之效。結果在清代軍制上起一重大之變化，即選取綠營中之可用者，重加訓練，名曰練軍；留得力之勇營，責以防守，名曰防軍。均採用湘淮軍制，嗣又並稱曰巡防隊。但經過中法、中日兩戰，證明以湘淮軍為骨幹

之巡防隊，亦不可用，於是而有新式之陸軍。

至清代水師，規模本狹小，而較陸軍尤腐敗。曾國藩等平太平軍，並募勇組織師船，事後，並改為經制水師。

左宗棠於東征期中，即已留意肅正綠營。在浙江，鑒於自列郡淪胥，弁兵除陣亡外，均潰逃四散，當嚴令提督、總兵，查明汰革，毋許收伍，其缺額留待事平，再於出力勇丁內挑補。在福建，鑒於欠餉累累，亦規定，凡失守地方未補兵額，並節年調派各營防剿兵丁潰散逃亡，及老弱吸食洋煙，應行汰革者，概不募補收伍，俟軍務平定，再議如何裁減。蓋為未來之整理，預弭人事上之困難。及兩省肅清，乃建議整頓，其主旨曰裁兵加餉，就餉練兵。

竊自兵民分而不可復合，於是歷代養兵之費，最為繁巨。未有百年養之，不收一日之用者。國朝綠營兵丁，雖較前代為少，然亦六十萬有奇。此次軍興，東南各省，惟廣西、金陵曾有調用制兵之事，餘皆招募勇丁，以資戰守。用兵十餘年，轉戰十數省，而綠營絕少調發。始以勇丁助兵，繼且以勇丁代兵，始以將弁領兵，繼且以文臣代將，此兵事之窮也。

各省召募日繁，制兵名額未減，籌餉者，既須籌戰士之餉，又須餉不戰之兵，餉無可籌，不得不節縮額餉應之。於是額餉積欠至數百萬，待其呼號迫切，又不得不少為點綴，以服其心。然按營點綴，每兵給餉數錢，每月即需耗銀數萬兩，在兵月得數錢之餉，不能半飽，在官月費此數萬之銀，已成虛擲，此餉事之窮也。

夫五方風氣各殊，民生其間，強弱亦異，故就各省而論，有可為兵者，有不可為兵者，然亦未可概論也。吳越秀良，而淮（安）、徐（州）、潁（州）、亳（州）、壽（州）、台（州）、處（州）、金華之民，則稱勁健。關隴邊塞之兵，素稱勁健，而自捻回猖獗，當事又議調南軍。即以福建言之，負山面海，民情獷悍難馴，宜其可以為兵矣。然臣自入閩徂粵以來，肅清疆土，掃

除劇寇，所用者，仍只此舊部楚軍，未嘗藉閩兵之力。而負隅之土匪，伺路之盜賊，尚須留楚軍剿捕，不敢輒用閩兵。崇安、建陽告警時，臣所部尚留興化，比延平請兵，臣調標兵三百赴之，三日始克成行，一月撤歸，則患病者竟有百人，詢其故，曰水土不服也，可笑如此。謂閩人之不可為兵歟？何以械鬥則強，為匪盜則強，一隸伍符，便怯弱至此？夫有兵不練，與無兵同，練之不勤，與不練同。今日之制兵，陸則不知擊刺，不能乘騎，水則不習駕駛，不熟炮械，將領惟習趨蹌應付，辦名冊，聽差使。其練之也，演陣圖，習架式，所教皆是花法，如演戲作劇，何裨實用？省標尚有大操、小操之名，屆時，弁兵呼名應點，合隊列陣，弓箭、藤牌、鳥槍、抬槍，次第行走，既畢散歸，不復相識。此外各標營，則久不操練，並所習花法，所演陣式而亦忘之矣。水師戰船失修，朽腐殆盡，將領巡洋會哨，但有文報而無其事。遇需巡緝，輒僱民船代之，弁兵無船炮，無從練習，名為水師，實則就岸居住，一登海船，則暈嘔不堪，站立不穩，遑云熟習沙線，慣歷風濤。設遇有事，奚望其有萬一之幸乎！是則練兵為救時之急務矣。

兵之應練，將弁知之，即兵丁亦自知之。然見勇丁之積功得官，未嘗不欣羨也，知己之膽技怯弱，未嘗不內愧也，將領之有志者，見兵不可用，亦未嘗不思練兵以有為也，督撫提鎮亦未嘗不思練兵以稍寬咎責也，而勢有所不能。營制，馬兵月餉銀二兩，馬乾一兩，戰兵月餉一兩五錢，守兵月餉一兩，米皆三斗，間用折價，近因庫款告匱，有給銀欠米者，有半銀半票者，除省標八營外，各標協營水陸官兵銀米牽算，每月僅獲半餉。而福建地方狹瘠，穀米、豆麥、棉麻、雜糧之收，不足供本地食用。物價本昂，素仰海船轉運接濟，近自番舶紛來，專海洋之利，沿海商船歇業，物價更形翔貴。米一斗，需錢七八百，中價五六百文。布一匹，寬者需錢六七十，窄者亦三四十文，他物稱是。從前銀貴錢賤，兵餉易錢尚多，近則銀價日低，物價日貴，兵情艱迫異常。計每兵所得月餉，不足供一人十日之食，餘二十日，則

懸釜待炊，衣履無出，其奉父母養妻子者，更無論矣。如是，少
壯者不願入伍，而入伍者多老羸疲弱、窮無所歸之人。其市井之
徒，或掛民冊籍，以小貿傭工為本業，而以餘暇應差操，至下
府民人之藉當兵支門戶者，抗官府，窩匪盜，名為兵而從不與差
操者，其志並不在餉，固不具論也。夫以額餉之薄如此，又從而
減折之，不能贍兵之身家，並不能養兵之口體，欲不聽其別營生
理，必不可得。兵既別營生理，不能按日演操，散居市廛，不能
一呼即集，訓練有所不能施，禁令有所不能及，心志因之而紛，
精力因之而懈，技藝因之而生，汰革則無精壯應募，激勸則無驍
銳可拔。如是，謂兵之冗雜怯弱，不可為兵，兵不任受。如是，
謂將之疏慵頹廢，不可為將，將亦不任受也。是則加餉又為練兵
之急務矣。

　　福建通省，每歲經出之費，一百七十餘萬兩，罄經入之款
抵放，尚短二十萬餘兩。頻年兵事繁興，協餉不到，入款積欠相
因，實難敷衍。此時因練兵而加餉，餉從何出？臣按方今各省綠
營通病，只因餉薄，不能練兵，而餉之薄，亦實由於兵之多耳。
與其欠餉，曷若減兵？與其欠餉而仍養此無用之兵，曷若練兵而
並節此可惜之餉？即以閩浙言之，閩之兵額，六萬二千，浙之兵
額，三萬七千二百，合計已近十萬，豈不為多？如果一兵得一兵
之用，制賊自有餘力，何以巨賊入境，所至為墟，不但不能收一
戰之功，並不能為一日之守也！然則國家每歲所耗之餉，不重可
惜乎！假令事前兩省有素練之兵五萬，以之援鄰，以之保境，豈
不綽然？何至遠恃客軍，多糜巨餉？惟其兵多，故餉不能厚；
惟其餉薄，故兵不能精，此固前效之可睹者。臣維兵之應亟汰者
四：老弱疲乏之兵，吸食洋煙之兵，虛名佔伍之兵，塘汛零星之
兵，此皆無所用，亦不可練者。外此各標協營聽差、傳號、書識
各名色，不與操練之兵，實為軍政之蠹，亦應酌量裁減，以實行
伍，約計應汰之兵，至少四成餘。兵既減少，則員弁亦可酌量裁
併，所裁之廉俸薪幹，亦可留養練兵。大概挑留可練之兵，五成
有餘，即以裁兵四成有餘之餉加給之，餉米並計，守兵每月可得

銀三兩，戰兵每月可得銀三兩數錢，日用足數，無須別營生業，自可聚居勤練，而免散漫荒嬉之弊。塘汎零星之兵，有名無實，甚或窩留娼賭，擾害地方，若併歸總汎，聚居勤練，分段輪派巡緝，聲勢較完，防察易遍，較之三五錯雜，無人管束訓練者自別。是減兵云者，只減無用不可練之兵，於兵制實無所損，加餉云者，即扣此項裁兵之銀，於餉事亦無所加也。

臣自廣東凱旋，飭省標八營，挑練兵丁。為撤勇計，操兵每日加餉銀六分，挑兵三千名，分三起，以次赴臣署箭道，學習長矛、洋槍、無殼抬槍。陸路提督羅大春挑練泉州標兵一千二百名，各協營轉相效法，陸路漸有起色。水師各營，咨行提臣李成謀、護海壇鎮黃聯開籌商辦理，亦有端緒。大約水師以洋面為訊地，以檣帆為營陣，以炮械為藝技。弁丁必分兩班更換，上船出洋巡緝，熟知海礮形勢，習用炮械，乃期得力。其減兵加餉，與陸軍同。現因船工停修，陸續赴粵東購造拖罾式船，必俟船齊，乃可定弁兵數目也。浙江郡縣克復時，臣即飭逃潰兵丁不准收伍，曾經奏明在案。此時議復常制，只須少募新兵，較閩之裁減舊兵，翻為省事。臣咨浙江撫臣，並檄藩司楊昌濬專主其事，與提臣黃少春熟商定議，以期畫一。如蒙允行，臣謹當與閩浙撫臣、提臣細商一切事宜，妥為籌議，庶幾兵精餉實，一挽綠營積弊，無負國家養兵衛民之意。……

此項建議，立被清廷採納。因宗棠已調任陝甘總督，責成繼任吳棠，會同福州將軍英桂，福建巡撫徐宗幹，浙江巡撫馬新貽等，分別繼續認真辦理，其後兩省制兵共裁剩三萬一千餘名。[672]

同時，宗棠在福州省城聘用外國教習，訓練制兵，其事係採福州海關稅務司美里登之建議。由福州將軍在標兵內選取三百名，閩浙總督及福建巡撫各在標兵內選取二百名，合成七百名，用外國教習二十餘人，督同演習，以三個月為度。凡入選受訓練之兵丁，在演練期內，每名每月加給餉銀約六分，其都司、守備、千總、把總等，每員每日加給薪銀一錢數分。演習每隔一個月，由將軍、總督、巡撫各檢閱一次，成績特

優者，另給獎賞，外國教習盡力者，酌犒牛羊酒麵，以為鼓勵。宗棠以為「西人練兵之法式，步伐整齊，進止周折，均有常度，實較尋常練陣之法為精，觀其口令有似過煩，實則非此無以齊整其眾也」。[673]

新疆在未建省以前，其迪化一道與哈密，均歸陝甘總督兼管。其一部份軍隊，與甘肅一部份軍隊按期互調，所謂換防，其餉銀與甘肅同受他省協撥，並無明文分析之界限。於是甘肅與新疆之軍政，自昔混而為一，其腐敗情形，並有相似。典軍者，均為滿洲貴族、紈袴子弟，不知兵事為何物，論量既虛不足額，論質又弱不堪用。故宗棠既平天山南北路，後於新疆建省案內，奏請按甘肅、新疆軍餉舊額，每年撥足五百萬兩，以五年為期，俾得將兩省兵制徹底整理，預計整理完成，每年可減至三百五十萬兩。至其整理計劃，大體見於與楊昌濬書甘肅兵制，不分邊腹，歷代因之，專賴協款為之接濟。一旦中原多故，自顧不遑，隴干生機遂絕。愚意不能足食，必先去兵。關外經理得宜，劃清邊腹，關內只河、湟、岷、嶓為邊，甘（州）、涼（州）、（西）安、肅（州）皆成腹地，則制兵可減，換防一事，建議永停。喀什噶爾之布魯特，塔爾巴哈台之蒙兵，伊犁之錫伯，南北二路之土著，皆可參募。烏魯木齊之皖北一軍，有不願回籍者，亦可收令入伍。其始仍留客軍為之鎮壓，嗣則本籍增兵著伍，而客軍可撤，惟千把至副將，必挑客軍之久經戰陣者充之。定章外，先留客軍數年，俟本地訓練有成，再議裁撤，庶額兵一律精強。額設馬步，邊重於腹，重修堡障，以重其險，固數十百年之利也。關內地曠人稀，回番雜處，兵力固宜厚集，然雍涼素稱勁兵處，又皆產馬，汰冗雜而挑精壯，兵可得而精。就水草而選良駿，馬可得而練。兵制以十成之七為步兵，其三為馬兵。馬隊另立營起，不與步隊相雜，口糧較步從優，馬乾草束，徵之民間，即以抵餉，餉可得而節。額數雖減，即以所減之餉，增給操練之軍，所需各省協濟，漸可減少。前疏所稱三年五百萬，以後每年三百數十萬，尚是從寬籌算也。……

時昌濬方幫辦甘肅、新疆善後，旋即由昌濬根據宗棠意旨，擬就甘肅方面之具體辦法，會同陳奏：

　　竊維制兵之設，所以備緩急而固疆圉，強弱攸分，所關甚巨。國家養兵二百餘年，歲糜帑藏，此次軍興，未能稍收制兵之效者，由於餉薄而額多。夫兵在精，不在多，兵之能戰，視夫練之精否。兵之不能練，視乎餉之足否。若饑乏之卒，內顧不遑，不得不聽其別營生業，心志因之而紛，精力因之而懈，技藝因之而生，兵與將兩不相習，無論不能驅以禦敵，即訓練亦難投時入操。名為制兵，實與惰民無異，徒為地方之蠹而已。各省戎政廢弛，弊雖不一，而其要皆由於額多餉薄，不能勤督精練。初以費餉無幾，可得多兵之用，不知兵不練，與無兵同，練不精，與不練同。雖名為節餉，實則並此薄費而亦覺虛糜。臣宗棠於同治五年（1866）閩浙減兵摺內，言之詳矣。甘肅為林武著名之邦，其風氣剛勁，習苦耐勞，本非他省制兵可比。乃此次「回亂」，列郡淪沒，均賴客勇之力，本地無一枝勁旅殺賊立功，而嘩噪之事且數見焉。額兵之數，非不多也，原定餉章本薄，加以層層剝削，馬兵差堪自給，步守各兵，未免過苦，難得其力。甘省賦少兵多，軍食向資他省，餉源稍絀，動滋事端，惰兵驕騎，由來已久，非亟議更張，望其轉弱為強，不得也。久留勇，則費不支，全裁兵，則患無備，仍循舊制，則難期起色，別議加餉，則無款可籌。臣等再四商酌，亟宜援照閩浙成案，量減可裁之兵，以節餉糈。即以所裁之兵餉，加之所留之兵，庶兵力較紓，可責其勤練。將弁各予以津貼，革除虛冒、應差、掛名、辭伍諸弊，庶帑項無增，軍政可期其精實。

　　甘省在昔為邊要重地，雍正中，定額較內地為多，後雖陸續裁減，而合一提四鎮，並督標，暨陝西提督所轄駐甘各標計之，尚存馬步守兵五萬七千四百餘名，新疆換防兵九千餘名。一併在內，歲需兵餉馬乾銀七十八萬六千六百餘兩，上色倉斗糧三十五萬五千四百餘石，馬料一十一萬二千一百餘石，草八百萬

零三千五百餘束,公費銀三萬一千三百餘兩,其大較也。原設兵額之多,緣地居邊塞,北連蒙部,南雜番回,西路新疆,更番換戍,防範宜周,兵力不得不厚也。若就現在情形而論,新疆各城,漸臻底定,方議另立營制。甘肅已屬內地,調撥漸稀,蒙古王公、貝勒、台吉列戍邊防,涵濡教化,歷久而馴順有加,北路無須重兵鎮壓。即南山番族,時有伺隙劫殺之事,然非無要可扼,如果佈置周妥,亦保無虞。寧夏等處,以河套為慮,今套患久銷,沿邊一帶,且資其接濟。西寧、河州轄境,雖與撒喇、野番錯處,情形稍為吃重,然回務既平,小股匪番,無須大隊,時勢攸殊,兵固有可裁者。現擬將督提鎮路各營,酌量地方今昔情形,分別輕重,仍按馬步守三項名目,分成核減。甘省馬兵,額數較多,邊地雖宜用騎,而應敵佈陣,必步兵多於馬兵,乃可制勝,是馬兵固有可裁者。現查關內各營,馬步守三項兵數,參差不一,多寡懸殊,章程未能劃一,當初隨時增損,自非無因。而據現在情形審之,應變通以期其盡利,至於糧餉,擬將減存兵數,量加折色,以資飽騰。臣等數月以來,周咨博訪,往復函商,減兵增餉章程,甘肅實宜仿照辦理,除加增兵餉外,尚可節省銀六七十萬兩,以之撥充新疆設省經費,於西事亦不無小補。……

隨摺復開陳甘肅省變通兵制事宜十條:

一、各標鎮協營汛兵額,酌量地方情形,分別核減;

二、減存兵數,仍按馬步守分成派定;

三、各營兵餉,酌予加增;

四、武營官弁,量為裁減;

五、各屬分防塘汛,酌量改併;

六、籌給營書薪水,以免扣缺虛額;

七、寧夏、河州兩鎮所屬標路各營,互相更調,以便統轄;

八、各標營例設馬匹,應隨兵額酌減,以昭核實;

九、各標營節省糧餉,及馬乾、草料等項,應核明提充新疆經費;

十、各標營汛兵,隨時訓練成隊,以資敵愾。

　　繼是實行規定裁去馬步守兵一萬八千二百三十餘名，可省餉銀二十五萬五千五百八十六兩，兵糧馬料十八萬七千一百十五石，每石合銀二兩，共合銀三十七萬四千二百三十餘兩，馬草四百十六萬八千三百二十束，每束合銀一分五厘，共合銀七千零二十餘兩。換防官兵行裝、車輛、鹽菜、口食等項，可省銀十餘萬兩，共可節省八十餘萬兩。除加增馬步守兵丁及新疆營書口糧等項銀十五萬數千兩，實可省銀六十餘萬兩，差符預擬之數。[674]

　　在甘肅綠營改制以前，宗棠先有一番準備工作，惟與浙江、福建辦法又有不同。溯自承平日久，甘肅兵制，本已久荒，變亂以後，已失地方，存兵無幾，未失地方，懸缺亦多，而支放兵糧，仍循舊額，實為一種虛糜。反是，西征各勇營，正感缺糧，苦採運之勞費，於是宗棠將所餘制兵，盡數裁撤，別擇荒絕之地，撥為兵屯，慎選將領，督導墾種，即以所獲，作為名糧，其餘照時價估作餉項，農隙仍操練技藝，不廢武事。原有制兵額糧，即移撥各勇營領用。其原徵折銀者，改徵本色，惟如此一旦欲恢復兵制，必先裁撤勇丁，騰出所支糧餉，大致撤一營勇丁，可募補兵丁營半，減一分馬糧，可補戰守兩分。於是宗棠又預行兩種步驟，一為縮減防營（非出征勇營，駐守後方者，名防營，即守兵），一為改支坐餉，防營餉較出征勇丁戰兵餉為低，所以使與制兵餉接近。而更有一先決條件，即停止與新疆換防，如此可減少制兵。至於甘肅制兵來源，宗棠本募有土勇，用楚軍方式訓練，即所以備事定後之挑補也。惟省庫奇絀，當時既無款裁撤勇營，即無法增復制兵，且改設官弁，其以大改小者，尚可照舊移駐，若以小改大，則修理城垣，添設衙署，尤費將焉出，故宗棠之主張仍遲遲未能實現。[675]

　　新疆整軍後由繼任督辦劉錦棠負責辦理，定為二萬五千名，惟以勇營改成防營，已非制兵舊規也。[676]

　　以上為宗棠歷在東南與西北整練綠營之情形。

　　宗棠之由陝甘總督應召入都也，奏請隨帶馬步各軍，奉旨「入關赴張家口駐紮，應俟抵京後，再行相機辦理」。爰覆奏請即以督帶馬步各軍官員，訓練旗兵：

　　竊念軍興以來，各行省因制兵不足用，就地廣募勇丁，藉資防剿，兵制遂因而漸廢。其中因本地勇丁難以深恃，往往選調客軍，代供驅策，雖取濟一時，究非整軍經武之義。我國家定鼎以來，八旗禁旅，拱衞神京，居重取輕，有嚴有翼，其中如健銳、內外火器各營，尤稱精練，材武之彥，多出其中，宿將名臣，指不勝屈。邇者時事多艱，武功稍替，論者每謂承平日久，習成驕逸，有以致之。臣竊以人之智慮，非歷練則無所加，而才力精神，非時加淬屬，則頹靡而不可用。制兵散處應操，非如勇丁之萃聚營壘，可以朝夕訓練，並可收相觀而相善之效也。行伍隊目繁多，非如勇營，只營官、哨長、什長，管帶指揮徑捷，訓練易施也。練兵原以習戰，非置之行陣，目習步伐止齊之節，耳習金鼓號令之聲，心明開合緩急之用，則膽識不生，倉卒不知所措，一隊隅郤，全營靡焉，偏敗眾攜，必至之勢，各省之捨制兵而用勇丁，蓋有鑒於此也。現在八旗兵丁，既多於各省，年力精壯，刀矛槍炮，演習又勤，而偶聞有警，輒調客軍赴援，畿郊無事，亦需客軍護衞，平時練兵習戰之謂何，乃竟不獲其用至此。激昂奮發之士，既無以見其長，其自甘暴棄者，徒糜至艱之餉，殊非所宜。

　　臣自維衰病侵尋，忝竊厚恩，無可圖報，而謬參戎務者，垂三十年，於訓練事宜，尚有所見，擬陞見之後，乞恩以閒散長留京師，聊備顧問，而以其暇，親練旗兵，挑選十餘歲以上，三十歲以下，無頂帶兵丁三千餘名，分為十營；令現帶赴張家口之親兵十一哨各哨官，管帶訓練，遇有戰事，調赴前敵，以觀其能。其旌善馬隊，技藝頗長，惟出自撫回，不宜用以教練，或挑新練之旗兵馬隊，由臣擇人管帶。每旌善馬隊一起，間以旗兵馬隊一起，亦可資練習而慎戒經，凡所挑之旗兵，與勇丁就募無異，既入新營，即應服習營規，遇有戰事，督令隨征。凡行路、紮營、出隊、收隊、衝鋒、設伏，以及支更巡警，傳餐會食，一切皆恪遵軍令，無敢或違。其不率教者，由臣撤退，咨該旗都統革糧另補，是教練旗兵，與勇丁亦無異也。久之，客軍所長，皆旗兵所

長，頗牧之選，皆出於禁闈，尚安用多調客軍為哉！……

嗣更奏請利用該項官兵，分辦訓練旗兵與興修畿郊水利兩事，其訓練旗兵部份，略謂：

軍旅之事，非學不精，行列之才，非歷練不出。今之禁旅雲屯，固嘗講求訓練，嫻習紀律矣。若以久經戰陣諸將士，雜置其間，教以築壘、開壕、行路、結陣諸法，冀可祛其驕佚，屏除花法，以求實效。除神機營本有專練之員，毋庸議及外，如健銳、火器各營，挑選年輕力壯兵丁，陸續入營訓練。臣當時赴各營，加之督課，以觀其能，其一切章程，應請醇親王詳為指示，以歸一律。……

奉旨「着神機營王大臣會同妥議具奏」。結果則以議論難合，仍由宗棠以款絀為理由，自行奏請暫緩：

王大臣等均以練兵為當務之急，志在必行，惟健銳、火器、前鋒、護軍各營官兵，除已挑選歸神機營操練外，難以再挑，其八旗養育兵丁閒散，尚資選練，擬挑新兵五千人，編立成營，益以楚軍官弁勇丁數百人，分撥教練。竊維臣軍餉需，原由西征糧台解濟，毋庸另議外，其新挑養育兵丁行裝、披執、器械、紮營之帳房、連杆、鐵鑼、操演之子藥，閱操之獎賞，及加給之口分糧食，需費甚巨，而擬給之歲需兵餉二十餘萬兩，尚不與焉。戶部度支艱難，即現在例發之餉，尚虞拮据，茲遵議增加練餉，既慮力有未逮，若復兼辦順天直隸水利，所需鐵木石工鋤鍬畚鍤，需費亦繁，兩事集於一時，時絀舉贏，殊難籌措，練兵之舉，暫宜從緩。……

其實旗兵乃滿洲之軍隊，恐當時五大臣等之內心，未必真欲宗棠以

漢人參加訓練，解鈴繫鈴，勢不容已耳。[677]

惟宗棠由兩江總督回京時，奉命管理神機營事務，以漢人統治滿洲軍隊，實為清代破天荒之舉。管理神機營之醇親王奕譞，對於宗棠，亦禮敬有加，命調宗棠在江蘇所募練之恪靖軍二營，來京示範。宗棠查知神機營兵丁，口分既輕，遇假又須按日扣支，一經扣支，無以維持生活，而扣支所得，又即為營中辦公經費所資，未可有缺，計其數則每月約銀三四百兩，由是一面議停扣支，一面商請江蘇、安徽、江西三省合籌銀二萬四千兩，存備生息，彌補辦公經費。[678] 惜為時不久，中法啟釁，宗棠復以督辦福建軍務出京，對於訓練神機營一事，終於無所建樹。

左宗棠與奕譞，1881